朝鮮王朝與明清中國

——前近代東亞朝貢制度研究論集

刁書仁·著

目次

第一篇　明朝與朝鮮 5

明前期明朝向朝鮮索徵的「別貢」 6

洪武時期高麗、李朝與明朝關係探析 24

洪武時期中朝外交中的「表箋風波」 39

明嘉靖朝孔廟祀典的釐正與朝鮮王朝的應對 55

王陽明從祀孔廟與朝鮮王朝的應對 80

壬辰戰爭日本「假道入明」與朝鮮的應對 102

袁黃萬曆援朝戰爭史事鉤沉 128

天啟時期明朝與朝鮮的封貢關係——以朝鮮國王李倧「封典」為中心 146

朝鮮王朝對中國書籍的購求及其對儒家文化的吸收 165

第二篇　朝鮮使臣的明朝見聞 183

天啟四年朝鮮使臣的北京之行
　　——以洪翼漢《華浦先生朝天航海錄》為中心 184

朝鮮使臣所見晚明遼東社會的民生與情勢 200

朝鮮使臣所見晚明社會之亂象——以朝鮮使臣所撰《朝天錄》為中心 216

第三篇　清朝與朝鮮..237

李朝孝宗「反清復明」活動及其影響——兼論東亞「華夷秩序」的裂變.......238

從「北伐論」到「北學論」——試論李氏朝鮮對清朝態度的轉變.................256

論清朝與李朝封貢關係的形成與確立..272

明清東北史研究中「他者」文獻的史料價值
　　——以朝鮮文獻所載清開國史料為例.....................................292

附論　新修《清史》人物傳記太祖朝實錄史料研究.................................311

後記..330

作者著述目錄..332

成一篇

明朝與朝鮮

明前期明朝向朝鮮索徵的「別貢」

洪武初年，明與朝鮮建立封貢關係後，兩國之間保持著頻繁往來。朝鮮謹守事大之禮，每逢明朝節慶日，皆遣使奉表朝賀，貢獻方物。朝鮮向明朝所貢的方物，分為「常貢」與「別貢」。「常貢」，通常每年正旦、萬壽節、千秋節、冬至四次。而「別貢」，為臨時性的，進貢時間與所貢物品不固定，完全取明室需要或皇帝本人嗜好等。明前期，明廷向朝鮮索徵「處女」、「火者」、「海青鷹子」等就屬「別貢」性質。這種帶有強制性的「別貢」，給朝鮮帶來沉重的負擔，對中朝兩國關係帶來很大的影響，很有必要加以研究。

一、明朝向朝鮮索徵「處女」

明廷向朝鮮索徵處女是沿襲元朝的舊習。元朝時曾向高麗不時索徵處女。《高麗史》中有許多元向高麗索徵處女的記載。如至元二十七年（1290），高麗遣「上將軍車信押處女十七人獻元。」[1]大德四年（1300）五月，高麗遣上將軍高世如元獻處女。[2]七月，高麗國王「詣闕獻童女二」。[3]等等。元朝索要高麗處女者，有皇帝、太后、諸王、高官等。至大元年（1308），元遣宦官「以太命選童女」。[4]大德五年（1301），安西王阿難答「遣使求童女，以韓孫秀之女歸之」。[5]至大三年（1310），元丞相脫脫求童

---

[1] 《高麗史》卷30，忠烈王十六年九月，第474頁，平壤：朝鮮民主主義人民共和國科學院，1958年。
[2] 《高麗史》卷31，忠烈王二十六年五月，第492頁。
[3] 《高麗史》卷31，忠烈王二十六年七月，第493頁。
[4] 《高麗史》卷32，忠烈王三十三年十月，第509頁。
[5] 《高麗史》卷32，忠烈王二十七年正月，第496頁。

女。[6]元朝每次向高麗索要的處女，少則幾人，多則幾十人。高麗王室為保證數量，在元處女時，往往下令禁止民間婚嫁，違者要懲處，甚至規定民間婚嫁須向官府申報。高麗被索徵到元朝的處女，或做人妻妾，或為侍婢，最後老死他鄉。因此，元朝索徵處女給高麗帶來沉重的負擔。

明朝沿襲了元朝的這種舊習。洪武年間，朱元璋曾有意與朝鮮聯姻，由於朝鮮態度曖昧，後來發生「表箋事件」，兩國關係緊張，此事不了了之。朱棣即位後，也曾表達過與朝鮮王室通婚的意願。但李朝太宗李芳遠不表態，暗地卻匆忙將公主嫁人。永樂五年（1407）六月，永樂帝派遣宦官黃儼出使朝鮮時，李朝大臣想通過黃儼請求永樂帝，「以帝女為世子妃」。[7]太宗國王卻不同意世子與明通婚，並派人轉告黃儼，說世子已結婚。大臣們疑惑不解，私下議論，太宗國王盛怒，「命下獄鞠之」，並向大臣道出其難言之隱：

> 結婚中國，予所願也，尚慮夫婦相得，人情所難。又必中國使臣往來絡繹，反擾吾民矣。昔奇氏入為皇后，而一門殺戮無遺，安足保乎。[8]

既而，又私下對近臣說：「世子未婚而予汲汲與使臣言已婚者，正恐其聯姻上國也。倘若許婚或非帝女，雖或親女，語音不通，非我族類，而恃勢驕恣，壓視舅姑，或因妒忌，片言隻辭，私通上國，不無構釁」。[9]可見，太宗國王不願與明朝聯姻是汲取高麗王朝與元朝聯姻的教訓，以避免重蹈歷史覆轍。

太宗國王不願與明聯姻，但明朝令朝鮮「別貢」處女卻無法拒絕。永樂六年（1408）四月，陪從朝鮮世子訪明歸國的宦官黃儼等一到朝鮮，就向太宗國王傳達永樂帝的聖旨：「有生得好的女子，選揀幾名將來」，太宗國王

---

[6]　《高麗史》卷33，忠宣王二年五月，第522頁。
[7]　《李朝太宗實錄》卷13，太宗七年六月庚寅，學習院東洋文化研究所，1954年。
[8]　《李朝太宗實錄》卷13，太宗七年六月庚寅。
[9]　《李朝太宗實錄》卷13，太宗七年六月庚寅。

聽後叩頭說：「敢不盡心承命」。[10]朝鮮專置進獻色官，「採童女，禁中外婚嫁」。[11]同年七月，宦官黃儼與李朝議政府官員赴景福宮同選從各地選來的處女。黃儼一看，所選之女「無美色」，遂勃然大怒，對任事者「挫辱之」。[12]太宗國王無奈，又分遣各道巡察司進行重選。他嚴令各道巡察司說：

> 前者，都觀察使、都巡問使及敬差官等，道內處女，不肯用心推刷，多有漏報者。更於大小守令、品官、鄉吏、日守兩班、鄉校生徒、百姓各戶，如有姿色，一皆擇，並令精潔梳妝，以待天使之閱視。如有隱匿女子，不肯見出，或有針灸、斷髮、帖藥，多方作謀，規避選擇者，通政以下直斷，嘉善以上申聞，並以王旨不從論，職牒收取，籍沒家產。[13]

經過朝鮮各道巡察司挑選，最後由黃儼精心選定5名女子。她們分別是工曹典書權執中、仁寧府左司尹任添年、恭安府判官李文命、護軍呂貴真、中軍副司正崔得霏之女。[14]是年十一月，這5名女子，由父兄伴送，加上從者12人，火者（閹人）12人，以藝文館大提舉李文和為進獻使，隨明使黃儼前往京師。太宗國王為掩人耳目，「不欲名言奏進處女，故使文和若實進紙札然」，當這些女子啟程時「其父母親戚，哭聲載路」。[15]

明朝從朝鮮所徵的這批處女入宮後，權氏最受永樂帝寵愛，封為顯仁妃。其兄權永均被命光祿寺卿，秩三品。「賜彩緞六十匹，彩絹三百匹，錦十匹，黃金二錠，白銀十錠，馬五匹，鞍二面，衣二襲，鈔三千張」，其他處女之父也「皆封爵有差」。[16]如任氏父任添年為鴻臚卿，李氏、呂氏父李

---

[10] 《李朝太宗實錄》卷15，太宗八年四月甲午。
[11] 《李朝太宗實錄》卷15，太宗八年四月甲午。
[12] 《李朝太宗實錄》卷16，太宗八年七月戊申。
[13] 《李朝太宗實錄》卷16，太宗八年七月己酉。
[14] 《李朝太宗實錄》卷16，太宗八年十一月丙辰。
[15] 《李朝太宗實錄》卷16，太宗八年十一月丙辰。
[16] 《李朝太宗實錄》卷17，太宗九年四月甲申。

文命、呂貴真分別為光祿少卿，秩皆四品，崔氏父崔得霏為鴻臚少卿，秩五品。「各賜彩段、金銀、鞍馬、衣鈔」。[17]權氏兄在京師期間，受到永樂帝厚待。永樂七年四月，權氏兄歸國之際，永樂帝將其召入內殿，對其說：「除汝崇班，欲令近侍。然爾妹在此，爾亦不還，老母當有不豫之情矣。命爾還國，往謹乃心，恭事國王，爾不聞古事歟？毋以怠荒，累及朕躬」。[18]權氏兄叩頭辭謝。

永樂七年五月，永樂帝又派太監黃儼、監丞海壽、奉御尹鳳等攜帶其敕諭來朝鮮徵處女。黃儼向太宗國王口宣聖旨說：

> 去年你這進將去的女子每（們），胖的胖，麻的麻，矮的矮，都不甚好。只看爾國王敬心重的上頭，封妃的封妃，封美人的封美人，封昭容的封昭容，都封了也。王如今有尋下的女子，多便兩個，小只一個，更將來。[19]

李朝太宗國王只好照辦。又「置進獻色，禁中外處女婚嫁」。[20]最後選中了前知宜州事鄭允厚之女等二人。八月，李朝遣戶曹參議吳真赴京奏報。《太宗實錄》載：「帝更求處女，故托上王之疾，求買藥物，因奏鄭允厚女子等事。儼嘗言若得絕色，即必托他事以奏故也」。[21]

翌年十月，永樂帝派太監田嘉禾、少監海壽攜帶賜給太宗國王的彩絹、銀兩等，前來迎接所選鄭氏之女。[22]

永樂帝對所選鄭氏之女頗為寵愛。其父鄭允厚被任命為光祿少卿。包括上次所選之女的父兄都「賞賜有加」。《朝鮮太宗實錄》太宗十一年（永樂

17　《李朝太宗實錄》卷17，太宗九年四月甲申。
18　《李朝太宗實錄》卷17，太宗九年閏四月乙丑。
19　《李朝太宗實錄》卷17，太宗九年五月甲戌。
20　《李朝太宗實錄》卷17，太宗九年五月甲戌。
21　《李朝太宗實錄》卷18，太宗九年八月甲寅。
22　《李朝太宗實錄》卷20，太宗十年十月丁未條載：「內史田嘉禾、海壽等，以鄭氏還京師。其父，前知宜州事鄭允厚、小宦二人、女史四人，從之」。

九年）四月壬辰條載：

> （賀正使刑曹判書）林整賫來禮部咨，曰：「奉聖旨：光祿寺卿權允均、少卿鄭允厚、呂貴真、李文命、鴻臚卿任添年、少卿崔得霏合得的俸，因路遠關不將去，著王就本國關與他。欽此。」今開：光祿寺卿月俸二十六石，少卿一十六石，鴻臚寺卿二十四石，少卿一十四石。[23]

　　永樂十五年，明廷又向朝鮮索徵處女。是年四月，賀正使通事元閔生從京師帶回永樂帝索求處女的密旨。李朝遂以贊成金漢老、判漢城府事沈溫為進獻色提調，「遣人于各道選處女」。太宗下旨宜寧府院君南在、左議政朴訔曰：「處女須旁求，以稱予事上之意」。[24]經各道文武兩班的精心揀選，選中奉善大夫宗簿副令黃河信17歲之女和中副司正韓確之妹。八月，二女由侍女各六人，火者各二人及兩兄陪隨，同黃儼等前往京師。時「路旁觀者，莫不垂涕」。[25]由於路途遙遠，旅途勞累，黃氏出了問題。其實，就在黃儼選女時，就發現黃氏姐夫金德章一直心神不定地守在窗外，被黃儼責罵驅走。及前往京師途中，黃氏得了腹痛之病。「醫用諸藥皆無效」，每天夜從婢必須以手摩動其腹，「一夜小便時，陰出一物，大如茄子許，皮裏肉塊也」。[26]至此，方知黃氏不是處女。經審問，黃氏交代，曾與姐夫金德章鄰人皂隸私通。當永樂帝得知黃氏非處女後勃然大怒，認為朝鮮犯欺君之罪，要嚴懲太宗國王。其寵妃韓氏哭求道：「黃氏在家私人，豈我王之所知也」。[27]永樂帝覺得韓氏所說不無道理，遂放懲治太宗國王的想法，將黃氏交給韓氏，令其發落。

　　永樂帝向朝鮮處女，屬皇帝個人隱私，故皆派心腹宦官秘密進行。永

---

[23] 《李朝太宗實錄》卷21，太宗十一年四月壬辰。
[24] 《李朝太宗實錄》卷33，太宗十七年四月甲子。
[25] 《李朝太宗實錄》卷33，太宗十七年八月己丑。
[26] 《李朝世宗實錄》卷26，世宗六年十月戊午，學習院東洋文化研究所，1956年。
[27] 《李朝世宗實錄》卷26，世宗六年十月戊午。

樂七年八月，宦官黃儼曾對太宗國王說：「若得絕色，即必托他事以奏故也」。[28]當永樂帝得到鄭允厚之女後甚是歡心，派黃儼以「故托上王之疾，求買藥物」[29]為名前來感謝鄭氏。黃儼傳達永樂帝聖旨時說：「帝更求有姿容處女，其得鄭允厚女，不令朝官知，若托以答王求藥物也。今賜藥物，實報鄭氏之赴京也」。[30]永樂帝為滿足個人私欲，多次向李朝索徵處女，給朝鮮帶來沉重的負擔。

宣德帝即位後，仍向朝鮮徵索處女。宣德元年（1426）三月，太監尹鳳前往朝鮮，口傳宣德帝聖旨：「爾去朝鮮國對王說，年少的女兒選下者，等明春著人去取」。[31]世宗國王只好從命，「即令京外禁婚，置進獻色」。[32]翌年五月，朝鮮共選出都總製成達生等之女七人，還有「執饌婢子十人」。[33]這次尹鳳等所選處女中，有韓永矴之季女，其「長女選入太宗皇帝宮，及帝崩，殉焉」。[34]因其季女貌美，這次又被選中。時此女正在病中，兄韓確給其送藥，她拒不服藥。說：「賣一妹富貴已極，何用藥為？」邊說邊用剪刀劃開裝有嫁妝的包裹，「盡散臧獲家財于親戚」，以示抗爭。[35]宣德三年十月，所選處女隨明使尹鳳、昌盛等赴明。李朝派進獻使總制趙從生、韓氏親兄光祿寺少卿韓確偕行。都人士女望見韓氏之行，皆嘆息曰：其姊「韓氏為永樂宮人，竟殉葬，已可惜也。今又往焉」，甚至有垂泣者，大有「時人以為生送葬」之感。[36]翌年四月，韓確奉命出使明朝，這些在明宮的女子皆將「書（信）及剪髮藏之重囊」，讓其帶給家鄉父母。「書中之辭，皆敘其艱辛過活之意。親及兄弟見之，涕泣曰：『平生相見者，惟此髮耳』」。[37]可

---

[28] 《李朝太宗實錄》卷18，太宗九年八月甲寅。
[29] 《李朝太宗實錄》卷18，太宗九年八月甲寅。
[30] 《李朝太宗實錄》卷22，太宗十一年八月甲辰。
[31] 《李朝世宗實錄》卷31，世宗八年三月丙午。
[32] 《李朝世宗實錄》卷31，世宗八年三月丙午。
[33] 《李朝世宗實錄》卷36，世宗九年四月癸未。
[34] 《李朝世宗實錄》卷36，世宗九年五月戊子。
[35] 《李朝世宗實錄》卷36，世宗九年五月戊子。
[36] 《李朝世宗實錄》卷42，世宗十年十月壬午。
[37] 《李朝世宗實錄》卷44，世宗十一年四月丁亥。

見，明朝皇帝為索求朝鮮處女尋歡作樂，完全置屬國民眾痛苦於不顧。

明廷向朝鮮徵索「處女」，宣德以後明顯減少，至正德皇帝崩而終止。

二、明朝向朝鮮索徵「火者」

「火者」，即閹人。《高麗史》載：「高麗閹人其本系非氓則賤隸也。高麗不用腐刑，在繈褓為狗所啖者皆是，但備宮闈永巷之任而已，不得拜參官」。[38]元世祖時，曾向高麗徵閹人數名，充當內侍。後來有的閹人被元朝任官後，「奉詔來使，復其家，官其族，恩寵至厚」，於是「殘忍僥幸之徒轉相慕效，父宮其子，兄宮其弟。又其強暴者，小有憤怨，輒自割勢。不數十年間，刀鋸之輩甚多」。[39]

明朝向朝鮮徵索火者，始洪武二十一年（1388）。是年十二月，朱元璋派前元院使喜山、大卿金麗、普化等前往朝鮮索徵火者。[40]洪武二十四年四月，朱元璋又遣前元中政院使韓龍黃、禿蠻等赴朝鮮，諭恭讓王：「各官處需閹人二百名」。[41]洪武二十七年五月，朝鮮又「獻閹人五名于帝」。[42]

永樂年間，是明廷向朝鮮索徵火者最頻繁的時期。永樂元年（1403），朱棣即位不久，就派內史韓帖木兒赴朝，向太宗國王宣諭：「選年少無臭氣火者六十名以遣」。[43]十一月，韓帖木兒回國時，「率被選火者三十五人而赴京也」。[44]然而，永樂帝對朝鮮所貢火者很不滿意，在給朝鮮的諭旨中說：「內中有不淨的，還教領回去。說與國王，別選幾個好的來」。[45]永樂

---

[38] 《高麗史》卷122，〈宦者〉，第519頁。
[39] 《高麗史》卷122，〈宦者〉，第519頁。
[40] 《高麗史》卷137，〈辛禑傳〉，第760頁。
[41] 《高麗史》卷46，恭讓王三年四月壬午，第684頁。
[42] 《李朝太祖實錄》卷5，太祖三年五月戊午。
[43] 《李朝太宗實錄》卷6，太宗三年十一月乙亥。
[44] 《李朝太宗實錄》卷6，太宗三年十一月庚申。
[45] 《李朝太宗實錄》卷7，太宗四年四月戊子。

五年八月，韓帖木兒、尹鳳等又奉命前往朝鮮索徵火者。韓帖木兒口宣諭旨：「朕取安南火者三千，皆昏愚無用，惟朝鮮火者明敏，可備任使，是用求索。」諭旨中沒有明言火者的數量，太宗國王就此向明使詢問。韓帖木兒答道：若「有定數而國王不能充額」，則恐傷國王對皇帝至誠事大之意。太宗私下問：「帝意如何？」韓帖木兒說：「不下三、四百」。太宗聽後，莫名驚詫，無奈地說：「此物無種，豈可多得！」[46]可見，明廷火者之徵已成為朝鮮的一大負擔。是年十月，韓帖木兒回國，朝鮮派吏曹參議金天錫「管押刷出火者金安等二十九人，隨赴帖木兒如京師」。[47]翌年十一月，太監黃儼等又向朝鮮徵索火者十二人及處女五名，從者十二名。[48]永樂十七年（世宗元年1419）正月，世宗國王李祹即位，明廷派黃儼偕正使光祿寺少卿韓確、副使鴻臚寺丞劉泉「持節奉誥命來錫王命」。冊封儀式剛一結束，黃儼就宣諭永樂帝聖旨，向朝鮮「求火者四十人，印佛經紙二萬張」。[49]剛受明廷冊封的世宗國王只好極力逢迎，於是年二月，遣使臣元閔生赴明進獻火者二十人，還有純白厚紙18,000張，純白次厚紙7,000張。[50]八月，明廷派內官海壽等前往朝鮮冊封世子，並徵索火者。九月，李朝派僉知司譯院事裴蘊等押送二十四名火者赴京。[51]

宣德朝明廷仍向朝鮮火者。從《朝鮮王朝實錄》記載看共有三次：第一次為宣宗即位第二年（1427）。這年三月，宣宗帝派宦官昌盛、尹鳳、白彥三使到朝鮮，求索火者、處女。三使皆朝鮮籍宦官，其中白彥為朝鮮水原人。他藉機回鄉省親，家鄉深受其害。李朝判書許稠等在上書中云：「白彥水原來往，非獨水原廢農，旁近各官皆受其害。請招置其母，賜第京，則可除一道之弊」。[52]七月，白彥等回國，朝鮮派遣中軍都總制安壽山赴明，

---

[46] 《李朝太宗實錄》卷14，太宗七年八月丁亥。
[47] 《李朝太宗實錄》卷14，太宗七年十月丁亥。
[48] 《李朝太宗實錄》卷16，太宗八年十一月丙辰。
[49] 《李朝世宗實錄》卷3，世宗元年正月甲子。
[50] 《李朝世宗實錄》卷3，世宗元年二月丙戌。
[51] 《李朝世宗實錄》卷5，世宗元年九月丙戌。
[52] 《李朝世宗實錄》卷35，世宗九年三月丙辰。

進獻火者十人，另有，處女七人，執饌女十人，女使十六人。[53]第二次為宣德三年（1428），明使昌盛、尹鳳等選火者六人。即金城人金儒、廣州人廉龍、信州人鄭同、保寧人朴根及鄭善、金安命等。他們隨從處女韓氏一同入京。[54]第三次為宣德四年，明使昌盛、李相等徵索「火者六名，會做茶飯的婦女一十二名，學樂的小妮子八名」入京。[55]

宣德以後，明廷向朝鮮索火者明顯減少。景泰七年（1456）一次，徵索金上佐、林三淳、姜習、尹長守、白達同、林守、徐福山、李今同、朴福貞等九人。[56]成化十九年（1483）一次，徵索十九人。[57]正德十六年（1521），明武宗派遣金義等往朝鮮索火者、處女。不久武宗崩，世宗嘉靖即位，詔罷之。

以上所述，從洪武到正德，明廷一直向朝鮮徵索火者，尤其是宣德以前頗為頻繁。當時，明宮內充斥朝鮮宦官，日夜伴隨皇帝左右。因為他們的特殊身份，經常代表明朝出使朝鮮，如上文中提到的尹鳳、鄭同等都是明朝從朝鮮徵索的火者。

三、明朝向朝鮮索徵「鷹貢」

明前期明廷向朝鮮索徵的「鷹貢」盛行宣德時期。宣德元年（1426），明宣宗派使臣尹鳳前往朝鮮，要求朝鮮進獻海青鷹子。李朝大臣認為「鷹貢」屬「非常之貢物」，不宜進獻。如成權軫上奏說：「海青捕獲，未可期必，雖獲亦易死。今若進獻，繼之為難，後日來求之弊，不可勝言。今宜以非我國所產為辭奏達，以杜後日之弊。曾聞中國，以捕海東奔走諸路，恐其弊將至於我國。且求鷹，非獨民受其弊，正是皇帝之不德。逢迎成就，豈陳

---

53 《李朝世宗實錄》卷37，世宗九年七月丙午。
54 《李朝世宗實錄》卷42，世宗十年十月辛巳。
55 《李朝世宗實錄》卷45，世宗十一年七月癸亥。
56 《李朝世祖實錄》卷5，世祖二年八月癸丑，學習院東洋文化研究所，1957年。
57 《李朝成宗實錄》卷159，成宗十四年十月辛酉，學習院東洋文化研究所，1958年。

善閉邪之義？」世宗國王基於「事大」考慮，不得不進獻。他說：「皇帝已知產於吾國，不可誣也。民間之弊，予亦知之。然以大義言之，民間有弊其事輕，事大不誠其事重。若其責難陳善，非予之職，外國藩王，固無諫諍之義」。[58]翌年二月，世宗國王令朝鮮圖畫院「摸畫各色鷹子，分送各道，使之依圖捕之，以備進獻」。[59]並頒布賞令各道，「捕獲者賞職：無職人初授八品，有職人超一等，賤人則給米五十石」。[60]同年八月，李朝派進鷹使李伯寬赴京進獻，「鴉鶻十連，黃鷹二十連，皂鷹六連」。[61]十月，遣進鷹使李思儉赴明進獻海青一連、黃鷹五連。[62]十一月，又進獻鴉鶻四連、海青三連。[63]宣德三年十一月，李朝進獻海青三連，陳鷹二連。[64]宣德四年七月，進獻鴉鶻三十連、黃鷹十連、皂鷹四連，大狗四十隻。[65]為此，是年九月，明宣宗在給朝鮮世宗國王的敕諭中說：「王比遣使進海青、鷹犬，足見王之誠意。使回，賜王磁器十五卓」。[66]

　　明朝索求鷹貢，給朝鮮造成沉重的負擔，地方官民暗中抵制，因而所貢之數往往不能滿足明廷的需要，致使明廷派人直接前往採捕。宣德六年八月，明宣宗敕諭朝鮮國王曰：「今遣內官昌盛、尹鳳、張童兒、張定安等率領官軍一百五十員名，往毛憐等衛取海青、土豹等物。敕至，王即遣的當人護送，從朝鮮後門取路前去。所用糧食，煩王供給。如或天道寒冷，合用衣鞋之類，並所採海青、土豹等物，回還緣途，合用肉食餵養，王亦從宜造辦與之，就令人護送出境。」[67]

　　宣德皇帝為捕鷹事，還敕諭居住朝鮮東北部的猛哥帖木兒「即令部屬人

---

[58] 《李朝世宗實錄》卷33，世宗八年九月己未。
[59] 《李朝世宗實錄》卷35，世宗九年二月己卯。
[60] 《李朝世宗實錄》卷37，世宗九年八月戊午。
[61] 《李朝世宗實錄》卷37，世宗九年八月戊午。
[62] 《李朝世宗實錄》卷38，世宗九年十月庚午。
[63] 《李朝世宗實錄》卷38，世宗九年十一月甲辰。
[64] 《李朝世宗實錄》卷42，世宗十年十一月庚申。
[65] 《李朝世宗實錄》卷45，世宗十一年七月癸亥。
[66] 《明宣宗實錄》卷58，宣德四年九月丁卯，中央研究院歷史語言研究所，1962年勘本。
[67] 《李朝世宗實錄》卷53，世宗十三年八月辛亥。

等採取海青、土豹等物差人進來,仍差人護送至朝鮮後門,交付內官昌盛等一同將來」。[68]這種大規模的捕鷹活動,使朝鮮深受其害。朝鮮大臣金宗瑞氣憤地說:採捕大軍「經過郡邑,多作民弊,今年如是,明年又如是,連年出來,重困吾民,深以為恐」。[69]直到宣德十年正月,宣德皇帝駕崩,這種採捕活動才暫告停止。

明英宗即位後,仍有鷹貢之求。據《世宗實錄》世宗二十二年(正統五年1440)九月條載:

> 傳旨咸吉、平安道觀察使、都節制使及咸吉道各官守令曰:朝廷進獻松鶻捕捉事,去丙午年傳教行移。臣民等不體予意,或懷奸詐,或不用心,所捕獲松鶻罕少。皇帝知此事由,差內使率領捕軍人,所捕頗多,予甚恥焉。且本國受弊不可勝言。今上皇帝曾不差人捕捉,只令本國採捕進獻,誠本國之幸也。如或似前不捉,前日之弊,必復作矣。其體予至懷,盡心布置,多方捕捉。[70]

世宗國王所云「丙午」年,指宣德元年明廷令朝鮮鷹貢之事。由地方臣民暗中抵制,所貢之物不足額,致使明廷派宦官昌盛等率軍人到朝鮮親自採捕,一方面使世宗國王有失「事大」之體,同時也使朝鮮「受弊不可勝言」。英宗帝即位後,不派人親自採捕,只令朝鮮採捕進獻,世宗認為是「本國之幸也」。要求各地方「盡心布置,多方捕捉」。十一月,世宗國王又傳旨各道:「有能多捕進獻松鶻者,隨宜欲加恩賞,每當翌年正月,承政院考其所捕多少以啟」。[71]鷹貢之物,屬珍禽奇獸,捕獲甚難。為了能向明廷交差,盡「事大」之誠,朝鮮議政府甚至建議,參照高麗朝「獻鷹中朝,明有前規」進行立法,以資勸懲。[72]世宗國王接受此建議。

---

68 《李朝世宗實錄》卷53,世宗十三年九月乙酉。
69 《李朝世宗實錄》卷53,世宗十三年八月壬子。
70 《李朝世宗實錄》卷90,世宗二十二年九月癸亥。
71 《李朝世宗實錄》卷91,世宗二十二年十一月庚子。
72 《李朝世宗實錄》卷96,世宗二十四年四月庚子。

至英宗天順年間，除鷹貢以外，明廷還要求朝鮮進獻白雉、白鹿。成化初年，還進獻白鵲。這些別貢，不僅朝鮮感到是一項沉重負擔，就連明帝也認為不體恤民情。成化三年（1467）三月，成化帝給朝鮮的敕書中云：

> 去年十月，王遣金永濡進白鵲一隻，十二月遣趙瑾進海青二連，又遣崔敬禮進海青一連。三閱月之間，三次進貢，王之勤誠，固為可見。然朕即位之初，已詔各處，不許進貢花木鳥獸。況白鵲瑞之物，海青羽獵之用。朕以稽古圖治為用，得賢安民為瑞，於瑞物、羽獵澹然無所好焉。今王所獻，置諸閒處而已。勞王誠懇，良非敬上之所宜，今後勿復爾也，只宜遵守常禮進貢。況王羅致此物，豈不勞民，取嗟其怨，亦非恤下之所宜矣。[73]

成化四年，宦官姜玉出使朝鮮，要求朝鮮進獻土豹、黃鷹等物。朝鮮以成化帝「前降敕書，辭甚嚴切，今不可又進珍禽獸也。若又進，則中國恐賤也」[74]，婉言拒絕。

應該指出的是，明前期大規模的鷹貢活動，並非完全出自明帝的意願，往往摻雜皇帝身邊宦官的私欲。宣德七年十一月，朝鮮派使臣進獻鷹等，宣德皇帝就曾上諭禮部：「朝鮮貢獻頻數，已非朕所欲，今乃獻松菌及鷹，菌，食物也；鷹，何所用？珍禽奇獸，古人所戒。可諭其使，自今所貢，但服食器用之物，若鷹犬之類，更勿進獻」。[75]若像宣德帝所說，鷹貢並非其所願的話，那麼向朝鮮索求鷹貢的始作俑者就是明廷的中官，「雖假處女、鷹犬為名，實為謀利而來」。[76]

---

[73] 《李朝世祖實錄》卷41，世祖十三年三月乙亥。
[74] 《李朝世祖實錄》卷46，世祖十四年四月辛亥。
[75] 《明宣宗實錄》卷96，宣宗七年十一月辛未。
[76] 《李朝世宗實錄》卷41，世宗十年八月丙戌。

四、「別貢」給中朝兩國關係帶來的影響

　　明前期明廷向朝鮮索徵的「別貢」，是在宗藩關係體制下，宗主國明朝對藩屬國朝鮮的強行徵索，它嚴重地影響了中朝兩國關係的正常發展。

　　首先，它破壞朝鮮的正常社會秩序，給朝鮮帶來沉重的負擔。前文所述，明廷每次向朝鮮索徵處女，朝鮮都「命禁中外婚嫁，置進獻色」。[77]所徵女子赴京時，「其父母親戚，哭聲載路」。[78]處女到明宮後，供明帝使喚玩弄，最終結局多十分悲慘。據《世宗實錄》記載：永樂帝駕崩時「宮中殉葬者三十人」，其中朝鮮女子韓氏、崔氏皆在殉葬之列。當時的慘景是：「哭聲震殿閣，堂上置木小床，使立其上，掛繩圍其上，以頭納其中。遂去其床，皆雉經而死」。韓氏臨死時，依戀不捨地對其奶娘說：「『娘，吾去！娘，吾去！』語未竟，旁有宦者去床，乃與崔氏俱死」。[79]故被選處女一旦踏上赴京之路，如同踏上黃泉路，「時人以為生送葬」。[80]

　　明廷向朝鮮索徵「火者」同樣也是朝鮮沉重的負擔。當朝鮮聽太監尹鳳等傳達永樂帝諭旨，要向朝鮮索徵火者三百至四百人時，太宗國王莫名驚詫，無奈地說：「此物無種，豈可多得！」[81]對朝鮮來說，與「處女」、「火者」之別貢相比，「海青捕獲最難，緣此外方之民，騷擾莫甚」。[82]而

---

[77] 《李朝世宗實錄》卷25，世宗六年七月丙辰。
[78] 《李朝太宗實錄》卷16，太宗八年十一月丙辰。
[79] 《李朝世宗實錄》卷26，世宗六年十月丙戊午。
[80] 《李朝世宗實錄》卷42，世宗十年十月壬午。
[81] 《李朝太宗實錄》卷14，太宗七年八月丁亥。
[82] 《李朝世宗實錄》卷42，世宗十年十一月己未條載：知申事鄭欽之啟：「許稠語臣曰：『前已獻海青三連，達子塞路，故未得赴京。今又送海青二連，似為未可。且獻海青，非所以輔帝德也。當念高麗之季，始有處女之選，其弊流至今日，況海青捕獲最難，緣此外方之民，騷擾莫甚。又嘗聞大金播遷，實由鷹子之故。臣愚以為當時路既未通，且已獻三連，今姑不獻二連，何如？』上曰：『此言然矣。然帝諭予捕海青以進。予即得之，不進帝，而留予宮中，其可乎？雖女孩兒與數萬匹之馬，尚不得已而獻之，況已得之海青，其可不進乎？予之宮內使喚宦豎，亦多入朝侍左右，之事，何所不知？予既為帝而捕之，不即進ўcar，予心未安。且帝若曰：『前諭海青，何以不進乎？』則予將何辭以對？今帝素好鷹犬，豈因之獻，然後至失德乎？』」

作為屬國，朝鮮明知「騷擾莫甚」，豈敢有違，只好曲意逢迎。「皇帝為其使於眼前而求之，求之如此，不從其命，無乃不可乎？」[83]恰是朝鮮君臣內心苦衷的真實流露。

不僅如此，明廷在上述「別貢」時，均派遣朝鮮籍出身的宦官為使節。這些宦官有的是元末從朝鮮徵索而來，更多的是明初從朝鮮徵索而來。他們作為皇帝的內臣，掌皇宮庫藏，對皇貢所需極為清楚。更主要的是他們原本出身朝鮮，語言便於溝通，且對故國物了如指掌。他們除代表明廷索徵別貢外，還藉機營己私利，中飽私囊。所謂「假處女、鷹犬為名，實為謀利而來」，[84]令朝鮮深惡痛絕。前文所述，永樂年間多次出使朝鮮的宦官黃儼，「私自置市而罔市利，且今日求某物，明日又求某物，至伴人亦如此。若貂皮、麻布、席子、紙地、人參，至於酢醢，無所不求。有司不堪，上曲從之。轉輸之丁，至於千名」。[85]而宣德時期出使朝鮮的宦官昌盛、尹鳳更是有過之無不及。宣德三年七月，昌盛等藉出使朝鮮之機，携帶大量私貨從事貿易，令朝鮮君臣為之驚詫。世宗國王說：「嘗聞太宗時，使臣黃儼縱欲求請，人皆曰『貪』。然儼因人諷曉，不能直達。今昌盛則貪求無厭，因予使人，頗多請之。前請未遂，又從而求。昨日既受鼠皮、白紙，又求鹿皮百張。看此氣象，難得之物亦必求之。難以應矣。」[86]左議政黃喜也說：「今昌盛之來，賞賜之櫃但六，自己之櫃百餘。人謂（黃）儼為多欲，然其私櫃，多不至三四十。今（昌）盛之櫃倍蓰儼，使臣貪利者無如此人。」[87]昌盛仰仗權勢，貪得無厭，稍不如意，就大打出手。世宗國王氣憤地說：「今昌盛求請無厭，一有不快於心，輒鞭笞朝官，其為凌辱甚矣，何以處之？將忍辱而依舊待之乎？據義而直言責之乎？卿等審聽予言，議諸兩議政以聞。」兩議政黃喜、孟思誠商議後，認為：「昌盛無知宦寺，不計禮義，專肆貪欲者也。今雖據義責之，必不懺悔，徒增憤怨矣。若含憤積憾，妄訴朝

---

83 《李朝世宗實錄》卷32，世宗八年四月壬申。
84 《李朝世宗實錄》卷41，世宗十年八月丙戌。
85 《李朝太宗實錄》卷34，太宗十七年八月丙戌。
86 《李朝世宗實錄》卷41，世宗十年八月丙戌。
87 《李朝世宗實錄》卷41，世宗十年八月丙戌。

廷，則以外國而一一辨明難矣。安知不為異日之大患乎？莫若忍辱，優待以遣」。[88]而內侍尹鳳貪欲與昌盛比毫不遜色。宣德四年七月，尹鳳回國時，「求情之物二百櫃，每荷一櫃，用八人，荷櫃軍自太平館至沙峴，絡繹不絕。使臣求索之多，未有甚此時也」。[89]

這些朝鮮籍宦官不僅營己私利，中飽私囊，還為其族親謀取非法利益。永樂元年五月，宦官朱允端、韓帖木兒奉聖旨回家鄉。朱允端「回自其鄉」後，要求朝廷授其「族親六十人職」，太宗國王只好「從允端之請也」。[90]他們得寸進尺，又要求「升林州郡為府官，金堤縣為知官」，因「林州，朱允端之鄉；金堤，韓帖木兒之鄉」，太宗國王只好「從其請」。[91]同年十一月，宦官田畦、裴整在朝鮮將要歸國之際，也為其族人請官，向太宗國王提出：「吾等明日欲還，願今日除官」，太宗不得已「除田畦、裴整之族二十人官爵」。[92]朝鮮對這些朝鮮籍的明廷宦官極為憎惡，對明廷派其出使極為不滿，「時，帝遣使皆用閹人，使臣到國傳命訖，即歸其鄉，狂悖類此，州郡苦之」。[93]

其次，明朝向朝鮮索求「別貢」，也嚴重損害了明朝在屬國朝鮮的形象。洪武初年，明與朝鮮建立封貢關係後，兩國之間保持著頻繁往來。朝鮮對明朝的供奉極力應承，謹守事大之禮。「每歲聖節、正旦[94]、皇太子千秋節，皆遣使奉表朝賀，貢方物，其慶慰謝恩無常期。若朝廷有大事，則遣使頒詔其國，國王請封，亦遣使行禮。其歲時朝貢，視諸國最為恭慎」。[95]朝鮮例行的常貢，一年通常四次，即正旦、萬壽節、千秋節、冬至。所謂「歲

---

[88] 《李朝世宗實錄》卷44，世宗十一年六月甲午。
[89] 《李朝世宗實錄》卷45，世宗十一年七月庚申。
[90] 《李朝太宗實錄》卷5，太宗三年五月壬寅。
[91] 《李朝太宗實錄》卷5，太宗三年五月丙午。
[92] 《李朝太宗實錄》卷6，太宗三年九月乙酉。
[93] 《李朝太祖實錄》卷5，太祖三年五月戊午。
[94] 自嘉靖十年（1531）時，朝貢國朝正旦，改為冬至。
[95] 申時行：《明會典》卷105，《禮部六十三》，〈主客清吏司〉，〈朝鮮國〉，中華書局，1989年，第571頁。

輒四五至焉」。⁹⁶此外，還有許多臨時性的朝貢，如謝恩、進賀、陳慰以及進獻特殊貢品，「率無常期，或前者未還而後者已至」。⁹⁷這是朝鮮對明朝謹守事大之禮的真實寫照。而明朝自恃天朝大國，以「普天之下，莫非王土，率土之濱，莫非王臣」自居，對屬國朝鮮屢次索徵「別貢」，給朝鮮帶來沉重的負擔，嚴重損害明朝在朝鮮心目中形象。朝鮮甚至對宗主國發出如下拷問，「中國謂本國有禮義，今進獻，則中國豈無非之者，何以處之？」⁹⁸當世宗國王得知，明廷所派宦官在朝鮮未得到滿足，則對李朝官員大打出手，氣憤地說：「吾以至誠待彼，凡所求索，無不曲從，贈與之物動計千百。今以不義，辱我邊將，其貪婪無恥，至於如此！中國不遣朝臣，專任宦寺，何哉！」⁹⁹並尖銳地指出：「自古天下國家之亂，由宦寺。奉使而來者皆此輩也，則上國之政可知也」。¹⁰⁰這種批評不無道理。可見，明廷派宦官向朝鮮索求，損害了天朝大國的形象。對此，明朝官員也有所反思。嘉靖二十四年（1545），巡按山東監察御史劉廷指出：「遣使賜祭加爵，前此多用太監等官充之……以此詔諭遐方，囊箱之狼戾，道途之驛騷，姑未暇論，其如國體何哉！臣濫叨巡歷遼東，耳聞目擊，前此欽差太監，足戒前車。故朝鮮有『一接太監，數年窮困』之謠」。他諫言「今後奉使朝鮮，推舉翰林院、六科、行人司行人數員，請旨簡用，仍限俟事出郭，不許遷延遊宴及多帶私人、私槓等項。如違，聽巡按御使查參究治。庶宿弊可釐，而皇上正大光明之治，亦或少裨於萬一也。臣冒瀆聖聰，無任祈懇待罪之至。緣係慎簡使臣，以尊國體，以懷遠邦事」。¹⁰¹嘉靖帝對此上疏十分重視，採納了其諫言。嗣後出使朝鮮多派文臣，很少再派宦官。對此，朝鮮方面有切身

96　《明史》卷320，〈外國一〉，〈朝鮮〉，中華書局，1974年，第8284頁。
97　嚴從簡：《殊域周諮錄》卷1，東夷，朝鮮條載：「每歲凡萬壽聖節、正旦、皇太子千秋節，皆遣使奉表朝賀，貢方物。其他慶慰謝恩等使率無常期，或前者未還而後者已至。雖國王不世見，然事天朝最恭謹，天朝亦厚禮之，異他蕃」。故宮博物院印本。
98　《李朝世宗實錄》卷31，世宗八年3月庚申。
99　《李朝世宗實錄》卷21，世宗五年九月乙巳。
100　《李朝世宗實錄》卷58，世宗十四年十二月丁亥。
101　《李朝明宗實錄》卷2，即位年十一月癸酉，學習院東洋文化研究所，1960年。

感受,「大抵文臣出來,則雜物甚簡;太監出來,則雜務甚繁」。[102]

　　第三,朝鮮與明宮中朝鮮宦官之聯繫,對中朝兩國關係有下列影響:從洪武到正德,明廷向朝鮮多次索求火者,僅宣德以前竟達十二次,入明火者的人數達一百六、七十人。這些充斥明宮內的朝鮮宦官,日夜陪伴皇帝左右,且常以其為出使朝鮮的使節。如喜山、尹鳳、鄭善、鄭同等,都是從朝鮮索徵的火者。如前所述,宣德以前明廷幾乎年年派遣這些宦官作為使節,出使朝鮮。景泰、成化以後,雖亦有之,但遠不如宣德以前。嘉靖以後,出使多為朝臣,宦官極為有限。所以自景泰以後,朝鮮就多以在明宮中朝鮮籍宦官之族親為使臣,入明後,多方聯絡宮中朝鮮籍宦官,甚至採取賄賂的手段,以便得到他們的照應。成化二年(1466),朝鮮就遣尹鳳弟重富之子尹吉生作為使臣入明朝貢。[103]成化二十三年,故去的朝鮮府院君韓明澮,既是明憲宗寵妃韓氏之兄,又與明廷得勢的宦官鄭同關係甚密。史載:其歷仕至領議政,為四朝重臣,「屢奉使朝京,附老宦鄭同,多以所賚私獻帝,副介莫敢止之」。[104]他每次出使明朝都能如願以償的秘訣,就是利用自己的特殊身份,向明廷宦官、皇帝大肆行賄。正如司諫金蹟所云:「臣聞中朝太監權重,禮部、翰林院皆從其言。若與太監族親俱往,因緣開說,事或可成」。[105]正德二年(1507),貢使盧公弼所云更是一針見血。奏文云:「太監李珍及序班崔瑛、李相等,我國凡事極力圖之,苟非此人,則難以成事矣。其贈遺之物,不可無也」,中宗國王心知肚明,下教曰「知道」。[106]可見,在明朝的朝鮮籍宦官對朝鮮的求請,有求必應,是朝鮮使臣賄賂的結果。不僅如此,朝鮮使臣甚至與明宮內朝鮮籍宦官相互勾聯從事貿易活動。史載:朝鮮使臣「凡赴京之行,貿易之物,公私紛擾,未有紀極」,以致引起明朝的極大反感,甚至認為「朝鮮人非為貢獻,其實為貿易而

---

[102] 《李朝中宗實錄》卷76,中宗二十八年十月戊寅,學習院東洋文化研究所,1959年。
[103] 《李朝世祖實錄》卷38,世祖十二年四月癸卯條載:「吉生,太監尹鳳之侄,鳳弟中樞重富之子,為後鳳,鳳欲見之,每因入朝使臣請之,以遭母喪,不得遣。至是起遣之。」
[104] 《李朝成宗實錄》卷209,成宗十八年十一月己酉,學習院東洋文化研究所,1957年。
[105] 《李朝成宗實錄》卷46,成宗五年八月癸卯。
[106] 《李朝中宗實錄》卷3,中宗二年八月癸巳。

來」。[107]

　　上述朝鮮與明廷朝鮮籍宦官互相聯繫，相互利用的現象到嘉靖後期，明宮中的朝鮮籍宦官相繼故去後，朝鮮籍宦官對明代中朝關係的影響也隨之消失。

（本文原載《東北師大學報》2009年3期）

---

[107] 《李朝中宗實錄》卷68，中宗二十五年四月己丑。

洪武時期高麗、李朝與明朝關係探析

明洪武初年,剛剛建立的大明政權面臨國內及周邊極為複雜的形勢,為了避免元朝與高麗聯手,明太祖朱元璋積極與高麗進行交往,而高麗面對北元與明朝兩大勢力一時尚難做出抉擇,時而對明朝、北元採取雙邊外交,時而棄明投元,致使兩國關係緊張。李成桂即位改國號朝鮮後,明與李朝的關係始終沒有得到根本改善。直到明成祖朱棣即位,兩國關係才逐漸走上正常發展的軌道。

一、高麗恭愍王時期對明朝、北元的雙邊外交

高麗恭愍王是高麗王朝第31代王,是高麗忠肅王之子,原名祺,蒙古名伯顏帖木兒。元至順元年(1330)生,忠肅王時封為江陵大君。至正元年(1341),元帝召他入元宿衛。至正十二年初,被元帝封為國王,後更名為顓。恭愍之號為明太祖朱元璋所賜。恭愍王從至正十一年(1351)至洪武七年(1374)在位。

明朝之初,周邊的形勢對剛剛建立的明政權極為不利。元朝的殘餘勢力仍然控制著漠北及遼東等地區,並沿用元朝的國號(史稱北元)。當時,山西有故元河南王擴廓帖木兒部十萬之眾居太原;東北有故元丞相納哈出部二十萬大軍屯金山(今遼寧開原縣東北);南方有故元梁王把匝剌瓦爾密的勢力。如《明史紀事本末》所載:時北元「引弓之士不下百萬眾也,歸附之部落不下數千里也,資裝鎧杖,尚賴而用也,駝馬牛羊尚全而有也」。[1]從國內形勢看,明境內地方割據勢力尚未肅清。特別是連年戰爭造成土地荒蕪,

---

[1] 谷應泰:《明史紀事本末》卷10,《故元遺兵》,中華書局,1977年,第149頁。

人口銳減，亟需恢復經濟，醫治戰爭創傷。而北元的勢力妄圖東山再起，極力拉攏和利用原臣服於己的高麗王朝，希望高麗「宜助力，復天下」。[2]面對國內及周邊的嚴峻形勢，明廷採取主動交往朝鮮，速滅北元的策略。為此，明太祖朱元璋即位當年的十二月，就派符寶郎契斯帶著璽書赴高麗通報即位之事。[3]璽書的內容，主要是向恭愍王通報，明取代元的歷史大勢，示意高麗識時務，背元向明，並表示與高麗建立外交關係。

此時，高麗王朝十分關注中國政局的變化。早在元末動亂期間，高麗就與南方的張士誠、方國珍等有頻繁的接觸。至正二十四年（1364），還接待朱元璋的部下。與此同時，高麗也向北元派出千秋節賀使，探知彼中形勢，因道路受阻，中途返回。恭愍王盛怒之下「杖復遣之」。[4]表明高麗心懷兩端，游離元、明兩大勢力之間。

翌年四月，明使契斯到達高麗後，恭愍王歡迎備至。當契斯完成使命回國時，恭愍王向契斯「饋鞍馬、衣服」等物，契斯執意不受，贈「人參、藥物亦不受」，恭愍王只好「命文臣賦詩以贈」。[5]為表示對明朝的友好，恭愍王也於同年五月派使臣洪尚載、李夏生「奉表如金陵（南京）賀登極」，並向明廷謝恩。[6]明太祖對恭愍王派使賀表、謝恩十分滿意。為了進一步發展與高麗的友好關係，明太祖又於同年六月，派在明宮作宦官的高麗籍人金麗淵將流寓明境內的高麗人約160名護送回國，並致書恭愍王說：「朕念其人豈無鄉里骨肉之思，故令有司遣使護送東歸，而內使金麗淵適在朕側，自言亦高麗人，家有老母，久不得見。朕念其情，就令歸省，並護送流寓者還」。[7]並由金麗淵帶給恭愍王紗、羅各六匹，以示友好。金麗淵護送高麗

2　《高麗史》卷44，恭愍王二十二年二月乙亥，第652頁。

3　《明太祖實錄》卷37，洪武元年十二月壬辰；《高麗史》卷41，恭愍王十八年四月壬辰條也收入此詔書。

4　據《高麗史》卷41，恭愍王十七年十月癸酉條載：「遣判宗簿寺事文天式如元，賀千秋節，天式至遼陽，道梗而還，杖復遣之」。

5　《高麗史》卷41，恭愍王十八年五月丁酉，第629頁。

6　《高麗史》卷41，恭愍王十八年五月甲辰，第629頁。

7　《明太祖實錄》卷40，洪武二年四月乙丑。

流人回國不久，恭愍王即遣使赴明「貢方物，且請封」。[8]表明高麗承認明朝的宗主地位。洪武二年八月，明太祖再次派契斯帶著冊封詔書和金印赴高麗對恭愍王進行冊封。[9]明廷「封王顓（恭愍王）為高麗王」，[10]「賜高麗金印，龜紐，方三寸，文曰：『高麗國王之印』」，[11]正式確立明與高麗的封貢關係。

明朝與高麗何以在這麼短時間內建立封貢關係？對高麗而言，一是傳統慕華思想，二是藉此機會擺脫元朝的長期控制，與明朝建立關係，使高麗的利益不受損害；對明朝而言，與高麗建立關係，意味著切斷元朝的重要臂助，有利剪除元朝的殘餘勢力，以及與其他周邊國家建立封貢關係時起著一種號召作用。

明與高麗建交後，兩國關係一度較為融洽。洪武三年八月，高麗遣三司使姜德贊「上表謝賜冕服，貢方物，並納元所授金印」，[12]表明高麗與元朝脫離封貢關係。同年，明朝重開科舉，特詔高麗「如有經明行修之士，各就本國鄉試貢，赴京師會試，不拘額選取」。[13]是年九月，高麗派朴實、金濤、柳伯儒隨賀正使工部尚書權鈞前往南京赴考。[14]金濤一舉中三甲第五名，為這場科考惟一中進士的外國學子。明廷授予他東昌府丘縣（今山東省安丘）丞，金濤「以不解華語且親老，願還本國，詔許之」。[15]由於金濤榮登明科舉金榜，又蒙賜官而名揚，提高了高麗在明朝的聲望。此後，兩國關係更加密切。朱元璋還沿用元朝的做法，將政敵流放高麗，由其代為監管。

---

[8] 《明史》卷320，〈朝鮮傳〉，第8279頁。
[9] 《明太祖實錄》卷43，洪武二年八月丙子條載：「諮爾高麗王王顓，世守朝鮮，紹前王之令緒，恪尊華夏，為東土之名藩。當四方之既平，嘗專使而往報，即陳表貢，備悉衷誠。良由素習文風，斯克謹修臣職，允宜嘉尚，是用襃崇。今遣使賫印，仍封為高麗國王，儀制服用，許從本俗。戲！保民社而肇封式，遵典禮，傳子孫永世。作鎮邊陲，其服訓詞，益綏福履！今賜《大統曆》一本，錦繡絨綺十匹」。
[10] 《明史》卷2，《本紀第二》，〈太祖二〉，第23頁。
[11] 《明史》卷68，《志第四十四》，〈輿服四〉，第1663頁。
[12] 《明太祖實錄》卷55，洪武三年八月辛酉。
[13] 《高麗史》卷42，恭愍王十九年六月辛巳，第636頁。
[14] 《高麗史》卷42，恭愍王十九年九月辛丑，第641頁。
[15] 《高麗史》卷111，《列傳第二十四》，〈金濤傳〉，第345頁。

最初流放有明玉珍之子明升、陳友諒之子陳理及其家屬。他們最初閑居南京，鬱鬱不樂，頗多怨言。朱元璋認為「宜處之遠方，則釁隙無自生，可始終保全矣」。[16]遂將陳理、明升及其家屬共27人遷徙高麗，令其「不做軍、不做民，閑住，他自過活」。[17]即長期居住朝鮮。恭愍王還派大臣張子溫、成唯得等多次赴南京賀萬壽節、千秋節、元旦等。明太祖都親切地接見，並詳細詢問高麗國內的情況。《高麗史》載：「問城郭何如？問甲兵如何？問王居如何？」[18]洪武五年，恭愍王派使臣去南京，在呈給明廷的〈賀平蜀表〉中，表示嚮往那種「男有室，女有家，悉皆按堵，書同文，車同軌，孰敢不廷」[19]的中華文化。並向明廷提出派遣高麗子弟到南京國子監學習。其云：「伏望憐臣向化之誠，諒臣成人之美，特垂明詔，渙發俞音。倘容互鄉之童，得齒虞庠之冑，臣謹當奉揚聲教，永綏箕子之封，罄竭忠誠，益貢華人之祝。」[20]

然而，要使高麗棄元投明，對高麗君臣來說，既涉及高麗國家的實際利益，也關涉到高麗君臣思想觀念的轉變，兩國之間需要一段磨合適應的過程。如前所述，高麗曾經長期臣服元朝，且與元朝世代通婚，因此，與北元的關係一時斷絕是很難的。高麗國內的親元勢力還有相當的基礎。就高麗本身而言，既希望擺脫元朝的控制，又不希望元朝立即滅亡；既想依附剛剛建立的明朝，又怕這個陌生的大國對自己造成威脅。這種矛盾的心態，使高麗委蛇兩國之間。即臣附明，又不肯棄元。明軍進占元大都之前，元順帝還曾考慮到高麗濟州島避難。元大都被明軍攻陷後，元順帝北遁，高麗仍與盤踞遼陽行省的元將納哈出暗中聯繫。洪武二年（恭愍王十八年，1369）九月，「北元吳王、淮王、雙哈達王皆遣使報聘」高麗，[21]恭愍王在「王輪寺宴淮

16　《明太祖實錄》卷71，洪武五年正月乙丑。
17　《高麗史》卷43，恭愍王二十一年五月癸亥，第648頁。
18　《高麗史》卷42，恭愍王十九年三月庚辰，第633頁。
19　《高麗史》卷43，恭愍王二十一年三月甲寅，第647頁。
20　《高麗史》卷43，恭愍王二十一年三月甲寅，第647頁。
21　《高麗史》卷41，恭愍王十八年九月己亥，第630頁。

王、吳王使，二使各獻黃金佛一軀」。[22]十一月，納哈出「遣使來獻馬」。[23]洪武三年二月，納哈出又向高麗「遣使獻方物，仍求官。並以黃金八兩求婦人腰帶」，恭愍王賜予他們「細布二匹，婦人金帶一腰，還其金」。[24]三月，吳王、淮王又「遣使來獻方物」。[25]洪武四年，吳王「遣使來聘」。[26]洪武五年四月，納哈出「遣使來獻土物」。[27]洪武六年，明軍在漠北敗元將擴廓帖木兒，在遼東敗納哈出後，北元立即遣波都帖木兒與于山不花前往高麗，以「中興」相號召，希望高麗助一臂之力「復正天下」，恭愍王最初「欲遣人殺之」，群臣皆認為不可以。[28]在群臣的強諫下，不得不予以接見，但又懼怕明廷知道怪罪，只好以「眼疾」不敢見日為藉口，夜接見元使。《高麗史》載：「王夜見元使曰『予眼疾，見日大劇，故以夜待之』。蓋為朝廷知也」。[29]元使回還時，「還以苧布附獻」。[30]上述高麗與北元勢力頻繁交往，嚴重地影響了與明廷關係的健康發展，以致發生高麗殺害明朝使者的事件。

　　洪武五年五月，明使孫內侍（原為高麗入貢元朝的高麗籍宦官）奉明廷之命護送陳理、明升等到高麗後，卻在朝鮮王京佛恩寺的松樹上吊死。高麗報以自縊，但傳言是被高麗蓄意謀殺的，這不能不引起明廷的懷疑。明太祖在接見高麗使臣時，曾就此事提出質疑，使臣雖百般辯解，卻難以辯白，這樣無疑給兩國關係蒙上了陰影。此事真相今天已很難查明。但兩年後，又發生明使蔡斌父子及林密被害的事件。洪武七年九月，明廷派禮部主事林密、孳牧大使蔡斌赴高麗購2000匹馬回國。時恭愍王被權臣所殺，林密等恰在高麗，親元派權臣李仁任等恐明朝「問恭愍之故」，所以「密諭（金

---

[22]　《高麗史》卷41，恭愍王十八年十月甲子，第631頁。
[23]　《高麗史》卷41，恭愍王十八年十一月戊午，第631頁。
[24]　《高麗史》卷42，恭愍王十九年二月壬午，第632頁。
[25]　《高麗史》卷42，恭愍王十九年三月甲午，第632頁。
[26]　《高麗史》卷43，恭愍王二十年五月乙亥，第643頁。
[27]　《高麗史》卷43，恭愍王二十一年四月甲申，第648頁。
[28]　《高麗史》卷44，恭愍王二十二年二月乙亥，第652頁。
[29]　《高麗史》卷44，恭愍王二十二年二月戊寅，第652頁。
[30]　《高麗史》卷44，恭愍王二十二年二月乙酉，第653頁。

義殺（蔡）斌以滅口」。金義得到密令後，待蔡斌等行至開州站（今遼寧鳳城），遂殺蔡斌父子，執林密，投奔納哈出。[31]由此事件，可以看出高麗國內親元派東山再起的囂張氣焰。

明太祖本來對高麗與北元的藕斷絲連就十分不滿，又連續發生明使被害事件，便更加對高麗失去信任感。從洪武六年起，明太祖多次指責高麗事明沒有誠意，並下令對高麗的朝貢進行限制，兩國關係變得緊張起來。此時高麗政局混亂，恭愍王「至晚年，猜暴忌克，荒惑滋甚」。[32]「暴忌」與「荒惑」互為因果，最終為身邊寵臣洪倫所弒，辛禑在親元派權臣的擁戴下即國王後，高麗與明朝兩國的關係更加惡化。

二、高麗辛禑王時期的親元脫明外交

高麗辛禑王為恭愍王養子，洪武八年至洪武二十年（1375-1387）為高麗國王。洪武七年九月，洪倫等弒恭愍王，以侍中李仁任為代表的親元派，主張立辛禑。他力主辛禑為王，自有其不可告人的目的，「自古國君被弒，為宰相者先受其罪，帝（指朱元璋——引者）若聞先王之故，興師問罪，公必不免，莫若與元和親」。[33]李仁任力主立辛禑可謂一箭雙雕，既可免殺身之禍，又可以擁戴新王有功，挾持幼小國王與元和親，恢復與元的傳統關係。洪武八年正月，北元納哈出派使者前往高麗詢問王位繼承事宜。十月，北元都總兵河南王中書右丞相擴廓帖木兒致書高麗，希望與高麗恢復宗藩關係。為了與高麗恢復宗藩關係，北元對新建立的大明朝極盡攻擊誣衊之能事，說什麼高麗即便「南事朱寇（明朝——引者）」，對明行「事大之禮，則彼之親汝，安汝，未必能如汝心」，如能歸服北元，則可「共成犄角」，「贊我國家中興之業」，希望高麗「善審利害輕重，速令使來」。[34]當時剛繼位的辛

---

[31] 《高麗史》卷131，《列傳第四十四》，〈金義傳〉，第673頁。
[32] 《高麗史》卷44，恭愍王二十三年九月甲申，第665頁。
[33] 《高麗史》卷126，《列傳第三十九》，〈李仁任傳〉，第578頁。
[34] 《高麗史》卷133，《列傳第四十六》，〈辛禑一〉，第688頁。

禑及權臣從骨子尚未脫離與北元的干係，接到北元來書後，即派密直副使孫彥赴元，向北元中書省呈上高麗百官上書。高麗在給北元的上書中重溫與元朝關係的舊夢，再三表白要「世世相承，保有東土」，[35]其背明投元之心由此可見。洪武十年二月，北元遣使赴高麗封辛禑為高麗國王。至此，高麗行北元「宣光」年號，「中外決獄，一尊至正（元朝年號）條格」。[36]同年三月，高麗遣三司左使李子松奉表赴北元謝恩。高麗恢復與北元的關係，嚴重損害了與明朝的關係。

　　高麗親元背明與北元重建宗藩關係的行徑遭到大臣鄭夢周、鄭道傳、朴尚衷等人的強烈譴責。被時人譽為「東方理學之祖」的鄭夢周針對北元遣使賜詔，親元派權臣李仁任親元背明、議迎元使的行為，聯合大臣上書進行譴責。他說：「夫元氏失國，遠來求食，冀得一飽，以延須臾之命，名為納君，實自利也」，明廷「初問金義之事，故已疑我矣。又聞與元氏相通，而不問金義之罪，則必謂我殺使，與敵無疑也。若興問罪之師，水陸並進，國家其將何辭以對之乎？」他主張「執元使，收元詔」[37]將殺害明使的罪魁禍首送至京師。與鄭夢周齊名的著名朱子學家鄭道傳也是積極反對者。當元使東來之時，他上書主張將元使拒之門外。權臣李仁任命其迎接元使，鄭道傳表示說：「我當斬使首以來……縛送明」，並「備陳利害，辭頗不遜」。[38]後兩人均被流放外地。更值得稱道的是大臣朴尚衷。他得知金義殺明使投奔北元後，立即上書指出：「今若不正其罪，社稷之禍自此始矣」。北元使者到高麗，他又上書卻之，並在書中數親元派誤國害民行徑。他說：「夫信而從逆，天下之不義也……為臣子而反先王事大之意，致使殺天子之使而奪其馬，罪惡孰甚焉！而一、二臣心懷不忠，規賣國以自利，欲以其罪惡嫁禍國家，必欲使宗社夷滅，生民糜爛而後已，可不痛哉！」[39]然而，這位忠言志士卻遭到親元派廷杖後，死於發配途中。

---

[35] 《高麗史》卷133，《列傳第四十六》，〈辛禑一〉，第689頁。
[36] 《高麗史》卷133，《列傳第四十六》，〈辛禑一〉，第690頁。
[37] 《高麗史》卷117，《列傳第三十》，〈鄭夢周傳〉，第444頁。
[38] 《高麗史》卷119，《列傳第三十二》，〈鄭道傳傳〉，第475頁。
[39] 《高麗史》卷112，《列傳第二十五》，〈朴尚衷傳〉，第361-362頁。

應當說，在明開國之初，明朝與高麗交往態度是真誠的，行動是積極的。然而，在洪武五年以後，接連發生了明使在高麗被綁架殺害、恭愍王被弒，高麗棄明投元與北元恢復傳統關係等事件，使明朝改變了對高麗的認知。洪武六年七月，明太祖接見高麗使者姜仁裕等，對高麗的所為予以嚴厲的斥責。他說：「恁國王不志誠，忒肆忒惑」，盡要「小計量」，「小見識」，簡直就是「波皮王」。至談到今後兩國的關係，明太祖又說：「恁來可也，由恁；不來，可也罷」，「恁這一姓王子數百年休教，失了便好」。[40]可見，明太祖對高麗不予以寬恕，甚至認為不可禮遇。洪武十二年十二月，明太祖談到恭愍王被弒時，竟斥責高麗，若「以《春秋》論之，亂臣賊子，人人得而誅之」。[41]又說：高麗「所恃者滄海耳，不知滄海與我共之。爾如不信，朕命舳艫千里，精兵數十萬，揭帆東指，特問使者安在。雖不盡滅爾類，豈不俘囚其大半，爾果敢輕視乎！」[42]

高麗棄明投元後，也逐漸感到北元雖標榜「中興」，其實已是強弩之末，無力與新興的明朝抗衡。高麗接受北元的冊封後，北元要求高麗出兵夾擊明朝設在遼東的定遼衛，高麗卻以天寒草枯，不可出師為由加以拒絕。洪武十一年，北元昭宗去世，北元的氣數更加衰微。高麗見狀，於同年九月，又恢復了「洪武」年號，並多次遣使明朝，請求明朝為先王賜諡，准冊封國王，均為明廷拒絕。所謂「請諡」，即請求明朝賜已故國王恭愍王諡號；「承襲」請求明朝封辛禑為高麗國王。洪武十一年，高麗又派使臣「請諡」、「承襲」。

明太祖的態度仍很堅決，不予理睬。他給高麗使者的敕諭云：「朕思限山隔海，似難聲教，當聽彼自然，不干名爵。前者弒其君而詭殺行人，今豈遵法律篤守憲章者乎？」[43]高麗數次遣使赴明都吃了閉門羹，只好抬出恭愍王84歲的母親王太妃出面，向明廷請求承襲。[44]高麗的屢次「請封」，尤

---

[40] 《高麗史》卷43，恭愍王二十二年十二月壬子，第654-655頁。
[41] 《高麗史》卷133，《列傳第四十六》，〈辛禑一〉，第698頁。
[42] 《明太祖實錄》卷121，洪武十一年十二月戊辰。
[43] 《高麗史》卷134，《列傳第四十七》，〈辛禑二〉，第696頁。
[44] 《高麗史》卷134，《列傳第四十七》，〈辛禑二〉載：「今禑以穎遺孤權署國事，表請贈襲

其王太妃的上表,使明太祖對高麗的態度有所變化。洪武十九年(辛禑十二年)七月,他在接見高麗貢使時,雖斥責高麗「正性不常」,卻令高麗「削去歲貢」,改為「三年一朝」。[45]明太祖對高麗看法有所轉變後,對高麗提出的請諡、承襲也就順理成章地允准了。同年九月,明朝正式冊封辛禑為高麗國王,恭愍王的「恭愍」諡號也同時被頒賜。辛禑王雖然得到了明廷的冊封,但兩國之間的關係並沒有得到多少改善。

洪武二十年(辛禑十三年),明朝降服了故元納哈出的勢力,掃除了進一步經略東北邊疆地區的障礙。同年十二月,明廷決定欲在朝鮮半島東北部之南端設鐵嶺衛,[46]這是明廷首次明確提出接收元管轄下鐵嶺以北的領地和當地女真人的要求。高麗國王辛禑得知這一消息,驚慌失措,決定採取主動,進犯遼東。翌年四月,辛禑以重臣崔瑩為八道都統使、昌城府院君曹敏修為左軍都統使、東北面都元帥李成桂為右軍都統使,率軍侵犯遼東。[47]辛禑此舉不得人心,師至威化島,前鋒主將李成桂率眾倒戈而還,發動政變,廢掉國王辛禑,立其子辛昌為王。辛禑發兵入寇遼東,擾亂明廷順利接管朝鮮半島元所轄鐵嶺以北女真之地的計劃,卻使李成桂乘機發動兵變,掌握軍政大權,高麗王朝名存實亡。

三、李成桂改國號朝鮮對明朝奉行「事大」外交

高麗國王辛禑被廢後,高麗王位承襲問題又成為兩國關係中的新的焦點。李成桂廢黜辛禑後,立其子辛昌為王。明太祖對高麗王位頻繁更迭十分不滿,拒絕其來朝,並命令遼東都指揮使司「如高麗國王至遼東,宜燕待之,命還其國」。[48]同年十二月,李成桂又廢辛昌,立定昌君王瑤,是為

位,已有年矣。妾與國人無大無小,日夜瞻望,以俟德音猶未降也。陛下為天地,天地之間,洋洋乎發育,萬物各得其性而獨小邦不沾王化,妾實痛之!妾實痛之。」
- [45] 《高麗史》卷136,《列傳第四十九》,〈辛禑四〉,第737頁。
- [46] 《明太祖實錄》卷187,洪武二十年十二月壬申。
- [47] 《高麗史》卷137,《列傳第五十》,〈辛禑五〉,第750頁。
- [48] 《明太祖實錄》卷195,洪武二十二年正月庚寅。

恭讓王。第二年，高麗遣使奏報：「國王王昌非王氏後，實辛肫子禑之子，國中人民多不服。故別求王氏宗親定昌國院君王瑤，迎立嗣位，以續王氏之後。伏望朝廷允所請」。[49]朱元璋還是不見高麗使者，也不予以冊封。諭禮部尚書李原名說：「高麗限山隔海，其人多詐，今云廢黜異姓，擇立王氏宗親……其真偽莫知，若果為本國臣民所推，亦聽其自為。倘陰謀詐立，一旦變更，盡為虛妄，必將禍起不測，皆自取也。爾宜備諮其國人知之」。[50]明朝對高麗採取不予理睬「聽其自為」靜觀其變的態度。

　　洪武二十五年（1392），高麗的政局又發生變化。高麗權臣李成桂廢黜王瑤，自立為國王。[51]至此立國470年的王氏高麗政權至此滅亡。李成桂即高麗王位後，一改高麗舊法，對明奉行「事大」外交。他即位之初，並未立即改高麗國號，對明朝也未稱王，僅稱「權知高麗國事」，並立即令知密直司事趙胖前往明南京，向明廷奏報此事。在給明廷的奏表中，歷述辛禑在位期間「昏暴狂恣，多殺無辜」，以至大「興師旅」，侵明遼東的犯上行徑，並盛讚李成桂在辛禑興師犯遼時，「舉義回軍」，辛禑辭位後，王瑤「昏迷不法，疏斥忠正，昵比讒邪，變亂是非」，而李成桂「功在社稷，中外之心，夙皆歸附」，請求大明天子能「俯從輿意，以安一國之民」。[52]這個以「大小臣僚」等名義上給明廷的奏表，其實是李成桂藉機稱頌即位是民心所向，並非謀逆篡位，希望明朝對其即位國王早日允准。同年八月，他又遣前密直使趙琳前往明朝，以權知高麗國事的身份再次上表，希望得到明廷的冊封。[53]九月，當李成桂得知朱元璋所立太子朱標逝世，立朱標長子朱允炆為皇太孫的消息後，立即派三司左使李居仁前往明廷陳慰。表文云：「伏聞聖情哀戚。臣竊以父子至情，雖無紀報，壽夭定命，誠亦難違。伏冀俯為天下，從制節哀」。並帶白銀2錠，黑細麻布100匹，白細苧布100匹，「就祭

---

[49] 《明太祖實錄》卷199，洪武二十三年正月癸未。
[50] 《明太祖實錄》卷199，洪武二十三年正月癸未。
[51] 《李朝太祖實錄》卷1，太祖元年七月丙申。
[52] 《李朝太祖實錄》卷1，太祖元年七月丁酉。
[53] 《李朝太祖實錄》卷1，太祖元年八月戊寅。

魂殿」。[54]也許是明太祖對李成桂派使前來弔喪所動，才於同年十月二十二日，知中樞院事趙胖從明京師帶回的諭旨中云：「其三韓臣民，既尊李氏，民無兵禍，人各樂天之樂，乃帝命也」。[55]顯然，朱元璋對李成桂即位採取不冷不熱、尊重朝鮮臣民選擇的態度。即便這樣，對李成桂來說，未被明廷認為「篡權謀逆」算是萬幸。於是，遂派門下侍郎贊成事鄭道傳為謝恩使赴南京謝恩。謝恩表中除對大明皇帝表示謝恩外，更主要是表示事大以誠，「以慎封疆之守，臣謹當始終如一；蓋殫事上之誠，意萬斯年」。[56]同年十一月，李成桂又向明廷請求更改國號問題。擬議兩個國號，一是「朝鮮」；一是「和寧」，遣藝文館學士韓尚質前往京師，請明太祖聖裁。[57]朱元璋與大臣商議，以「朝鮮」為國號為宜。同年閏十二月初九日，下聖旨云：「東夷之號，惟『朝鮮』之稱最美，且其來遠矣，宜更其國號曰朝鮮」。[58]洪武二十六年二月，韓尚質帶回禮部諮文，李成桂感激之至，下教全國說：「自今除『高麗』國名，遵用『朝鮮』之號」。[59]至此，李成桂更國號為朝鮮。明廷雖承認李氏政權，但並沒有正式冊封李成桂為國王，李成桂對明廷上表只能署「權知國事」，他雖多次請求明廷頒賜其國王印信、誥命，可是，朱元璋卻以其「頑嚚狡詐」為由，下令對朝鮮「來文關請信印、誥命，未可輕與」。[60]這樣，兩國關係是在明廷承認李氏政權，又不予正式對李成桂冊封的情形下進行的。

李成桂改國號朝鮮後，對明奉行「事大」外交，主動與明朝改善關係，消除兩國之間的隔閡。可是，明太祖對朝鮮仍抱成見，在兩國交往中有如下

---

[54]　《李朝太祖實錄》卷2，太祖元年九月己卯。
[55]　《李朝太祖實錄》卷2，太祖元年十月庚午。
[56]　《李朝太祖實錄》卷2，太祖元年十月癸酉。
[57]　《李朝太祖實錄》卷2，太祖元年十一月丙午。
[58]　《明太祖實錄》卷223，洪武二十五年閏十二月乙酉。對此，朝鮮文獻也有記載，《李朝太祖實錄》太祖二年二月庚寅條載：奏聞使韓尚質來傳禮部諮，上向帝闕，行謝恩禮。其諮曰：「本部右侍郎張智等，洪武二十五年十二月初九日，欽奉聖旨：『東夷之號，惟朝鮮之稱美，且其來遠，可以本其名而祖之。體天牧民，永昌後嗣。欽此。』本部今將聖旨事意，備云前去。上感悅，賜韓尚質田五十結。」
[59]　《李朝太祖實錄》卷3，太祖二年二月庚寅。
[60]　《李朝太祖實錄》卷9，太祖五年三月丙戌。

問題影響兩國關係：

（1）**女真問題**。朝鮮半島東北部、西北部自遼金以來一直居住著中國的女真族群，朝鮮文獻稱「東女真」、「西女真」。元明鼎革之際，高麗、李朝乘元朝勢力衰退，明朝的勢力尚未達到之際，極力向半島東北部、西北部拓展疆土，招撫女真，致使當地女真人大量歸附高麗、李朝。李成桂本人對此也是立過汗馬功勞的。朱元璋於洪武二十六年初，曾嚴詞詰責，勒令李成桂「將誘女直大小送回及將誘引女直守邊千戶發來。是後毋造詐謀，以生邊釁」。否則，明朝將要「昭告上帝，命將東討，以雪侮釁」。[61]同年七月，朱元璋又敕諭遼東都指揮使司，「謹守邊防，絕朝鮮國貢使」，命令左軍都督府遣人「往遼東金、復、海、蓋四州，增置關隘，繕修城隍，發騎兵巡邏，至鴨綠江而還」。[62]是月，李朝賀聖節使金立堅等來明朝，至遼東白塔，遼東官員加以阻止云：「帝詔，自今高麗人不許過來」。[63]八月，李朝謝恩使尹恩德等「至遼東不得入而還」。[64]這樣一來，李朝面臨明朝斷交的壓力，只好「推刷泥城、江界等處來投女直人物」，[65]以此緩解兩國的關係。其實，拓展疆土，招撫女真是李朝的既定國策，是不可能改變的，只不過暫時收斂而已。

（2）**李朝使者往來中的一些問題**。洪武二十六年（太祖二年，1393）十二月，謝恩使李恬赴明京朝貢，「進見應對之際，有所違失，致被毆杖」。[66]翌年二月，使臣赴南京，經遼東，行禮駐廣寧（今遼寧北鎮）的遼王朱植和寧王朱權。明太祖認為，使臣先行禮藩王，後謝恩朝廷，「尊卑之分，故意先後」。[67]洪武二十八年十一月，朝鮮向明廷貢馬時，應燕王朱棣的要求，順便也送馬與朱棣。朱元璋得知後勃然大怒，斥責說：「朝鮮王何

---

[61] 《李朝太祖實錄》卷3，太祖二年五月丁卯。
[62] 《明太祖實錄》卷229，洪武二十六年七月辛亥。
[63] 《李朝太祖實錄》卷4，太祖二年七月辛未。
[64] 《李朝太祖實錄》卷4，太祖二年八月乙亥。
[65] 《李朝太祖實錄》卷3，太祖二年五月己巳。
[66] 《李朝太祖實錄》卷4，太祖二年十二月戊戌。
[67] 《李朝太祖實錄》卷5，太祖三年二月己丑。

得私交？」最後將送馬者發配南方。[68]

（3）「**表箋風波**」。[69]明太祖晚年性格多疑，臣下因文字觸犯忌諱而獲罪下獄者很多。朝廷不得不頒發固定的〈慶賀謝恩表式〉，以儘量減少文字獄的發生。朝鮮朝貢進賀時，也要照例上表。儘管朝鮮受漢文化影響至深，但對漢文文言及典籍、典故畢竟還是生疏，因此所上表箋常為朱元璋挑剔。洪武二十九年，明太祖曾斥責李朝使臣進正朝表箋文中有輕薄戲侮之詞，李朝獲悉誠惶誠恐，立即諮文禮部申辯：

> 小邦僻居海外，聲音語言，不類中華，必憑通譯，僅習文意，所學粗淺，措辭鄙陋，且不能盡悉表箋體制，以致言詞輕薄，何敢故為戲侮，以生釁端。[70]

朱元璋藉機小題大做，責令李朝將撰表者鄭總等人押送南京。同年九月，李朝奉命將鄭總等三人押送南京，朱元璋又就此事，謂禮部官員云：

> 今朝鮮送來數儒生，勿遣其還。蓋比輩略通古今，未知大道，故任其小智，調弄戲侮。若朝鮮廢置，無乃皆數生之為。彼數生者幸災樂禍，曾不如昔楚國一伶人耳……爾移文朝鮮，無用數生，留之京師，別授微職，以杜絕王左右之禍。[71]

---

[68] 據《李朝太祖實錄》卷8，太祖四年十一月丙寅條載：節日使金立堅回自京師曰：「通事宋希靖、押馬權乙松等被流遐方。」初計稟使金乙祥，道經燕邸，覆上曰：「燕王謂臣曰：『爾國王何不送馬我？』」上信之。立堅去時，仍附鞍馬以送，燕王受之以聞。帝曰：『朝鮮王何得私交？』」乃流希靖、乙松金齒衛，再流騰衝府。」

[69] 有關「表箋之爭」及相關的研究，有夫馬進：〈明清時期中國對朝鮮外交中的「禮」和「問罪」〉，《明史研究論叢》，第10輯；朴元熇：〈明初文字獄與朝鮮表箋問題〉，《史學研究》25，1975年；朴元熇：〈明初朝鮮的遼東攻伐計劃與表箋問題〉，載氏著《明初朝鮮關係史研究》，一潮閣，2002年。

[70] 《李朝太祖實錄》卷9，太祖五年二月癸卯。

[71] 《明太祖實錄》卷247，洪武二十九年九月丁卯。

後來鄭摠因拒絕穿明太祖所賜衣服，被下獄處死。

　　李成桂對朱元璋的種種苛責十分不滿，曾對臣下說：「帝以兵甲眾多，政刑嚴峻，遂有天下。然以殺戮過當，元勳碩輔多不保全。而乃屢責我小邦，誅求無厭。今又責我以非罪，而脅我以動兵，是何恐嚇小兒哉？」當都承旨李稷問如何應對大明時，他回答說：「吾且卑辭謹事之耳！」[72]

　　儘管李成桂對明朝「以小事大」，「卑辭謹事」，但兩國關係仍很緊張。洪武二十七年二月，明沿海守禦官軍抓獲朝鮮海盜胡德等五人，據其所供，「高麗守把官差來沿海劫掠，打探消息」，[73]朱元璋知悉後，令左軍都督府移諮李朝，務必將胡德所供出的同黨一一捉拿，並「教李成桂長男或次男親自」朝貢。[74]李成桂只好派五子靖安君李芳遠赴明，藉此緩解兩國關係。同年六月，李芳遠由知中樞院事趙胖、參門下府事南在陪同，到南京朝貢，至十一月回國。在南京期間，朱元璋對前來朝貢的李芳遠，「引見再三」，「上國士人，見殿下皆稱朝鮮世子，甚敬之」，最後「優禮遣還」。[75]李芳遠在歸國途中路過北京，又拜會了燕王朱棣。朱棣對他「溫言禮接甚厚」。[76]李芳遠出使明朝不僅改變了朱元璋對朝鮮的態度，也為後來朱棣即位和他即位國王後兩國關係奠定了良好基礎。

　　洪武三十一年（太祖七年1398），明朝和李朝同時出現君位更替。是年五月，朱元璋病逝，由皇太孫朱允炆即皇位，是為建文帝。八月，李朝發生政變，世子李芳碩與元老重臣鄭道傳策劃欲殺諸王子，卻被李芳遠起兵所殺。李芳遠推戴次兄李芳果為世子。九月，李成桂讓位李芳果，是為李朝定宗國王。定宗即位後，李芳遠被立為世子。建文二年（1400），定宗國王以身患疾病為由退位，李芳遠即位，即太宗國王。在李朝王位更迭的同時，明朝統治集團內也發生了皇位之爭──「靖難之役」。戰爭初期建文方面具有絕對優勢，但因建文帝用人不當，決策失誤，戰事逐漸處劣勢。建文四年

---

[72] 《李朝太祖實錄》卷3，太祖二年五月己巳。
[73] 《李朝太祖實錄》卷5，太祖三年四月癸酉。
[74] 《李朝太祖實錄》卷5，太祖三年四月甲午。
[75] 《李朝太祖實錄》卷6，太祖三年十一月乙卯。
[76] 《李朝太祖實錄》卷6，太祖三年十一月乙卯。

（1402）六月，朱棣攻陷南京，即帝位，是為明成祖。至此，兩國關係進入正常穩定的發展時期。

（本文原載《揚州大學學報》2004年1期）

洪武時期中朝外交中的「表箋風波」

洪武初年，明朝與高麗、朝鮮雖建立了封貢關係，但由於半島政局動盪，複雜多變，對明外交受其政局的影響，使高麗與李朝在對明朝的關係上搖擺不定，時好時壞，致使明太祖朱元璋失去對朝鮮的信任感，對朝鮮猜忌心理不斷加劇。在兩國交往中，性格多疑的朱元璋屢屢製造表箋之禍，影響了兩國關係的正常發展。

一、明與朝鮮外交中的「表箋風波」

明太祖朱元璋在國內大興表箋之禍的同時，在與藩屬國朝鮮的外交中也屢屢製造表箋之禍，直接影響兩國關係的正常發展。

明朝建國之初，剛剛建立的大明政權面臨國內及周邊極為複雜的嚴峻形勢。為了避免北元與高麗聯手，朱元璋建國伊始積極與高麗進行交往，並於洪武二年（恭愍王十八年，1369）八月，冊封高麗第31代王王顓（恭愍王）為高麗國王，正式確立明與高麗的封貢關係。然而，由於高麗國內政局動盪不安，致使高麗對明朝的外交關係搖擺不定，時而友好，時而敵視，甚至兵戎相見，嚴重影響兩國關係的正常發展。洪武二十五年（1392），高麗政局又發生變化。權臣李成桂廢黜高麗國王王瑤自立國王，至此立國470餘年的王氏高麗政權滅亡。李成桂在即位之初，立即上表明廷，希望得到明廷承認與冊封。而朱元璋對高麗國內政局的幾番變故以及給兩國關係帶來的影響，曾對高麗言辭切責，並一度採取「卻貢」和「停封」等懲戒措施。對李成桂即位，則採取不冷不熱，聽之任之的態度。其後，李成桂雖多次請求明廷頒賜國王印信、誥命，朱元璋總是以李成桂「頑嚚狡詐」為由，對朝鮮「來文

關請信印、誥命,未可輕與」。[1]朱元璋對李成桂即位後的做法,直接影響了兩國之間的交往,而中朝外交中的「表箋風波」正是在這種背景下發生的。

中朝之間的「表箋風波」最早是由朝鮮「更國號謝恩表箋內,雜以侵侮之辭」[2]而起的。洪武二十五年十一月,李成桂欲更其國號,遣藝文館學士韓尚質赴明,擬議兩個國號,一是「朝鮮」;一是「和寧」,請明帝聖裁。朱元璋與大臣們商議,以「朝鮮」為國號為宜。於是,李成桂更國號為朝鮮。同年三月,李成桂派遣門下評理李恬為謝恩使齎表箋、方物赴北京,謝更國號之恩。李朝的謝恩表自然是對大明太祖高皇帝朱元璋稱頌之至。然而,朱元璋閱後疑忌頓生,「今既更號朝鮮,表文仍稱權知國事,未審何謀」。[3]他認為李成桂在謝恩表箋中自稱「權知國事」是對他的「侵侮之辭」,並斥責使臣說:「以小事大之誠,果如事乎」?[4]使臣急忙解釋說:「國號欽依改稱『朝鮮』外」,「以為未蒙頒降國王名爵,未敢擅便稱王,實無奸侮之心」。[5]朱元璋仍抓住不放,借題發揮指責李成桂說:「先遣使遼王、寧王所,逾月方來謝恩,何其不知尊卑之分乎」。[6]使臣李恬解釋道,因京師道路遙遠,又「兼將齎進獻鞍子禮物,以致遷延到京,何敢故意先後」。[7]朱元璋豈容使臣解釋,以使臣李恬「入見帝,責其跪不正,且俯其首,杖恬幾死」。最後對這位謝恩使臣還算開恩,「令飲藥得活。及其還至遼東,不給驛,徒步而來」。[8]李成桂得知謝恩表箋之禍後誠惶誠恐。同年九月,「遣使奉表陳請謝罪,貢白黑布、人參及金裝鞍馬」。[9]李朝在呈給明廷的謝罪表中云:「照得小邦僻處荒遠,言語不通,聞見不博,粗習文

---

1 《李朝太祖實錄》卷9,太祖五年三月丙戌。
2 《李朝太祖實錄》卷5,太祖三年二月己丑。
3 《李朝太祖實錄》卷5,太祖三年正月丙辰。
4 《李朝太祖實錄》卷5,太祖三年二月己丑。
5 《李朝太祖實錄》卷5,太祖三年二月己丑。
6 《明太祖實錄》卷228,洪武二十六年六月壬辰。
7 《李朝太祖實錄》卷5,太祖三年二月己丑。
8 《李朝太祖實錄》卷4,太祖二年八月戊子。
9 《明太祖實錄》卷229,洪武二十六年九月壬申。

字，僅達事情。其於製作，未諳體格，以致錯誤，非敢故為侮慢」。[10]

更國號謝恩表箋風波尚未結束，朝鮮進洪武二十九年正朝表箋又起風波。洪武二十八年（1395）十二月，李成桂遣柳珣等赴明奉表貢方物，賀明年正旦。朱元璋閱後，發現朝鮮「進正朝表箋內，不停當的字樣多有」[11]立即下旨禮部曰：「以小事大，禮重修辭。前者朝鮮王李旦（李成桂），數生釁端，已嘗詰問。彼謝罪之使方歸，而侮慢之辭又至。……今留其使者，可移諮李旦，令遣撰文者，至方歸之，俾知生釁之由」。[12]朱元璋因朝鮮所進正朝表箋內有「侮慢之辭」，遂扣留進正旦表箋使者，勒令朝鮮將表文撰寫者押送京師問罪。禮部得聖旨後，立即移諮朝鮮。李朝得知進正旦表箋又起禍端，立即派通事郭海隆押送表箋撰文者金若恒赴明廷謝罪。在給禮部諮文中云：

> 竊詳小邦，僻居海外，聲音語言，不類中華，必憑通譯，僅習文意，所學粗淺，措辭鄙陋，且不能盡悉表箋體制，以致言詞輕薄。何敢故為戲侮，以生釁端……今照進賀洪武二十九年正朝表文，係成均大司成鄭擢修撰；賀東宮箋文，係判典校寺事金若恒修撰。為緣鄭擢見患風疾病症，不能動履，難以起遣。除已欽依，差通事郭海隆管送撰文人金若恒赴京，伏取聖裁。[13]

當朝鮮奉明廷之命將撰表人判典校寺事金若恒押送赴京之時，仍心存餘悸，生怕金若恒赴京後應對有所閃失，再生事端。於是，派成均大司成咸傅霖前往義州，傳旨於押送途中的金若恒曰：「非不惜汝，重違朝命解送。

---

[10] 《李朝太祖實錄》卷5，太祖三年二月己丑。
[11] 《李朝太祖實錄》卷9，太祖五年四月乙未條載：賀正使柳　一行朴光春回自京師，賫禮部諮以來。其諮曰：「本部尚書門克新等官欽奉聖旨：『朝鮮國王好生疑心，重生釁端又多。前者進正朝表箋內，不停當的字樣多有。因此，將進表官員留在京城。您禮部與文書，教李某將全妻小分房幾口，來就京城住。我這裡將各官諸衙門裡用著。李某兩頭來往討消息，那的不便當。若不將老小來，這各官都送金齒去。』」
[12] 《明太祖實錄》卷243，洪武二十八年十二月己酉。
[13] 《李朝太祖實錄》卷9，太祖五年二月癸卯。

汝其善辭以對，毋敢有失」。金若恒聞命後，說：「敢不盡心」。至鴨綠江邊，將要過江時，金若恒與咸傳霖最後道別時對咸傳霖說：「勿以臣之生死為慮，臣欲為國亡身久矣，幸以臣言達於王前」，[14]言訖而去。這位金若恒在明扣留達六年之久，至永樂元年才被放回。

　　正朝表箋風波尚未平息，朝鮮奏請印信、誥命表箋中又生禍端。洪武二十九年正月，李成桂派遣藝文春秋館大學士鄭總等赴京請頒誥命、印信。同年三月，明禮部尚書門克新傳達朱元璋的聖旨：「今朝鮮每遇時節，遣人進賀表箋，似乎有禮。然文辭之間，輕薄肆侮。近日奏請印信、誥命狀內引用紂事，尤為無禮……以此來使未可放回，若將撰寫校正人員，盡數發來，使者方回」。[15]真是禍不單行，朱元璋認為，朝鮮所請印信、誥命，「實非誠心，固難與之」。[16]而且要將撰寫校正人員押送京師問罪。同年六月，明廷派使臣尚寶司丞牛牛、宦官王禮等到達朝鮮催促押送撰表校正人員。明使在朝鮮景福宮勤政殿向李成桂傳達禮部咨文云：

> 本部尚書門克新等官欽奉聖旨：「前者朝鮮國進正朝表箋文內，輕薄戲侮，著李某（李成桂──引者）將撰文者發來，止送撰箋者至，其撰表人鄭道傳、鄭擢至今不見送到。今再差尚寶司丞牛牛、內使楊帖木兒、宋孛羅、王禮，一同原差來通事楊添植、從人金長前去本國，催取撰表人鄭道傳等，及催原搬取本國使臣柳珣等家小，前來完聚。」欽此，今將聖旨事意，備云移咨。[17]

　　可見，這次明使是專為催促押送撰表校正人員而來的。明使在朝鮮期間，自恃天使，有恃無恐，「為人倨傲，所至無禮貌」，朝鮮只好極力逢迎。「命宗室諸君以次享朝廷使臣於私邸，使臣牛牛請密納娼妓」。[18]所作

---

[14] 《李朝太祖實錄》卷9，太祖五年二月庚戌。
[15] 《李朝太祖實錄》卷9，太祖五年三月丙戌。
[16] 《明太祖實錄》卷244，洪武二十九年正月乙亥。
[17] 《李朝太祖實錄》卷9，太祖五年六月丁酉。
[18] 《李朝太祖實錄》卷9，太祖五年六月壬子。

所為毫無廉恥，盡失宗主國使節風度。

同年七月，朝鮮以漢城尹何侖為啟稟使、判司譯院事李乙修為管押使隨明使宋孛羅押送撰文者及其家小赴京。李成桂給朱元璋的表文云：

> 竊念臣不諳經史，而撰文者皆是海外之人，語音別異，學不精博，未識表箋體制，以致字樣差謬，豈敢故為戲侮。除已欽依將撰表人鄭擢及校正表人權近，當該啟稟校正人盧仁度，責差判司譯院事李乙修，管送赴京，伏取聖裁外，其鄭道傳既於鄭擢所撰表文，不曾改抹校正，事無干連，又緣本人患鼓脹腳氣病證，不能起送。所據柳珣等各項使臣家小一節，竊謂小邦臣事聖朝以來，不敢少怠，今見賀正使柳珣等未蒙放還，又奉搬取家小，舉國臣民，無不驚恐。其各官家小等，亦因違離鄉土，哀號切至，誠可憐憫。見今撰文人鄭擢、金若恒等，既欽依赴京，候明降。望聖慈寬宥，慰國人之望。[19]

鄭擢等被押解京師後，朱元璋當廷「訊其所以」，都如實稱「曾經撰表，定擬前文」。[20]為此，朱元璋上諭禮部：

> 今朝鮮送來數儒生，勿遣其還。蓋此輩略通古今，未知大道，故任其小智，調弄戲侮，若朝鮮廢置，無乃皆數生之為……古人云：以道助人主，不以兵強天下。此數生不為王量力，敢為小敵之堅，故作戲慢，生隙殃民。爾移文朝鮮無用是數生，留之京師別授微職，以杜王左右之禍。[21]

表箋風波所牽連的「儒生」都是李朝建國初年活躍在政界，對明初中朝兩國關係的發展有重要貢獻的人物。如上文提到的鄭道傳，是著名朱子學

---

[19] 《李朝太祖實錄》卷10，太祖五年七月甲戌。
[20] 《李朝太祖實錄》卷10，太祖五年四月戊午。
[21] 《明太祖實錄》卷247，洪武二十九年九月丁卯。

家。洪武三年出任成均館博士，洪武十七年隨賀聖節使鄭夢周作為書狀官赴明。他力主親明外交。當高麗辛禑王背明迎元使者東來之時，他上書朝廷主張將元使拒之門外。權臣李仁任命其迎接元使，他曰：「我當斬使首以來⋯⋯縛送於明」。[22]李成桂即位，為開國功臣。明使到朝鮮押取鄭道傳，朝鮮以其患「腳氣病症，不能起送」為由加以保護，使之倖免押送京師。對此，朱元璋大為不滿，斥責李成桂說：「鄭道傳者王尚信用，豈非王無悛過之心乎！王宜深思熟慮以保三韓，毋貽後悔」。[23]而被明朝扣留在京的使臣和押運到京人員則備受明廷凌侮，有的甚至死於異國他鄉。如先前被李朝派遣赴京請頒誥命、印信的使臣藝文春秋館大學士鄭摠。「帝方怒國朝表文，有迴避字樣，謂摠撰表，拘留」，並「遣人取家小」。鄭摠在京扣押期間，朱元璋令他「日赴文淵閣，聽諸儒講論」。後鄭摠因李朝顯妃喪期，未服帝所賜衣，而著素服，致使龍顏大怒，曰：「汝何心不服賜衣，乃著素服」，下令「錦衣衛鞫摠等」。「摠惶懼逃遁，被執而刑。金若恒、盧仁度以摠故並及」。[24]相比之下，權近的命運好得多。權近為李朝初期著名的朱子家。洪武二十二年曾出使明朝。李成桂建國後，深受器重，為李朝藝文春秋館學士。據《李朝實錄》載：帝因表箋事「遣使取鄭道傳，道傳病」，權近自請行，「上遣之」。[25]也許權近頗具名氣，或不請自來之故，「帝見近，怒稍解」[26]，命其「仕文淵閣，得與翰林學士劉三吾、許觀、景清、張信、戴德彝相周旋」，並稱他為「老實秀才」[27]。權近入明後，「帝賜對，知近有學識，命賦題詩二十四篇，近應制為帝嘉賞」。[28]

權近雖受到朱元璋禮遇，但並不意味表箋風波的結束，明太祖仍抓住表箋風波大做文章。洪武二十九年三月，權近回國時帶回明太祖給朝鮮的聖

22　《高麗史》卷117，《列傳第三十》，〈鄭夢周傳〉，第475頁。
23　《明太祖實錄》卷257，洪武三十一年四月丁丑。
24　《李朝太祖實錄》卷12，太祖六年十一月戊寅。
25　《李朝太祖實錄》卷12，太祖六年十一月戊寅。
26　《李朝太祖實錄》卷12，太祖六年十一月戊寅。
27　《李朝太宗實錄》卷17，太宗九年二月丁亥。
28　《李朝太祖實錄》卷11，太祖六年三月辛酉。

旨，云：「如今兩國之間，秀才每戲弄，不直不正，以小事大，事事都要至誠。直直正正，日頭那裡起，那裡落，天下只是一個日頭……先來的四個秀才裡頭權近看的老實，放回去。這話朝鮮國王說與他。那三個新來的，一個饒不得」。[29]就是說，大明皇帝是天下惟一的「日頭」，因此必須對他「都要至誠」，否則必招殺身之禍。接著，明太祖斥責李成桂曰：

> 奈何不務深謀遠慮，固建睦鄰之道，左右所用，皆輕薄小人？雖稱儒士，實剽竊古人肌膚之理，所以不能以德助王。雖稱以小事大，其行文也，搜求構禍典章，實造兵殃於三韓，委朝鮮國王無置身之地。此等之徒，用之何益？我中國古昔聖臣，君有好兵者，聖臣以為不然。云何？蓋為鄰邦有不相和睦者，且修言、修文、修名、修德、修刑。鄰邦不善，尚未肯勤民於遠，又增修其德。安敢上違天意，下阻山川之靈，而乃興師以殃良善！今朝鮮每歲措表箋者，以文辭而構禍。在我雖不以為必，然山川上下神祇，有所知覺，禍將有日，必不可逃。爾禮部移文朝鮮國王深思靜慮，知朕所言。[30]

在朱元璋看來，「以小事大」，「建睦鄰之道」必須體現在「修言」、「修文」等行文用典上，而像李朝這樣「每歲措表箋者，以文辭而構禍」的話，那麼，「禍將有日，必不可逃」。

對於朱元璋在表箋風波中小題大做、猜疑日益加劇，李成桂出於朝鮮的安全利益考慮，決定派陪臣偰長壽為特使齎鞍馬禮物赴京，試圖借助其語言優勢以及朱元璋對他的信任，來緩解兩國的關係。長壽，維吾爾族人。其家族元末東遷朝鮮半島。據《李朝實錄》記載：長壽「自事皇明，朝京師者八，屢蒙嘉賞」。[31]但中朝文獻有明確記載其出使明朝共五次，其餘三次失

---

[29] 《李朝太祖實錄》卷11，太祖六年三月辛酉。
[30] 《李朝太祖實錄》卷11，太祖六年三月辛酉。
[31] 《李朝定宗實錄》卷2，定宗元年十月乙卯條載：「判三司事偰長壽卒。諱長壽，字天民，其先回鶻高昌人。至正己亥，父伯遼遜挈家避地于我國，恭愍王以舊知，賜田宅，封富原君。壬寅，公年二十二，中同進士科，仕至密直提學，封完城君，賜號推誠輔理功臣。丁卯，以知門下府

載。不過,僅就洪武二十九年這次出使明朝就可以看出,他在溝通兩國關係所起的重要作用。他到南京後,受到朱元璋接見。因為他多次出使明朝,朱元璋與他交談許久。當然談的最多的還是表箋事件,明太祖對朝鮮關於表箋事件所涉及的人員處理仍十分不滿,說:「李某沒分曉,鄭傳道用他做什麼?」反覆強調要傳話給李成桂「勿用小人」。長壽一一承諾。然而,正當辭別之時,意想不到的事情又發生了。明朝內官在他進貢的馬鞍中,發現有倒寫的「天」字。朱元璋聽後,忽然「起立,親手把看」,又返回坐位上滿臉怒氣地說:「他(李成桂)怎麼這般小道兒。我這裡寫文書,但是『天』字都題起頭寫。早是我不曾騎」。長壽急忙向朱元璋請罪並解釋說:「臣聞先進鞍子裡拆出字號。臣領這鞍子時再三問管造人,他說並無,臣放心將來。管造人例著字號,以識品第。既裝了,便行括去。今管造人忘不括去,其罪何量!臣到高麗今四十年,王不必說了。中間兩三介王,臣不敢保其至誠。如今王一心敬上,不敢怠慢」。朱元璋說:「你這說不肯背主則是。……李旦發你來,這意思好,我不問你,放還。今後小心,休生事」。[32]由於長壽出色的外交才能,使馬鞍事件化險為夷,長壽也未遭明廷扣留,平安返回朝鮮。

由於李朝所進表箋屢出風波,所以明廷不允許朝鮮再使用表箋,凡遇朝貢諸事只好用啟本。洪武三十年十月,朝鮮千秋使赴明賀千秋所進啟本內用字不當又起禍端。同年十二月,隨同出使的打角夫崔浩從明朝帶回禮部尚書鄭沂的諮文曰:

> 前者為本國進賀表箋文內,用字譏侮,以此凡遇朝貢,不許用表箋。今次將來啟本內用字又不停當。此皆是所用秀才設機用意,故將字樣

事,奉表赴京,奏免起取流移人戶李朵里不歹等,仍蒙許襲冠服。庚午夏,以高麗王氏復位定策功,封忠義君。壬申,知貢舉,夏,得罪配海上。太上王以潛邸知待召還,除檢校門下侍中,封燕山府院君。戊寅秋,上即位赴,京奏聞,行至 水站,會帝崩,蒙遼東都司阻當,沿途停留,稟奉朝旨,仍充進香使赴京。建文元年六月,奏奉聖旨,准請回還,十月,以疾卒,年五十九。」

[32] 《李朝太祖實錄》卷11,太祖六年四月己亥。

聲響相似者,鞣成語句譏侮,自生釁端,豈朝鮮久長之道!差來使臣且不放回,止令打角夫一人還國,以報王知。將撰寫啟本人員發來回話,方令使臣回國。自後朝貢每三年一次,亦不必用奏啟本,王當審之。[33]

由此可知,朱元璋看了李朝的賀千秋啟本,對啟本內「用字又不停當」,猜疑是李朝「秀才設機用意」,「鞣成語句譏侮,自生釁端」,並下聖旨禮部尚書鄭沂移諮朝鮮。李成桂接到禮部的諮文後,不敢怠慢,急忙派遣通事郭海龍將寫啟本人禮曹典書曹庶等押送赴京。並「覆書禮部,請頒應合迴避字樣,許令依舊賀正、聖節、千秋,一年三次朝貢」。[34]

禮曹典書曹庶等被押解到京師後,禮部官員對其進行審訊。曹庶交代尚有三名同謀執筆者。據《李朝實錄》載:

其曹庶狀招曰:「有本國前禮曹正郎尹圭、成均司成孔俯、禮曹正郎尹須,與曹庶,俱是秀才,……如今殿下十一月千秋,俺每王好歹將禮物去進,必要啟本。俺每這裡商量計較,尋幾個音同的字樣,安在裡面,看中國可有好秀才看得出來」。各人依聽商議,於殿下千秋啟本內,故寫『千秋節使』字樣譏侮。差判典儀寺事柳灝、司譯院判官鄭安止、打角夫崔浩賚送赴京」。[35]

據曹庶的供詞,他們四人確有在千秋表內賣弄學問,「設機用意,故將字樣、聲響相似者,鞣成語句譏侮」戲弄明廷之嫌。賀千秋表是朝鮮向明廷所進呈的賀禮文書,如果說,從朝鮮由於對漢語言,尤其漢文典故生疏,所上表箋經常為明廷所挑剔是可以諒解的話,那麼,曹庶等人此種做法實屬錯誤,受懲也是咎由自取。當然,他們的這種作法或許是對明廷在表箋風波故

---

[33] 《李朝太祖實錄》卷12,太祖六年十二月丙申。
[34] 《李朝太祖實錄》卷12,太祖六年十二月丙午。
[35] 《李朝太祖實錄》卷14,太祖七年五月庚申。

意挑剔刁難的一種逆反心態的反映。但不管怎麼說，這種做法的後果，必然會引起明廷更大的猜忌，加劇兩國關係的惡化。《明實錄》載：朱元璋「以其國啟本，語涉譏訕」，勃然大怒，不僅拘留使臣[36]，還令禮部傳其聖旨給朝鮮：王所用之人「不務以道導王，專構禍以殃民，其得罪於上下神祇，昭昭矣」。[37]

洪武三十一年三月，禮部侍郎張炳移書朝鮮索曹庶所供同謀執筆人禮曹正郎尹圭、成均司成孔俯、禮曹正郎尹須三人赴京。李成桂召集百官，商議尹圭等三人是否押送赴京。「議者多以赴京為言」，[38]但以西原君韓尚敬等十數人不同意押送赴京。最後還是遵明命押運送京。六月，李朝派前判典客寺事鄭連押送尹圭、孔俯、尹須三人赴京。當他們行至遼東時，「聞皇帝升遐，太孫即位，大赦，乃還」。[39]表箋風波隨著朱元璋的逝世，君位更替而告結束。

二、「表箋風波」所反映出的兩國關係

上述中朝兩國外交中的表箋風波反映出明洪武時期明朝與高麗、李朝的關係尚處於十分不穩定的發展階段。那麼，明初兩國關係何以出現不穩定的局面？一方面由於高麗末年李朝初年半島政局動盪，複雜多變，對明外交受其政局的影響，也搖擺不定，時好時壞，因此使明朝難以對高麗、朝鮮產生信任感；另外，從明朝方面看，由於高麗、朝鮮政局複雜多變，使晚年性格多疑的明太祖朱元璋，對朝鮮猜忌心理不斷加劇。在兩國交往中，朱元璋常常因一些枝節小事借題發揮，嚴重影響兩國關係正常發展。

整個洪武朝31年，朝鮮半島政局動盪，內亂不斷，國王先後更替四位。洪武二十五年，權臣李成桂廢黜高麗王朝最後一位國王王瑤，自立為國王，

---

[36] 《明太祖實錄》卷255，洪武三十年十月甲辰。
[37] 《明太祖實錄》卷257，洪武三十一年四月丁丑。
[38] 《李朝太祖實錄》卷14，太祖七年五月壬戌。
[39] 《李朝太祖實錄》卷15，太祖七年十月乙巳。

建朝鮮王朝。就兩國關係來看，高麗恭愍王時期，即從洪武二年兩國建交到洪武七年恭愍王被弒。恭愍王面對明朝、北元兩大政治勢力，既希望擺脫元朝的控制，又不希望元朝立即滅亡，既想依附於剛剛建立的明朝，又怕這個比較陌生的明朝對它構成威脅。這樣就使得高麗委蛇於兩國之間，採取既臣附於明，又不肯棄元的雙邊外交。這期間，恭愍王一面遣使赴明「貢方物，且請封」，[40]「並納元授金印」。[41]表明高麗與元朝脫離關係，承認明朝的宗主地位，並多次派大臣張子溫、成唯得等赴南京賀萬壽節、千秋節、元旦等。與此同時，高麗仍與北元以及盤踞遼陽行省的元將納哈出暗中聯繫。洪武六年，明軍在漠北敗於元將擴廓帖木兒，在遼東敗於納哈出後，北元立即遣使前往高麗，以「中興」相號召，希望高麗「宜助力，復正天下」。[42]恭愍王最初「欲遣人殺之」，群臣皆認為不可。[43]在群臣的強諫下，只好予以接見，但懼怕明廷知道，只好以「眼疾」不敢見日為名，夜裡暗中接見元使。《高麗史》載：「王夜見元使曰：『予眼疾，見日大劇，故以夜待之』。蓋為朝廷知也」。[44]元使回還時，「還以苧布附獻」。[45]高麗與北元的交往嚴重影響了兩國關係的健康發展，以致發生高麗殺害明朝使者的事件。明太祖本來就對高麗與北元藕斷絲連十分不滿，又發生明使被害事件，使他對高麗失去信任感。從洪武六年起，明太祖多次指責高麗事明沒有誠意，並下令對高麗的朝貢進行限制，兩國關係頗為緊張。此時，高麗的政局混亂。恭愍王「至晚年，猜暴忌克，荒惑滋甚」。[46]「暴忌」與「荒惑」互為因果，最終為身邊寵臣洪倫所弒。恭愍王被寵臣所弒，辛禑在親元派權臣的擁戴下即國王後，高麗與明朝的關係更加惡化。

高麗辛禑王為恭愍王養子，洪武八年至洪武二十年為高麗國王。洪武七

---

[40] 《明史》卷320，〈朝鮮傳〉，第8279頁。
[41] 《明太祖實錄》卷55，洪武三年八月辛酉。
[42] 《高麗史》卷44，恭愍王二十二年二月乙亥。
[43] 《高麗史》卷44，恭愍王二十二年二月乙亥。
[44] 《高麗史》卷44，恭愍王二十二年二月戊寅。
[45] 《高麗史》卷44，恭愍王二十二年二月乙酉。
[46] 《高麗史》卷44，恭愍王二十三年九月甲申。

年九月,洪倫等弒恭愍王后,以侍中李仁任為代表的親元派,主張立辛禑。李仁任力主辛禑為王,自有其不可告人的目的,「自古國君見弒,為宰相者先受其罪,帝(明帝)若聞先王之故,興師問罪,公必不免,莫若與元和親」。[47]李仁任力主立辛禑為王可謂一箭雙雕,既免殺身之禍,又可以擁戴新王有功,挾持幼王「與元和親」,恢復與元的傳統關係。洪武十年二月,北元遣使赴高麗冊封辛禑為高麗國王。至此,高麗行北元「宣光」年號,「中外決獄,一尊至正(元朝年號)條格」。[48]高麗辛禑王時期的親元脫明外交,嚴重破壞了與明朝的關係。

　　高麗恭愍王被弒,高麗辛禑棄明投元與北元恢復傳統關係等事件的發生,使明朝不僅改變了對高麗的看法,甚至對高麗不加寬恕。洪武十年十二月,明太祖談到恭愍王被弒時,竟斥責高麗,若「以《春秋》論之,亂臣賊子,人人得而誅之」。[49]洪武二十年,明朝降服了故元納哈出的勢力,掃除了進一步經略東北邊疆地區的障礙。同年十二月,明廷決定在朝鮮半島東北部之南端設鐵嶺衛。[50]這是明廷明確提出接收元管轄下鐵嶺以北的領地和當地女真人的要求。高麗國王辛禑得知這一消息驚慌失措,決定進犯遼東。翌年四月,辛禑以重臣崔瑩為八道都統使、昌城府院君曹敏修為左軍都統使、東北面都元帥李成桂為右軍都統使,率軍進犯遼東。辛禑此舉不得人心,師至威化島(雲山郡),前鋒主將李成桂率眾倒戈,發動政變,廢掉國王辛禑,立其子辛昌為王。辛禑發兵入寇遼東,擾亂明廷順利接管元統轄鐵嶺以北女真之地的計劃,卻使李成桂乘機發動兵變,掌握軍政大權,高麗王朝名存實亡。洪武二十二年正月,高麗權屬國事王辛昌請求入明朝見。明太祖對高麗王位頻繁更迭十分不滿,拒絕來朝。同年十二月,李成桂又廢辛昌,立定昌君王瑤。第二年,又遣使奏請說:「國王昌非王氏後,實辛旽子禑之子,國中人民多不服。故別求王氏宗親定昌國院

---

[47] 《高麗史》卷126,《列傳第三十九》,〈李仁任傳〉,第578頁。
[48] 《高麗史》卷133,《列傳第四十六》,〈辛禑傳〉,第690頁。
[49] 《高麗史》卷133,《列傳第四十六》,〈辛禑傳〉,第699頁。
[50] 《明太祖實錄》卷187,洪武二十年十二月壬申。

君王瑤，迎立嗣位，以續王氏之後。伏望朝廷允所請」。[51]明太祖還是不見高麗使者，也不予以冊封，對高麗採取不予理睬「聽其自為」，靜觀其變的態度。

洪武二十五年，高麗的政局又發生變化。是年七月，李成桂廢黜王瑤，自立為國王，至此立國470餘年的王氏高麗政權滅亡。李成桂即位之初，並未立即改高麗國號，對明朝也未敢稱王，僅稱「權知高麗國事」。並立即向明廷報告此事，希望明朝對自己即位國王早日允准。同年八月，又遣前密直使趙琳前往明南京，以權知高麗國事的身份上表明廷，希望得到明廷的承認。九月，當李成桂得知朱元璋太子朱標逝世，明廷立朱標太子朱允炆為皇太孫的消息後，立即派三司左使李居仁前往明廷陳慰。也許是明太祖為李成桂派使前來弔喪所動，才於同年九月十二日的諭旨中云：「其三韓臣民既尊李氏，民無兵禍，人各樂天之樂，乃帝命也」。[52]對李成桂即位採取不冷不熱，尊重半島臣民的選擇的態度。同年十一月，李成桂又向明廷請求更改國號問題。明廷以「朝鮮」為國號為宜，李成桂遂更國號為朝鮮。但明廷卻沒有正式冊為他為朝鮮國王，李成桂雖多次請求明廷頒賜國王印信、誥命，但明太祖以李成桂「頑囂狡詐」為由，對朝鮮「來文關請信印、誥命，未可輕與」。[53]這樣整個李氏太祖朝兩國的關係是在明廷未予正式冊封李成桂為朝鮮國王的情況下進行的。兩國關係之不正常由此可見。

制約兩國關係不能正常發展的因素除朝鮮方面外，從明朝方面來看，晚年性格多疑的明太祖朱元璋對朝鮮猜忌心理不斷加劇，也使本來就不穩定的兩國關係，更趨惡化趨勢。

對朝鮮而言，明廷既是強大鄰國，又是自己的宗主國，出於自身的安全利益，不得不主動地派遣使臣以表「事大以誠」。但朝鮮使者前往明朝常因一些小問題而遭到朱元璋的斥責。使臣赴南京朝貢，經遼東，順便行禮於駐廣寧（今遼寧北鎮）的遼王朱植和寧王朱權。朱元璋認為，朝鮮先行禮於藩

---

[51] 《明太祖實錄》卷199，洪武二十三年正月癸未。
[52] 《李朝太祖實錄》卷2，太祖元年十月庚午。
[53] 《李朝太祖實錄》卷9，太祖五年三月丙戌。

王,後謝恩於朝廷,「尊卑之分,故意先後」。[54]朝鮮向明廷貢馬時,應燕王朱棣的要求,也送馬與朱棣。明太祖得知後勃然大怒,斥責朝鮮:「朝鮮王何得私交」?[55]最後將使者發配雲南。特別是接二連三發生的表箋風波,牽連的相關人被逮至京師,受盡凌辱,甚至流放煙瘴之地,客死他鄉,使得朝鮮「舉國臣民,無不驚恐。其各官家小等,亦因違離鄉土,哀號切至,誠可憐憫」。[56]以致於造成當時不少朝鮮官員將出使明朝視為畏途,懼怕在明廷應對之時,有所違失,遭到不測。史載,「天子每徵執政大臣入朝,皆畏懼不敢行」。[57]事實上,李朝使臣在朝廷受到嘲笑以致被毆杖確有其人。如高麗末年著名儒臣李穡以賀正使身份出使明朝,在朱元璋接見時,李穡以漢語應對,朱元璋嘲笑說:「汝之漢語,正似納哈出」,意思是李穡在用漢語交流中參雜蒙古語成分。[58]李朝正堂文學李恬以謝恩使身份出使明朝,因覲見朱元璋時,「進見應對之際,有所違失,致被毆杖,取笑中國」。[59]

不僅如此,朱元璋常常藉機小題大做,動輒以不許赴明朝貢,或欲對朝鮮進行征伐相恐嚇。洪武二十七年二月,明使金仁甫帶來朱元璋的聖旨:

> 奈何高麗李(成桂)自生邊釁,連年不已?其量不過恃滄海以環疆,負重山以為險,所以數逞凶頑,視我朝調兵如漢、唐。且漢唐之將長騎射,短舟楫,故涉海艱辛,兵行委曲。朕自平華夏、攘胡虜,水陸通征。舟師諸將,豈比漢唐之為!若不必師至三韓,將前後所誘女真大小送回,及將誘引女真守邊千戶發來。是後毋造詐謀,以生邊釁,使彼國之民妥安,方可為東夷之主,而後嗣亦昌。欽此。[60]

---

54 《李朝太祖實錄》卷5,太祖三年二月己丑。
55 《李朝太祖實錄》卷10,太祖五年七月甲戌。
56 《李朝太祖實錄》卷8,太祖四年十一月丙寅。
57 《李朝太祖實錄》卷9,太祖五年五月癸亥。
58 《李朝太祖實錄》卷9,太祖五年五月癸亥。
59 《李朝太祖實錄》卷4,太祖二年十二月戊戌。
60 《李朝太祖實錄》卷5,太祖三年二月己丑。

對於朱元璋的恐嚇，朝鮮只好派使奉表赴京，向明廷再三表示：「竊惟小邦臣事天朝，至誠無二，安敢自生邊釁？壤地褊狹，人民鮮少，區區山海，何足負恃，以逞凶頑？前後女真，實無誘引。今來欽奉前因，兢惶隕越，措身無地。」[61]懇請明太祖朱元璋「推字小之仁，擴包荒之量，憐臣抱屈而無訴，許臣效忠而自新，臣謹當永為藩翰於一邦，恒祝康寧於萬世」。[62]

這種極不正常的關係，使朝鮮與明廷的交往如履薄冰，誠惶誠恐、無所適從。洪武二十九年的天壽節，朝鮮甚至不敢上表，只派使臣來朝賀。據《明實錄》載：

> 朝鮮國王李旦遣其門下評理趙胖等貢金銀器、布、席等物，賀天壽節。又遣其臣權仲和等來謝恩。先是以其表辭侮慢，逮其撰表之人。至是旦遣仲和來言，小邦事大之誠，不敢少怠，而海外之人，學問粗淺，未識中朝表箋體制，以致字樣差謬。聞命以來，兢惶罔錯，欽遇聖節，不敢上表，故遣陪臣仲和來謝。[63]

然而，朝鮮對朱元璋在中朝兩國交往中的種種苛責也十分不滿，但迫於明朝的大國地位，只好委曲求全。李成桂曾對臣下說：「帝以兵甲眾多，政刑嚴峻，遂有天下。然以殺戮過當，元勛碩輔多不保全。而乃屢責我小邦，誅求無厭。今又責我以非罪，而脅我以動兵，是何異恐嚇小兒哉？」當都承旨李稷問如何應對大明時，太祖國王回答：「吾且卑辭謹事之耳！」[64]儘管李成桂對明朝「以小事大」、「卑辭謹事」，但兩國關係仍很緊張。洪武二十七年二月，明沿海守禦官軍抓獲朝鮮海盜胡德等五人，朱元璋卻以朝鮮「差來沿海劫掠，打探消息」，[65]令左軍都督府移諮朝鮮，將胡德所供出

---

[61] 《李朝太祖實錄》卷5，太祖三年二月己丑。
[62] 《李朝太祖實錄》卷6，太祖三年六月乙亥。
[63] 《明太祖實錄》卷247，洪武二十九年九月丙辰。
[64] 《李朝太祖實錄》卷3，太祖二年五月己巳。
[65] 《李朝太祖實錄》卷5，太祖三年四月癸酉。

同黨一一捉拿,並「教李成桂長男或次男親自」朝貢。[66]李成桂只好派五子靖安君李芳遠親朝明太祖,藉此緩解兩國關係。李芳遠在南京期間,明太祖「引見再三。殿下敷奏詳明,帝優禮遣還」。[67]李芳遠在歸國途中路過北京,又拜見了燕王朱棣。朱棣對他「溫言禮接甚厚」。[68]可見,李芳遠出使明朝不僅對當時兩國緊張關係有所緩解,更為後來朱棣即位做皇帝和他即位國王時期的兩國關係打下良好的基礎。

洪武三十一年,明朝與朝鮮同時出現君位更替。是年五月,明太祖病逝,由皇太孫建文即帝位。八月,朝鮮發生政變,世子李芳碩與元老重臣鄭道傳策劃欲殺諸王子,結果卻被李芳遠起兵所殺。李芳遠推戴次兄李芳果為世子。九月,朝鮮太祖李成桂讓位於李芳果,是為朝鮮定宗國王。李芳果即位後,李芳遠被立為世子。建文二年(1400),定宗國王以身患疾病為由退位,李芳遠即位,即朝鮮太宗國王。在朝鮮王位更迭的同時,明朝統治集團內也發生爭奪皇位的武裝抗爭——「靖難之役」。建文四年六月,朱棣攻陷南京即皇帝位,是為明成祖。至此,中朝兩國關係才開始進入正常穩定的發展時期。

(本文原載中國明史學會主辦《明史研究》第10輯,黃山書社,2007年)

---

[66] 《李朝太祖實錄》卷5,太祖三年四月甲午。
[67] 《李朝太祖實錄》卷6,太祖三年十一月乙卯。
[68] 《李朝太祖實錄》卷6,太祖三年十一月乙卯。

明嘉靖朝孔廟祀典的釐正與朝鮮王朝的應對

孔廟作為官方祭祀制度，在傳統社會是文化力量與政治勢力的聚焦點。朝鮮作為東亞宗藩關係體制中的重要成員，自新羅以降就深受中華禮制文化的影響，從王京到地方多置孔廟。關於朝鮮孔廟祀典，有學者認為「遵依天朝定式」，即遵從中原王朝孔廟祀典。[1]筆者通過對朝鮮文獻的梳理，認為事實並非如此。有鑒於此，本文擬以嘉靖九年明朝對孔廟祀典的釐正為切入點，通過對朝鮮嘉靖朝以前孔廟祀典、嘉靖朝明孔廟祀典釐正與朝鮮的反應及朝鮮關於孔廟祀典是否「遵依天朝定式」的討論諸問題的梳理，揭示前近代中朝宗藩關係話語體制下，朝鮮雖對明事大，卻不盲目遵從明「時王之制」，朝鮮孔廟雖多遵中國之制，但始終彰顯東國孔廟的特色，進而也揭示出16世紀中葉至17世紀末中朝宗藩關係演進中的內在變化。[2]

一、朝鮮嘉靖朝以前的孔廟祀典

朝鮮仰慕中華文化，新羅時就已設孔廟，[3]孔廟祀典多遵唐制。唐制，祭祀先聖、先師的釋奠之典分常祀與非常祀。常祀，春二月與秋八月舉行，屆

---

[1] 參見朱雲影《中國文化對日韓越的影響》，第五章〈中國儒家思想對日韓的影響〉、第十八章〈中國儒教對日韓的影響〉，廣西師範大學出版社，2007年；高明士《東亞古代的政治與教育》，下篇〈東亞文化圈與東亞教育圈的形成〉，「肆、羅、麗時代『廟學』制的創立與展開」，臺大出版中心，2004年。

[2] 相關研究成果主要有鄭玉子：〈朝鮮後期文廟祀典의釐正——中國儒賢의陞黜에관련하여〉，《韓國文化》第7輯，서울대학교한국문화연구소，1986年；朴鍾培：〈明嘉靖9년의文廟祀典改革과朝鮮의對應——廟號改定問題를 중심으로〉，檀國大學校東洋學研究所，《東洋學》第34輯，2003年8月；中純夫：〈朝鮮の陽明學——初期江華學派の研究〉，《汲古書院》，2013年；黃進興：〈道統與治統之間：從明嘉靖九年（1530）孔廟改制論皇權與祭祀禮儀〉，收入氏著，《優入聖域：權力、信仰與正當性》，臺北：允晨文化實業股份有限公司，1994年。

[3] 據金富軾《三國史記・新羅本紀》卷8，聖德王條記載：聖德王十六年（717），新羅王子金守

時皇帝常親臨觀禮，祭奠結束，由學官講經；非常祀，通常有皇帝的視學、皇太子的釋奠之禮，以及四時致祭。檢索《三國史記》新羅孔廟祀典史料有如下四則：

> 惠恭王元年（765）大赦。幸太學，命博士講尚書義。[4]惠恭王十二年（776）二月，幸國學聽講。[5]景文王三年（863）二月，幸國學，令博士已下講論經義，賜物有差。[6]憲康王五年（879）春二月，幸國學，命博士已下講論。[7]

由上述史料可獲取兩點資訊：第一，新羅設孔廟後，至少有四位國王親臨孔廟，觀禮視學。第二，孔廟祀典多遵唐制。新羅國王四次親臨孔廟，有三次明確載為春季「二月」，皆如唐制。惠恭王這次親臨孔廟雖未載時間，但據史實分析應為即位年的「八月」。因其父景德王薨於765年六月，惠恭王作為先王嫡子，史載：「王即位時，年八歲，太后攝政」。[8]依唐制，其即位伊始，八月親臨廟學，較合情理。

高麗在成宗十一年（992），於開城國子監內設孔廟。[9]據徐兢《宣和奉使高麗圖經》載：國子監「舊在南會賓門內，前有大門，旁曰國子監，中建宣聖殿，兩廡斗齋舍，以處諸生」，後因生徒增多，「舊制極隘，今移在禮

忠赴唐歸國，「獻文宣王、十哲、七十二弟子圖，置之於大學」。此事不見中國文獻載錄。據高明士考證：「此事若非金富軾編撰《三國史記》誤記，便是其繫年有誤」，他判斷「新羅將文宣王、十哲、七十二弟子圖像，放置於大學，不應該繫於聖德王十六年（717），而應繫於景德王到惠恭王之間」，即景德王二十一年（762），其新羅孔廟也宜此時設。參見高明士：《東亞古代的政治與教育》，第305-309頁。

4　金富軾：《三國史記・新羅本紀》卷9，惠恭王，長春：吉林文史出版社，2003年，第127頁。
5　金富軾：《三國史記・新羅本紀》卷9，惠恭王，第129頁。
6　金富軾：《三國史記・新羅本紀》卷11，景文王，第154頁。
7　金富軾：《三國史記・新羅本紀》卷11，憲康王，第157頁。
8　金富軾：《三國史記・新羅本紀》卷9，惠恭王，第127頁。
9　《高麗史》卷74，選舉志，學校條載：「（成宗）十一年十二月教，有司相得勝地，廣營書齋、學舍，量給田莊，以充學糧。又創國子監」。
　《增補文獻備考》卷204，學校考三，文廟條也載：「東國自麗初立廟於國子監」。首爾：明文堂，2000年。

賢坊」。[10]徐兢出使高麗時間為北宋宣和五年（1123），即高麗仁宗元年。作為「舊制」的國子監，位於開城南會賓門內，宣聖殿中，殿旁為兩廡、齋所，講堂應在殿後，即取「前廟後學」之制。新建於禮賢坊的國子監規制不明，何時新建也不清楚，但據徐兢所載，建於他出使高麗之前是肯定的。筆者梳理資料認為，新建的國子監應完成於睿宗十四年（1119）。[11]

高麗孔廟中聖賢畫像多從中國輸入。北宋熙寧六年（文宗二十七年，1073），太僕卿金良鑒奉命出使北宋，摹國子監孔廟聖賢圖而歸。[12]崇寧二年（宣宗八年，1103），高麗畫「七十二賢像」於國子監孔廟壁上，據高麗禮部奏稱：所畫「七十二賢像，其位次依宋國子監所贊名目次第」而來。[13]元大德五年（忠烈王二十七年，1301），元使耶律希逸出使高麗參觀孔廟，以「殿宇隘陋，甚失泮宮制度」，向忠烈王言，建「新文廟，以振儒風」，[14]忠烈王納其言，兩年後新建孔廟竣工。同年，高麗學正金文鼎從元帶回宣聖、十哲像及文廟祭器。元延祐七年（忠肅王七年，1320），高麗仿元孔廟改先聖畫像為塑像，恭愍王十六年（1367），「移文宣王塑像於崇文館，文武百官，冠帶侍衛」。[15]

高麗孔廟從享諸賢多遵中國孔廟之制。據《高麗史》〈禮志篇〉載，文宣王廟如下：

> 文宣王設位於殿上北壁當中南向，以兗國公顏回配，琅邪公閔損、東平公冉耕、下邳公冉雍、臨淄公宰予、郕伯公曾參並東壁；黎陽公端

---

[10] 徐兢：《宣和奉使高麗圖經》卷16，國子監，長白叢書本，吉林文史出版社，1991年，第31頁。
[11] 《高麗史》卷74，志卷28，選舉志二，學校條載：「（睿宗）十四年七月，國學始立養賢庫，以養士。自國初，肇立文宣王廟於國子監，建官置師，至宣宗將欲教育，而未遑。睿宗銳意儒術，詔有司，廣設學舍，置儒學六十人，武學十七人，以近臣管勾事務，選名儒，為學官博士，講論經義，以教導之。」
[12] 《增補文獻備考》卷202，學校考一，第353頁。
[13] 李學逵：《洛下生集》冊二十，東事日知，聖廟木主，《韓國文集叢刊》290冊，首爾：景仁文化社，2002年，第600頁。
[14] 《高麗史》卷32，忠烈王二十七年五月甲辰，第497頁。
[15] 李學逵：《洛下生集》冊二十，東事日知，聖廟木主，第600頁。

> 木賜、彭城公冉求、河內公仲由、丹陽公言偃、河東公卜商、鄒國公孟軻並西壁，文昌侯崔致遠、弘儒侯薛聰並南壁……。[16]

可見，高麗孔廟除主享文宣王孔子外，顏回配享，在文宣殿東壁與西壁分別由閔損、冉耕、冉雍、宰予、曾參、端木賜、冉求、仲由、言偃、卜商、孟軻等十一位先哲從祀；在文宣殿南壁由新羅崔致遠、薛聰從祀，[17]加上顏回，殿內共十四位先哲從祀。至於兩廡，東廡列顓孫師等四十一位，西廡列七十子中祖句茲等二十位及左丘明等二十三位，計四十三位。[18]值得注意的是，《高麗史》中所載「文宣王」為唐玄宗天寶六年（747）追諡，宋真宗咸平（998-1003）中，諡為玄聖文宣王，尋改至聖文宣王，元成宗大德十一年（1307），加封為大成至聖文宣王。而高麗仿元於翌年，即高麗忠烈王三十四年（1308），也封孔子大成至聖文宣王。[19]可見，高麗孔廟祀典一遵中國孔廟祀典，但又不乏東國孔廟特色。

李朝以儒教立國，尊孔之風更盛。太祖元年（洪武二十五年，1392）八月，李成桂「命藝文春秋館大學士閔霽，釋奠於文廟」。[20]太祖三年（1394）遷都漢城，即著手建孔廟，太祖七年竣工。新建的孔廟大成殿坐北南向，左右為東西兩廡。[21]同時，「國家於各道州府郡縣，皆置文廟，謂之鄉校」。[22]

李朝孔廟祀典多遵中國之制，而東國諸儒從祀則遵高麗之制。[23]如文獻所載：「取本朝已行典故，兼取唐、宋舊禮及中朝之制，其去取損益，皆稟宸斷」。[24]太宗九年（永樂七年，1409），禮曹咨文明禮部，請文宣王、

---

[16] 《高麗史》卷62，禮四，吉禮中祀，文宣王廟，第338頁。
[17] 新羅崔致遠顯宗十一年（1020）、薛聰顯宗十三年（1022）從祀。
[18] 參見高明士：《東亞古代的政治與教育》，第338頁。
[19] 李學逵：《洛下生集》冊二十，東事日知，大成至聖文宣王，第601頁。編案：原文如此。但今一般說孔子是在唐玄宗開元二十七年（739）加諡「文宣王」。
[20] 《李朝太祖實錄》卷1，太祖元年八月丁巳。
[21] 《新增東國輿地勝覽》卷1，京都上，文廟，首爾：景仁文化社，1972年，第40頁。
[22] 《李朝世宗實錄》卷148，地理志，京畿，廣州牧。
[23] 《增補文獻備考》卷203，學校考二，太學，第361頁。
[24] 《李朝世宗實錄》卷128，五禮，序文。

四配、十哲位板規式依明《洪武禮制》製造。[25]太宗十一年（1411），太宗國王遣使赴明朝貢，並諮文禮部，以本國「文廟等祭，未知聖朝所制藩國儀式，仍用前代王氏舊禮，深為未便」，請求明廷頒降，「欽依遵守」。[26]孔廟祀典，據《新增東國輿地勝覽》載：「大聖殿安五聖、十哲塑像，東西廡有七十子及歷代諸賢位版。」[27]五聖，即居大成殿正位的大成至聖文宣王孔子與兗國復聖公顏子、郕國宗聖公曾子、沂國述聖公子思子、鄒國亞聖公孟子，四配，即四子配享，始於宋度宗咸淳三年（1267），元文宗至順元年（1330），四子晉位為聖。[28]十哲，費公閔損、鄆公冉耕、薛公冉雍、齊公宰予、黎公端木賜、徐公冉求、衛公仲由、吳公言偃、魏公卜商、穎川侯顓孫師十哲。[29]東西兩廡從祀各50餘人，包括宋儒道國公周敦頤、豫國公程顥、洛國公程頤、新安伯邵雍、郿伯張載、徽國公朱熹六賢。[30]正統元年（1436），明孔廟「刊定從祀名爵位次，頒行天下」。[31]朝鮮孔廟祀典則「遵仿中朝正統元年刊定之制」。[32]如正統二年（1437），明廷以宋儒胡安國、蔡沈、真德秀從祀孔廟，正統八年（1443），追封元儒吳澄為臨川郡公，從祀孔廟。[33]成宗九年（成化十四年1478），朝鮮始聞此事，即遣千秋使金永堅「問諸中朝國子監以來」。[34]成宗十二年（1481），朝鮮「依中朝之制」，也將吳澄、真德秀、胡安國增祀東國孔廟。[35]同時，朝鮮孔廟亦突

---

[25] 《李朝太宗實錄》卷18，太宗九年七月丁丑。
[26] 《李朝太宗實錄》卷22，太宗十一年十一月甲子。
[27] 《新增東國輿地勝覽》卷4，開城府上，學校，成均館，第15頁。
[28] 《新增東國輿地勝覽》卷1，京都上，文廟，第40頁。
[29] 《增補文獻備考》卷204，學校考三，文廟條載：「十哲始皆封侯，至宋度宗時並升，封為公。今於顓孫師獨書於穎川侯，而不書宗所封陳公，可疑」。第370頁。
[30] 《新增東國輿地勝覽》卷1，京都上，文廟，第40頁；肅宗四十年（1714），因儒臣宋時烈疏請，李朝允准將宋六賢自兩廡升至大成殿與十哲同位。
[31] 申時行：《明會典》卷91，禮部四十九，先師孔子，第520頁。
[32] 李廷龜：《月沙集》卷60，南宮錄上，《韓國文集叢刊》第70冊，景仁文化社，1991年，第392頁。
[33] 申時行：《明會典》卷91，禮部四十九，先師孔子，第520頁。
[34] 《李朝成宗實錄》卷91，成宗九年四月壬寅。
[35] 《李朝成宗實錄》卷126，成宗十二年二月丁未。

顯本國特色。至李朝，孔廟中本國儒臣從祀達18位。即除新羅崔致遠、薛聰於高麗顯宗朝從祀，高麗儒臣安珦於忠肅王六年（1319）從祀外，李朝時又有15位從祀，其中除1517年入祀的鄭夢周為高麗儒臣外，其餘皆為李朝儒臣。[36]所謂「東國十八賢」，實為朝鮮孔廟一大特色。

二、嘉靖明孔廟祀典的釐正與朝鮮的反應

正德十六年（1521）三月，明武宗朱厚照病逝，因其無子，慈壽皇太后與大學士楊廷和密謀，以遺詔遣官迎興獻王長子——厚熜即位，是為世宗皇帝。世宗即位不久，為追崇生父，與楊廷和等廷臣意見相左，最終釀成幾百人參與的政治論爭——「大禮議」。「大禮議」所關涉的非一般事件，其深層蘊意是對世宗皇權合法性的考驗。[37]由「大禮議」引發，世宗對明朝禮制多有改定。《明史》載：「帝自排廷議『大禮』，遂以製作禮樂自任」。[38]嘉靖九年（1530），對孔廟進行改定便是世宗禮制改革的重要環節。孔廟改制意味著世宗向明制度化道統的挑戰。談及嘉靖孔廟改制，多以為是緣於張璁之議，然而事實並非如此。[39]嘉靖九年十一月，世宗帝「因纂《祀儀成典》，諭大學士張璁，凡雲雨風雷之祀以及先聖先師祀典，俱當以敘纂入」。[40]張璁遵旨，上疏云：

> 雲雷等祀及社稷配位俱蒙聖明更正，但先聖先師祀典尚有當更正者，叔梁紇乃孔子之父，顏路、曾皙、孔鯉乃顏（回）、曾（參）、（子）思之父，三子配享孔子於廟庭，而叔梁紇及諸父從祀兩廡，原

---

[36] 《增補文獻備考》卷204，學校考三，第370-371頁。
[37] 參見李洵：〈「大禮議」與明代政治〉，《下學集》，北京：中國社會科學出版社，1995年，第147-172頁。
[38] 《明史》卷196，〈張璁傳〉，第5178頁。
[39] 文中嘉靖九年孔廟改制的討論，曾參閱黃進興〈道統與治統之間：從明嘉靖九年孔廟改制論皇權與祭祀禮儀〉，收入氏著，《優入聖域：權力、信仰與正當性》，第125頁。
[40] 《明世宗實錄》卷119，嘉靖九年十一月癸巳。

> 聖賢之心豈安於是？所當亟正。臣請於大成殿後另立一堂祀叔梁紇，而以顏路、曾晢、孔鯉配之。請行禮部改正，纂入祀典。[41]

可見，嘉靖孔廟祀典改定實啟自世宗，張璁不過深諳世宗改定意圖而已。世宗閱張璁奏疏，遂以為然，隨即諭令：孔子「因與聖人尊天與尊親同，今籩豆十二，牲用犢，全用祀天，儀亦非正禮，其諡號、章服悉宜改正。卿宜加體孔子之心為朕詳之」。[42]張璁果不負帝意，提出孔廟改制的藍本：

> 孔子祀典自唐宋以來，混亂至今，未有能正之者。今宜稱先聖先師，而不稱王。祀宇宜稱廟，而不稱殿。祀宜用木主，其塑像宜毀撤。籩豆用十，樂用六佾。叔梁紇宜別廟以祀，以三氏配。公侯伯之號宜削，只稱先賢、先儒。其從祀申黨、公伯寮、秦冉、顏何、荀況、戴聖、劉向、賈逵、馬融、何休、王肅、杜預、吳澄宜罷祀。林放、蘧瑗、盧植、鄭玄、服虔、范寧宜各祀於其鄉。后蒼、王通、歐陽修、胡瑗、蔡元定宜增入。[43]

由上奏本可知，張璁所提孔廟祀典改定的內容：（1）撤孔子文宣王諡號，稱「先聖先師」。（2）毀塑像，用木主，祭器減殺。（3）設啟聖祠，以主祭孔子之父叔梁紇，附祭從祀弟子之父。（4）更定從祀制，削爵稱，進退諸儒。

世宗審閱張璁的上疏甚合其旨意，遂命禮部會同翰林院集議。時編修徐階疏陳不可，世宗大怒，將其外貶。為此，世宗撰〈正孔子祀典說〉、〈正孔子祀典申記〉兩文，下禮部集議以聞。由此可見，世宗對孔廟祀典的釐正意味著其對「制度化」道統的挑戰，以此強化其「治統」的權力。

嘉靖九年明孔廟祀典釐正引起朝鮮的關注與不同的反應。最早關注此事

---

[41] 《明世宗實錄》卷119，嘉靖九年十一月癸巳。
[42] 《明世宗實錄》卷119，嘉靖九年十一月癸巳。
[43] 《明世宗實錄》卷119，嘉靖九年十一月癸巳。

的是赴明朝貢使。嘉靖十八年（中宗三十四年，1539），使臣李清歸國，談及明孔廟祀典改定時說：「謁聖時，見孔子位牌，以先師為號……此前所無之制作也」。[44]隆慶六年（宣祖五年，1572），使臣許震童參謁孔廟，改定的孔廟祀典引起其關注：「大成殿」改稱「孔子廟」，「孔子之位：曰至聖先師孔子之位；東則復聖顏子之位、述聖子思之位，西則宗聖曾子之位、亞聖孟子之位」，殿內東西，有十哲之位，兩廡為先賢、先儒。[45]萬曆九年（1581），使臣崔岦參謁孔廟也注意到，孔子「位板舊書文宣王，改至聖先師云」。[46]萬曆十五年（1587），使臣裴三益謁孔廟後，在日記寫道：「謁先聖於國子監，行四拜禮訖。奉審位版，則題曰至聖先師孔子之位，而高廣狹小而短，不如我國之制」。[47]上述使臣的記載使我們不難想到，這些自幼讀儒家經典，信奉孔孟之道的朝鮮士大夫，見孔子位號由大成至聖文宣王，降為至聖先師，心裡多有一種說不出的失落，令他們欣慰的是遠在海東的朝鮮孔廟位號依舊為大成至聖文宣王。

不僅如此，朝鮮圍繞明孔廟祀典的釐定是否遵從，出現兩種截然不同的反應。時，朝鮮孔廟仍遵明洪武舊典，對嘉靖文廟祀典釐定持質疑，但不時憂慮會遭明朝責難。嘉靖十五年（中宗三十一年，1536），朝鮮得知明使欲到朝鮮，遂擔心其參謁孔廟時提出質疑，中宗國王下教應對機宜：

> 天使若謁聖於成均館，則我國稱孔子以大成至聖文宣王，而中原降號稱公云。天使幸問，則中原已降號，而何以猶存王爵云爾。則答之以「中原雖降號，而於我國，無公文降號之命，故猶稱王也。」以此的答之乎？[48]

---

[44] 《李朝中宗實錄》卷92，中宗三十四年十一月辛丑。
[45] 許震童：《東湘集》卷7，朝天錄，壬申八月，《韓國文集叢刊》第3冊，景仁文化社，2005年，第581頁。
[46] 崔岦：《簡易集》卷6，辛巳行錄，觀國學，《韓國文集叢刊》第49冊，景仁文化社，1990年，第398頁。
[47] 裴三益：《臨淵齋集》卷4，朝天錄，丁亥六月，《韓國文集叢刊》第4冊，景仁文化社，2005年，第278頁。
[48] 《李朝中宗實錄》卷83，中宗三十一年十二月己酉。

領議政金謹思也附和說：「中朝降文宣王為先師，揆以歷代尊崇之意，恐未為得。雖改號於國子監，無頒天下並改之命，我國不可傳聞而效尤也。天使雖或有問，對以上教之意甚當」。[49]應當指出的是，明孔廟祀典雖已釐定，但禮部並未諮文朝鮮，所以，朝鮮有理由認為「我國不可傳聞而效尤也」，故孔廟「猶稱王」，也在情理之中。不僅如此，嘉靖十八年（1539），朝鮮竟然以「請復先聖封號」為題，將「中朝削孔子大成至聖文宣王封號，只稱先師孔子」[50]作為策問試題。是年十月，國王還率王世子、百官及儒生詣孔廟，「於文宣王神位前，上香，行四拜禮」。[51]以此表明朝鮮對嘉靖孔廟祀典釐正的不同反應。

朝鮮的不同反應還體現在君臣對於明孔廟升黜人物的質疑。隆慶五年（1571），即宣祖四年十二月三日，經筵進講剛一結束，宣祖與進講官柳希春、李忠綽等以明孔廟升黜人物為題加以品評。柳希春言：嘉靖中，明罷黜荀況、馬融、劉向、賈逵、何休、王弼、戴聖、王肅、杜預，而以王通、歐陽修、胡瑗、楊時、李侗、胡安國、陸九淵、蔡沈、真德秀從祀，「此時王之制，且不無意，請從之」。而宣祖聽後，則不以為然，當即表態「久遠之事，豈可輕易更定？姑徐之」。[52]柳希春又對陸九淵從祀評論道：「嘉靖中，中朝士大夫，皆宗陸氏之學，故以九淵從祀，非正論也。」[53]從上述君臣對嘉靖中孔廟人物升黜的評論可知，以程朱理學為宗的朝鮮，將陸九淵之學視為「異端」，自然對其從祀視為「非正論也」，進而對明孔廟罷黜人物，認為「中朝取捨，未必盡當」。[54]言外之意，對嘉靖孔廟祀典釐正認為是「時王之制」，並不認同。

當然，朝鮮也不乏欲遵明孔廟祀典釐定朝鮮孔廟者。嘉靖二十一年（中宗三十七年，1542）十二月，聖節使柳希齡從明歸國，將所書明孔廟「先聖

---

49 《李朝中宗實錄》卷83，中宗三十一年十二月己酉。
50 《李朝中宗實錄》卷91，中宗三十四年六月壬子。
51 《李朝中宗實錄》卷96，中宗三十六年十月辛巳。
52 《李朝宣祖實錄》卷5，宣祖四年十二月辛卯，學習院東洋文化研究所，1961年。
53 《李朝宣祖實錄》卷5，宣祖四年十二月辛卯。
54 《李朝宣祖實錄》卷5，宣祖四年十二月辛卯。

先賢位次」呈報禮曹。[55]為此，禮曹在呈給國王奏文云：明孔廟祀典「其所次第，與我國祀典，互有增減……且我國自祖宗朝，率由舊章久矣。今當因而勿革乎？抑其令於後日使臣赴京之時，更詳質問而來，然後始循中朝之制行之乎？」[56]中宗閱此奏文，傳旨禮曹：

> 我國之禮，固欲一遵華制，聖賢位次，若相抵牾不合，則所當革舊而從之，但遵守祖宗之制，其來已久，而聞見於中朝，亦豈必其的否？不須更問於華人，而依舊例行之。[57]

中宗國王以遵「祖宗之制，其來已久」為由，指出不必「聞見於中朝」，更無需「更問於華人」，而「依舊例行」我行我素。可見其雖對明事大，但固守本國孔廟祀典自主性原則。

在贊同釐正東國孔廟的倡議者中，司譯院漢吏學官林芑是比較突出的一位。嘉靖三十五年（明宗十一年，1556）十月，他上疏四事，其中一事為「文廟神版改題事」。疏言：先前嘉靖二十三年（1544），聖節使赴京時，中宗曾下教：「中朝文廟神版改題事，謄寫來啟」，使臣至京去禮部儀制司，不巧輟朝，結果「未及謄寫」而歸。後千秋使赴明，將孔廟「改版位目並題本」帶回國，卻逢中宗病逝，「其議不克施行」。[58]他以此故事在於說明釐定孔廟祀典是先王遺志。進而他在奏疏中言：

> 臣嘗謁遼東及山海衛文廟，則皆已改題，天下諸州，舉隅可知。凡議禮考文，天子之事也。今皇上稱至聖先師之號，允合於《禮經》，而得議禮之本。雖孔聖復起，必謂之固當然者矣。我中廟所以命謄書來啟者，亦欲去其不經之號，遵其時王之制，而事竟不果。殿下何不適

---

[55] 《李朝中宗實錄》卷99，中宗三十七年十二月庚子。
[56] 《李朝中宗實錄》卷99，中宗三十七年十二月庚子。
[57] 《李朝中宗實錄》卷99，中宗三十七年十二月庚子。
[58] 《李朝明宗實錄》卷21，明宗十一年十月癸巳。

追其志而復其禮乎？[59]

　　林芑疏言釐正孔子位號理由歸納有三：1、孔子位號改稱「至聖先師」，合於《禮經》；2、改定孔子位號是遵先王遺願；3、「議禮考文」，為「天子之事」即天朝大國所定之事，作為屬國的朝鮮無任何理由不遵「時王之制」，以此釐定東國孔廟。

　　林芑的上疏大體上代表了釐定東國孔廟者的觀點。為此，明宗國王遂召集議政府、禮曹、承文院諸官員集議。集議中，以領議政沈連源為首不贊同朝鮮孔廟位版改號，他說：「文宣王改稱先師事，中原行之已久」，而文宣王位號「我國遵而行之亦久，改之重難，今雖改之，後之有議，未可知也」。[60]其言獲右參贊金明胤、知中樞府事李薇、刑曹判書李蓂、知中樞府事曹光遠、同知中樞府事申瑛等贊同；而贊同孔廟位版改號者人數寥寥。[61]李滉針對林芑的主張也發表己見說：「聖人之德，雖不以封贈而有所加損，然尊以是號久矣，程朱大儒，亦無異議，而一朝削去，今可輕改」。[62]作為朝鮮性理學代表性人物李滉則從程朱理學正統性的高度加以闡釋，以為孔子稱王尊號已久「程朱大儒亦無異議」，一旦遵時王嘉靖孔廟祀典改號，有違儒學正統。李滉所言，在士林中引起強烈反應。時人金誠一云：「中朝去文廟追崇之號，改題先聖先師，朝廷亦有欲遵是制者。先生曰：『聖人之德，雖不以封贈而有所加損』，然尊以是號世代已久，程朱大儒亦無異議，而一朝削去，實所未安，今此舉措，何可輕議？」[63]稍晚些時人南皋，也云：「大先生議論正大慎重，我國之不遵明制，尚依舊號，實先生一言之力也」。[64]

---

[59] 《李朝明宗實錄》卷21，明宗十一年十月癸巳。
[60] 《李朝明宗實錄》卷21，明宗十一年十月己亥。
[61] 《李朝明宗實錄》卷21，明宗十一年十月己亥。
[62] 《增補文獻備考》卷204，學校考三，文廟，第371頁。
[63] 金誠一：《鶴峰集續集》卷5，雜著，退溪先生言行錄，《韓國文集叢刊》48冊，景仁文化社，1989年，第258頁。
[64] 南皋：《時庵集》卷9，雜著，困勉錄，《韓國文集叢刊》128冊，景仁文化社，2011年，第539頁。

稍後趙憲再提朝鮮孔廟釐正問題。萬曆二年（宣祖七年，1574）十一月，質正官趙憲從明歸國，以其在明見聞向宣祖呈上覆命報告。據《宣祖修正實錄》載，他「諦視中朝文物之盛，意欲施措於東方」，「草疏兩章，切於時務者八條，關於根本者十六條。皆先引中朝制度，次及我朝時行之制，備論得失之故，而折衷於古義，以明當今之可行」。在上八條疏中，即有「聖廟配享」，疏請東國孔廟應遵明孔廟祀典，他說，孔子牌位大成至聖文宣王號，有違孔子「所謂『君君、臣臣、父父、子子之道』」，認為嘉靖孔廟祀典改孔子位號為至聖先師是「一改千載之誤」，因此疏言「我朝久猶襲陋，恐當議改者也」。[65]宣祖閱後，即刻駁回，下旨曰：（朝鮮與明）「千百里風俗不同，若不揆風氣習俗之殊，而強欲效行之，則徒為驚駭之歸，而事有所不諧矣」。[66]將趙憲改號建議連同其他建議一併棄之不用。朝鮮孔廟仍遵嘉靖九年釐正之前的祀典。

三、朝鮮關於孔廟是否「遵依天朝定式」的討論

如果說朝鮮對嘉靖文廟祀典釐正引起的不同反應，視為朝鮮關於孔廟是否「遵依天朝定式」討論序幕的話，那麼正式討論始於宣祖三十三年（萬曆二十八年，1600）。是年三月，「壬辰之役」後，奉命留守的欽差萬世德[67]拜謁孔廟時，見孔子位版仍書「大成至聖文宣王」，便提出：「俺見位版所題乃宋制，非皇明之制也」。成均館同知事鄭昌衍回答：「自古如是，故外國因循乃爾」。萬世德聽後，令道：「天子未有拜王之禮，以此嘉靖年間改定，不書文宣王之號，只稱至聖先師孔子之位，爾邦雖外國，今則一遵華制，可改之」。成均館官員表示：「蒙分付感激，當以此言啟知」國王。萬

---

[65] 《李朝宣祖修正實錄》卷8，宣祖七年十一月辛未，學習院東洋文化研究所，1961年。
[66] 《李朝宣祖修正實錄》卷8，宣祖七年十一月辛未。
[67] 據申炅《再造藩邦志》五，萬曆二十六年六月條載：「萬世德字，伯修，號震澤，山西太原偏頭所人，隆慶辛未（1571）進士，治兵湟中，多建功績，至是用廷推代鎬。」萬曆二十八年十月回國。《大東野乘》卷36，漢城：朝鮮古書刊行會，1971年。

世德也云：「俺亦當移咨」國王。[68]議政府右贊成沈喜壽陪同萬氏參謁，據其所言：「臣在上年春，隨萬經理謁文廟，經理見孔子位版，書大成至聖文宣王之號，深以為非，即以移咨本國，勸令遵依天朝定式，改寫至聖先師之稱。其意甚勤，臣亦親聽其分付」。[69]翌年正月，歸國後的萬氏以右副都御史的名義，就朝鮮孔廟祀典改定事咨文朝鮮。咨文要點：（1）孔廟孔子位號仍書「大成至聖文宣王」，「獨此未行改正，殊屬缺典」，應將「各處文廟牌位王字，改正師字」。（2）仿明建啟聖公祠。[70]（3）胡居仁、陳獻章、王守仁、薛瑄四賢明朝已准從祀孔廟，作為藩國，朝鮮「俱宜遵守」從祀之典。咨文最後要求：「貴國將此前項孔聖名號及啟聖公祀典」，「俱照天朝制度改正，則庶祀典隆，而文化益弘矣」。[71]萬世德以欽差朝鮮軍務身份拜謁孔廟，發現孔廟祀典多與明嘉靖文廟祀典不同，歸國後，仍以咨文勸戒朝鮮對孔廟祀典加以釐正。對朝鮮而言，萬氏身份地位非同小可，其言其行完全可以代表天朝大國，豈敢怠慢，遂以此為契機，就朝鮮孔廟是否「遵依天朝定式」展開了討論。

　　萬世德的咨文首先引起備邊司的重視，認為，咨文提出孔子位版改名、啟聖公祠與胡、陳、王、薛從祀，「皆係祀典重事，不可輕易回答，請令禮官，博考詳講，定奪後回咨」。[72]宣祖遂命禮曹詳加集議，再作回咨。半月後，禮曹上奏文，贊同萬世德釐正孔廟的咨文。認為改孔子位牌為至聖先師，「以遵時制，似為宜當」；設啟聖公祠，「理勢亦妥」，但需日後實施，只是對薛瑄等四賢從祀提出質疑。當然，身為禮曹官員十分清楚，釐定孔廟關乎朝鮮國家祀典，一味遵明祀典，「恐難輕議也，事係

---

[68] 《李朝宣祖實錄》卷123，宣祖三十三年三月辛酉。
[69] 沈喜壽：《一松集》卷5，箚，辭大提學，《韓國文集叢刊》第57冊，景仁文化社，1990年，第257頁。
[70] 明孔廟配享及從祀依宋元舊制，顏淵、曾參、子思、孟子為四配，而顏淵父顏無繇、曾參父曾點、子思父孔鯉，甚至孔子父叔梁紇均從祀兩廡。這種有違人倫的作法，引發諸多議論。嘉靖九年十一月，明建啟聖公祠，中祀叔梁紇，稱啟聖公孔氏神位，以無繇、曾點、孔鯉、孟孫氏配，俱稱先賢某氏。參見《明世宗實錄》卷119，嘉靖九年十一月辛丑。
[71] 《李朝宣祖實錄》卷132，宣祖三十四年正月辛丑。
[72] 《李朝宣祖實錄》卷133，宣祖三十四年正月丁未。

重大」,⁷³禮曹懇請宣祖令群臣進行討論。宣祖允之。

　　群臣在討論時,相臣沈喜壽、尹根壽不贊同朝鮮孔廟「遵依天朝定式」。議政府右贊成沈喜壽在奏疏中,首先指出,萬氏諮文「雖非該部奉旨公事之比,而天朝大官曾涖東土者,推據通行時制,諮會至再,則為我國之道,當以體行慕效之意,明白回復乎。」⁷⁴認為明禮部雖未諮文朝鮮,但萬氏作為「天朝大官」諮會朝鮮行大明已「通行時制」,朝鮮理應「體行慕效之意」。接下來,他針對萬氏諮文中孔子位號改正、建啟聖公祠、胡陳王薛從祀諸項展開討論。關於孔子位號,他說,東國孔廟依舊為大成至聖文宣王,是遵洪武定式,「揆諸義理,實為的當」,明嘉靖九年雖改為「至聖先師」,而東國孔子位號依舊,至今已「七十餘年,絕無異同之說」。⁷⁵進而指出,既然東國孔廟「既遵洪武頒式,則今可從違嘉靖之改紀、萬曆之諮會乎？」⁷⁶明確表示孔廟孔子大成至聖文宣王位號,無需遵從嘉靖文廟祀典、萬曆世德諮會加以改正;關於啟聖公祠,深表贊同。他說:「雖非古制,而求之神道,不遠人情,後賢義起,可以通行萬世」,但國家剛蒙受戰爭創傷「因時屈,未遑速舉」;⁷⁷對胡陳王薛從祀東國孔廟則持反對意見。他說:此四人儘管明朝「許從孔祀」,但「其在外國蠡測,安敢輕議其事業之淺深、學問之醇疵,而有所前卻乎」？進而表明,朝鮮對明朝「文廟從祀,升黜不常,固難適從」。⁷⁸沈喜壽的奏文集中表達了朝鮮統治層不贊同朝鮮孔廟遵明加以改定的態度。宣祖閱其奏文,批曰:「省札,良用嘉焉,但此事難於舉行耳」。⁷⁹

　　參與討論的議政府左贊成尹根壽也不贊同朝鮮孔廟遵明祀典。他在所撰《文廟從祀議》中首先指出:「臣竊聞文廟從祀諸賢,以萬經理移諮,將

73　《李朝宣祖實錄》卷133,宣祖三十四年正月癸亥。
74　《李朝宣祖實錄》卷137,宣祖三十四年五月戊戌。
75　沈喜壽:《一松集》卷5,箚,辭大提學,《韓國文集叢刊》第57冊,景仁文化社,1990年,第257頁。
76　《李朝宣祖實錄》卷137,宣祖三十四年五月戊戌。
77　沈喜壽:《一松集》卷5,箚,辭大提學,第257頁。
78　《李朝宣祖實錄》卷137,宣祖三十四年五月戊戌。
79　《李朝宣祖實錄》卷137,宣祖三十四年五月戊戌。

有所升黜。臣雖未詳其曲折，亦有所見聞者矣，敢陳臆說，以備採擇」。[80] 接著對嘉靖九年明孔廟將公伯寮等十三人罷黜、林放等七人降格鄉祀、增陸九淵等五人從祀當否，逐一品評。對明罷黜的十三人中，認為公伯寮、馬融、戴聖、王肅、杜預等，「罷祀固當」；對劉向，以為「豈可以小過而黜祀乎」；對鄭眾、盧植、鄭玄、服虔、范寧五人，以為「此五儒豈可無故而罷祀，只各祀於其鄉乎」。[81]對新從祀孔廟的陸九淵、王守仁持反對意見。他說：明朝「今乃進陸於從祀之列，使與朱子並列於兩廡之間，未見其可也。」[82]不贊成陸九淵從祀；對王守仁從祀尤加反對，他說：「王守仁從祀，蓋出於不尊尚朱學而然也，尤不允眾心」，進而明確表態：「臣之妄意，我國文廟從祀典式，姑依我國之舊，以待後日之公論，似或無妨」。[83] 至此，討論暫告一段落。

　　三年後的宣祖三十七年（萬曆三十二年，1604），朝鮮孔廟修繕後，又引發孔廟是否「遵依天朝定式」的討論。朝鮮從宣祖三十四年（1601）始，對孔廟加以修繕。據成均館奏報：聖廟，宣祖三十四年八月始修，翌年七月畢役。東西兩廡，宣祖三十六年七月始修，翌年八月畢役。修繕一新的孔廟「聖廟以下位板、位交椅、床桌，一應諸具，無不畢備」。[84]宣祖三十七年八月，成均館上奏文建議朝鮮孔廟遵明祀典加以釐正，文曰：「天朝已有定禮，藩國不宜異同。今當文廟重新，兩廡奉安之時，凡干先師位號、從祀黜陟、啟聖廟及他可舉節目，當於此時，定奪施行」。[85]宣祖令禮曹商議。同年十月，禮曹判書許筬、參判申湜、參議宋駿上奏疏，贊同朝鮮孔廟遵明祀典加以釐正。奏疏云：朝鮮「文廟之制，傳自前朝，其初亦必取法於中朝，初非我東之所自為禮也」，至嘉靖九年，明朝始有釐定之舉，「其有異

---

[80] 尹根壽：《月汀集》卷4，收議，文廟從祀議，《韓國文集叢刊》第47冊，景仁文化社，1989年，第231頁。
[81] 尹根壽：《月汀集》卷4，收議，文廟從祀議，第231頁。
[82] 尹根壽：《月汀集》卷4，收議，文廟從祀議，第232頁。
[83] 尹根壽：《月汀集》卷4，收議，文廟從祀議，第232頁。
[84] 《李朝宣祖實錄》卷184，宣祖三十八年二月庚午。
[85] 《李朝宣祖實錄》卷177，宣祖三十七年八月壬辰。

同，蓋由於此也」。接著明確提出：「天朝既為定制，載諸《會典》，頒之藩國，其意似非偶然……當初不知之時，則已矣，及今既知之後，其一遵天朝成式，似不當復有他議」。[86]時萬曆《會典》已於萬曆十五年刊行，故奏文疏言「先師位號、從祀升黜，一從《會典》所載，施行似當」。[87]至於啟聖祠，「其制度儀節，俱在《會典》，可考而仿也」。[88]奏文最後建言：孔廟祀典「係國家大制度，有非該曹所敢獨擅，議大臣稟裁施行何如」？[89]宣祖將禮曹意見交由群臣討論。大臣們對孔廟遵明改先師位號、建啟聖祠多無爭議。如領議政尹承勳、左議政柳永慶、右議政奇自獻等認為：「天朝既有成式，在我藩國之道，所當遵而行之，斯為得體。他日華使見之，亦必喜聖朝文教東漸之盛，而亦尚我國典制之得正矣。」只是對明孔廟升黜人物，特別是陸九淵、王守仁從祀持質疑態度：「從祀中，如陸九淵、王守仁輩，皆以異學得罪於聖門，其流之害甚於洪水猛獸，而因一時一二人強執所見，置之衛道酬功之中，實非天下公共之論」。[90]由以上討論可知，這次討論與三年前即因萬世德諮文引起的討論，有所不同的是無論是禮曹官員，還是朝廷重臣都贊同遵明改孔子位號為先師，只是對從祀人物陸九淵、王守仁有些異議而已。宣祖面對廷臣的建議既不表態接受與否，也不發表自己意見，只說句，孔廟祀典「俱係國家大制度，百世之所觀瞻」，既然群臣意見如此，「姑待後日，更議處之」。[91]朝鮮孔廟仍遵明嘉靖前舊制。

時隔25年後，朝鮮孔廟是否「遵依天朝定式」再次引起討論。仁祖四年（天啟六年，1626），禮曹判書李廷龜以禮曹的名義發文贊同釐正朝鮮孔廟祀典，啟文云：

---

[86] 《李朝宣祖實錄》卷180，宣祖三十七年十月癸亥。
[87] 《李朝宣祖實錄》卷180，宣祖三十七年十月癸亥。
[88] 《李朝宣祖實錄》卷180，宣祖三十七年十月癸亥。
[89] 《李朝宣祖實錄》卷180，宣祖三十七年十月癸亥。
[90] 《李朝宣祖實錄》卷180，宣祖三十七年十月癸亥。
[91] 《李朝宣祖實錄》卷180，宣祖三十七年十月癸亥。

我國儀章文物，悉遵華制，至如文廟從祀之典，則尤當一依中朝成憲。臣等謹考文廟祀典，與《大明會典》所載，位號升黜，大不相類……今之所定祀典，不過考質於中朝舊制也。《會典》未頒降前，則因循宜矣，今則《會典》既已釐正，頒布天下，我國特憚改，苟度未及舉行耳。[92]

如前所述，《明會典》萬曆十五年（1587）刊行，因嘉靖朝續修《會典》未刊行，萬曆四年續修《會典》除校訂弘治、正德兩朝《會典》內容外，又增入嘉靖朝所行事例，嘉靖孔廟祀典改定自然增入《會典》中。[93]所以，他認為《明會典》既已頒布了改定的孔廟祀典，而朝鮮孔廟尚未改定。他針對孔子位版仍書「大成至聖文宣王」之號，指出：「天朝之稱為至聖先師，其號甚大，其尊無比」，「依皇朝定制，似為宜當」；對明孔廟升黜人物，他也頗有異議，認為「天朝升黜之中，不無可議者」，如后蒼、楊時、王通、歐陽修、胡瑗、薛瑄、胡居仁，既然從祀明孔廟，也可從祀我國孔廟，但陸九淵、王守仁等「至比朱子之學於洪水猛獸之害，門路既差，流為異端，似難尊崇聖廟，以誤趨向」。[94]

李廷龜贊同遵明釐正朝鮮孔廟祀典的啟文再次引起朝臣的討論。討論中，朝臣形成截然不同兩種意見。左議政尹昉贊同李廷龜的意見。其言：「我朝自丁酉年間已有此議，繼而筵臣屢為陳啟，而只緣朝家多事，未遑舉行，誠為一代之欠典」。他認為作為藩國朝鮮孔廟祀典沒有任何理由不遵宗主國之制，即「當此天下同文之日，似當一遵時王盛制而為之，安可以偏藩臆見，有所裁正乎」？[95]

右議政申欽則反對李廷龜意見。他尖銳指出：「昔年諸相臣獻議，多言升黜，而至於孔子改號，則有略焉者」[96]，針對李廷龜奏言孔廟位牌應遵明

---

92 《李朝仁祖實錄》卷13，仁祖四年閏六月甲子，學習院東洋文化研究所，1962年。
93 參見申時行等編纂《明會典》卷91，禮部四十九，第521頁。
94 《李朝仁祖實錄》卷13，仁祖四年閏六月甲子。
95 《李朝仁祖實錄》卷13，仁祖四年七月甲戌。
96 申欽：《象村稿》卷32，啟三十三首，孔廟改號升黜未妥札，《韓國文集叢刊》第72冊，首

改「至聖先師」之議,他在所撰〈孔廟改號升黜未妥札〉中,援引「太祖高皇帝洪武十二年,作文廟,是時凡天下岳鎮、海瀆、城隍、前代忠臣烈士封號,罔不釐正,而獨文宣王廟號及從享封爵如故」[97]的故事,以此證明文宣王廟號不可輕改。接下來,論道:

> 孔子祀典,蓋起於漢高太牢之後,歷代繼以尊崇。漢明（東漢明帝——引者）以前稱以先師,隋唐以來漸加封典,開元之際稱文宣王,而大成至聖之號,則隨世漸增。經濂、洛、關、閩諸大儒,未聞以文宣王之稱為未妥者。[98]

至於孔廟人物升黜,他明確表示:「從祀升黜,亦不可以臆見斷之」。[99]以上申欽所論十分鮮明地表明自己對朝鮮孔廟釐正持反對態度。

隨後,仁祖針對李廷龜的啟文也發表自己的見解:

> 頃觀禮曹啟辭,則文廟祀典,非但與中國有異,諸子中或有一人而互載者,或有現名而無徵者,此則不可不釐正矣。至於取捨升黜,一依中朝成憲,而其中陸九淵、王守仁、陳獻章,則趨向既差,流為異端,不宜崇奉,以誤士習。且孔聖位號,則一朝猝改,殊甚重難,仍稱前號,勿為改定,未知如何?予意不過如斯而已。[100]

仁祖對李廷龜啟文中,孔廟人物升黜取捨,雖認為陸九淵、王陽明「不宜崇奉」,但「取捨升黜,一依中朝成憲」還是有異議的。至於改孔子位號,則與李廷龜意見相反,堅持仍稱舊號,不改為好。可見,朝鮮孔廟祀典是否遵明有所釐正,君臣上下仍存在很大的爭議,孔廟祀典釐定尚需時日。

爾:景仁文化社,1991年,第178頁。
97 申欽:《象村稿》卷32,啟三十三首,孔廟改號升黜未妥札,第178頁。
98 《李朝仁祖實錄》卷13,仁祖四年七月甲戌。
99 《李朝仁祖實錄》卷13,仁祖四年七月甲戌。
100 《李朝仁祖實錄》卷13,仁祖四年七月甲戌,第122頁。

朝鮮孔廟祀典釐正的討論又經歷了半個多世紀後，至朝鮮肅宗八年（康熙二十一年，1682）才最終議定。康熙二十年（1680）十一月，吏曹判書金錫冑疏請釐定孔廟祀典。其云：「今因八路同聲，多士申請……舉前日未遑之事，完一代莫大之典者，亦安知其不有待於今日乎？」[101]肅宗國王深表贊同，遂令群臣議定祀典。其中，領議政金壽恒的上疏備受群臣矚目，他認為孔廟祀典並非「一遵中朝之制」，「其所從違，亦有不可一遵中朝之制者」，進而明確提出：明孔廟所增從祀者，我國未必都遵從，「如陸九淵、王守仁異端之學，惑世誣賢者，其可以中朝之增祀，而一例苟從乎？」[102]言外之意，其人我國孔廟不得入祀。而明孔廟罷黜者，我國未必都加以罷黜，如明罷黜公伯寮、秦冉、顏何、荀況、戴聖、劉向、何休、賈逵、馬融、王肅、王弼、杜預、吳澄十三人中，秦冉、顏何「恐難斷其為當黜」，罷黜其證據不足；戴聖著「《大戴禮》為禮家所宗，其功亦不小，不宜輕黜」；劉向「經術博洽，在漢儒亦鮮其比，誠有可惜者」。此四人，應留本國孔廟，不宜罷黜，其他九人，可從明罷黜；至於明廷將林放、蘧瑗、鄭眾、盧植、鄭玄、服虔、范寧七人降格於鄉祀，而「我國無可祀之鄉，則在所不論矣」[103]，可仍從祀我國孔廟。其他群臣，如左議政閔鼎重、行判中樞府事金壽興、司業朴世采等所奏，多與金壽恒意見相同，皆認為：「金壽恒之議，有稽先儒定論，庶幾得中」。[104]肅宗國王在廣徵群臣建議基礎上，令禮曹制定孔廟祀典。此祀典朝鮮史上稱「肅宗壬戌從祀之典」。此祀典與明嘉靖以降明孔廟祀典有很大的不同：

（1）孔子位號，明改為「至聖先師」，朝鮮仍稱「大成至聖文宣王」；四配十哲，明皆去爵位，稱先賢某子、先儒某子，如四配：稱復聖顏子、宗聖曾子、述聖子思子、亞聖孟子。而朝鮮孔廟四配仍

---

[101] 金錫冑：《息庵遺稿》卷15，疏箚，《韓國文集叢刊》第145冊，景仁文化社，1995年，第367-368頁。
[102] 《李朝肅宗實錄》卷12，肅宗七年十一月戊午，學習院東洋文化研究所，1964年。
[103] 《李朝肅宗實錄》卷12，肅宗七年十一月戊午。編案：原文如此，但戴聖所撰實為《小戴禮》。「大戴」為戴德。
[104] 《李朝肅宗實錄》卷13，肅宗八年四月己亥。

保留爵位，如四配：兖國復聖公顏子、郕國宗聖公曾子、沂國述聖公子思子、鄒國亞聖公孟子。

(2) 孔廟從祀人物，與明孔廟祀典也有不同。《增補文獻備考》載錄如下：

漢后倉，隋王通，宋歐陽修、胡瑗、陸九淵，明薛瑄、王守仁、陳獻章、胡居仁，明朝所從祀，而我國則不為從祀；文質公羅從彥、文靖公李侗、文肅公黃榦，我朝肅廟壬戌（1682）從享，而明朝則不列祀典；長山侯林放、內黃侯蘧瑗、中牟伯鄭眾、良鄉伯盧植、高密伯鄭玄、滎陽伯服虔、新野伯范寧，明朝則黜於從祀，祀於鄉，而我朝則仍舊從祀；新息侯秦冉、堂邑侯顏何、考城伯戴聖、彭城伯劉向，明朝並黜享，而我朝則仍舊不黜；壽長侯公伯寮、蘭陵伯荀況、任城伯何休、岐陽伯賈逵、扶風伯馬融、司空王肅、偃師伯王弼、司徒杜預、臨川公吳澄、淄川侯申黨，明朝嘉靖黜享，而我朝則肅宗壬戌黜享。[105]

(3) 啟聖祠，則與明制基本相同。如前所述，宣祖三十七年（1604），宣祖已准「啟聖公立祠之議」，後未及舉行，肅宗八年討論時，群臣雖贊同建啟聖公立祠，但「疏辭宜置之」，至肅宗二十年（1694），清州幼學申用濟再疏請「別立啟聖公祠」，肅宗才允之。[106]啟聖公祠歷時七年，至肅宗二十七年竣工，其建築格局為「廟宇，則五梁閣三間，神門三間，典祀廳五間，祭器庫二間，守僕房二間造作」，其「規制略備，似無欠闕，」並依「皇明之制，則不曰廟，曰啟聖公祠」。[107]至此，朝鮮孔廟祀典得以最終釐定。

---

[105] 《增補文獻備考》卷204，學校考三，文廟，第372頁。
[106] 《李朝肅宗實錄》卷27，肅宗二十年八月丙午。
[107] 《承政院日記》第395冊，肅宗二十七年正月十八日，首爾大學奎章閣所藏本，第41頁。

上述肅宗朝所釐定的朝鮮孔廟祀典並非完全遵依嘉靖九年明孔廟祀典，兩者有很大的不同。

四、朝鮮關於孔廟祀典是否「遵依天朝定式」的討論引發的思考

如前所述，嘉靖九年明世宗將文廟孔子位號由「大成至聖文宣王」改為「至聖先師孔子」，其他聖賢稱號中公、侯、伯爵諡也都不再使用。這次改號意味著將唐代以來確立的孔子被獨尊為先聖的位相予以否定，藉此貶低以孔子為代表的道統尊嚴，實現君統的絕對化與皇權的專制化。朝鮮關於孔廟祀典是否「遵依天朝定式」的討論，從嘉靖十八年（1539）中宗三十四年朝貢使李清將嘉靖九年明孔廟祀典釐正的信息傳入開始，至康熙二十一年（1682）肅宗八年孔廟祀典最終得以釐定，這個話題經中宗、明宗、宣祖、光海君、仁祖、孝宗、顯宗、肅宗八朝，歷時143年。肅宗朝時朝鮮最終所釐的孔廟祀典又並非遵依明嘉靖孔廟祀典，兩者有很大的不同。以上朝鮮對明嘉靖孔廟祀典釐正的應對不能不引起筆者以下思考。

首先，朝鮮對明嘉靖孔廟祀典釐正的應對，是在中朝宗藩關係話語體系下，以對明事大為前提，不以「時王之制」為標準，而是將程朱理學奉為判斷是非的唯一標準。程朱理學從高麗末期始傳入半島，經歷了被朝鮮接受變容，形成有別於中國與日本極具特色的朝鮮朱子學（也稱朝鮮性理學）。李朝建立後，以朱子學為指導，將國家的官僚制度與身份制度和宗法制度合法化，完成了以兩班為主體的集權官僚體制的建構。[108]朝鮮圍繞著孔子位號是否改定與從祀人物取捨的討論無不體現朝鮮以程朱理學為正統的主流意識形態。如前所述，朝鮮孔廟祀典，「遵依洪武定式」[109]，體現朝鮮對明朝的事大傳統，儘管如此，在討論孔廟是否遵嘉靖文廟祀典時，朝鮮不盲從，堅持自主原則，面對「時王之制」的嘉靖文廟祀典，朝鮮更是以程朱理學作為

---

[108] 李成茂著、楊秀芝譯：《朝鮮初期兩班研究》，臺北：中華民國韓國研究會，1996年，第57-59頁。

[109] 沈喜壽：《一松集》卷5，箚，辭大提學，第257頁。

判斷是非的標準。如李滉批駁司譯院漢吏學官林芑主張改孔子位號時所說：「聖人之德，雖不以封贈而有所加損，然尊以是號久矣，程朱大儒，亦無異議，而一朝削去，今可輕改」。[110]可見，作為朱子學泰斗的李滉對孔子位號改定，則從儒學正統性高度加以審視，以為孔子稱王尊號「程朱大儒亦無異議」，因此不可輕改。這是朝鮮以程朱理學作為判斷是非標準的一個典型事例。

朝鮮以程朱理學為正統意識形態源於以儒學為正宗，獨尊孔子的思想意識。嘉靖九年明將文廟孔子位號由「大成至聖文宣王」改為「至聖先師」，這意味著將唐代以來確立的孔子被獨尊為先聖的位相予以否定，藉此貶低以孔子為代表的道統的尊嚴。而朝鮮仍保留孔子文宣王諡號，堅守古制，具有維護道統寓意。對此，朝鮮史官如下評論：

> 自生民以來，未有盛於夫子，傳百王之心法，立萬古之綱常，其功之盛、德之至，如天地之大，日月之明，無得以明焉，則苟非德足以知聖人，固難輕議位號於千載之下矣。況中朝法制，雖曰盡善，比之三代，不能無愧，則至聖先師四字，果足以形容夫子之盛德，而不惑於百世之後乎？[111]

史官在評論中，「況中朝法制，雖曰盡善，比之三代，不能無愧」句，頗有寓意，從對明事大視角而言，作為嘉靖文廟祀典的「中國法制」，屬國朝鮮理所當然執行，問題是作為嘉靖文廟祀典作為明朝法典，並不是盡善盡美，表明朝鮮雖對明事大，但並非將當下的中國「法制」作為衡量是非的尺度，而是以「三代之制」作為判斷是非的終極標準。史官的上述評論與上文李滉所言有著相同之處，集中體現出朝鮮統治層對孔廟釐正的基本態度。

其次，朝鮮對明嘉靖孔廟祀典釐正的應對，充分反映出朝鮮在禮制文化上雖深受中國影響，但具有本土化特點。朝鮮孔廟自新羅、高麗以來多遵

---

[110]《增補文獻備考》卷204，學校考三，文廟，第371頁。
[111]《李朝宣祖實錄》卷180，宣祖三十七年十月癸亥。

中國之制,但始終彰顯東國孔廟特色,即「取本朝已行典故,兼取唐、宋舊禮及中朝之制,其去取損益,皆稟宸斷」。[112]如高麗孔廟從享諸賢就多遵唐宋元孔廟祀典,孔廟除主享文宣王孔子外,顏回配享,在文宣殿東壁與西壁分別由閔損11位先哲從祀;兩廡,東廡列顓孫師等41位,西廡列祖句茲等20位及左丘明等23位,計43位。在多遵中國孔廟祀典同時,又不乏東國孔廟特色,在文宣殿南壁列新羅崔致遠、薛聰從祀。[113]李朝以儒教立國,孔廟「從享諸賢一遵中國之制,東國諸儒從祀依麗制」。[114]所謂「中國之制」就是孔廟祀典悉遵「洪武禮制」,洪武三年(1370)六月,朱元璋就孔子稱號,下詔書曰:「所有封爵宜仍其舊」,承認元以來孔子的稱號。明編纂的《洪武禮制》等禮制法典都本洪武三年詔書。朝鮮依明《洪武禮制》》定《國朝五禮儀》一書。所以,宣祖三十四年(1601)禮曹奏文曰:孔子「至聖文宣王」位號,「乃是宋朝之制,而至我皇朝亦因不改,我國祀典悉遵洪武頒制,故《五禮儀》亦以此為定矣」。[115]同時,朝鮮孔廟亦突顯本國特色。至李朝,朝鮮孔廟中本國儒臣從祀達18位。即除新羅儒臣崔致遠、薛聰高麗顯宗朝從祀,高麗儒臣安珦,高麗忠肅王六年(1319)從祀外,李朝時又有15位從祀,其中除1517年入祀的鄭夢周為高麗儒臣外,其餘皆為李朝儒臣。[116]所稱東國十八賢,實為朝鮮孔廟祀典一大特色。而肅宗朝所定「壬戌從祀之典」更能體現朝鮮既遵中國之制,又彰顯東國孔廟的特色。如明孔廟所增從祀者,朝鮮並非都遵從,如陸九淵、王守仁朝鮮孔廟就不予從祀;而明孔廟罷黜者,朝鮮並非都罷黜,如明罷黜公伯寮等13人中,朝鮮認為秦冉、顏何、戴聖、劉向4人罷黜可惜,卻保留本國孔廟,不宜罷黜,其他9人,可從明罷黜。[117]以上所述,無不體現朝鮮孔廟既遵中國之制,又彰顯本國孔廟的特色。

---

[112] 《李朝世宗實錄》卷128,五禮,序文。
[113] 參見高明士:《東亞古代的政治與教育》,第338頁。
[114] 《增補文獻備考》卷203,學校考二,太學二,第361頁。
[115] 《李朝宣祖實錄》卷133,宣祖三十四年年正月丁未。
[116] 《增補文獻備考》卷204,學校考三,第370-371頁。
[117] 《李朝肅宗實錄》卷12,肅宗七年十一月戊午。

第三，朝鮮對明嘉靖孔廟祀典釐正的應對揭示了16世紀中葉至17世紀末中朝宗藩關係演進的內在紋理。朝鮮「肅宗壬戌從祀之典」與嘉靖九年孔廟釐定祀典不同，孔子位號，明改「至聖先師」，朝鮮卻仍稱「大成至聖文宣王」，四配十哲，明皆去爵位，朝鮮仍保留爵位；孔廟從祀人物，與明孔廟也有不同，如陸九淵、王陽明等朝鮮孔廟不予從祀。以上兩國孔廟祀典的不同，恰好反映了16世紀中葉至17世紀末中朝宗藩關係演進的內在變化。在這約150年時間裡，中國歷史發生了翻天覆地的變化，代表「華」系的明朝為「夷」係清朝所取代，清朝成為東亞共主，朝鮮由明朝屬國轉變為清朝的屬國。面對上述中朝宗藩關係的變化，朝鮮也不斷調適與明朝、清朝的關係。其實大明帝國進入嘉靖以來，國力已逐漸下降，其維繫東亞共主地位的經濟前提不再堅挺，隨之政治、文化上的優越地位也逐漸減弱。而朝鮮，隨著朱子學深入，其仿自中華主義的意識不斷增強。此時朝鮮往往以批評的眼光來觀察與思考明朝現實的政治與文化。嘉靖十八年（1539），使臣權橃出使明朝，參觀孔廟時，則大發感嘆地說：「彝倫堂及東西廡，無一儒焉」。[118]萬曆二年（1574），使臣許篈使明，參觀孔廟，看到的是「學徒不處，墻壁多頹塌」，用以藏書的五經館，到處「塵土堆積」。他在日記中批評道：「不知禮義廉恥之為何事？學校之廢墜至於斯，宜乎人才之不古若也。嗟呼！嗟呼！」[119]許篈還就王陽明是否從祀孔廟問題與明士子進行辯論。論辯中，他將信奉陽明學說的明士子視為「固滯鄙賤，不可與辨」，斥責明朝「今之天下，不復知有朱子矣，邪說橫流，禽獸逼人，彝倫將至於滅絕，國家將至於淪亡」。[120]同樣，朝鮮對明嘉靖孔廟祀典的釐正也認為，現實明朝的「中朝法制，雖曰盡善，比之三代，不能無愧」。[121]所以圍繞孔廟位號改定問題，朝鮮不顧明朝施壓與勸誡及廷臣喋喋不休的建言，不盲目遵行明朝現實的

---

[118] 權橃：《朝天錄》，嘉靖十八年十一月七日，林基中：《燕行錄全集》第2冊，韓國東國大學出版部，2001年。
[119] 許篈：《荷谷先生朝天記》，萬曆二年八月二十日，林基中：《燕行錄全集》第6-7冊，韓國東國大學出版部，2001年。
[120] 許篈：《荷谷先生朝天記》，萬曆二年八月二十日。
[121] 《李朝宣祖實錄》卷180，宣祖三十七年十月癸亥。

「法制」，始終固守「三代」古制，孔廟孔子位號始終未改，仍稱「至聖文宣王」。由此透視出前近代以明朝為中心的東亞「華夷秩序」演進過程中，內部結構已經發生變化。

清代明後，朝鮮成為清朝屬國。清朝推崇程朱理學而非心學。特別是康熙帝崇宋儒，尤重程朱理學，曾以「御纂」的名義令理學名臣熊賜履、李光地等刊行《性理大全》。[122]他推崇朱子道：「惟宋儒朱子注釋群經，闡發道理，凡所著作及編纂之書，皆明白精確，歸於大中至正，經今五百餘年，學者無敢疵議。朕以為孔孟之後，有裨斯文者，朱子之功最為弘巨」。[123]康熙五十一年（1712），康熙下詔將朱熹從祀孔廟的位置提升，由東廡先賢之列，升至大成殿，列在四配、十哲之次。上述康熙對理學的修為，清楚地表達了清朝國家推崇理學而非心學。而朝鮮作為屬國，始終推崇理學，排斥心學，將心學視為異端，秉承程朱之學，自稱「效中國君臣之為治而治，學中國聖賢之道而道焉，法中國倫常禮樂制度文物之為則而則焉，讀中國六經四子之為文而文焉」，一切以程朱理學為本位，「無不自中國而法焉」。[124]

（本文原載《外國問題研究》，2024年4期）

---

[122] 黃進興：《優入聖域：權力、信仰與正統性》，允晨文化實業股份有限公司，1994年，第103頁。
[123] 《清聖祖實錄》卷249，康熙五十一年四月丁巳。
[124] 柳麟錫：《毅庵集》卷30，雜著，《韓國文集叢刊》第338冊，景仁文化社，2004年，第292頁。

王陽明從祀孔廟與朝鮮王朝的應對

王陽明及所創立的陽明學，適應明中葉社會思潮多元化發展的需要，以其新的精神風貌和較強的感召力博得世人的信賴，而居社會思潮主導地位。稍後，陽明學說東傳朝鮮等國，成為對周邊國家產生較大影響的社會思潮。由於王陽明對明中葉以降的社會難以克服的諸矛盾，從理論與實踐層面加以闡釋，表現出其構建心學體系的出色才能，受到朝野的青睞。因此，有人建言其從祀孔廟。孔廟為代表國家意識形態的聖殿，在帝制時代孔廟恰是國家「治統」與「道統」的交集。[1] 這意味著，一經獲准從祀孔廟，其人將成為「萬代之典」，其學說將被朝廷認定為國家正統之學。為此，明廷一些恪守程朱理學的官員，反對王陽明從祀孔廟。這就使得王陽明從祀過程充滿曲折，歷時18年，經歷由否定到肯定，最終在萬曆十二年得以從祀孔廟。王陽明從祀孔廟的信息東傳朝鮮，在篤信朱子學的朝鮮引起了風波，以李滉、李珥為代表的性理學者掀起斥王風潮。接下來就王陽明是否從祀朝鮮孔廟，即朝鮮是否遵明孔廟祀典釐正本國孔廟祀典，李朝君臣展開了討論，至肅宗朝才確定東國孔廟祀典。朝鮮孔廟祀典並未遵嘉靖以來明孔廟祀典，其中王陽明不予從祀朝鮮孔廟，其他從祀人物與明孔廟也有不同。王陽明從祀孔廟為何在明朝與朝鮮會出現兩種不同的結果，不能不引發思考：朝鮮孔廟祀典基本遵從明朝嘉靖以前的祀典，而肅宗朝所定朝鮮孔廟祀典，為何與明祀典有較大的不同？值得深入討論。有關王陽明從祀明孔廟的討論，國內學界已有些成果問世。[2] 但在朝鮮引發的討論及朝鮮的應對，除韓國、日本學者有所

---

[1] 王夫之曾言：「天子之位也，是謂治統；聖人之教也，是謂道統。」《讀通鑒論》卷13，北京：中華書局，1975年，第925頁。

[2] 參見朱鴻林：〈陽明從祀典禮的爭議和挫折〉，《中國文化研究所學報》1996年第5期；〈王陽明從祀的史料問題〉，《史學集刊》2008年第6期；楊正顯：〈王陽明《年譜》與從祀孔廟之研究〉，《漢學研究》第29卷第1期，2011年；黃進興：〈道統與治統之間：從明嘉靖九年孔廟改

涉及外，中國學者尚無專文討論。[3]為此，本文擬就上述問題加以討論。

一、王陽明從祀明孔廟的爭議引發朝鮮的討論

　　明朝關於王陽明從祀孔廟的討論是在隆慶帝即位之初。[4]隆慶元年（1567）六月，御史耿定向首請已故的王守仁從祀孔廟，而給事中趙軏、御史周弘祖則主已故禮部侍郎薛瑄從祀。[5]十月，戶科都給事中魏時亮又疏言：「薛瑄、陳獻章、王守仁均得聖學真傳，並宜崇祀孔子廟庭」。[6]由於高拱等人的激烈反對，被暫時擱置。

　　朝鮮是從隆慶元年赴朝的明使臣那裡獲悉王陽明從祀孔廟討論的。是年七月，翰林檢討許國與魏時亮赴朝鮮頒布隆慶即位詔書。[7]兩人都篤信陽明學，在朝期間，就陽明心學與朝鮮儒臣進行了討論。時接待使奇大升給禮曹判書李滉的奏報中，談及對明使的印象：「兩使皆禪學，難可與言」。[8]儒臣鄭弘溟也言：「兩使俱以中朝名儒，時有問難」。[9]明使在王京拜謁了孔廟，隨後又「求見東國文章」，並以「東國亦有知孔、孟心者」為題與朝鮮儒林進行討論。儒臣李滉（1501-1570）心知肚明，向兩明使錄示：高麗朝

　　制論皇權與祭祀禮儀〉、〈學術與信仰：論孔廟從祀與儒家道統意識〉收入氏著，《優入聖域：權力、信仰與正當性》，允晨文化實業股份有限公司，1994年。
[3]　高橋亨：〈朝鮮的陽明學派〉，《朝鮮學報》第4輯，1953年；李能和：〈朝鮮儒界之陽明學〉，《青丘學刊》第25號，1936年；韓正吉：〈儒學中的正統與異端——以陽明學對朱子學道統論的回應為中心〉，首爾：栗谷研究院，2010年；中純夫：《朝鮮的陽明學——初期江華學派研究》，東京：汲古書院，2013年。
[4]　參見中純夫《朝鮮的陽明學——初期江華學派研究》第十章圍繞王守仁從祀孔廟問題——中國與朝鮮異學觀的比較文中，詳細梳理了萬曆十二年前後王陽明從祀問題以及明朝關於陽明學的爭議，對陽明從祀的討論在朝鮮群臣間引起的爭議也有所涉及。
[5]　參見《明穆宗實錄》卷9，隆慶元年六月丁未。
[6]　《明穆宗實錄》卷13，隆慶元年十月丙申。
[7]　《李朝宣祖修正實錄》卷1，即位年七月庚午條載：「詔使檢討官許國、給事中魏時亮入都，國等以新皇帝頒登極詔來。」學習院東洋文化研究所，1961年。
[8]　李滉：〈退溪集考證〉卷4，《第十七卷書》，《韓國文集叢刊》第31冊，景仁文化社，1989年，第360頁。
[9]　奇大升：《高峰集》附錄卷1，《韓國文集叢刊》第40冊，景仁文化社，1989年，第284頁。

禹倬、鄭夢周；李朝金宏弼、鄭汝昌、趙光祖、李彥迪等「先正臣十餘人姓名」，[10]並以書答：本朝「士之誦習，無非孔孟程朱之言」。[11]許國與魏時亮本欲與朝鮮儒臣就陽明心學展開討論，但李滉等避而不談陽明心學，大談一以貫之的朱子學，表明朝鮮對陽明學的排斥態度。其實，王陽明（1472-1529）的《傳習錄》東傳伊始就遭遇朝鮮排斥。[12]史稱：「王陽明文字，東來未久，東儒莫知其為何等語，先生（朴祥，1472-1530）與金十清（世弼，1473-1533）見其《傳習錄》，斥謂禪學。」「辨王陽明守仁《傳習錄》於辛巳」。[13]「辛巳」年為1521年（正德十六年，中宗十六年），說明《傳習錄》至少1521年已東傳朝鮮。[14]金世弼為朴祥摯友，其有論《傳習錄》的詩句：「陽明老子治心學，出入三家晚有聞。道脈千年傳孔孟，一毫差爽亦嫌云」。[15]明宗八年（1553）六月，儒臣洪仁佑得到《傳習錄》讀後，斥責陽明學說：「大概務為好異，專以一心為內，天地萬物為外，以格致為非，徑約為是。故羅欽順著《困知記》，以攻其失」。[16]羅欽順《困知記》東傳朝鮮確切時間難以確定，但該書在朝鮮刊行為1560年。[17]可見，時為朱子學所支配的朝鮮一開始就視陽明學為異端，持排斥批判態度。

朝鮮獲悉王陽明從祀孔廟的討論後，掀起了斥王風潮。宣祖元年（1568），時已68歲的朱子學泰斗李滉，率先對陽明學展開批判：

---

[10] 《李朝宣祖修正實錄》卷1，即位年七月庚午。

[11] 金允植：《雲養集》卷13，〈行狀〉，《韓國文集叢刊》第328冊，景仁文化社，2004年，第464頁。

[12] 林月惠〈朝鮮朝前期性理學者對王陽明思想的批判〉一文，重點論述了朝鮮性理學者針對東傳朝鮮的陽明學著作文本進行了批判，本文與其論述的角度完全不同。參見《東亞文明研究學刊》第10卷2期，2013年12月。

[13] 朴祥：《訥齋集》附錄卷2，〈敘述〉，《韓國文集叢刊》第19冊，景仁文化社，1989年，第106頁。

[14] 參見李蘇平：《韓國儒學史》，人民出版社，2009年，第470頁。

[15] 金世弼：《十清集》卷2，〈又和訥齋〉，《韓國文集叢刊》第18冊，景仁文化社，1988年，第221頁。

[16] 洪仁佑：《耻齋遺稿》卷2，《日錄鈔》，《韓國文集叢刊》第36冊，景仁文化社，1989年，第53頁。

[17] 參見林月惠：〈朝鮮朝前期性理學者對王陽明思想的批判〉，《東亞文明研究學刊》第10卷2期，2013年12月。

> 王陽明之學，皆出於象山，而以本心為宗，蓋皆禪學也……如釋氏所為，於是創為心即理也之說，謂天下之理只在於吾內，而不在於事物，學者但當務存此心，而不當一毫求理於外之事物……使若人者，得君而行其志，則斯文斯世之禍，未知其孰烈於秦也。邪說之陷人，一至於此。可勝嘆哉！[18]

時，李滉正以官儒的身份支配著朝鮮思想界，他對陽明學的批判，代表了朝鮮主流意識。[19]在其影響下，弟子紛紛斥王。[20]其高足柳成龍（1541-1596）以為陽明「專以致良知為學，而反詆朱子之論為支離外馳，正釋氏之說也」。[21]宣祖二年（1569），他以書狀官的身份赴明，曾與明諸生就明代「道學之宗為誰」展開辯論。據其《年譜》載：當他聽到諸生皆曰「王陽明、陳白沙也」時，立即辯駁：「白沙見道未精，陽明之學，專出於禪，愚意當以薛文清為宗耳」。[22]歸國後，他上書其師李滉，「略陳在燕京時，與諸生問答語」，李滉覆書贊云：「公能發此正論，點檢其迷，誠不易得也」。[23]

明朝廷臣關於王陽明從祀孔廟的討論，趁隆慶逝世，萬曆即位之際再次展開。萬曆元年（宣祖六年1573）正月，赴明賀登極使議政府右議政朴淳（1523-1589）回國，奏報在明所見禮科都給事中宗弘暹和浙江道監察御史謝廷杰等人上奏，要求會議王陽明應從祀孔廟的情形。奏文如下：

---

[18] 李滉：《退溪集》卷41，《雜著》，白沙詩教傳習錄抄傳，《韓國文集叢刊》第30冊，景仁文化社，1989年，第419頁。
[19] 李滉據《傳習錄》文本，從「在親民」、「心即理」、「知行合一」三個維度展開批判。參見林月惠：〈朝鮮朝前期性理學者對王陽明思想的批判〉，《東亞文明研究學刊》第10卷2期，2013年12月。
[20] 李丙燾：《韓國儒學史略》，亞細亞文化社，1986年，第266頁。
[21] 柳成龍：《西厓集》卷15，《雜著》，《韓國文集叢刊》第52冊，景仁文化社，1990年，第294頁。
[22] 柳成龍：《西厓集》，《西厓年譜》卷1，第497頁。
[23] 柳成龍：《西厓集》，《西厓年譜》卷1，第497頁。

> 浙江巡撫[24]謝廷杰，請以原任尚書王守仁配享文廟。大概以為尊德性、道問學非兩事也。……守仁師陸九淵，而今觀九淵之論，未嘗不及於讀書，朱某之教門人，未嘗不以身心為務。則彼分朱、陸，而二之者，非知二子之學者也。[25]

朴淳的上述奏文，除個別文字有些改動，內容基本與謝廷杰原奏疏一樣，說明他在京師親見謝廷杰的奏疏。謝廷杰以為，朝廷遲遲不允王陽明從祀，原因在於陽明學專主尊德性，與朱熹學專主道問學不同。為此，他疏中重點闡釋尊德性與道問學並非矛盾，兩者相輔相成，進而指出：「孔孟周程之後，所謂大儒未有過於守仁者。」[26]正因為如此，王陽明應從祀孔廟。

朴淳的奏報再次引發朝鮮的斥王風潮。是月二十一日，經筵席上，特進官僉知柳希春（1513-1577）進曰：「今聞皇朝謝廷杰欲以王守仁配享孔廟，至為朱、陸同道之說，變亂黑白，此甚邪說。」[27]朴淳也言：「王守仁學術之不正，誤了中土學者之弊。」[28]三月十七日，朴淳、柳希春、柳成龍等入朝侍講。講畢，朴淳談及王陽明曰：「王守仁自聖無忌，詆毀朱子，中國好經者，從而和之。陳建著《學蔀通辨》[29]，此實闢異端之正論。」[30]柳希春接著批評道：「王守仁資性狠戾，強愎不遜，謂：『五常有亦可，無亦可，劃而去之亦可。』又稱秦始皇焚書，以為合於禁冊述之意。又毀朱子著書，立

---

[24] 據《明神宗實錄》萬曆元年五月戊戌條載，應為「浙江道監察御史」。
[25] 《李朝宣祖實錄》卷7，宣祖六年正月戊戌。
[26] 謝廷杰：《崇祀大儒以明正學以育真才以隆聖澤疏》，吳亮輯：《萬曆疏鈔》卷35，《崇儒類》，《續修四庫全書》史部469冊，上海：上海古籍出版社，1997年，第359頁。
[27] 《李朝宣祖實錄》卷7，宣祖六年正月壬寅。
[28] 朴淳：《思庵集》卷5，《附錄》，《韓國文集叢刊》第38冊，景仁文化社，1989年，第348頁；宋時烈：〈神道碑銘并序〉載：「壬申（1572），拜右議政，赴京師，賀神宗皇帝登極……癸酉（1573），還朝，極陳王守仁學術之非。升左議政」。《韓國文集叢刊》第38冊，景仁文化社，1989年，第358頁。
[29] 陳建《學蔀通辨》成書於嘉靖二十七年，是書恪守程朱，以糾陸王之偏，東傳朝鮮後，為官儒所讚許。
[30] 《李朝宣祖實錄》卷7，宣祖六年三月丁酉。

言曰:『慘於洪水猛獸之災。』其為邪說甚矣。」宣祖則加以反問:「謂之邪,無乃過乎?」希春辯解「守仁當初厭事物之於心,而為乖僻之論,然言之不正,至於此。」[31]十一月,聖節使書狀官李承楊歸國,在其赴京《聞見錄》中亦云:「中朝有邪臣魏時亮,請以王守仁從祀文廟,南京御史石檟,奏中極駁守仁之邪淫,宜斥去,真為正道立赤幟者也。」[32]魏時亮奏請王陽明從祀,石檟則上疏反對,萬曆帝批給禮部處理。可見,李承楊在明應看過石檟奏疏的,所以他才有如此激烈的抨擊言辭。

　　明廷關於王陽明從祀的討論也引起使臣的關注與討論。萬曆二年,趙憲、許篈赴明期間,就陽明從祀與明士子展開了辯論。[33]趙憲(1544-1592),字汝式,號重峰,史載其「平生不觀雜書,學詞章,惟讀經書,逐日背誦《朱子大全》,信筆作疏章、書札,明白峻整,皆可傳世矣。」[34]是年,31歲的趙憲以質正官身份出使明朝。許篈(1551-1588),字美叔,出身名門陽川許氏,父許曄、弟許筠皆享譽盛名。是年,24歲許篈自請為書狀官赴明。[35]書狀官負有監督使團成員之責,並記錄出使見聞,歸國後向王廷奏報。二人出使的使命,是赴京賀萬曆12歲生日。[36]

　　如前所述,明朝關於王陽明從祀的討論,在朝鮮已引起較大反響。趙憲和許篈赴明,向明士人詢問王陽明從祀問題是有備而來。時正值明廷討論王陽明是否從祀最激烈的時刻。六月二十六日,趙憲和許篈入明境第十天,在遼東正學書院,結識四位明生員。兩人通過筆談詢問王陽明從祀消息。許篈先入為主,提出「近日王守仁之邪說盛行,孔孟程朱之道鬱而不明云,豈道

---

[31] 《李朝宣祖實錄》卷7,宣祖六年三月丁酉。
[32] 《李朝宣祖實錄》卷7,宣祖六年十一月丁酉。
[33] 張崑將〈十六世紀末中韓使節關於陽明學的論辯及其意義——以許篈與袁黃為中心〉一文從東亞交流史的視角,就出使明朝信奉朱子學的許篈與出使朝鮮篤信陽明學的袁黃在異地所展現的朱子學與陽明學的學術交鋒進行了梳理,本文論述內容雖與此文有些交叉,但問題意識則有所不同。見《台大文史哲學報》第70期,2009年5月。
[34] 《李朝宣祖修正實錄》卷26,宣祖二十五年八月戊子。
[35] 許篈:《荷谷集》,荷谷年譜,《韓國文集叢刊》第58冊,景仁文化社,1990年,第485頁。
[36] 有關趙憲、許篈此行使團出使人數、日期、路線及所見中華文化水平的低落而加以批判,夫馬進〈萬曆二年朝鮮使節的「中華」國的批判〉一文有詳細論述。見夫馬進著、伍躍譯:《朝鮮燕行使與朝鮮通信使——使節視野中的中國與日本》,上海古籍出版社,2010年。

之將亡而然耶？願核其同異，明示可否？」明生員答：「本朝陽明老先生學宗孔孟，非邪說害道者比，且文章功業俱有可觀，為近世所宗，已從祀孔廟矣。[37]公之所聞，意昔者偽學之說惑之也。」許篈看了其回答，疾書寫下長文，批評陽明學為偽學，甚至斷言，王陽明若從祀孔廟「必不能久於天地間也。」明生員不甘示弱，論辯道：王陽明「從祀孔廟，乃在朝諸君子輿議，非山林僻見也。且學以良知良能為說，非有心得者，其孰能知之。所聞不若所見之為真，諸君特未之察耳。」[38]許篈又爭辯：「頃於赴京友朋之還，得見御史石君檟、給事中趙公思誠等題本，可謂正論。」御史石檟、兵科給事中趙思誠皆上疏反對王陽明從祀，為反對派代表。對此，明生員駁斥道：「此人皆偽學者之後，故其言如是其乖戾也。」雙方論爭相持不下。最後，許篈、趙憲以對方信奉陽明學，「固滯鄙賤，不可與辨」，乃書「承教，不勝缺然。古云『道不同，不相為謀』，我宗朱門，君耽王學，爾月斯邁，吾日斯征，終無可望於必同也，奈何！奈何！」[39]不歡而散，回至館舍。

八月二日，趙憲、許篈一行在薊州途中夏店小憩時，遇浙江籍國子監生葉本，遂邀請他樹蔭下敘話。許篈直奔主題：「今聞王陽明從祀文廟，而命其裔襲爵云，未審此事定於何年？而出於誰人之建明乎？」葉本亦是篤信陽明學者，對王陽明給予很高讚譽：「天賦挺秀，學識深純，闡明良知聖學，又有攘外安內之功……宜從祀孔子廟廷，聖旨諭禮部，尚未覆，此其大較也。」[40]而許篈力圖將其主張強加對方，撰寫長文與葉本辯難。其針對陽明良知說，認為是「棄事物，廢書冊，兀然獨坐」的「釋氏之流，而不可以為訓者也」。葉本復辯：陽明「良知即體，良能即用」，有體有用，並非禪學，陽明「亦建有許多事功」可資證明。[41]雙方辯論看似心平氣和，其實針鋒相對，互不退讓。翌日，趙憲、許篈在通州又遇陝西籍舉人王之符。筆談中，兩人十分驚喜，在京師終於尋覓到將陽明學斥為偽學的知己。許篈日記

---

[37] 「已從祀孔廟矣」此句有誤，時明國內正在討論王陽明是否從祀孔廟，至萬曆十二年朝廷才允准。
[38] 許篈：《荷谷朝天記》（上），第425頁。
[39] 許篈：《荷谷朝天記》（上），第425頁。
[40] 許篈：《荷谷朝天記》（中），第445頁。
[41] 許篈：《荷谷朝天記》（中），第445-446頁。

詳載了他們之間的筆談：

> 余曰：「近世有為陸子靜、王陽明之學者，異於程朱所為說，後生莫不推以為理學之宗，先生其亦聞之否？陝西之人亦有慕仰者乎？」之符曰：「陸子靜是禪教，王陽明是偽學，吾地方人則皆闢之矣。」余曰：「陽明良知之說，是乎？非乎？」之符曰：「良知之說，倚於一偏，非偽而何？……邇來請從祀者，徒以陽明之弟子多在朝者，故欲尊其師，而廷議或不直之，是以巡按御史上本已久，而禮部尚未定奪矣。」[42]

王之符是位固守程朱理學的士子，將陽明學斥為偽學，對朝鮮使臣來說是莫大的欣慰。許篈日記中寫道：「方今人人皆推王氏之學，以為得千古之秘，而之符獨排之，可謂狂流之砥柱也。余行數千里，始得此人，豈非幸哉」。[43]

八月四日，許篈、趙憲到達北京。十七日，進皇宮謁見萬曆帝，完成了賀皇帝生日的使命。二十日，兩使臣拜謁孔廟時，結識應天府高淳縣儒生楊守中。筆談中，兩使臣問：「王陽明之學何如？」守中言：「陽明單說良知，正是偽學。」又問：「然則今日何以推崇陽明者眾，至欲舉從祀之典乎？」守中答：「此亦非天下之通論，南人皆尊陽明，而北人則排斥之，故從祀之議，今尚未定也。」[44]在孔廟與楊守中筆談，令趙憲、許篈無比欣慰，在他們看來，中華大地並非完全變成陽明學的天下。

參觀孔廟時，趙憲對明孔廟從祀先儒的位次提出質疑。他指出，宋儒周敦頤、二程、朱熹「俱生絕學之後，遠接洙泗之統，度其德，則固不在七十子之後，而言其功，則亦不下於孟氏，疑若升祀於配享之列，而猶齒於文中子、安定之下。」[45]質疑周、二程、朱四位宋儒位次為何在王通、胡瑗之

---

[42] 許篈：《荷谷朝天記》（中），第446-447頁。
[43] 許篈：《荷谷朝天記》（中），第448頁。
[44] 許篈：《荷谷朝天記》（中），第458頁。
[45] 趙憲：《重峰集》卷9，《書》，《韓國文集叢刊》第54冊，景仁文化社，1990年，第328頁。

下?對孔廟新增從祀人物,為何不增宋儒羅豫章、李侗、黃直卿,反增陸九淵也提出質疑。他認為九淵「盡廢講學,不取人善,自信太過,拍頭胡喚之病,則不惟一時英才為其所誤,而流弊益遠,至有偏守良知之見,坐俟頓悟之機」。[46]趙憲、許篈一行九月六日,踏上歸國之途。十月十日,渡過鴨綠江達義州。十一月,趙憲以質正官名義,據赴明見聞向宣祖提出覆命報告。[47]其中「切於時務者八條;關於根本者十六條,皆先引中朝制度,次及我朝時行之制,備論得失之故。」如在「聖廟配享」條中,極言陸九淵、王陽明之流不宜從祀孔廟。其云:「陸九淵之學,不事講問,專務頓悟,當時朱子固憂其說之為害,而流傳益久,人惑愈甚,舉世靡然,胥歸禪學。如王守仁之敢為橫議,詆謗朱子者,而尚請其從祀……以至上誤朝廷,下誤斯學。如此之流,臣恐不可效尤而苟從者也。」[48]使臣趙憲、許篈就王陽明從祀與明士子的論爭,從另一側面反映朝鮮對王陽明從祀孔廟的態度。

二、朝鮮孔廟釐正之議與王陽明不予從祀

孔廟是中華文化的象徵,朝鮮仰慕中華文化,以「小中華」自居,所以朝鮮孔廟祀典多遵從中國規制。萬曆十二年,王陽明獲准從祀明孔廟,按理王陽明也應獲准從祀朝鮮孔廟,然而事實並非如此,朝鮮孔廟釐正之典並不准王陽明從祀。對此,有必要加以討論。

朝鮮孔廟奉祀孔子始於新羅時期。[49]高麗王朝仍崇信儒學,成宗十一年(992),高麗立文宣王廟於國子監(後改稱成均館)。文宗二十七年(1073),太僕卿金良鑒「奉使入宋,摹國子(監)圖而來。」[50]高麗朝立國四百餘年,對孔子的尊崇與日俱增,孔廟陸續有十哲、先賢、先儒等從

---

[46] 趙憲:《重峰集》卷9,《書》,第329頁。
[47] 對趙憲覆命報告的研究,參見夫馬進:《朝鮮燕行使與朝鮮通信使——使節視野中的中國·日本》,伍躍譯,上海古籍出版社,2010年,第22-32頁。
[48] 《李朝宣祖修正實錄》卷8,宣祖七年十一月辛未。
[49] 《增補文獻備考》卷202,《學校考一》,第353頁。
[50] 《增補文獻備考》卷202,《學校考一》,第353頁。

祀。[51]李氏朝鮮以儒教立國，尊孔之風更盛。太祖元年（1392），在開城文廟舉行釋奠。七年建孔廟。孔廟的神位大成至聖文宣王正位；配享有顏子、曾子、子思、孟子四聖；殿內從享有閔損、冉耕、冉雍、宰予、端木賜、冉求、仲由、言偃、卜商、顓孫師十哲；東西兩廡從祀各50餘人。[52]以上孔廟「從享諸賢，一遵中國之制」。[53]如正統元年（1436），明廷「刊定從祀名爵位次，頒行天下」。[54]朝鮮孔廟則「遵仿中朝正統元年刊定之制」。[55]翌年，明廷以宋儒胡安國、蔡沈、真德秀從祀孔廟。正統八年，明廷追封元儒吳澄為臨川郡公，從祀孔廟。[56]成化十四年（成宗九年，1478），朝鮮始聞此事，遣千秋使金永堅「問諸中朝國子監以來」。[57]成化十七年（1481），李朝「依中朝之制，以先儒吳徵（澄）、真德秀、胡安國，從祀孔子廟庭」。[58]然而，至嘉靖九年（1530），明廷釐正孔廟祀典，尤其是萬曆十二年王陽明從祀孔廟後，朝鮮孔廟「依中朝之制」的情形發生了改變。

萬曆十二年，王陽明獲准從祀明孔廟，在朝鮮引起較大反響。萬曆十七年（宣祖二十二年，1589），以聖節使赴明的尹根壽拜謁孔廟，見王守仁、胡居仁、陳獻章已從祀，頗為不解地說：「王守仁則即所謂致良知之學者也，不論其他，守仁敢以朱子比楊（朱）、墨（翟），凡尊崇朱子者所當闢而闢之之不暇，尚安忍使其晏然於兩廡之祀乎？」[59]李珥也藉弟子向其問

---

[51] 據《增補文獻備考》卷204，《學校考三》載：「東國自麗初立廟於國子監。《三國史》雖不言立廟，而新羅聖德王時，奉安夫子像於太學，則亦必有享禮矣。唐開元二十七年（739），尊為王，諡『文宣』；宋真宗大中祥符元年（1008），加諡『玄聖』；五年以玄字犯諱，改為『至聖』；元武宗加諡『大成』。我國亦遵用焉。」第371頁。

[52] 《增補文獻備考》卷204，《學校考三》，第370頁。

[53] 《增補文獻備考》卷203，《學校考二》，第361頁。

[54] 申時行：《明會典》卷91，《禮部四十九》，第520頁。

[55] 李廷龜：《月沙集》卷60，《南宮錄》上，《韓國文集叢刊》第70冊，景仁文化社，1991年，第392頁。

[56] 申時行：《明會典》卷91，《禮部四十九》，第520頁。

[57] 《李朝成宗實錄》卷91，成宗九年四月壬寅。

[58] 《李朝成宗實錄》卷126，成宗十二年二月丁未。

[59] 尹根壽：《月汀集》卷4，《收議》，文廟從祀議，《韓國文集叢刊》第47冊，景仁文化社，1989年，第232頁。

學，對王陽明從祀予以貶斥：「王守仁則以謂朱子之害，甚於洪水猛獸之禍，其學可知。而中朝至乃從祀於聖廟云，中朝之學可知」。[60]從上述朝鮮儒臣對王陽明從祀明孔廟的反應，不難看出朝鮮對王陽明從祀東國孔廟的態度。

時，朝鮮孔廟仍遵從明嘉靖孔廟釐正之前的祀典。如禮曹所言：「我朝文廟之制，傳自前朝，其初亦必取法於中朝，初非我東之所自為禮也。釐正之舉，至我皇明嘉靖年間，始克就正，其有異同，蓋由於此也」。[61]明世宗即位後，對明諸多禮儀加以更定，嘉靖九年（1530），孔廟改制便是其禮制改革的重要內容。嘉靖孔廟改制的內容，據萬曆十五年刊行的《萬曆會典》[62]載：孔子位號「大成至聖文宣王」改為「至聖先師」；孔廟從祀人物，公伯寮、秦冉、顏何、荀況、戴聖、劉向、賈逵、馬融、何休、王肅、王弼、杜預、吳澄13人被罷黜從祀；林放、蘧伯玉、鄭眾、盧植、鄭玄、服虔、范寧7人降格，各祀於其鄉。同時，增入一批從祀人物，嘉靖朝增后蒼、王通、歐陽修、胡瑗、陸九淵；隆慶朝，增薛瑄；萬曆十二年，增王守仁、陳獻章、胡居仁。[63]可見嘉靖改制後的明孔廟祀典與嘉靖之前祀典有很大的變化，而朝鮮孔廟祀典仍遵從嘉靖改制前的祀典。

朝鮮孔廟祀典釐正之議始於宣祖三十三年（萬曆二十八年，1600）。是年三月，「壬辰之役」後，奉命留守朝鮮的欽差都察院右僉都御史萬世德拜謁孔廟時，見孔子位號仍書「大成至聖文宣王」，便向成均館同知事鄭昌衍提出：「俺見位版所題乃宋制，非皇明之制也。」鄭昌衍答：「自古如是，故外國因循乃爾。」萬世德聽後，頗為不滿地說：「天子未有拜王之禮，以此嘉靖年間改定，不書文宣王之號，只稱至聖先師孔子之位，爾邦雖外

---

60 李珥：《栗谷全書》卷31，《語錄》上，《韓國文集叢刊》第45冊，景仁文化社，1989年，第259頁。
61 《李朝宣祖實錄》卷180，宣祖三十七年十月癸亥。
62 嘉靖朝續修《會典》未刊布，萬曆四年申時行等奉敕重修《會典》，除校訂補輯弘治、正德兩朝《會典》外，又增入嘉靖朝所行事例。嘉靖孔廟改制祀典自然增入《會典》中，並於萬曆十五年刊行。
63 申時行：《明會典》卷91，《禮部四十九》，第521頁。

國，今則一遵華制，可改之」。⁶⁴翌年正月，萬世德就朝鮮孔廟釐正事項諮文朝鮮。諮文內容歸納如下：（1）孔子神位仍稱「大成至聖文宣王」「殊屬缺典」，應改為「至聖先師」；（2）應仿明建啟聖公祠；（3）胡居仁、陳獻章、王守仁、薛瑄四賢，明廷准令從祀孔廟，朝鮮作為屬國，「俱宜遵守」；（4）孔廟兩廡只有「周、程、張、朱，而無七十二賢」，「均屬缺典」。諮文最後指出：「該國久習文風，尊崇先賢，固無間於天朝，而其中有應改，應增者……俱照天朝制度改正，則庶祀典隆，而文化益弘矣」。⁶⁵可見，萬氏諮文除欲朝鮮孔廟更改孔子稱號外，又增入新的改正事項，其中最引起關注的是要求王守仁等四賢從祀朝鮮孔廟。

萬世德的諮文在朝鮮引起較大反響。禮曹給宣祖啟文云：「伏見萬經理諮文，文廟先聖位版名號及啟聖公祠與七十二賢、中朝胡、陳、王、薛四賢應祀之事，皆係祀典重事，不可輕易回答。請令禮官，博考詳講，定奪後」，再作回答。⁶⁶宣祖極為贊同，令禮曹詳加集議。半月後，禮曹再上啟文，針對萬世德提出的朝鮮孔廟釐正事項，除七十二賢外，奏報內容如下：

(1) 孔子「大成至聖文宣王」名號，「是宋朝之制，⁶⁷而至我皇朝（明朝——引者）亦因不改，我國祀典悉遵洪武頒制，故《五禮儀》⁶⁸亦以此為定矣。」而至嘉靖九年明廷釐正祀典，孔子位版改稱「至聖先師孔子」。而當初，孔子稱「文宣王」之號「必非偶然講定，論以萬世素王之義，亦有所據」，今天朝既已改正，朝鮮理應「以遵時制，似為宜當。」

(2) 建啟聖公祠。顏子、曾子、子思俱享於正殿，而其父顏無繇、曾點、孔鯉卻從祀兩廡，「子在父上，亦似未安」，天朝別設啟聖

64　《李朝宣祖實錄》卷123，宣祖三十三年三月辛酉。
65　《李朝宣祖實錄》卷132，宣祖三十四年正月辛丑。
66　《李朝宣祖實錄》卷133，宣祖三十四年正月癸亥。
67　「大成至聖文宣王」名號，其實為元武宗大德十一年（1307）七月即位所定。
68　洪武三年（1370）六月，朱元璋在詔令中，明示國家祀典，其中關於孔子稱號，詔曰：「所有封爵宜仍其舊」，即承認元以來孔子的稱號。明廷編纂的《大明集禮》、《洪武禮制》等禮制法典都本洪武詔書精神。禮曹奏文中所言「洪武頒制」，即指頒降朝鮮的《洪武禮制》一書，朝鮮依《洪武禮制》所定《國朝五禮儀》一書，亦以此稱謂。

祠，以叔梁紇為首，由顏無繇、曾點、孔鯉、孟孫氏配享，這樣於「父子等級，理勢亦妥」，只是「今則聖廟，亦草草權設，後日重建大學及兩廡之時，別設啟聖祠，恐或無妨」。

(3) 王守仁等四賢從祀孔廟，「天朝雖因一時之議從祀聖廟，而其學問、事業之淺深，外國有未及詳知，而其中亦不無醇正之可議，則恐難輕議也」。[69]

綜上所述，對萬世德提出孔子位牌改王號為師號，禮部以為「以遵時制，似為宜當」；對設啟聖公祠，雖表示「理勢亦妥」，但需留待後日實施；至於王守仁等從祀孔廟，禮曹則持質疑態度。況且從祀孔廟事關朝鮮國家祀典，未必就完全遵天朝祀典。奏文最後建議：「事係重大」，希望交付群臣討論，宣祖遂令群臣商議。[70]

群臣在討論時，以議政府左贊成尹根壽（1537-1616）為代表，不贊同朝鮮孔廟遵從明嘉靖釐正祀典。他說：「臣竊聞文廟從祀諸賢，以萬經理移諮，將有所升黜。臣雖未詳其曲折，亦有所見聞者矣，敢陳臆說，以備採擇」。[71]接著對明孔廟於嘉靖九年將公伯寮等十三人罷黜，林放等七人降格鄉祀，陸九淵等五人增入[72]當否，一一加以品評。如對陸九淵從祀，云：明廷「以薛侃之議，進陸九淵從祀。朱陸之辨，雖未易遽言，而我國既專尚朱子之學，而朱子謂陸子靜分明是禪。今乃進陸於從祀之列，使與朱子並列於兩廡之間，未見其可也」。[73]可見不但不贊成陸九淵從祀孔廟，進而對王守仁從祀孔廟尤加抵制：

臣於嘉靖丙寅，以書狀赴京時，隨例拜聖於國子監而見之，到今追記，雖未瑩然，而其時本朝先儒，似只是薛瑄從祀。其後萬曆己丑年赴京拜聖，則薛瑄之下追入者，又有胡居仁、陳獻章、王守仁三

---

[69] 《李朝宣祖實錄》卷133，宣祖三十四年正月癸亥。
[70] 《李朝宣祖實錄》卷133，宣祖三十四年正月癸亥。
[71] 尹根壽：《月汀集》卷4，《收議》，文廟從祀議，第231頁。
[72] 參見申時行：《明會典》卷91，《禮部四十九》，第520頁。
[73] 尹根壽：《月汀集》卷4，《收議》，文廟從祀議，第232頁。

人。王守仁則即所謂致良知之學者也，不論其他，守仁敢以朱子比楊（朱）、墨（翟）。凡尊崇朱子者，所當闢而辟之之不暇。尚安忍使其晏然於兩廡之祀乎。[74]

尹根壽曾四次赴明，第一次「嘉靖丙寅」（明宗二十一年，1566），為聖節使書狀官；第二次萬曆元年（宣祖六年，1573），為奏請副使；第三次為「萬曆己丑」（宣祖二十二年，1589），為聖節使兼奏請使正使；第四次萬曆二十二年（宣祖二十七年，1594），為奏請正使。引文中所言，實為第一、三次赴明的記憶。明廷允薛瑄從祀係隆慶五年，允王守仁等三人從祀為萬曆十二年。因此，薛瑄從祀不是他第一次赴明，應為第二次赴明的記憶。至於王守仁等從祀是其第三次赴明拜謁孔廟親眼所見。王守仁從祀孔廟對尹根壽而言是無法接受的。他認為：「王守仁從祀，蓋出於萬曆以後，雖未及載於《會典》，既曰升黜當從天朝，則此亦未可異同。而倡言力詆者，又有如徐即登者（徐階──引者），則又未可謂天下公共之論也。其可苟然而從之乎？」進而指出，明廷獲准「王守仁從祀，蓋出於不尊尚朱學而然也，尤不允眾心」，因此，他明確表示：「臣之妄意，我國文廟從祀典式，姑依我國之舊，以待後日之公論，似或無妨」。[75]領議政李恒福（1556-1618）在奏疏中，對王陽明等從祀朝鮮孔廟也提出異議：「世多言王守仁主於致知，或譏其差之而落於慧，陳獻章主於持敬，或譏其差之而落於寂，如此處，皆臣嘗所疑而未定者也」。[76]宣祖對群臣的意見頗為贊同。下教曰：「省札良用嘉焉，但此事難於舉行耳」。[77]

宣祖三十七年（萬曆三十二年，1604），朝鮮對孔廟加以修繕後，又引發孔廟祀典釐正的討論。是年八月，成均館上奏：「今當文廟重新，兩廡奉安之時，凡干先師位號、從祀黜陟、啟聖廟及他可舉節目，當於此時，定奪

---

[74] 尹根壽：《月汀集》卷4，《收議》，文廟從祀議，第232頁。
[75] 尹根壽：《月汀集》卷4，《收議》，文廟從祀議，第232頁。
[76] 李恒福：《白沙別集》卷3，《議》，《韓國文集叢刊》第62冊，景仁文化社，1991年，第407頁。
[77] 《李朝宣祖實錄》卷137，宣祖三十四年五月戊戌。

施行」,奏請國王「博考中朝禮制,參商處置」。[78]宣祖令禮曹商議。時禮曹判書許筬、參判申湜、參議宋駿等言:「天朝既為定制,載諸《會典》,頒之藩國」,我國孔廟釐正之典,應「一遵天朝成式,似不當復有他議。先師位號、從祀升黜,一從《會典》所載,施行似當」。[79]建議朝鮮孔廟祀典應從明孔廟定式。宣祖將禮曹意見交由群臣討論。群臣對本國孔廟遵明孔廟改先師位號及升黜人物多無太大爭議,只是對陸九淵、王守仁從祀持有異議。如領議政尹承勛、左議政柳永慶、右議政奇自獻等言:「從祀中,如陸九淵、王守仁輩,皆以異學得罪於聖門,其流之害甚於洪水猛獸,而因一時一二人強執所見,置之衛道酬功之中,實非天下公共之論」。[80]宣祖認為:孔廟祀典「俱係國家大制度,百世之所觀瞻」,既然群臣意見如此,「姑待後日,更議處之」。[81]朝鮮孔廟仍遵明嘉靖前舊制。

仁祖四年(天啟六年,1626),朝鮮孔廟祀典釐正再次引起討論。這年六月,禮曹在奏請釐正孔廟祀典啟文中云:

> 我國儀章文物,悉遵華制,至如文廟從祀之典,則尤當一依中朝成憲。臣等謹考文廟祀典,與《大明會典》所載,位號升黜,大不相類……今之所定祀典,不過考質於中朝舊制也,《會典》未頒降前,則因循宜矣。今則《會典》既已釐正,頒布天下,我國特憚改,苟度未及舉行耳。[82]

禮曹認為,孔子位版仍書「大成至聖文宣王之號」不妥,應依「皇朝定制」,改書「至聖先師」;至於明孔廟從祀人物,「升黜之中,不無可議者」,如后蒼、楊時、王通、歐陽修、胡瑗、薛瑄、胡居仁,既然從祀明孔廟,也可從祀我國孔廟;但王陽明、陸九淵絕不允從祀我國孔廟。王陽明等

---

[78] 《李朝宣祖實錄》卷177,宣祖三十七年八月壬辰。
[79] 《李朝宣祖實錄》卷180,宣祖三十七年十月癸亥。
[80] 《李朝宣祖實錄》卷180,宣祖三十七年十月癸亥。
[81] 《李朝宣祖實錄》卷180,宣祖三十七年十月癸亥。
[82] 《李朝仁祖實錄》卷13,仁祖四年閏六月甲子。

「至比朱子之學於洪水猛獸之害，門路既差，流為異端，似難尊崇聖廟，以誤趨向」。[83]仁祖對禮曹從祀孔廟人物取捨升黜頗為贊同，也認為陸、王「則趨向即差，流為異端，不宜崇奉，以誤士習」。[84]亦不贊同陸、王從祀本國孔廟。此外，仁祖對孔廟改孔子位牌則與禮曹意見相左，堅持仍稱舊號。他說：「孔聖位號，則一朝猝改，殊甚重難，仍稱前號，勿為改定，未知如何？」[85]隨後，令群臣商議定奪。左議政尹昉則主張朝鮮作為屬國，孔廟祀典無理由不遵明制。他認為：我國孔廟「取捨、升黜，則當此天下同文之日，似當一遵時王盛制而為之，安可以偏藩臆見，有所裁正乎？」[86]而右議政申欽則持相反意見，堅持朝鮮孔廟位牌仍稱舊號為宜，並闡述明孔廟位牌改「至聖先師」後，在祭祀上帶來的弊端。[87]可見，朝鮮孔廟是否遵明祀典有所釐正，君臣還存在較大爭議，孔廟祀典釐正尚需時日。

　　直至肅宗八年（康熙二十一年，1681），朝鮮孔廟祀典釐正才最終議定。肅宗七年十一月，吏曹判書金錫胄（1634-1684）疏請釐正孔廟祀典。其云：「今因八路同聲，多士申請……舉前日未遑之事，完一代莫大之典者，亦安知其不有待於今日乎？」[88]肅宗國王深表贊同，遂令群臣議定孔廟從祀人物升黜。其中，領議政金壽恒的上疏備受群臣關注，他不贊同「今之論者，或以為大行升黜，一遵中朝之制」，認為朝鮮孔廟從祀人物升黜取捨，「亦有不可一遵中朝之制者。」其上疏內容如下：

　　（1）明孔廟所增從祀者，我國未必都遵從。「如陸九淵、王守仁異端

---

[83] 《李朝仁祖實錄》卷13，仁祖四年閏六月甲子。
[84] 《李朝仁祖實錄》卷13，仁祖四年閏六月甲子。
[85] 《李朝仁祖實錄》卷13，仁祖四年七月甲戌。
[86] 《李朝仁祖實錄》卷13，仁祖四年七月甲戌。
[87] 據《李朝仁祖實錄》，仁祖四年七月甲戌條載：「嘉靖年間，張孚敬建白，稱以先師，遂為時王之定制。我國則乃藩邦也，所當一遵時王之制，而但今文廟祀典，樂用王者之樂，若改以先師，則不可仍用王者之樂。神不享非禮，所當先講此節目，以定祭禮，然後方可議其稱號也。且京中文廟若改王號，則八路州府郡縣鄉校，當一時修正，舉措甚大，不可草草講定。」《朝鮮王朝實錄》第34冊，第122頁。
[88] 金錫胄：《息庵遺稿》卷15，《疏箚》，《韓國文集叢刊》第145冊，首爾：景仁文化社，1995年，第367-368頁。

之學,惑世誣賢者,其可以中朝之增祀,而一例苟從乎?」[89]言外之意,我國孔廟不得其入祀。

(2) 明孔廟罷黜者,我國孔廟未必都罷黜。如明罷黜的公伯寮、秦冉、顏何、荀況、戴聖、劉向、何休、賈逵、馬融、王肅、王弼、杜預、吳澄十三人中,秦冉、顏何「恐難斷其為當黜」,即罷黜從祀證據不足;戴聖著「《大戴禮》為禮家所宗,其功亦不小,不宜輕黜」;劉向「經術博洽,在漢儒亦鮮其比,誠有可惜者」。此四人,應留我國孔廟,不宜罷黜,其他九人,可從明罷黜。至於明廷將林放、蘧瑗、鄭眾、盧植、鄭玄、服虔、范寧七人降格於鄉祀,而「我國無可祀之鄉」,仍可從祀我國孔廟。[90]

其他廷臣,如左議政閔鼎重、行判中樞府事金壽興、司業朴世采等所奏,多與金壽恒意見相同,皆云:「金壽恒之議,有稽先儒定論,庶幾得中」。[91]肅宗在廣徵群臣建議的基礎上,令禮曹制定孔廟從祀升黜之典,朝鮮史上稱「肅宗壬戌從祀之典」。此祀典與嘉靖朝以降明孔廟祀典有很大的不同。對此,《增補文獻備考》記載如下:

漢后倉,隋王通,宋歐陽修、胡瑗、陸九淵,明薛瑄、王守仁、陳獻章、胡居仁,明朝所從祀,而我國則不為從祀。文質公羅從彥、文靖公李侗、文肅公黃榦,我朝肅廟壬戌從享,而明朝則不列祀典。長山侯林放、內黃侯蘧瑗、中牟伯鄭眾、良鄉伯盧植、高密伯鄭玄、滎陽伯服虔、新野伯范寧,明朝則黜於從祀,祀於鄉,而我朝則仍舊從祀。新息侯秦冉、堂邑侯顏何、考城伯戴聖、彭城伯劉向,明朝並黜享,而我朝則仍舊不黜。壽長侯公伯寮、蘭陵伯荀況、任城伯何休、

---

[89] 《李朝肅宗實錄》卷12,肅宗七年十一月戊午。

[90] 《李朝肅宗實錄》卷12,肅宗七年十一月戊午。編案:原文如此,但戴聖所撰實為《小戴禮》。「大戴」為戴德。

[91] 《李朝肅宗實錄》卷13,肅宗八年四月己亥。

岐陽伯賈逵、扶風伯馬融、司空王肅、偃師伯王弼、司徒杜預、臨川公吳澄、淄川侯申黨，明朝嘉靖黜享，而我朝則肅宗壬戌黜享。[92]

肅宗八年五月二十一日，朝鮮「以文廟從祀升黜禮成，頒教中外」。[93]

綜上所述，朝鮮孔廟釐正之典經宣祖、光海君、仁祖、孝宗、顯宗五朝，至肅宗朝議定。肅宗朝所定朝鮮孔廟祀典，並非完全遵明嘉靖以來孔廟從祀之典，而與之有很大的不同。其中王守仁等雖從祀明孔廟，但朝鮮孔廟卻不予從祀，其他從祀人物與明孔廟也有所不同。

三、王陽明從祀孔廟與朝鮮的應對引發的思考

王陽明從祀孔廟為何在明朝與朝鮮會出現兩種不同的結果，不能不引發如下思考。

首先，王陽明得以從祀明孔廟，這與15世紀後期至16世紀明代社會，特別是明代社會思潮多元化有密切關聯。王陽明從祀，反映陽明學說適應明中葉社會思潮多元化的需要。[94]嘉萬時代，明初建立的帝制統治的控制力漸趨鬆弛，經濟發達的城鎮市民意識開始張揚，傳統禮教觀念受到衝擊，人們受程朱理學長期禁錮後，感受到思想解放的氣息，表明明代社會已進入多元社會。這種多元社會特徵體現在政治、經濟、文化乃至價值觀念等方面。[95]如社會價值標準，由單一符合國家意識的官本位向仕途、財富、精神文化的多元標準演變。三重價值標準依次出現並存，並相互影響，相互滲透。由政府意志主導的官方社會思潮演變為多元的社會思潮。陽明學正是在這樣背景下出現的，並向居於正統地位的程朱理學發起衝擊與挑戰。王陽明因平定「寧

---

[92] 《增補文獻備考》卷204，《學校考三》，第372頁。
[93] 《李朝肅宗實錄》卷13，肅宗八年五月戊辰。
[94] 黃進興：〈學術與信仰：論孔廟從祀與儒家道統意識〉，收入氏著，《優入聖域：權力、信仰與正當性》，臺北：允晨文化實業股份有限公司，1994年。
[95] 參見趙軼峰：《明清帝制農商社會研究》，科學出版社，2017年，第213-217頁。

王叛亂」之功,在朝野享有較高威望。他與弟子通過建書院授課講學的方式,影響社會士氣與輿論,所講授的多為「離經叛道」的「異端」之說。如他提出不必以儒家《四書》、《五經》和先聖作為衡量是非的標準。[96]特別是其提倡的「致良知」說,使人們開始懷疑「存天理,滅人欲」命題的真理性,發現天理與人欲可以合二為一,聖人與平民都具有「良知」上的平等地位。這意味著向程朱理學的正統地位挑戰,對明代社會的思想解放產生較大影響。所以陽明學一出現,便以極強的感召力博得世人的追捧,成為社會主導思潮。如顧炎武所言:陽明「以絕世之資,倡其新說,鼓動海內。嘉靖以後,從王氏而詆朱子者,始接踵於人間」。[97]《明史》也云:「嘉、隆而後,篤信程朱不遷異說者,無復幾人矣」。[98]

王陽明從祀經歷了由否認到肯定的過程,也充分體現明朝對社會思潮的多元化由抵制到承認的過程。圍繞王陽明是否從祀,明廷內出現了分歧與對立,其中南方籍官員多力主王陽明從祀,而北方籍官員多持反對意見,最終明廷允准其從祀,從某種意義說明南方籍官員對國家決策的影響力。[99]有明一代,江南地區商品糧食和手工業產品占全國較大份額,給國家提供的賦役也往往高於其它地區;同時,教育發達,經科舉進入仕途的人數也最多,在明代內閣輔臣中也位居首位。[100]出身浙江餘姚,有著遊學南北、宦海沉浮、潛心默坐曲折經歷的王守仁所創的具有批判精神的陽明心學,對代表國家正統的程朱理學敢於批判與責難,因而引起恪守程朱學派官員的不滿和攻擊。有人攻擊他詆毀朱熹,「號召門徒互相唱和」,請求朝廷「禁邪說,以正天

---

[96] 諸如「雖其言之出於孔子,不敢以為是也。」王守仁:《王陽明全集》卷2,《語錄二》,上海古籍出版社,1992年,第76頁。

[97] 顧炎武:《日知錄集釋》卷18,《朱子晚年定論》,上海:上海古籍出版社,2006年,第1065頁。

[98] 《明史》卷282,《儒林傳》,第7222頁。

[99] 筆者統計,從隆慶元年至萬曆十二年,圍繞王守仁是否從祀,明廷官員所上奏疏十份,贊同者八人:御史耿定向(湖北黃安)、戶部都給事中魏時亮(江西南昌)、禮科都給事中宗弘暹(浙江嘉興)、江西巡撫徐栻(南直隸常熟)、浙江道監察御史謝廷杰(江西新建)、戶科給事中趙參魯(浙江鄞)、工部辦事進士鄒德涵(江西安福)、巡按浙江監察御史蕭廩(江西萬安),皆為南方籍官員;反對者二人:兵科給事中趙思誠(陝西樂平)、南京福建道御史石槚(河南汝陽所),皆為北方籍官員。

[100] 李洵:《下學集》,北京:中國社會科學出版社,1995年,第218頁。

下之人心」，嘉靖帝遂下詔追奪守仁爵位，停止恤典，其子不得嗣封。[101]然而，由於陽明門人熱心講學，信奉王學的官員日益增多，朝廷對王陽明的看法也發生改變。隆慶帝即位伊始，追封王陽明為新建侯，諡號文成。同年六月，御史耿定向首請王守仁從祀孔廟，至此揭開長達十八年的王陽明從祀的討論。萬曆十二年，萬曆帝面對陽明學說日益影響整個社會的強大趨勢，朝廷中力主其從祀的強勢輿論，最後下諭旨：「守仁、朱熹學術，互相發明，何嘗因此廢彼」。[102]王守仁從祀由否認到肯定，深刻地反映了明廷對15世紀後期至16世紀社會思潮乃至政治理念的「官方認定」。

其次，朝鮮將陽明學視為「異端」，不允王陽明從祀孔廟，所反映出的也並非學術之爭，其深層次的原因是關涉朝鮮國家意識形態建構與社會穩定的問題。程朱理學從高麗末期始傳入半島，經歷了被朝鮮接受變容與本土化、民族化的過程，形成有別於中國與日本極具特色的朝鮮朱子學（也稱朝鮮性理學）。李朝建國後，以朱子學為指導，將國家的官僚制與身份制和宗法制合法化，完成了以兩班為主體的集權官僚體制的建構。[103]因此，朱子學被奉為朝鮮國家唯一的正統之學。15世紀末至16世紀朝鮮社會出現統治危機，由於土地私有制的發展，迫使農民失去土地，農民與國家的矛盾尖銳，造成社會動蕩不安。同時，統治集團黨政爭愈發激烈，先是士林內部東人、西人之爭，後東人內部又分裂為南人、北人之爭，嚴重地削弱王權統治。[104]這便促使朝鮮進一步強化朱子學在國家意識形態上的作用。時，被譽為朝鮮朱子學雙璧的李滉、李珥分別進呈治國之策。李滉進《聖學十圖》，他針對社會矛盾，突出強調「主敬」的實踐功夫，認為國家治理之策，「俱不離乎一敬……而敬又一心之主宰也」。[105]通過「主敬」，使社會保持君臣名分、

---

[101] 《明世宗實錄》卷98，嘉靖八年二月甲戌。
[102] 沈德符：《萬曆野獲編》卷14，北京：中華書局，1959年，第363頁。
[103] 李成茂著、楊秀芝譯：《朝鮮初期兩班研究》，臺北：中華民國韓國研究會，1996年，第57-59頁。
[104] 參見姜孟山著：《朝鮮封建社會論》，延吉：延邊大學出版社，1999年，第92-100頁。
[105] 李滉：《退溪文集》卷7，札，進聖學十圖札并圖，第29冊，首爾：景仁文化社，1989年，第197頁。

父子義理，正統大義的局面。而李珥進呈的《聖學輯要》也具有上述目的。其云：「凡帝王為學之本末，為治之先後，明德之實效，新民之實迹，皆粗著其梗概，推微識大，因此明彼，則天下之道實出此」。[106]朱子學對穩定社會秩序、鞏固王權及在意識形態上的作用由此可見。與此同時，朝鮮對不利朱子學正統地位的學說，一概斥為「異端」，加以排斥詆毀。如前文所述，朝鮮獲悉王陽明從祀孔廟的討論後，立即掀起了斥王風潮。李滉率先對陽明學展開批判。他從國家生死存亡的角度，指出，國王若信王學「則斯文斯世之禍，未知其孰烈於秦也」。[107]特進官僉知柳希春也藉入朝侍講之機，痛斥陽明學說為異端邪說，將王陽明視為「亂政小人」，[108]其從祀孔廟與否關係到朝鮮國家是否「亂政」的大問題。

　　由於朝鮮將傳入的程朱理學本土化、民族化後，最終將其絕對化、權威化，奉為朝鮮獨尊且位居國家正統地位的唯一官方哲學。這就意味著，任何有損於朱子學權威獨尊地位的異己學說，朝鮮都將視為「異端」，而加以排斥抵制。如李朝君臣視陽明學說為「異端」，加以排斥抵制，萬曆十二年，王陽明從祀明孔廟，朝鮮認為「中朝取捨，未必盡當」，[109]從朝鮮君臣對王陽明從祀孔廟的態度，可以看出朝鮮程朱之學的排他性與獨尊性。

　　再次，朝鮮不准王陽明從祀孔廟，與明清易代後清朝推崇理學有直接關係。16世紀中葉以降，居「中華」地位的明朝，隨著國力下降，其維繫東亞共主地位的經濟前提不再堅挺，隨之政治、文化上的優越地位也逐漸減弱；而處於「屬夷」地位的朝鮮，則通過「用夏變夷」改變了自身地位。尤其是隨著朱子學逐漸深入，其仿自中華主義的意識不斷增強。這時的朝鮮始以從明朝學到的中華價值為武器，往往以批評的眼光來觀察與思考明朝現實社會。萬曆以來，李朝圍繞朝鮮孔廟祀典釐正是否遵從明制的討論，君臣認為朝鮮孔廟祀典未必就從明制，不從明制也並非不可。換言之，朝鮮孔廟祀典

---

[106] 李珥：《栗谷全書》卷19，《聖學輯要》，第420頁。
[107] 李滉：《退溪集》卷41，《雜著》，白沙詩教傳習錄抄傳，第419頁。
[108] 《李朝宣祖實錄》卷7，宣祖六年三月丁酉。
[109] 《李朝宣祖實錄》卷5，宣祖四年十二月辛卯。

釐正不遵明孔廟祀典並非異常事情。

　　清代明後，推崇理學而非心學，朝鮮作為清朝屬國，理所應當排斥心學，推崇理學。特別是康熙即位後，崇宋儒，尤重程朱理學，他曾以「御纂」的名義令理學名臣熊賜履、李光地等刊行《性理大全》，親自參與裁定《性理精義》。[110]他推崇朱子道：「惟宋儒朱子注釋群經，闡發道理，凡所著作及編纂之書，皆明白精確，歸於大中至正，經今五百餘年，學者無敢疵議。朕以為孔孟之後，有裨斯文者，朱子之功最為弘巨」。[111]在《朱子全書序》中，更是讚譽朱熹「集大成而繼千百年絕傳之學，開愚蒙而立億萬世一定之規，窮理以致其知，反躬以踐其實，釋大學則有次第，由致知而平天下」。[112]康熙五十一年（1712），康熙下詔將朱熹從祀孔廟的位置提升，由東廡先賢之列，升至大成殿，列在四配、十哲之次。上述康熙對理學的修為，清楚地表達了清朝國家推崇理學而非心學。朝鮮作為清朝屬國，秉承程朱之學，「效中國君臣之為治而治，學中國聖賢之道而道焉，法中國倫常禮樂制度文物之為則而則焉，讀中國六經四子之為文而文焉」，一切以程朱理學為本位，「無不自中國而法焉」。[113]由此可見，朝鮮「肅宗壬戌從祀之典」不予王陽明從祀朝鮮孔廟，其他從祀人物與明孔廟也有所不同，應是情理之中的事情。

　　　　　　　　　　（本文原載趙毅、趙軼峰主編：《李洵先生百年誕辰紀念文集》，
　　　　　　　　　　　　　　　　　　　　　　　　　　　人民出版社，2022年）

---

[110] 黃進興：《優入聖域：權力、信仰與正統性》，臺北：允晨文化實業股份有限公司，1994年，第103頁。

[111] 《清聖祖實錄》卷249，康熙五十一年四月丁巳。

[112] 《聖祖仁皇帝御製文集》第四集，卷21，《論》，《朱子全書序》，欽定四庫全書本。

[113] 柳麟錫：《毅庵集》卷30，《雜著》，《韓國文集叢刊》第338冊，首爾：景仁文化社，2004年，第292頁。

壬辰戰爭日本「假道入明」與朝鮮的應對

萬曆二十年（1592）四月十二日，豐臣秀吉投入兵力約十五、六萬人，大小艦艇七百餘艘，渡過對馬海峽後，以迅雷不及掩耳之勢突襲釜山朝鮮守軍，釜山淪陷後，二十天攻破王京，六十天占領平壤。日軍所經之處，朝鮮軍隊望風而逃，海防線迅速崩潰。問題是，日本動用舉國之力，以如此短的時間迅速占領朝鮮，戰前必經長期準備，難道朝鮮對此絲毫不知嗎？倘若知悉又是如何應對的？這種應對又導致怎樣的後果？這無疑是一個值得關注的問題。國內學界對此尚未引起關注，本文試對此問題加以討論。[1]

一、朝鮮獲悉日本「假道入明」的內情

日本欲吞併東亞的野心由來已久。十六世紀中葉以降，白銀向海外大量輸出，給日本帶來巨大利益，為豐臣秀吉完成統一奠定了堅實基礎。天正十八年（1590），豐臣秀吉完成日本的統一。在統一過程中，他相繼推行「檢地」、「刀狩令」、「身份統治令」、設置「五奉行」制、直屬常備軍等措施，使日本政治集權化臻於完備。[2]此時的豐臣秀吉已不滿足對國內的統治，開始向以明朝為中心的東亞「華夷秩序」挑戰，欲建構以其為中心的日式朝貢體系。[3]天正五年（1577），豐臣秀吉就曾對織田信長坦言：「率軍進入朝鮮，席捲明朝四百餘州，以為皇國之版圖」，十年後的天正十五年，他

---

[1] 國內外相關研究成果主要有中村榮孝：〈壬辰倭亂の發端と日本の「仮道入明」交涉〉，《朝鮮學報》70，朝鮮學會，1974年1月；松浦章、鄭潔西：〈萬曆年間的壬辰倭亂和福建海商提供的日本情報〉，《明史研究論叢》第8輯，2010年7月；鄭樑生：〈明萬曆年間朝鮮哨報倭情始末〉，《淡江史學》1，1989年。

[2] 參見依田憙家著、卞立強等譯：《簡明日本史》，上海：遠東出版社，2004年，第124頁。

[3] 參見荒野泰典：《近世日本と東アジア》，東京：東京大學出版會，1988年。

給家人書信中又言及：「在我生存之年，誓將唐之領土納入我之版圖」。[4] 可見，上述言說絕非豐臣秀吉戲言，而是其蓄謀侵明心聲的真實道白。為實現日本獨霸東亞的目標，豐臣秀吉精心策劃，周密部署，[5]在國內礪兵秣馬、加緊備戰，同時多次派兵駛入朝鮮海域刺探朝鮮兵力，或遣使到朝鮮打探情報。

天正十五年（宣祖二十年，1587）春三月，有日本兵船16艘，駛入朝鮮全羅南道興陽損竹島附近。朝鮮水兵發現後，「結陣於相望處，怯怯退縮」，惟有鹿島萬戶李大源率軍進戰，結果為日兵船所圍，力竭勢窮，請求馳援，朝鮮諸將皆不救援，大源遂戰死。是夜，日兵船「不知所去，絕無形影」。[6]此事件震驚朝鮮朝野，皆以為絕非以往兩國間的一般性軍事衝突，正如廷臣安邦俊所言：

> 蓋平秀吉弒君篡立，乘其威勢，欲取路我國，侵犯大明。先以沙火同（朝鮮叛民——引者）為嚮導，遣若干船，嘗我國兵力之強弱也。[7]

日本兵船擅自闖入朝鮮海域，豐臣秀吉自知理虧，於這年九月，遣使求和，朝鮮不予理會。翌年（1588）春，又遣對馬島主橘康光、平調信等為使，前往朝鮮，表面來求和親，實則窺視朝鮮兵力虛實。宣祖國王認為，日本「廢放其主，立新君，乃篡弒之國，不可接待其來使，當以大義開諭，使之還入其國」，而群臣則不然，雖視日本為「化外之國，不可責以禮義」，但還是建言，對「來使當依例接待」，[8]宣祖國王這才允許日使入王京。這

---

[4] 《日本戰史》，「朝鮮戰役」，東京：村田書店，1978年，第11頁。

[5] 據吳廷璆《日本史》載，豐臣秀吉1585年被授以「關白」之職，1586年，任太政大臣，受天皇賜「豐臣」，1587年，進攻九州，大名島津義久降。是年，在京都建官邸，築城池，1588年於此迎後陽成天皇。吳廷璆主編：《日本史》，天津：南開大學出版社，2005年版，第203-204頁。

[6] 安邦俊：《隱峰全書》卷6，記事，壬辰記事，《韓國文集叢刊》第80冊，景仁文化社，1991-1992年，第415頁。

[7] 安邦俊：《隱峰全書》卷6，記事，壬辰記事，第415頁。

[8] 申炅：《再造藩邦志》（一），戊子萬曆十六年六月，《大東野乘》卷36，朝鮮古書刊行會，1971年。

次日使橘康光、平調信等來朝鮮，行為頗為反常，一路「所經館舍，必舍上室，舉止倨傲」。舊例，日使從釜山前往王京，所經郡邑，朝鮮地方官都「發境內民夫，執槍夾道，以示軍威」，此次日使經慶尚北道仁同時，橘康光睨視執槍者，蔑視地說：「汝輩槍桿太短矣」，負責接待日使的宣慰使明顯感覺，此次「倭使絕異，人頗怪之」。日使至王京後，禮曹設宴款待。席間，橘康光趁禮曹官員酒酣之際，故意將胡椒撒在餐桌上，觀看陪侍的朝鮮「妓工爭取之，無復倫次」的場面，藉機加以羞辱。回到驛館，橘康光對譯官揚言：「汝國其亡矣！紀綱已壞，不亡何待？」暴露出日本欲圖謀朝鮮的野心。凡此種種，朝鮮並無察覺。待日使返國時，朝鮮給日本的國書，則「以水路迷昧」，「攜我邊民」[9]等為由，拒絕與日本通交。

天正十七年（宣祖二十二年，1589）四月，豐臣秀吉又遣僧玄蘇、侍中平義智、橘康光等以「納貢獻俘，懇請通信」再次來朝鮮。[10]宣祖只好派吏曹正郎李德馨為宣慰使，迎日使入京。玄蘇在給宣祖的國書中云：

> 兩國相通，信使不絕，中間廢阻，大是欠事。今關白新定大位，悉復舊制，俺等之來，專望使臣之報聘也。[11]

日本國書表達了如下內容：希望與朝鮮恢復通交；通報豐臣秀吉新登大位；懇請朝鮮遣通信使報聘，即承認豐臣秀吉繼位的合法性。

日使入京後，朝鮮廷臣圍繞著是否與日本通交展開了討論。其中前參判李山甫等則以為不可，而主掌朝政的領議政李山海、禮曹判書柳成龍，卻力主向日本派通信使通交。宣祖調和廷臣意見，令李德馨對日使言，若「刷還叛民，然後可以議通信」，[12]以此觀日本是否誠意。日使平義智即刻派人

---

[9] 申炅：《再造藩邦志》（一），戊子萬曆十六年六月。
[10] 趙慶男：《亂中雜錄》，己丑萬曆十七年（宣祖二十二年）五月，《大東野乘》卷26，漢城：朝鮮古書刊行會，1971年。
[11] 朴東亮：《寄齋史草》上，辛卯史草，萬曆十九年辛卯四月二十六日，《古典國譯論叢》第61冊，漢城：民族文化推進會，1971年。
[12] 李德馨：《漢陰文稿》附錄卷1，年譜上，漢陰先生年譜，《韓國文集叢刊》第65冊，景仁文化

回國稟報，豐臣秀吉即刻遣平調信綁縛先前為日兵船作嚮導的朝鮮叛民沙火同及為首的「賊倭信三甫羅、緊時要羅、望古時羅」等來獻，聲稱「前日侵犯，皆此輩所為，非我所知」，同時刷還被擄朝民160餘人。[13]鑒於日本對刷還邊民的積極態度，宣祖在仁政殿接見日使並設宴款待。席間，橘康光密語李德馨，「日本之人，變詐不測，蓄謀多年，已決犯上之計，請誅今來數酋，以弭大禍」。[14]李德馨對橘康光[15]的提醒並未引起重視，沒有及時向朝廷報告，以致造成後來壬辰朝鮮滅國之禍。

如前所述，因朝鮮對日派通信使通交之議未決，禮曹判書柳成龍「啟請速定，勿致生釁」，知事邊協也奏請：「宜遣使報答，且見彼中動靜而來，亦非失計也」。於是，朝議決定，派遣僉知黃允吉為正使、司成金誠一為副使、典籍許筬為書狀官前往日本報聘，於翌年春發行。[16]時，「賊情異於前日，而朝廷殊不為意」，被貶至吉州的前提督官趙憲[17]聞朝廷將遣通信使赴日，上疏反對說：「夷狄無信，有同犬豕，今之請和良有以也。若斬來倭，具告天朝，則聖上洞鑒，終無問罪之患，外寇儴威，不遑投鞭之志」。疏上，朝廷上下非但未引起重視，反倒以為其口無遮攔，「以狂言斥之」，[18]將他流放沃川。可見，朝鮮對日使的來意並無警覺，反倒是「朝廷動色相賀，以為南邊自此無憂」[19]。

宣祖二十三年（1590）春二月，通信使黃允吉、金誠一等一行兩百餘人出使日本。起程前，宣祖設宴款待，再三叮囑：「入彼境，動必以禮，不可稍有慢易之意，使國體尊重，王靈遠播」。[20]可見，在宣祖看來，朝鮮禮

社，1991年，第475頁。
13 安邦俊：《隱峰全書》卷6，記事，壬辰記事，第415頁。
14 趙慶男：《亂中雜錄》，壬辰上，萬曆二十年（宣祖二十五年）春。
15 後，豐臣秀吉發動壬辰戰爭，因橘康光知悉朝鮮情形，遂命他與平義智等，分定先鋒，刻日渡海。橘康光拒之，秀吉大怒，將其梟示，並滅九族。
16 申炅：《再造藩邦志》（一），己丑萬曆十七年五月。
17 趙憲，字汝式，號重峰，金浦人。
18 趙慶男：《亂中雜錄》，己丑萬曆十七年（宣祖二十二年）五月。
19 安邦俊：《隱峰全書》卷6，記事，壬辰記事，第416頁。
20 趙慶男：《亂中雜錄》，庚寅萬曆十八年春二月。

儀文化優位於日本，他期望這次出使，達到朝鮮威靈遠播，以此教化日本。令朝鮮君臣做夢也不曾想到的是，這次出使中代表朝鮮國家的使節在日本所受到的待遇，與宣祖所期盼的相去甚遠。五月，通信使一行抵達對馬，日本竟不派宣慰使前來迎接。隨後，又接連發生幾起輕蔑朝鮮國使事件。一日，平義智設宴，朝鮮國使如約先赴就座等待，平義智卻「乘轎入門，至階方下」，[21]頗為無禮。七月，通信使到堺濱州，日本西海道「居倭來致禮饋」，書中竟有「朝鮮國使臣來朝之語」，黃允吉等極為驚訝，認為「倭人以來朝為辭，辱國甚矣」。[22]遂依市貿價格，購買「居倭」所饋之物還之。通信使前往大阪見豐臣秀吉，「倭人故迂迴其路，且處處留滯，故累月乃達」。[23]七月，通信使至大阪見豐臣秀吉時，他舉止傲慢，驕橫輕浮，根本未把朝鮮國使放在眼裡。《李朝實錄》詳載當時場景：

> 其接我使也，許乘轎入宮門，茄角先導，升堂行禮。秀吉容貌矮陋，面色皺黑，如猱玃狀，深目星眸，閃閃射人，紗帽、黑袍，重席地坐，諸臣數人列侍。使臣就席，不設宴具，前置一桌，熟餅一器，瓦甌行酒，酒亦濁，三巡而罷，無酬酢拜揖之禮。有頃，秀吉入內，在席者不動。俄而便服，抱小兒出來，徘徊堂上而已，出櫺外招我國樂工，盛奏眾樂而聽之。小兒遺溺衣上，秀吉笑呼侍者，一女倭應聲出，乃授其兒，更他衣。皆肆意自得，傍若無人。[24]

更有甚者，通信使歸國時，日本不回國書。通信使至堺濱，苦等半月後，日本國書始至。國書內容如下：

> 日本國關白奉書朝鮮國王合（閣）下，雁書熏讀，卷舒再三。吾國六

---

[21]《李朝宣祖修正實錄》卷25，宣祖二十四年三月丁酉。
[22] 金誠一：《鶴峰文集》附錄卷2，行狀，《韓國文集叢刊》第48冊，景仁文化社，1989年，第311頁。
[23] 申炅：《再造藩邦志》（一），庚寅萬曆十八年七月。
[24]《李朝宣祖修正實錄》卷25，宣祖二十四年三月丁酉。

十餘州,比年諸國分離,亂國綱、廢世禮,而不聽朝政,故予不勝感激,三、四年之間,伐叛臣、討賊徒及異域遠島,悉歸掌握。竊諒余事迹,鄙陋小臣也。雖然余當托胎之時,慈母夢日輪入懷中,相士曰:「日光所及,無不照臨。壯年必八表聞仁聲,四海蒙威名者,何其疑乎?」依此奇異,作敵心,自然摧滅,戰必勝、攻必取。既天下大治,撫育百姓,矜憫孤寡,故民富財足,土貢萬倍千古矣。本朝開闢以來,朝政盛事,洛陽壯麗,莫如此日也。人生一世,不滿百齡,焉鬱鬱久居此乎?不屑國家之遠、山河之隔,欲一超直入大明國,欲易吾朝風俗於四百餘州,施帝都政化於億萬斯年者,在方寸中。貴國先驅入朝,依有遠慮無近憂者乎!遠方小島在海中者,後進輩不可作容許也。予入大明之日,將士卒望軍營,則彌可修鄰盟。余願只願顯佳名於三國而已。方物如目錄領納。且至於管領國政之輩,向日之輩皆改其人,(易置官屬,非前名號故也——原文注)當召分給,餘在別書。珍重保嗇,不宣。[25]

　　黃允吉、金誠一見國書中,直呼朝鮮國王為「閣下」,以所送禮物為「方物」領納,「欲一超直入大明國」,「貴國先驅入朝」等語,大為震驚。即刻作書與玄蘇,請改「閣下」、「方物」、「入朝」六字,聲言:「若不改此等語,使臣有死而已,義不敢還」。[26]

　　玄蘇態度強硬,在給通信使的回書中,只改「閣下、方物」四字,至於「入朝」二字則堅持不改,並狡辯說:「此朝字,非指貴國也,乃指大明也」。[27]對玄蘇的回書,朝鮮通信使不能接受,副使金誠一在答玄蘇書中指出:

---

[25] 《李朝宣祖改正實錄》卷25,宣祖二十四年三月丁酉。另《續善鄰國寶記》卷30,宣祖二十四年三月條、《亂中雜錄》均有記載,文字略異。
[26] 金誠一:《鶴峰文集》附錄卷2,行狀,第314頁。
[27] 安邦俊:《隱峰全書》卷6,記事,壬辰記事,第416頁。

撰書者之意，雖未易窺，然其措辭斷事，自成一段機軸，何可誣也。先則曰：「一超直入大明國，易吾朝風俗於四百餘州，施帝都政化於億萬斯年」，是貴國欲取大明，而施日本政化之謂也。後則曰：「貴國先驅而入朝，有遠慮無近虞云云」，是貴國以我朝今日之遣使為有遠慮之謂也。尊師果以此朝字，指為朝大明耶！⋯⋯又曰：「予入大明之日，將士卒，望軍營，則彌可修鄰盟也」，是貴國欲令諸國，悉索弊賦從征之謂也。其威脅我國，不一而足，如此而謂朝字，不指我國可乎！我朝以禮義為重，與貴國通好垂二百年，而未嘗以一毫慢悟相加。今茲通聘，非畏貴國之威也，實嘉貴國之義也。貴國還俘獻馘，請修舊好，豈非信義之大者乎！⋯⋯願尊師善達於關白，改撰書契以附使臣，則兩國交歡，鄰好彌篤。關白以禮為國之美，益著於遠邇，不亦休乎！此非我朝鮮之幸，實貴國之幸也。惟尊師亮之。[28]

玄蘇閱後金誠一來書，猖獗一笑，根本不予理會。而正使黃允吉卻以為，玄蘇答書中，已改「閣下、方物」，既然「入朝」的「朝」字，非指朝鮮，乃指「大明」，則適可而止，不要再強為辨釋，以免引起不必要的爭端。金誠一對黃允吉的態度頗為不解：

使臣不幸，橫遭變故，羈留困苦殆一年，畢竟奉辱國之書以歸，將何以為辭於我聖上哉！閣下等語，彼既許改矣，猶之改也，並其侮慢無禮之辭而盡改之，不亦可乎！⋯⋯至於「入朝」二字，置而不問，若不改之，本朝為倭奴之藩邦，而一國衣冠，舉為其陪臣，不亦痛乎！[29]

這樣一來，通信使就「入朝」二字，「與玄蘇往復論難，（玄）蘇猶不

---

[28] 金誠一：《鶴峰文集》附錄卷2，行狀，第315頁。
[29] 金誠一：《鶴峰文集》卷5，書，答玄蘇，第114頁。

聽」。[30]無奈之下，通信使只好於十二月，經對馬島渡海回國。[31]

朝鮮通信使這次赴日報聘期間多方受辱，從日人言談舉止中，已覺察出日本欲圖謀借道朝鮮進攻大明的野心。宣祖二十四年（1591）初，通信使一回到釜山，正使黃允吉即上馳啟，言出使日本情形，認為「必有兵禍」。[32]至王京，宣祖引見問之，他再次奏言：觀日本事狀，「萬無不犯之理」。[33]書狀官許筬亦認為「倭必來寇」，其友韓浚謙問其故，他答道：「吾輩到彼地，處處城池，只有罷殘羸瘁之卒，此平城（城，為酋之誤——引者）之故智也」。[34]而副使金誠一則不以為然，他說：「臣則不見如許情形。允吉張皇論奏，搖動人心，甚乖事宜」。[35]當宣祖問及豐臣秀吉印象，黃允吉云：「其目光爍爍，似是膽智人也」；而金誠一則云：「其目如鼠，不足畏也」。[36]又言：「秀吉出入起居，少無威儀，至於見臣等之日，手携小兒，動作無常，以臣觀之，只一狂暴人也。其所言，固未必皆然，而難使其言皆是，不過無紀律、無智略一愚賊，何慮之有？」[37]可見，三使（正、副使、書狀官）之間對日本是否圖謀朝鮮就出現截然不同的認知。時，朝鮮王廷黨爭甚烈，朝臣結黨營私，相互攻訐，黨爭之禍亦波及到赴日使節對豐臣秀吉欲圖謀假道朝鮮進攻大明的認知。所謂「議者或主允吉，或主誠一，紛紜不定，亦與東西黨議表裡，各護其類」。[38]左議政柳成龍曾就此事問詢金誠一：「君言故與黃異，萬一有兵禍，將奈何？」誠一冠冕堂皇答曰：「吾亦豈能必倭不來？但恐中外驚惑，故解之耳」。[39]成龍與誠一關係莫逆，遂信其說，隨即發表如下言論：

---

[30] 安邦俊：《隱峰全書》卷6，記事，壬辰記事，第416頁。
[31] 趙慶男：《亂中雜錄》，庚寅萬曆十八年（宣祖二十三年）十二月。
[32] 《李朝宣祖修正實錄》卷25，宣祖二十四年三月丁酉。
[33] 朴東亮：《寄齋史草》上，辛卯史草，萬曆十九年辛卯五月初四日。
[34] 申炅：《再造藩邦志》（一），辛卯萬曆十九年三月。
[35] 《李朝宣祖修正實錄》卷25，宣祖二十四年三月丁酉。
[36] 《李朝宣祖修正實錄》卷25，宣祖二十四年三月丁酉。
[37] 朴東亮：《寄齋史草》上，辛卯史草，萬曆十九年辛卯五月初四日。
[38] 申炅：《再造藩邦志》（一），辛卯萬曆十九年三月。
[39] 《李朝宣祖修正實錄》卷25，宣祖二十四年三月丁酉。

> 設令秀吉犯順，聞其舉止，似無足畏，況其書契之辭，要不過恐動，若未得其實迹，而徑奏天朝，致有邊徼之騷擾則已極未安，而福建與日本，不甚相遠，若使此奏落於日本人之耳，則難保其無致疑之隙，速蠆蠆之毒，彼此俱無利益，而只有損害，決不可奏聞。[40]

由此可見，柳成龍以日本欲假道朝鮮進攻大明未得「實迹」而倉促「徑奏天朝」，恐日人得知，造成兩國「致疑之隙」，得不償失為由，主張「決不可奏聞」明朝。

不過，朝鮮王廷中，不認同金誠一看法的人亦大有人在。黃允吉扈從武將黃進則入木三分的指出：

> 以黃（允吉──引者）、許（筬──引者）之愚劣，賊情尚能知之，況以誠一（金誠一──引者）之慧點，豈有不知之理乎！此不過書契中，多有犯上國不道之語，而無一言受來。故誠一恐其得罪，巧為如是之言，寧陷於不知之地，其心叵測矣。[41]

為此，黃進請求將金誠一斬首示眾，卻「為人所止抑」。時朝鮮王廷「滿朝諸臣，徒知偏黨」，有識者皆以為滿朝「文人諸名士，反不如一武夫黃進，相與唾罵之」。[42]

黃允吉率使團返回王京時，日本平調信、玄蘇、平義智等作為回謝使也一同到達。宣祖以弘文典翰吳億齡為宣慰使負責接待，億齡與玄蘇初見時，玄蘇傲慢地說：「明年將大舉假途，直犯上國」，億齡具奏所聞，云：「倭寇必至狀」，然而「當國者偏聽偏信，謂倭兵必不動，凡言倭情有異者，輒論以生事」。億齡的馳啟奏上，「朝議大駭且怒」，及億齡還朝，進與日使

---

[40] 朴東亮：《寄齋史草》上，辛卯史草，萬曆十九年辛卯五月初四日。
[41] 朴東亮：《寄齋史草》上，辛卯史草，萬曆十九年辛卯五月初四日。
[42] 安邦俊：《隱峰全書》卷6，記事，壬辰記事，第416頁。

《問答日記》,「極言倭兵必動之形」。[43]億齡溫文爾雅,處事嚴謹,時人評價其人:「在銓不妄薦一人,在台不妄彈一人,人莫見其圭角。及是,見事機危迫,不避觸忤盡言」。[44]結果被降職處分,「時人多惜之」。[45]

為進一步瞭解日本是否發兵內情,備邊司令黃允吉、金誠一等往日使所居東平館,「問其國事,詢察情形,以備責應」[46]。金誠一等至館,私以酒饌往慰,玄蘇果然向其密語:

> 中朝久絕日本,不通朝貢,平秀吉以此心懷憤恥,欲起兵端。朝鮮若先為奏聞,使貢路得通,則必無事。而日本之民,亦免兵革之勞矣。[47]

金誠一聽後,以大義責之,玄蘇終不聽。又言:「昔高麗導元兵擊日本,日本以此欲報怨於朝鮮,勢所宜然」。[48]玄蘇還在東平館壁上書:「蟬噪惡螳捕,魚游喜鷺眠。此地知何地,他年重開筵」。[49]可見,日本欲圖謀朝鮮之心昭然若揭。允吉遂具奏,朝廷仍不以為意。

是年四月,宣祖召見日使,宴饗如例。還特加賜平調信一爵,曰:「古無此例,而爾自前往來,頗效恭順,故特加禮待之」。[50]五月,日使攜帶朝鮮國書返國。給日本的國書內容如下:

> 使至,獲審體中佳裕,深慰深慰。兩國相與,信義交孚,鯨波萬里,聘問以時,今又廢禮重修,舊好益堅,實萬世之福也。所遺鞍馬、器

---

43 申炅:《再造藩邦志》(一),辛卯萬曆十九年三月。
44 《李朝宣祖修正實錄》卷25,宣祖二十四年三月丁酉。
45 申炅:《再造藩邦志》(一),辛卯萬曆十九年三月。
46 申炅:《再造藩邦志》(一),辛卯萬曆十九年三月。
47 《李朝宣祖修正實錄》卷25,宣祖二十四年三月丙寅;申炅:《再造藩邦志》,辛卯萬曆十九年三月條亦載:「允吉等至館,玄蘇果密語曰:中國久絕日本,不通朝貢,平秀吉以此心懷憤而且恥之,欲起兵端,貴國為日本奏請,使貢路得通,則貴國必無事。」
48 《李朝宣祖修正實錄》卷25,宣祖二十四年三月丙寅。
49 趙慶男:《亂中雜錄》,辛卯萬曆十九年(宣祖二十四年)二月。
50 《李朝宣祖修正實錄》卷25,宣祖二十四年四月丙申。

玩、甲冑、兵具，名般甚夥，製造亦精，贈餽之誠，夐出尋常，尤用感荷，尤用感荷。但奉前後二書，辭旨張皇，欲超入上國，而望吾國之為黨，不知此言奚為而至哉！自敝邦言之，則語犯上國，非可相較於文字之間，而言之不仇，亦非交鄰之義。敢此暴露，幸有以亮之。惟我東國，即殷太師箕子受封之舊也，禮義之美，見稱於中華，凡幾代矣。逮我皇朝，混一區宇，威德遠被薄海，內外悉主悉臣，無敢違拒。貴國亦嘗航海納貢，而達於京師。……竊料貴國今日之憤，不過耻夫見擯之久，禮義無所效，關市不得通，並立於萬國玉帛之列也。貴國何不反求其故，自盡其道，而唯不臧之謀是依，可謂不思之甚也。[51]

此國書為兵曹判書黃廷彧奉命撰寫。國書中，朝鮮仍以「小中華」自詡，以文化上優位日本的心態，告誡豐臣秀吉「假道入明」，「非交鄰之義」，宜勿啟兵端，應效仿朝鮮，定期「航海納貢」於大明。而日使對朝鮮國書置若罔聞，竟在歸途所居的東萊客館壁上書：「明年若得東風便，六十七州談笑中」。[52]可見，日本欲「假道入明」之心，已昭然若揭。

二、朝鮮對明隱瞞實情「從輕奏聞」

朝鮮知悉日本欲「假道入明」實情後，圍繞著是否奏報明廷，展開了激烈爭論。宣祖二十四年（萬曆十九年，1591）五月一日，宣祖令朝臣就日使所上日本國書中稱：「自嘉靖年，大明不許日本入貢，此大羞也。明年（1592）二月，直向大明，朝鮮亦助我飛入大明宮乎」之事是否向明朝奏報展開討論。兵曹判書黃廷彧力主奏報明廷。他說：「我國家事天朝二百年，極其忠勤，今聞此不忍聞之語，安可恬然而不為之奏乎！」而副提學金睟則

---

[51] 《李朝宣祖修正實錄》卷25，宣祖二十四年五月乙丑。
[52] 安邦俊：《隱峰全書》卷8，〈記事〉，〈白沙論壬辰諸將士辯〉，第445頁。

加以反對，認為「福建地方與日本只隔一海，而商賈通行，若我國終至奏聞，則彼無不知之理。若既奏之後，果無犯順聲息，則非但天朝必以為不實而笑之，至於日本則亦必以此而致怨，他日之憂有不可言」。[53]兩人各持己見，爭執不下。宣祖召大司憲尹斗壽問對，他亦贊成奏報明朝。其言：「事繫上國，機關甚重，殿下至誠事大，天日在上，豈可容隱，臣終始以為奏聞便當」。[54]金睟見元老重臣尹斗壽支持黃廷彧意見，始轉變風向，云：「大義所在，臣非不知，而國家利害，亦有可慮者，故適對筵席，偶然及之，但奏聞必不可已，則至於日本師期分明上聞，大似圭角」。[55]宣祖亦贊同奏報明廷，理由如下：

> 福建果近於日本，而商賈又通，則安知日本送我之書契，已及於福建之人，而得以上聞乎？若然，與其受怨於日本，不若盡達於天朝，豈可只慮奏聞之落於日本，而不虞書契之已達於天朝乎？設使此酋果無犯順之事，而書契則不無已達於天朝之理，萬一自天朝問於我國曰：「日本約與爾國同犯天朝，而爾國不奏何也？」如此為辭，則雖欲免引賊犯上之言，其可得乎？前日尹斗壽之意，亦及於此。今日兵判之言亦然，不可不奏也。[56]

至此，宣祖的表態才最終確定了派使赴明「具奏倭情」。

接下來的問題是，如何向明廷陳奏「倭情」？廷臣又展開一番爭論。金睟以為「奏聞之辭」，若向明廷直言日本欲犯明「師期」，那麼明廷定追問「聞諸何人為之語乎？」如前所述，此情報是朝鮮與日本通交中獲悉的。

---

[53] 朴東亮：《寄齋史草》上，辛卯史草，萬曆十九年辛卯五月初四日。
[54] 申炅：《再造藩邦志》（一），辛卯萬曆十九年五月。
[55] 朴東亮：《寄齋史草》上，辛卯史草，萬曆十九年辛卯五月初四日。
[56] 朴東亮：《寄齋史草》上，辛卯史草，萬曆十九年辛卯五月初四日；《李朝宣祖修正實錄》卷25，宣祖二十四年五月乙丑條亦有類似的記載：上曰：「福建果近於日本，而商賈又通，則安知日本送我之書契，已達於天朝乎？設使秀吉果不犯順，而書契已露，則天朝問於我國曰：『日本約與爾國入寇，而不奏何耶？』云爾則雖欲免引賊犯上之言，得乎？前日尹斗壽之言亦如此，奏聞不可已也。」

問題是前近代東亞以明朝為中心的「封貢體制」架構下，人臣無外交，換言之，朝鮮派通信使赴日本，是隱瞞明朝私下派遣的，所以對朝鮮而言，無論如何都不想讓明朝知悉朝鮮與日本私交。而金晬所言「若直舉通信之事，則無乃有難處者乎」的難言之隱正在這裡。[57]這樣一來，就如何向明奏報，廷臣遂無定見，宣祖只好徵詢左承旨柳根的意見，柳根見解如下：

> 臣於內醫院，適與左相柳成龍言及此事，則成龍以為，大義所關，雖不得不奏，而國家利害，不可不慮。秀吉雖狂悖，必不得犯天朝，而我國在至近之地，橫受其禍，則極可憂也。況聞諸使日本者之言，則必無發動之形，雖發亦不足畏，若以此無實之言，一則驚動天朝，一則致怨鄰國，秀吉之怒，未有不由此而始萌也。至於通信一事，直為奏聞之後，萬一自天朝盤問其曲折，則恐必有難處之患也。如不得已必欲奏聞，則以聞於被虜逃還人為辭，則似不至大妨。

柳根所言極為巧妙，通過其口，婉轉傳達了左右朝廷實權左相柳成龍的意見，即此事「大義所關，不得不奏」，但鑒於朝鮮在地緣上與明、日本處於「至近之地」，若向明奏聞有「無實之言」，那麼「一則驚動天朝，一則致怨鄰國」，後果不堪設想。至於對日本派通信使之事，萬一明朝「盤問其曲折」，則「必有難處之患也」，所以他認為，若不得已必須向明奏報消息來源，就以「被虜逃還人為辭」應對。宣祖對柳根這番答辭覺得有些不得要領，令其直言。柳根這才直截了當說：

> 臣之意，則大義所在，不可不奏，但一一從實直奏，則或不無難處之患，從輕奏聞為當。[58]

---

[57] 朴東亮：《寄齋史草》上，辛卯史草，萬曆十九年辛卯五月初四日。
[58] 朴東亮：《寄齋史草》上，辛卯史草，萬曆十九年辛卯五月初四日；《李朝宣祖修正實錄》卷25，宣祖二十四年五月乙丑條亦載：上曰：「既以夷情奏聞，則師期乃其實也，何可沒之也？」晬曰：「明言師期，實為未妥。且奏聞之事，以為聞何人耶？若直舉通信之事，則無乃難處乎？」上顧左承旨柳根曰：「承旨意如何？」根曰：「臣於內醫院，適聞左議政柳成龍之言，

對柳根所言向明廷「從輕奏聞」的提議，《寄齋史草》有如下評論：

> （柳）根於（黃）廷彧，有師生之分，而又與柳成龍、金睟相善，蓋見其有權而趨附之也。是日，廷彧與睟所言各異，自上方右廷彧之議，以此（柳）根不敢有是非於其間。而適上歷問其意，亦不敢以己意對，泛以（柳）成龍之言啟之，而欲有所回互，蓋恐見拂於二家也。及上固問之後，始乃折取二家之說而對之，上亦不以其言為輕重也。

宣祖又徵詢修撰朴東亮意見，東亮云：「人臣聞犯上之言，豈可安坐而受之乎？奏聞之事，不容他議。至於奏事曲折，不可草草議定，劃令大臣，廣議處之甚當」。[59]最後，領議政李山海、左議政柳成龍、右議政李陽元綜合廷臣意見，啟曰：

> 伏見筵中啟辭，金睟所憂，雖出於慮事之周，而既聞犯上之言，安忍默默？但其奏本措語，若不十分斟酌，則後日必有難處之患。柳根從輕之說，頗有理，若以聞於逃還人金大璣等為辭，極為穩當。至於日本書契所答之辭，則以君臣大義，明白拒絕，而措辭之際，亦不使狠怒，蓋不惡而嚴者，要當如是也。[60]

宣祖對「從輕奏聞」亦極為贊同。至此廷議始定，遂命黃廷彧速撰奏表文。修撰朴東亮就朝鮮向明「從輕奏聞」之說的提出有如下評說：

則以為：『大義所在，雖不得不奏，秀吉狂悖，必不能稱兵入犯，而我在至近之地，不可橫受其禍。況聞使臣之言，則謂必不發動，雖發不足畏。若以無實之言，一則驚動天朝；一則致怨鄰國不可也。至於通信一事，直為奏聞，萬一天朝盤問，則亦必難處。如不得已，則似聞於被擄逃還人為辭，庶或可也。』上曰：「予所問者，承旨之意也。」根曰：「臣意則大義所在，不可不奏。但一一直奏，則恐或難處，從輕奏聞似當。」

59　朴東亮：《寄齋史草》上，辛卯史草，萬曆十九年辛卯五月初四日。
60　《李朝宣祖修正實錄》卷25，宣祖二十四年五月乙丑。

時尹斗壽、黃廷彧等,以為不可不奏;柳成龍以下,以為不必奏;唯上亦以為必不可不奏。而成龍等方執朝論,以此乃有從輕奏聞之說,而師期及通信等曲折,沒而不奏。李山海依違兩間,無所可否,而李陽元素惛懦,又沉於酒,論議之際,只恃人口,拱手唯諾而已。[61]

可見,朝鮮朝臣在國家生死存亡之際,結黨營私,黨同伐異,置國家利益於不顧,不如實奏報日本「假道入明」實情,最終將自食所釀的苦果。

至此,朝鮮廷議始定,遣金應南以聖節使身份赴明,順便「略具倭情」。[62]如此重大「倭情」,朝鮮不派專使赴明奏報,實屬不妥。特別應當指出的是,宣祖與廷臣討論兵曹判書黃廷彧起草呈明奏本時,就奏報「賊情」之事,柳成龍「力請刪去通信一款以諱之」。對此,就連金應南都認為頗為不妥,他指出:「如此大事,順付似為未安,且通信一款,不及於奏本中,何也?」成龍則不耐煩的回答:「通信日本,自古有之,雖不奏聞,於義何害?」[63]更有甚者,金應南臨行前,備邊司秘密指使云:「行到遼界,刺探消息,皇朝若專無聽知,則便宜停止,諮文切勿宣泄」。[64]其欲隱瞞「倭情」之心昭然若揭。

時,明廷已從各種管道獲悉日本欲「假道入明」的訊息。其中明商陳申自琉球還言:「關白平秀吉將入寇,以朝鮮為先鋒」;「被擄於日本」的明商許儀也密潛親信,「投書於天朝邊帥」告知「關白將入寇」;更有琉球國世子尚寧遣使來言:「日本關白將自朝鮮入寇」。[65]唯獨朝鮮一直未向明遣使奏報。朝鮮的反常舉動,使明廷上下「頗以為疑,論議藉藉」,唯獨閣臣許國仍不加懷疑,勸言:「我使朝鮮,習知情形,朝鮮禮義之邦,決不然。

---

[61] 朴東亮:《寄齋史草》上,辛卯史草,萬曆十九年辛卯五月初五日。
[62] 據《李朝宣祖修正實錄》卷25,宣祖二十四年五月乙丑條載:「於是,廷議始定,乃以賀節使金應南之行,略具倭情,稱以傳聞,為諮文於禮部。」
[63] 安邦俊:《隱峰全書》卷6,壬辰記事,第417頁。
[64] 《李朝宣祖修正實錄》卷25,宣祖二十四年五月乙丑。
[65] 申炅:《再造藩邦志》(一),辛卯萬曆十九年五月。

今者聖節不遠,第觀使臣之來,可知其真偽」。[66]

金應南一行渡鴨綠江入明國界,所見遼人皆言:「朝鮮謀導倭入犯」,明顯感覺遼人「待之頓異」[67]。到達山海關,當地人見是朝鮮人,皆大罵:「汝國與倭同叛,何故入來耶!」[68]幸好,隨團通事洪純彥曾於隆慶元年(1567)赴明,與閣臣許國舍人俞深有深交,金應南遂派他先帶奏本給俞深,「陳本國事情,俾達於閣老」,果然,許國閱朝鮮奏本後,即可派俞深前往通州接應金應南等入京,許國詳問朝鮮事情。[69]金應南則仍按既定方針,「以倭賊欲犯上國之意,移咨於禮部,只據漂流人來傳之言為證」,而對「通信使往來之言」,[70]卻矢口不談。金應南等歸國覆命後,宣祖對力主「從輕奏聞」諸臣加以褒獎。[71]

如前所述,敢於直言的趙憲被發配沃川後,閉門不出,及「聞賊情已露,白衣徒步,詣闕上疏,請斬倭使,奏聞天朝,因以頭叩石,流血滿面」。疏上,數日不下,趙憲「待命不退,植立不動,如泥塑人,城中士庶,聚觀如堵,或譏其自苦。憲曰:『明年此時,竄伏山谷,必思吾言也』」。又上第二疏,陳七事,政院不受。於是,趙憲痛哭而出。[72]四月,趙憲又遣其子完堵,呈書平安道監司權徵,力勸「以浚濠完城,豫修戰守之備」。權徵見書大笑曰:「黃海道、平安道,豈有賊來之理乎!汝爺人(指趙憲——引者)皆以妖妄目之,歸語汝爺,慎勿復出此言」。時,朝鮮王廷上下對「倭情」的認識,正如安邦俊所言:「朝廷疑賊來寇,通信使未還前,

---

[66] 申炅:《再造藩邦志》(一),辛卯萬曆十九年五月;《李朝宣祖修正實錄》卷25,宣祖二十四年五月乙丑條也載:「時,漢人許儀後在日本,密報倭情;琉球國亦遣使特奏,而獨我使未至,朝廷大疑之,國言喧藉。閣老許國獨言:『吾曾使朝鮮,知其至誠事大,必不與倭叛,姑待之。』」
[67] 《李朝宣祖修正實錄》卷25,宣祖二十四年五月乙丑。
[68] 柳成龍:《西厓文集》卷16,雜著,雜記,《韓國文集叢刊》第52冊,景仁文化社,1990年,第324頁。
[69] 申欽:《象村稿》卷38,志,本國被誣始末志,《韓國文集叢刊》第72冊,景仁文化社,1991年,第254頁。
[70] 《李朝宣祖修正實錄》卷25,宣祖二十四年五月乙丑。
[71] 安邦俊:《隱峰全書》卷6,壬辰記事條載:「西厓(柳成龍)、海原(尹斗壽)諸公,皆得銀絹」,第417頁。
[72] 申炅:《再造藩邦志》(一),辛卯萬曆十九年閏三月。

分遣各道助防諸將,豫為防備之策。及信使還,廟堂偏信(金)誠一之言,悉罷防備諸事」。[73]

五月,對馬島主平義智又乘船至釜山絕影島來探朝鮮虛實。他聲稱「有急報之事,願親至京城而面陳」,為東萊邊將所阻後,又請求與慶尚道監司相見,也被拒絕。平義智只好對邊將說:「日本欲通大明,若朝鮮為之轉奏,則豈不幸甚,不然則兩國失和,兵民多死,此非細故,敢此委告」。邊將馳啟具奏朝廷,義智泊船十餘日,不見朝鮮回書,怏怏而去。「自此以後,倭人不復至,釜山倭館曾留者,稍稍入歸,館中皆空,人多怪之」。[74]時,日本「窺覘之行,如是其頻,匪茹之勢,已露其迹」,[75]而朝鮮仍未覺察大禍即將臨頭,欺上瞞下,不如實地向明廷奏報日本「假道入明」實情。

先是,日本「以犯上國之言,亦布於琉球,且言:『朝鮮亦已屈伏,三百人來降,方造船為向道(導)』」云云。琉球國王遂將此情報奏報明廷,明廷令遼東都司移諮朝鮮,問其究竟?[76]八月,遼東都司移諮朝鮮,具報倭情。十月,朝鮮特遣奏請使韓應寅、書狀官辛慶晉、質正官吳億齡赴明奏倭情事。奏文云:

> 謹奏為倭情事。該萬曆十九年八月日,準遼東都司諮云云等因,準此。臣查得先該本年三月內,日本國對馬州太守宗義調刷還被擄人金大璣等供說:「在彼地名畠山殿州,聽得國王盛具戰艦,擬於今年入犯大明」;續該本年五月內,有倭人僧俗相雜一起十餘名來到,說稱:「日本關白平秀吉用兵,併吞諸島六十餘州,琉球南蠻諸國,亦皆歸服。為緣嘉靖年間,遣使朝貢,大明非絕不納,世懷怨恨之故,擬於明年三月間,入犯大明。兵船所經,慮或擾擾貴境,若得大明許和,事可得解」;又該本年六月內,對馬島宗義調所遣伊男、義智來

---

[73] 安邦俊:《隱峰全書》卷6,壬辰記事,第417頁。
[74] 申炅:《再造藩邦志》(一),辛卯萬曆十九年五月。
[75] 趙慶男:《亂中雜錄》,辛卯萬曆十九年(宣祖二十四年)五月。
[76] 《李朝宣祖實錄》卷25,宣祖二十四年十月丙辰。

到浦口,稱有警急,因說:「日本關白大治兵船,將犯大明,貴國地方,並應被擾,若貴國先報大明,使得講和,可免此患等因」。已將所聞未委虛的及伊賊哄脅難測事情,節次備諮禮部,順付赴京陪臣去後。今該前因,已經略具詞節,回諮都司,計已轉聞朝廷。[77]

此陳奏文為僉知崔岦奉命撰制。奏文中避重就輕,皆按事前商定撰寫的,根據刷還被虜人金大璣等供詞所云:傳聞日本盛具戰艦,擬於今年入犯大明云云,有意避而不談朝鮮通信使赴日交通之事。正如《宣祖實錄》所載:「遣陳奏使韓應寅等,陳奏日本恐脅我國,欲入寇大明等情,且辨訴內流言之誣。令僉知崔岦制奏文甚委曲,而不能悉陳通使答問之事,猶畏諱也。」[78] 韓應寅在京期間,受到萬曆帝接見。[79]身為東亞共主的萬曆帝,對屬國朝鮮安危的關切程度由此可見。韓應寅等歸國,朝鮮又遣謝恩使申點等赴明謝恩,「令奏賊情,比前加詳」,[80]但仍屬「從輕奏聞」。

綜上所述,朝鮮由於懼怕明廷知悉通信使赴日與日本復開通交的信息,雖洞悉日本欲圖謀「假道入明」,卻對明朝隱瞞實情,採取「從輕奏聞」的對策。這樣做的後果,不僅加深了明朝的誤解,也給朝鮮本身帶來前所未有的災難。

三、朝鮮的應對所招致的「倭亂」

宣祖二十五年(文祿元年,1592)即壬辰年四月,正當朝鮮「以為南邊自此無憂」[81]舉朝相慶之時,豐臣秀吉經過縝密地戰前部署,悍然發動

---

[77] 崔岦:《簡易文集》卷1,奏,辛卯奏,十月二十四日奉教制,《韓國文集叢刊》,第49冊,景仁文化社,1990年,第179頁。
[78] 《李朝宣祖修正實錄》卷25,宣祖二十四年十月癸巳。
[79] 《李朝宣祖修正實錄》卷25,宣祖二十四年十月癸巳條載:「帝出御皇極殿,引使臣慰諭勤懇,賞賚加厚,降敕獎諭。皇帝久不御朝,外國使臣親承臨問,前所未有也」。
[80] 《李朝宣祖修正實錄》卷25,宣祖二十四年十月癸巳。
[81] 安邦俊:《隱峰全書》卷6,記事,壬辰記事,第415頁。

戰爭。《明史・日本傳》載：豐臣秀吉遣「其將清正、行長、義智、僧元（玄）蘇、宗逸等，將舟師數百艘，由對馬島渡海」進攻朝鮮。[82]這次參戰日軍總兵力約十五六萬人[83]，具體進攻路線如下：

<u>第一路軍</u>，以平行長、平調信等為先鋒，率兵船四百餘艘，兵一萬八千七百餘名，蔽海而來。四月十三日，乘曉霧彌漫，直逼釜山。釜山僉使鄭撥正在絕影島狩獵，滿以為「朝貢之倭，不以為虞」，俄而，見日軍「舳艫無數，急還入城」，城門剛閉，日軍已下陸，將釜山城「圍之百匝，未幾城陷」，[84]鄭撥死於亂兵中。翌日，日軍陷東萊，隨即分路攻陷金海、密陽等地，兵使李珏，擁兵先遁。[85]日軍「乘勝長驅，列邑望風奔潰，無一處交鋒」。[86]

<u>第二路軍</u>，由清正加藤所率兩萬兩千八百餘日軍，四月十八日，從釜山登陸，翌日，攻彥陽城，二十日，攻陷慶州城。

<u>第三路軍</u>，由黑田長政與第六軍小早川隆景、第七軍毛利輝元等統領，分別攻陷朝鮮南部諸城鎮，一路北上，逼進王京。[87]

朝鮮「升平二百年，民不識兵，望風瓦解，無敢攖其鋒，賊長驅而進，如入無人之境」。[88]釜山淪陷消息傳來，宣祖驚惶失措，急忙調兵遣將，倉促應戰，遂命柳成龍為都體察使，李陽元為京城都檢察使，朴忠侃為都城檢察使，李誠中為守禦使，丁允福為東西路號召使，以便於調度迎戰。[89]

---

[82] 《明史》卷322，《日本傳》，第8358頁；《李朝宣祖實錄》卷26，宣祖二十五年四月壬寅也載：「十三日壬寅，倭寇至。先是，日本賊酋平秀吉為關白，併吞諸國，殘暴日甚。常以天朝不許朝貢為憤，嘗遣僧玄蘇等，乞假途犯遼，我國以大義拒之甚峻，賊遂傾國出師，以玄蘇、平行長、平清正、平義智等為將，大舉入寇，賊船蔽海而來。」

[83] 筱田治策：《文祿役與平壤》，精華堂印刷部，大正八年，第14頁。

[84] 趙慶男：《亂中雜錄》，壬辰萬曆二十年（宣祖二十五年）四月十三日。

[85] 《朝鮮宣祖實錄》卷26，宣祖二十五年四月壬寅。

[86] 安邦俊：《隱峰全書》卷6，記事，壬辰記事，第417頁。

[87] 鄭樑生：《壬辰之役始末》，歷史月刊59，1992年。

[88] 金時讓：《紫海筆談》，《大東野乘》卷71，漢城：朝鮮古書刊行會編，1971年；《李朝宣祖實錄》宣祖二十五年四月壬寅條也載：「升平二百年，民不知兵，郡縣望風奔潰。」

[89] 《李朝宣祖實錄》卷26，宣祖二十五年四月丙午。

四月二十五日，日軍攻尚州（今慶尚北道），巡邊使李鎰率部迎戰大敗，僅以身免。[90]二十七日，日軍攻忠州，三道都巡察使申砬率將士迎戰，日軍「交刃亂斫，如刈草芥，流血遍野，浮尸塞江」，申砬及所部陣亡。[91]敗訊傳來，宣祖急召廷臣商議攻守之策。群臣建言放棄王京，撤至平壤，宣祖從之。[92]遂命李陽元為檢察使，金命元為都元帥，留守王京，冊立光海君為世子，監撫軍國重事。[93]三十日，宣祖率賓妃乘馬冒雨撤離王京，時「百官鳥竄，從者僅百餘人」。[94]宣祖見「都中一空，大小臣僚，近侍衛卒，一時散去」，痛心地發出感慨：「二百年休養之中，無忠臣義士一至此」。是夜，宣祖攜諸宮妃，奉廟社主出王京，至碧蹄，適途中下雨，龍袍盡濕，至長湍，「府使已遁，四顧無人，一行皆餒」。[95]

五月一日，宣祖至開城，急召諸臣集議。諸臣入侍，他「揮涕，以鞭叩地，以手撫膺」，大呼李山海、柳成龍、李恒福等名字，聲嘶力竭嚷道：「事已至此，策將安出？毋憚忌諱，各悉心以對，予將何往乎？」又喊「尹斗壽安在？素有計慮，並願見之」。刑曹判書李恒福遂召斗壽進見，宣祖對其說：「今後卿兄弟勿離左右，以補予不逮」，乃解佩囊以賜之。接著，他急切詢問群臣：「事急矣，計將安出？」李恒福建議內附明朝。他說：「可以駐駕義州，若勢窮力屈，八路俱陷，無一寸乾淨地，則便可赴訴天朝，此外無他計策也」。右相尹斗壽反對說：「國何可輕棄之，棄國圖存，古未有也。北道士馬精強，咸興、鏡城皆有天險，其固足恃，今可逾嶺北幸」。[96]針對兩人的對立的意見，宣祖問詢左議政柳成龍，成龍也不贊成內附明朝，他直言不諱地說：恒福所「言不可用，大駕離東土一步地，朝鮮便非我有也」。而宣祖則贊成內附之論，云：「內附本予意也」，而柳成龍則堅持：

---

[90] 趙慶男：《亂中雜錄》，壬辰萬曆二十年（宣祖二十五年）四月二十五日。
[91] 趙慶男：《亂中雜錄》，壬辰萬曆二十年（宣祖二十五年）四月二十七日。
[92] 趙慶男：《亂中雜錄》，壬辰萬曆二十年（宣祖二十五年）四月二十八日。
[93] 《朝鮮宣祖實錄》卷26，宣祖二十五年四月戊午。
[94] 金時讓：《紫海筆談》；《李朝宣祖實錄》宣祖二十五年四月己未條也載：「雨甚，舍轎乘馬，宮人皆痛哭步從，宗親、文武扈從者，數不滿百。」
[95] 趙慶男：《亂中雜錄》，壬辰萬曆二十年（宣祖二十五年）四月三十日。
[96] 申炅：《再造藩邦志》（一），壬辰萬曆二十年五月初一日。

「不可」。⁹⁷李恒福見狀，加以解釋：「臣之所言，非直欲渡江而已也，從十分窮極地說來也，脫有不幸，身無所置，足無所容，寧緩一刻以圖後舉，亦非失策也」。成龍仍固執己見，以為不可。其實尹斗壽、柳成龍執意不可，是「恐人心離散，故以為內附之論，不可遽發。」而李恒福執意內附，以為「賊勢衝突，不可抵擋，必須西籲天朝，乃可濟事」，故雙方「論難者十數，兩不肯合」，而宣祖「時時右恒福，左成龍」。⁹⁸

五月三日，漢城淪陷。日軍入城後，焚燒宗廟、宮闕，並將抵抗軍民屠殺於鐘樓前及崇禮門外，朝鮮軍民「髑髏白骨，堆積於其下」。時人有詩為證：

> 堂堂寢廟，豕蛇穴之。赫赫神京，禾黍生之。在天之靈，監臨於茲。磔妖誅醜，不留晷時。凶焰斯虐，爰焚爰毀。痛結神人，為百世恥。⁹⁹

宣祖得知王京淪陷，便從開城奔平壤。因事出倉卒，出城時發現宗廟神主遺忘於穆清殿，一宗室嚎啕大哭云：「事雖急遽，不可委棄宗廟神主於賊中」，¹⁰⁰宣祖這才遣人連夜回開城，奉宗廟神主還。

當時，全羅道巡察使李洸、防禦使郭嶸、駐防將白光彥等獲悉王京告急，遂率本道兵四萬前來救援；忠清道巡察使尹先覺、防禦使李沃、節度使申翌等也領本道兵兩萬來會，至公州，聞王京淪陷，李洸竟令一軍官手持傳令牌，騎馬奔走呼曰：罷陣！罷陣！「諸軍聽之，莫不愕然」，頓無鬥志，如「山崩潮退，莫敢遏止，軍實輜重，悉以遺賊」。有詩為證：「陰風吹折大將旗，數萬雄兵似草靡。回首關西駐輦處，空教志士淚雙垂」。嗣後，「國無捍禦之人，賊有方張之勢，席捲八路，如升虛邑矣」。¹⁰¹

97　申炅：《再造藩邦志》（一），壬辰萬曆二十年五月初一日。
98　申炅：《再造藩邦志》（一），壬辰萬曆二十年五月初一日。
99　申炅：《再造藩邦志》（一），壬辰萬曆二十年五月初三日。
100　申炅：《再造藩邦志》（一），壬辰萬曆二十年五月初四日。
101　申炅：《再造藩邦志》（一），壬辰萬曆二十年五月初五日。

宣祖棄王京北逃時,「士庶皆言,國勢必不振;有識搢紳輩,亦以為終必滅亡」而加以勸阻,而宣祖不聽,執意北逃,時「扈從者百無一二,蓋人情已去」,五月七日,宣祖至平壤,「扈從者,不滿數十人,從世子者,亦不滿數十餘人」。[102]

六月一日,日軍平行長、清正、輝元、長政、盛政等渡臨津。臨津淪陷後,日軍謀議,平行長向平安道,清正向咸鏡道,長政向黃海道,「日行數百里,勢如風雨」。[103]在臨津失陷前,李恒福就提出若局勢難收,可向明朝請兵來援。其言如下:

> 今八道潰裂,無復收拾,雖有智者,亦未知為國家計。昔以孔明之智,及荊州失守,劉先主無托身用武之地,則請求救於孫將軍,卒成赤壁之捷,以基鼎足之勢。以我國之力,無可為之勢,不如急遣一使,籲告天朝,請兵來援,以冀萬一,則此策之上也。

令人遺憾的是,卻遭多數廷臣反對,認為:

> 雖奏天朝,焉肯出兵來救,假令出兵,當出遼廣兵馬。遼左之人,與獺(指女真——引者)無異,必有憑陵橫暴,侵擾之患。今七道皆為灰燼,一國之中,一片乾淨地,只是平安一道,復為天兵蹂躪,則更無著足之處,此策決不可用。

為此,李恒福連續「二日爭之」,[104]都未說服宣祖與廷臣。

臨津淪陷,平壤告急。宣祖遂與扈從諸臣商議去留。宣祖「顏色慘沮,語甚悲切,臣僚不敢仰視」。[105]商議結果,放棄平壤,退避寧邊。六月十

---

[102] 朴東亮:《寄齋史草》下,壬辰日記二,萬曆二十年五月七日。
[103] 朴東亮:《寄齋史草》下,壬辰日記二,萬曆二十年六月一日。
[104] 申炅:《再造藩邦志》(一),壬辰萬曆二十年五月十七日。
[105] 朴東亮:《寄齋史草》下,壬辰日錄二,萬曆二十年六月初二日。

日,宣祖車駕將發,城中官民,聞國王棄平壤北逃,相率遮路,群情激憤:「棄我而去,是殺我也,寧死於駕前,毋飽賊刃」,並怒斥扈從宰臣:「汝等平日偷食國祿,今乃誤國欺民乃爾耶!既欲棄城,何故紿我輩入城耶!」憤怒的官民皆袒胸赤臂手持兵杖,「遇人輒擊,紛囂雜沓,不可禁止,漸至宮門」,諸宰臣「在門內朝堂者,皆失色起立於庭中」。[106]兵曹佐郎朴東亮見此情狀,向柳成龍奏報:「民情如此,事將不測,今日停行以慰安,然後方可行也」。成龍恐事態擴大,難以控制,便向前來欲攻宮門的官民加以疏解,可是「眾不之信,猶喧聒欲亂」,最後,只好派人「大書『停行』二字於板,使人登屋上遍示之」,官民信以為真「始稍稍散去」。[107]

十二日,宣祖車駕至安州,「諸從官皆落後,從駕者不滿十餘」。[108]十三日,至寧邊,城中人畜俱已散去。是夜,都元帥韓應寅給宣祖馳啟云:日軍「已渡江東外灘,只隔一灘,相與對陣」,宣祖對扈從諸臣云:「今日之勢,已無可為,然予與世子,同往一處,則更無可望,不如分往,但今日所向何定?」承旨李誠中建言:「上國父母之邦也,今當往義州,赴訴天朝,事若不利,君臣當同死鴨綠江,聲大義於天下可也」。柳成龍、李恒福極為贊同。[109]宣祖又對諸臣云:「予幸義州,若不幸,計欲率群臣渡遼內附,誰能從予?」諸臣皆以渡遼內附為難,「莫有應者」。[110]

十四日,宣祖欲與世子李琿分行,頗為感慨,對世子說:「國事已至此,更無望矣,吾父子同往一處,事若倉卒,後無可為之事。今予當赴訴上國,世子奉廟社主,急往江界等處,以圖恢復」。[111]言畢,相對而哭。翌日,宣祖往義州,臨行前,父子失聲痛哭。宣祖告誡世子屬官:「國家之

---

[106] 申炅:《再造藩邦志》(一),壬辰萬曆二十年六月十日;《寄齋史草》下,壬辰日錄二,萬曆二十年六月十日條亦載:「城中人民持斧杖,要諸路,亂擊之,判尹洪汝諄被傷墜馬。父老男女,填塞宮門之外,痛哭呼曰:『我等之不出,欲恃大駕為之死守也。賊已到門外,遽欲棄我等去,是殺我也,寧死於上,不願死於賊』。遂欲毀破宮門,逐散諸宰。」
[107] 朴東亮:《寄齋史草》下,壬辰史草,壬辰日錄二,萬曆二十年六月十日。
[108] 朴東亮:《寄齋史草》下,壬辰史草,壬辰日錄二,萬曆二十年六月十二日。
[109] 朴東亮:《寄齋史草》下,壬辰史草,壬辰日錄二,萬曆二十年六月十三日。
[110] 申炅:《再造藩邦志》(一),壬辰萬曆二十年六月十三日。
[111] 朴東亮:《寄齋史草》下,壬辰史草,壬辰日錄二,萬曆二十年六月十四日。

事,付在世子身上,爾等盡乃心力,好為輔佐,以圖再造」。宣祖車駕將發,李琿「辭兩宮,從官各失聲,牽馬僕隸,莫不泣下沾襟」。是日晚,平壤失陷,宣祖身邊從臣,「相繼散去,扈駕者,惟內宦五六而已」。適李琿遣人問安,宣祖致世子書曰:

> 予生既為亡國之君,死將為異域之鬼。父子相離,更無可見之日。惟望世子再造舊物,上慰祖宗之靈,下迎父母之還。臨楮涕下,不知所言。[112]

十六日,宣祖至嘉山,「賊聲漸急,從官散去,殆無餘者」,宣祖遂遣使諮文遼東,「遂請內附」。[113]十八日,車駕從定州向郭山,宣祖召柳成龍云:「今日之行,專為內附也,卿可先行,如遇天朝人之來,必先道賊情,後言渡遼之意」。至郭山,聞遼東巡撫郝杰遣副總兵祖承訓、參將郭夢徵、游擊史儒率三千騎來援,已至雲興館。宣祖急往見祖承訓,向其哭述朝鮮前後所遭之「倭亂」,隨從官等「列伏上前,俱言所見,語極喧鬧」。在場的明將郭夢徵見此,十分不悅地說:「貴國君臣,一處哄亂,有同聚訟,殆無禮也」。當晚,宣祖至宣川,接到遼東巡按御史的諮文。諮文中有指責朝鮮「謀為不軌等語」,並斥責朝鮮「八道觀察使,何無一言之及於賊,八道郡縣,何無一人之倡大義,何日陷其道,何日陷其州,某人死於節,某人附於賊,賊將幾人,軍數幾萬,逐一計聞,俱錄以報」。接下來諮文又云:

> 天朝自有開山炮、大將軍炮、神火鏢槍、猛將精兵,霧列雲馳,倭兵百萬,不足數也。況文武智略之士,足以灼見奸謀,逆折凶萌,雖有蘇張鞅睢之徒復生於世,安得以窺天朝之淺深乎!

宣祖閱讀諮文後,十分惶恐地說:「此蓋疑我國與賊同謀,而為此恐動之

---

[112] 朴東亮:《寄齋史草》下,壬辰史草,壬辰日錄二,萬曆二十年六月十五日。
[113] 朴東亮:《寄齋史草》下,壬辰史草,壬辰日錄二,萬曆二十年六月十六日。

言，以試我國之對也」，遂對送諮文的明指揮官言：即刻委派陪臣赴明朝進行解釋。明指揮官見其惶恐之狀，便讓通事官向宣祖解釋：遼東巡按因我曾見過國王面目，所以才使我來見真偽。至於「諮中所言，特假設之辭，爾國其勿恐懼也」。[114]至此，宣祖那顆一直懸著的心才放下。

二十三日，宣祖車駕終到義州，以州牧使所居之所為行宮。此時，義州「城中人民皆散，雞犬亦皆空，鳥雀不飛，有似荒山廢寺」。宣祖的「從官數十人，分別投行宮近處人家，率皆荒涼困迫，只有一二奴僕」。[115]

綜上所述，由於朝鮮對明朝隱瞞日本「假道入明」的實情，以及向明廷採取「從輕奏聞」的對策，從而導致「倭亂」的發生，「倭亂」造成朝鮮國祚岌岌可危，作為一國之君的宣祖倉皇出逃淪落如此地步，令人愕然慨嘆。此皆因朝鮮對日本「假道入明」不積極應對所導致的惡果。

四、結語

安邦俊在《壬辰記事》中，對壬辰「倭亂」戰役前朝鮮的應對之策有如下評論：

> 愚竊嘗思之，當丁亥、辛卯數年，（趙憲）先生伏闕控章，大略以為請勿通信日本，斬其使，送於天朝，移檄琉球、南洋諸國，諭以源氏舊臣民，喻以利害，激以忠義，則倭奴必內相貳，諸國必同憤疾，天兵整飭，水軍羅絡東南，多方脅之。平酋立國日淺，不免左右顧慮，必不敢輕動，此所謂上兵伐謀，不戰而屈人兵者也。就令能來，必不能大舉深入，宗社滔天之禍，決不至若是烈也。嗚呼！當時滿朝卿相，下及韋布之士，無一慮及於此。[116]

---

[114] 朴東亮：《寄齋史草》下，壬辰史草，壬辰日錄二，萬曆二十年六月十八日。
[115] 朴東亮：《寄齋史草》下，壬辰史草，壬辰日錄二，萬曆二十年六月二十三日。
[116] 安邦俊：《隱峰全書》卷6，記事，壬辰記事，壬辰五月二十一日。

安氏上述評論頗有見地，發人深省。壬辰戰前，朝鮮長期以來自詡「小中華」，鄙視日本，將其視為文化上落後的「蠻夷」，認為處於劣位的日本絕不會對代表「中華」的東亞共主明朝和自詡「小中華」的文化上處於優位的朝鮮發動戰爭。壬辰戰爭中，朝鮮所遭的「倭亂」，恐怕不能不與其輕敵，知悉日本欲「假道朝鮮，進攻明朝」後，首鼠兩端，對明廷隱瞞日本「假道入明」實情，以及向明廷「從輕奏聞」有關。這樣做的結果，不僅加深了明朝對其的誤解，更給朝鮮國家帶來了前所未有的災難，使朝鮮飽受兵燹之苦，國家幾陷於滅國滅種絕境。之後的歷史事實表明，如果沒有明朝的及時出兵和明軍將士的舍生馳援，朝鮮的國祚恐怕就會是另外一番景象了。

（本文原載《外國問題研究》2017年4期）

袁黃萬曆援朝戰爭史事鈎沉

袁黃，嘉靖十二年（1533）生，字坤儀，號了凡，明浙江嘉興府嘉善縣人。[1]幼年喪父，遵母命棄學習醫。後偶遇知占卜的孔先生，算其「明年當補諸生，後以貢生為知縣」，[2]遂棄醫應科考，嘉靖四十五年（1566）為貢生。隆慶三年（1569）遇雲谷大師，受其指點頓悟，始積德行善，命運始有轉變。萬曆十四年（1586）中進士，出任寶坻知縣，萬曆二十年，擢兵部職方司主事。

時值壬辰之役，日本侵朝，朝鮮深受兵難，向明乞師救援。袁黃以為「渡鴨江，適朝鮮，奮武海邦，立功絕域，匪男子之壯遊，實夙生之業債未了也」。[3]以為是施展才華，建功立業之機，遂主動請纓入朝作戰。[4]同年八月，得到明廷允准。[5]袁黃以軍前贊畫入朝抗倭，如朝鮮文獻所載：「兵部主事袁黃，同心協贊，誓死窮寇」。[6]

袁黃學有所宗。早年師從陽明後學王畿（龍溪），篤奉陽明心學，又深受唐順之禪宗影響。袁黃曾論及道學感嘆云：「今朱子之學已大行於世，如日月當天，獨陸氏之學，世儒皆排之……而陽明先生亦為一世宗仰，鄒吉士風采可重，惜未究其所施耳。」[7]其對陸王之學的體認由此可見一斑。袁黃所奉摻雜著禪學的陽明心學，在國內無人不曉，即便在域外朝鮮也大肆宣

---

[1] 袁黃，《明史》無傳，關於其生卒年眾說紛紜，較為可靠的史料為《了凡四訓》及清彭紹升著《居士傳》中〈袁了凡先生傳〉。其生卒年，本文採用章宏偉〈袁了凡生卒年考〉文。
[2] 彭紹升撰，張培峰校注：《居士傳校注》，中華書局，2014年，第396頁。
[3] 袁黃：《兩行齋集》卷9，〈與伍容庵書〉，天啟四年嘉興袁氏刻本。
[4] 據《江南通志》卷140載：袁黃「擢兵部職方司主事時，有援鮮之師，黃疏請赴軍前贊畫。」
[5] 《明神宗實錄》卷251，萬曆二十年八月乙巳。
[6] 趙慶男：《亂中雜錄》（二），癸巳年上，《大東野乘》卷26，朝鮮群書大系，第592頁。
[7] 袁了凡：《群書備考》，《道學》，清華大學圖書館藏，明萬曆刻本。

揚。⁸據李朝官書《宣祖實錄》載：袁黃「嘗命題以朱、陸之學，試文於我國人。我國人無他言，但答曰：『我國但知有程、朱之學』云。厥後寄書於其師趙公，自誇曰：『吾道學大肆於外國』云，可見其人之浮妄」。⁹可見，時為援軍贊畫的袁黃希望與朝鮮士人通過討論改變朝鮮以程朱理學為宗的指向，然而，宗奉程朱理學的朝鮮士人對其所宣揚的陽明心學是格格不入的，並由此引發一場論辯。

後袁黃因「冒功請賞」事件，與北兵統帥李如松發生矛盾，適逢「癸巳京察」，捲入明廷內爭而被罷官革職。《了凡四訓》為袁黃晚年削籍還鄉之作。萬曆三十四年逝世，享年74歲。明熹宗即位後，追敘其援朝征日之功，贈尚寶司少卿。

學界對袁黃研究多有成果問世。對其生平事跡，有酒井忠夫的《袁了凡傳》¹⁰，特別是章宏偉對其生卒年考訂詳實，補充了酒井氏研究之不足¹¹；對其仕宦政績，有鄭克晟、張獻忠等關於袁黃任寶坻知縣期間的研究；¹²對其學術思想，近年引起學界的關注，先後有王衛平、張獻忠、南炳文、馮賢亮、何孝榮等研究。¹³然而，關於袁黃抗倭援朝的經歷，由於中國史料闕如，僅見兩篇論文有所涉及。¹⁴有鑒於此，本文檢索李朝官私文獻，擬對袁

8　據唐嘯登：《魏塘詩存》載：「當時海內識與不識，無人不知了凡先生。使朝鮮時，至請黃升座講《大學》，率有百官朝服以聽，稱袁夫子，其名震外邦如此。」
9　《李朝宣祖實錄》卷48，宣祖二十六年二月辛酉。
10　酒井忠夫：《中國善書の研究》，東京：國書刊行會，1970年。
11　章氏依據袁黃父袁仁所著〈嘉禾記〉、〈新築半村居記〉與袁黃著《兩行齋集》等文獻，認為袁黃生於嘉靖十二年（1533），卒於萬曆三十四年（1606），享年74歲。見章宏偉：〈袁了凡生卒年考〉，《中國道教》，2007年2期。
12　鄭克晟：〈袁黃與明代的寶坻水田〉，《天津農業科學》，1982年5期；張獻忠、崔文明：〈明代縣域治理的實踐與困境——以袁黃《寶坻政書》為中心〉，《史學集刊》，2018年4期。
13　王衛平、馬麗：〈袁黃勸善思想與明清江南地區的慈善事業〉，《安徽史學》，2006年4期；張獻忠：〈陽明心學、佛學對明中期科舉考試的影響——以袁黃所纂舉業用書為中心的考察〉，《四川大學學報》，2012年1期；南炳文：〈論袁黃及其研究的當代價值〉，《煙臺大學學報》，2016年6期；陳時龍：〈論袁黃的勸善思想〉，《道德與文明》，2016年4期；馮賢亮：〈袁黃與地方社會——晚明江南的士人生活史〉，《學術月刊》，2017年1期；何孝榮：〈論袁黃與佛教〉，《史學集刊》，2017年4期。
14　張崑將：〈十六世紀末中韓使節關於陽明學的論辯及其意義——以許筠與袁黃為中心〉，《台大

黃萬曆援朝戰爭期間在朝鮮的史事加以梳理，以補袁黃研究之不足。

一、以軍前贊畫入朝參戰

　　如前所述，有關袁黃在援朝抗倭的經歷，中國史料闕如，而朝鮮文獻則保留一些這方面的史事，可補袁黃研究的不足。萬曆壬辰戰爭是關乎前近代東亞政局走向的重大事件，國內外學界對其多有研究。[15]不過，筆者重點梳理袁黃援朝史事。

　　萬曆二十年（1592）四月十二日，豐臣秀吉投入約十五、六萬兵力，大小艦艇七百餘艘，渡過對馬海峽後，突襲釜山朝鮮守軍。釜山淪陷後，二十天攻破王京，六十天占領平壤。日軍所經之處，朝鮮軍隊望風而逃。[16]朝鮮承平日久，毫無抵抗能力，只好向明朝乞求救援。史載：「請援之使，絡繹於路」。[17]作為東亞共主的神宗皇帝，僅派三千明軍入援，結果遭遇日軍伏擊，幾乎全軍覆滅，[18]這才引起明廷高度重視。八月，明廷任命兵部右侍郎宋應昌「往保、薊、遼東等處經略備倭事宜。」[19]應昌受命，奏稱：「遼左、天津皆畿輔要害，承平日久，軍務廢弛，乞賜專敕便宜行事，及請發錢糧、製造器炮，以本部主事袁黃、劉黃裳隨行贊畫」，神宗下旨：「經略關係重大，應昌忠勇任事，督撫官毋得阻撓，將領以下一聽節制，違者以軍法行」。[20]時任

文史學報》，第70期，2009年5月；張金奎：〈萬曆援朝戰爭初期的內部紛爭——以贊畫袁黃為中心的考察〉，《求是學刊》，2016年5期。

[15] 關函予：〈壬辰戰爭研究綜述〉，《前沿》，2013年，第18期。代表性成果主要有李炯錫：《壬辰戰亂史》（上中下），壬辰戰爭史刊行委員會，1974年；北島萬次：《壬辰倭亂期の朝鮮と明》，東京大學出版會，1992年；鄭樑生：〈壬辰之役始末〉，《歷史月刊》59，1992；楊通方：〈明朝與朝鮮的壬辰衛國戰爭〉，《當代韓國》，2001年8期；孫衛國：〈清官修《明史》對萬曆朝鮮之役的歷史書寫〉，《歷史研究》，2018年6期等。

[16] 刁書仁：〈壬辰戰爭中日本「假道入明」與朝鮮的應對〉，《外國問題研究》，2017年4期。

[17] 谷應泰：《明史紀事本末》卷62，〈援朝鮮〉，第963頁。

[18] 黃景源（1709-1787）：《江漢集》卷26，跋尾，詔制考，出師敕，《韓國文集叢刊》第225冊，景仁文化社，1996年，第8頁。

[19] 《明神宗實錄》卷251，萬曆二十年八月乙巳。

[20] 《明神宗實錄》卷251，萬曆二十年八月壬子。

職方司主事的袁黃被應昌舉薦，由原六品官，特賜四品，隨軍參贊。這是他人生的一大轉折。

袁黃受命贊畫後，便積極參與援軍戰前諸務的準備。九月，他奉命前往天津、山海關等處，會同地方官，布置備倭事宜。經過實地調查，認為兵力調配、軍械糧餉等尚未準備充足，倉促入朝作戰，對戰事不利。作為贊畫的袁黃很可能向宋應昌建議推遲入朝進攻日軍的時間，但未被採納。這從宋應昌給他的回信中可得到印證。[21] 十一月二十七日，遼東都司張三畏於義州與宣祖的對話中也反映了援軍糧餉籌集不足的問題。據朝鮮文獻記載：

> 上幸龍灣館，接見遼東都司張三畏。上曰：「皇上既降敕，許發十萬兵，小邦日夜企待，未知師期的在何時？」都司曰：「宋侍郎已到遼東，兵馬不久當出。但所憂者，貴國糧芻不敷，故先遣俺檢視。我還，兵即發矣。」上曰：「一路糧芻，粗已措辦。而南寇不耐寒，此正剿滅之時。若過了數月，則雖有天兵十萬，事無可及矣。」都司曰：「中原恃遼東以為固，遼東恃貴國以為藩蔽，唇亡則齒寒，豈可縱倭寇而不討？見貴國之急而不救乎？」[22]

可見，朝鮮瀕臨國破家亡，迫切指望明援軍趕走日軍，敢於擔當的明軍將領只好在糧餉不足的狀況下入朝參戰。袁黃作為贊畫，對主將僅有建議權，無決策權，只好服從宋應星、李如松在糧餉未集結完畢的情況下，冬季發動對日軍作戰的命令。[23]

---

[21] 如萬曆二十一年正月五日，宋應昌寫給袁黃信中有如下語：「第今日事勢有難一一盡如吾輩意者，各兵老弱未經練習，且馬多於步，不佞嘗竊憂之。但中國目下可恃者，惟倭性畏寒一節。而欲調換則動有牽制，欲操練則又稽時日，故不得不果時決意進剿。如再延緩，指日春和，我兵戰陣未必閑習，而倭奴得志，咎將誰歸？」見宋應昌：《經略復國要編》卷5，〈與袁贊畫書〉，四庫禁燬書叢刊影印本。

[22] 《李朝宣祖實錄》卷32，宣祖二十五年十一月癸未。

[23] 據《李朝宣祖實錄》，宣祖二十五年十二月十七日癸卯條載：李朝吏曹判書李山甫馳啟中言及，在遼陽拜李如松時，如松曾言：「所領兵馬十萬，而見來者四萬餘，待彼齊到，恐失天時，四萬足以平倭。」

袁黃渡江入朝後，仍念念不忘贊畫援軍糧餉。萬曆二十一年正月六日袁黃入朝，朝鮮國王在龍灣館（義州——引者）迎接。交談中，袁黃談及援軍糧餉籌集問題。據《李朝實錄》記載：

> 袁黃曰：「天朝為貴國發大兵，若到安（州）、定（州）絕糧退軍則奈何？」上曰：「各站皆遣官支候，似無不足之憂。恐或軍卒暮到，不及分給也。今聞下教，當更加申飭。」袁黃曰：「炮車無牛，尚滯途中，大軍雖進，將何為手？」上曰：「當更差官督運。」[24]

時，朝鮮淪陷日軍之手，對朝鮮而言，糧餉供給並未十分把握，而國王一心企盼早日擊敗日軍，只是不負責任的應承而已。

為贏得援朝戰爭的勝利，袁黃與劉黃裳共同向朝鮮軍民發布戰前動員令。正月七日，他們以「大明欽差經略防海禦倭軍務兵部」的名義發布諮文。指出：「我大明皇帝，念爾二百年來恪守臣節，不惜萬金之費，命將徂征。爾國中豈無宗戚，受重寄而忠憤熏心；豈無縣官，守地方而慷慨委命；豈無忠臣，懷主憂臣辱之念；豈無義士，萌捐軀報國之思」。諮文號召，朝鮮軍民「宜乘天威震迭，速招集義兵，各提一旅之師，共申九伐之志。今倭夷逞強，其勢必亡，爾國雖微，其勢必興」。進而闡釋必勝的理由：以天道論有三：日本來侵，「逆天而行，雖強亦弱，一也；倭性畏寒」，「立春後，尚有二三十日，寒氣未消，天時可乘，二也」；「爾國君臣，俱聚此城，晨起望氣，鬱鬱蔥蔥如練如蓋，旺氣在我，勢必恢復，三也」。以人事論有四：「我大國雄兵，如虎如熊，無敵大炮，一發千步，彼不量力，當成齏粉，一也」；「經略宋（應昌）、沈（惟敬）機畜謀，神鬼難測；李提督一腔忠義，百戰餘勇，有古名將風。二職，素仗忠貞，同心協贊，誓滅此賊，以報天子，合兩國之師，驅此窮鬼，如振落耳，二也」；「關伯強暴，上劫制其主，下虐使其眾，天欲亡之，實假手於我，三也」；朝鮮國王「舉

---

[24] 《李朝宣祖實錄》卷34，宣祖二十六年正月辛酉。

動安詳,手姿俊偉,勢必中興,而爾國前所遣諸使,請兵天朝,誠意懇惻,淚下如注,庶幾申包胥泣楚之意,君臣若此,豈終淪困,以順討逆,何功不成,四也」。諮文最後號召朝鮮軍民,「須速傳示各道臣民,義兵已起者,便為前進,未起者速為招集,或協力以挫其威武,或迭出以分其勢,或邀其惰歸,或斷其餉道,諸所機宜,皆聽自便」。[25]朝鮮士大夫趙慶男對此評論道:「激發勸諭,逐條開說,明白懇切,凡有人心,孰不感動」。[26]如上所述,儘管袁黃並非贊同立即對日作戰,但並不固執己見,而是恪守贊畫職責,予以貫徹執行。

　　同時,袁黃對入朝援軍發布禁約,嚴肅軍紀。袁黃獲悉:援軍中「無知之輩,亂打廚人,爭先奪食,不成模樣」。為嚴肅軍紀,袁黃在戰前發布禁約文告:「朝鮮兵燹之餘,人民亂離,天兵遠來,專為救恤,往來官軍,恃勢侵凌,毀奪器械,以此驛夫苦累逃遁,致令公差忍餓,稽遲軍務,兩屬未便。今後不許打奪飯食,不許搶掠財畜,不許毆辱官長,犯者依令處置。」[27]整肅軍紀是戰爭勝利的重要保證。應當指出的是,援軍違犯軍紀,固然與明中葉以降邊防日益廢弛,軍紀隨之渙散有關,但援軍不能及時得到糧餉供應恐怕也是事實。

　　「平壤大捷」後,隨即發生「冒功請賞」事件,袁黃前往軍中迅速平息。萬曆二十年十二月二十五日,李如松統兵三萬,渡鴨綠江,翌年正月初五日,駐紮順安縣,初六日抵平壤城下,令部分將領圍城,初八日早,如松「焚香卜日,傳食三軍訖,與三營將領,分統各該軍兵」向占據平壤日軍發起猛攻,九日,攻下平壤城。[28]「平壤大捷」是明軍入朝抗倭首戰大捷,理

---

[25] 趙慶男:《亂中雜錄》(二),壬辰下,癸巳萬曆二十一年我宣廟二十六年,《大東野乘》卷26,朝鮮群書大系,第592頁;《李朝宣祖實錄》卷34,宣祖二十六年正月壬戌。
[26] 趙慶男:《亂中雜錄》(二),壬辰下,癸巳萬曆二十一年我宣廟二十六年,第592頁。
[27] 《李朝宣祖實錄》卷34,宣祖二十六年正月丁卯條:「中軍千把總等官,給天字號飯(內一盤豆腐、小菜、鹽魚各一盤,飯一碗,酒三鍾),各衙門差人,給地字號飯(內豆腐、小菜各一盤,飯一碗),軍兵,給人字號飯(豆腐、鹽蝦各一盤,飯一碗),每馬一匹,照例給(料一小斗,草一束,中火餵馬,只給熱料四小升),其被傷不能行動者,量給腳力。」
[28] 有關平壤之役詳情,參見《李朝宣祖實錄》卷34,宣祖二十六年正月戊寅;柳成龍:《西厓先生文集》卷16,雜著,記壬辰以後請兵事。

應論功行賞，令人匪思的是，明廷卻未論功行賞。其原因是李如松北軍「冒功請賞」，引發南北軍矛盾，從而招致科道官的彈劾。史載：山東都御史周維翰、吏科給事中楊廷蘭等上疏言：「李如松平壤之役，所斬首級，半皆朝鮮之民，焚溺萬餘，盡皆朝鮮之民」。[29]對於李如松斬殺朝鮮之民首級冒功的做法，李朝君臣強烈不滿。宣祖二十六年（1593）二月二十日，宣祖接見接伴使知中樞府事李德馨、平安道監司李元翼、左承旨洪進時，君臣對話中言及此事：

> 德馨曰：「前奏聞，以提督活出我國人之事陳之，若是則斬朝鮮人頭之事，庶可發明矣。」上曰：「向義獞子或見我國之人，必斬首削髮云，然耶？如此之事，提督豈能盡知之？」元翼曰：「然。無人處見之，則必斬而獻之。吏民及城中男女往來之人，斬頭斷髮者亦多矣。」上曰：「如此之事，南將亦知其由乎？」元翼曰：「北軍之所斬，南軍必指而為斬朝鮮人之頭也」。[30]

由於李如松斬殺朝鮮之民首級冒功的錯誤做法，引發了南北軍將領之間的矛盾衝突，[31]此事的影響進一步發酵，嚴重的影響了援軍的形象。

「冒功請賞」事件發生後，袁黃迅速趕赴軍中平息事態。史載，袁黃質問李如松「老爺何為如此之事乎？」如松勃然大怒，揮臂高聲叱責袁黃：「可惡老和尚，何處得聞此語？」袁黃針鋒相對：「此是公論。」待雙方冷靜下來後，都各作讓步，「黃謝以所聞之誤，則北將亦叩頭謝罪」，總算是平息了事態。[32]但事情並非如此簡單，後來事態的發展竟出乎袁黃意料之外，他被捲入了明廷內部的紛爭。

還是在上月，即正月二十三日，宣祖接見明廷派往朝鮮的天使黃應暘、

---

29 《李朝宣祖實錄》卷34，宣祖二十六年正月戊寅。
30 《李朝宣祖實錄》卷35，宣祖二十六年二月乙巳。
31 《李朝宣祖實錄》卷35，宣祖二十六年二月乙巳。
32 《李朝宣祖實錄》卷35，宣祖二十六年二月乙巳。

吳宗道、俞俊彥等。交談中,黃應暘言:「提督遼東人,分辨皂白,只喜殺戮,故俺齎免死帖萬餘道,專為活民而來。愚氓雖或畏死附賊,而如非向道者,則俺皆給帖安接,許還其本業」。[33]可見,如無人彈劾李如松冒功領賞,明廷絕不會頒發免死帖的。此事朝鮮很快就獲悉。二月二十日,宣祖與群臣議政時,曾云:「意外,提督被參,我國不幸,事適如此奈何?」知中樞府事李德馨也附和言:「以天下大將,既受重任,中原豈有輕論之理?提督亦受天下之重任,又豈有中途棄歸之理乎?」可見,此時朝鮮已確知李如松冒功請賞事被彈劾。接下來,李德馨又言:「與其手下人(李如松——引者)相語,則提督見家書,多有不喜之色云,謂曰:『吾之事為功為罪,未可知也。』」[34]如松平壤之役立功,反倒怕受懲,足以說明已被彈劾。問題是何人舉報的呢?對此,平安道監司李元翼曾聽到袁黃屬下私議:「主事同年二百餘人,布在台閣,此言必聞之,聞之,則大事必生」。接著君臣又有如下對話:元翼云:「且主事,以書遺駱尚志(南軍將領——引者)曰:『凡論功之事,俱書而送之,皆以公等為首功,以報朝廷,公等將有大功。宋侍郎亦已知之。』」宣祖頗為贊同地答:「此等爭功之事,姑舍之。如此之事,古亦然矣。以公言之,南兵之功為首耶?抑北兵為首耶?」[35]從上文君臣所言推測,如松被彈劾一事,袁黃舉報的可能性很大。但檢索中外文獻未發現袁黃上疏彈劾如松的直接證據,朝鮮君臣在談論時也未提及袁黃,倒是云:「似聞宋侍郎即奏本於朝廷,故論劾云」。[36]如前所述,宋應昌出任經略,萬曆皇帝授予他「將領以下一聽節制,違者以軍法行」的權力,[37]但是對於提督援軍的如松,顯然他無權處置,只能藉彈劾的方式打壓他的氣焰。宋應昌為浙江仁和人,與南軍有千絲萬縷的關係,入朝後將南軍視為嫡系,[38]自

---

33 《李朝宣祖實錄》卷34,宣祖二十六年正月戊寅。
34 《李朝宣祖實錄》卷35,宣祖二十六年二月乙巳。
35 《李朝宣祖實錄》卷35,宣祖二十六年二月乙巳。
36 《李朝宣祖實錄》卷35,宣祖二十六年二月乙巳。
37 《明神宗實錄》卷251,萬曆二十年八月壬子。
38 據《李朝宣祖實錄》載:「軍中之事,則南兵每密通於宋侍郎」;同書又載:如松言:「經略南人,未知一分兵事,全惑於南軍之言。」

然形成與北軍及提督如松的矛盾。而袁黃也是南方籍，為應昌屬下，諸多因素促使他站在應昌代表的南軍系。這就注定了袁黃與以如松為代表的北軍系發生矛盾，為後來被如松彈劾埋下隱患。

碧蹄館之戰後，袁黃又施用間計成功地解救朝鮮二王子，收回漢城。萬曆二十一年正月二十四日，李如松所部「碧蹄之敗，死傷甚眾」，隨後，日軍將領清正「還自咸鏡道，合陣於京城，賊勢益盛，提督因此，不敢為再舉之計」。[39]但王都漢城還在日軍之手，無論如何，收復漢城乃是援軍當務之急。為此，袁黃提出以諜戰取代兵戰的良策，得到允准。[40]朝鮮獲知後，領議政崔興源即刻拜見袁黃，請求解救二王子。《宣祖實錄》詳載如下：

> 臣到袁主事下處，告曰「本國二王子，時在咸鏡道倭賊中，若大人差人飛檄，付送賊中，則庶有生還之理，故方欲仰瀆此意。而適聞大人差馮相公（馮仲纓——引者）等往咸鏡道云，此實機會。望大人作檄文，以付馮公之行。」主事即取筆硯作札付後，仍招前差三十人於前，問之曰：「汝等之中，有能入於咸鏡道賊中，傳此札付，圖還二王子，則我即報兵部，為世襲指揮。」有二人應募曰：「小的願往，但俱不識字，欲得一識字者同往。」主事曰：「汝二人應募，識字者，汝可揀了。」主事且曰：「本國北道，有一萬兵云，故我差馮、金（金相——引者）二人，領管下兵三十人同往，嚮導之人，須以慣知道里者定送。」[41]

引文中提及馮仲纓、金相二人為袁黃屬下。因被掠咸鏡道「倭賊中」的宣祖二子，為國之根本，故身為領議政的崔興源親赴袁黃下榻處求助獲救。由於袁黃巧施用間之計，不僅解救了二王子，還成功收復漢城。[42]這原本是可

---

[39] 《李朝宣祖實錄》卷35，宣祖二十六年二月乙巳；參見柳成龍：《西厓先生文集》卷16，雜著，記壬辰以後請兵事條。
[40] 宋應昌：《經略復國要編》卷6，〈與袁贊畫書〉，第134頁。
[41] 《李朝宣祖實錄》卷34，宣祖二十六年正月庚辰。
[42] 據方孔炤《全邊略記》卷9，《海略》條載：袁黃屬下「至咸鏡，留相（金相——引者）外觀形

喜可慶大功一件，但意想不到的是反倒給袁黃惹來了麻煩。問題是馮仲纓等用計使日軍撤離漢城已是奇蹟，偏偏劫掠日軍散兵游勇，邀功請賞。而事先並不知悉袁黃施用間計的劉黃裳獲得內情後，十分惱怒，「忌黃收功，責其通倭結好」。為平息劉黃裳被瞞的怒氣，只好分與其部分首級，以消其氣。後李如松得知此事後，勃然大怒，「揭仲纓賣倭霄遁，論以軍法，並揭袁黃罪。袁遂削籍」。[43]朝鮮文獻也載：「北道斬倭之事，皆是劉員外、袁主事管下之人。」[44]顯然如松因從中未得到好處，故而給袁黃屬下馮仲纓加上「賣倭」的罪名，藉機彈劾袁黃，以此達到報復的目的。那麼，問題的關鍵是這些首級是袁黃為己邀功請賞，還是用作其他？梳理朝鮮文獻，此問題基本得到答案。三月二十六日，宣祖於備邊司堂上與群臣議政，談到援軍將領，君臣有如下品評：

> （兵曹參判）沈忠謙曰：「華人好處甚多，而亦有不足觀處。袁主事執沈喜壽（李朝問安使——引者）手，入臥內，願得首級新鮮者云矣。」上曰：「予專不聞也。」（同副承旨）李好閔曰：「沈喜壽問安於袁主事，主事入帳內，求首級甚懇，且曰：『非但我也，經略之意亦如此』云。沈喜壽曰：『大司馬（宋應昌——引者）以皇朝重臣，總茲戎重，官非不高，功即己功，豈肯為此』云，則答曰：『是何迂也。大司馬豈不欲升職？且有不文不武兩子，豈不欲得首級乎？』」上曰：「此乃馮（馮仲纓——引者）之事，無乃訛傳為袁之言耶？」[45]

由上述君臣對話可得出如下判斷，袁黃原得日軍首級並非為己邀功請賞，而是受宋應昌之托，為其邀功，即應昌希冀藉東征戰事立功受獎，為他「不文

勢，而仲纓單騎突入倭營，清正盛張軍威迎之。仲纓立馬大言，清正懾服，率諸酋跪拜受諭，亦以秀吉受封為請。仲纓曰『先還朝鮮王子、陪臣如約，然後可。』清正唯唯，隨令王子、陪臣見，與訂盟，交割王京，傳示拔棄東邊。」

[43] 方孔炤：《全邊略記》卷9，《海略》，內蒙古大學出版社，2006年，第343頁。
[44] 《李朝宣祖實錄》卷36，宣祖二十六年三月辛酉。
[45] 《李朝宣祖實錄》卷36，宣祖二十六年三月丙子。

不武兩子」謀取官位。換言之,馮仲纓、金相截殺日軍應是袁黃授意,以此滿足上司的某種需要。可見,宋應昌假借袁黃之口營私舞弊是可以坐實的,至於劉黃裳參與分贓,則說明他與宋應昌並無二致。令人惋惜的是袁黃因此事被李如松彈劾,隨即捲入京察之爭,最終成為明廷黨爭的犧牲品。[46]

二、「貶朱褒王」論在朝鮮的反應

袁黃在學術上宗奉心學,在國內早已頗有名氣,入朝後亦大肆宣揚「貶朱褒王」論,試圖改變程朱理學在朝鮮思想界正統地位的現狀,引起朝鮮士大夫的反感,進而在捲入明廷黨爭後,招致政治層面的打擊,這也成為他被革職罷官的助推器。

如前所述,明朝國內的文獻中,幾乎看不到明朝士大夫要求朝鮮改變宗奉程朱學之類的記錄,而朝鮮文獻中卻有大量的記載。以袁黃為例,在戰事之餘,則希望朝鮮在國家存亡之際不忘講學論道。他與朝鮮士大夫論學,試圖改變朝鮮尊朱的學術指向。有關袁黃與朝鮮士大夫的討論,柳成龍(1542-1607)有如下記載:

> 袁黃,字坤儀,號了凡,浙江嘉興府嘉善縣人,萬曆丙戌進士……姓好佛道,持身如山僧。嘗與我國議政崔興源語曰:「中國昔時皆宗朱元晦,近來漸不宗朱矣。」興源曰:「朱子無間然矣」。主事頹然不悅。翌日,移諮舉《四書注疏》,逐節非毀之。[47]

朝鮮儒者林宗七(1781-1859)在其《屯塢集》卷8〈雜識篇〉中記載更詳:

---

[46] 張金奎:〈萬曆援朝戰爭初期的內部紛爭——以贊畫袁黃為中心的考察〉,《求是學刊》,2016年5期。

[47] 柳成龍:《西厓先生文集》卷16,雜著,記壬辰以後請兵事,《韓國文集叢刊》第52冊,景仁文化社,1996年,第307頁。

皇明兵部主事袁黃以贊畫軍謀東來。袁之學術邪僻，左道惑眾，專主禪陸，力排程朱。（袁黃──引者）以一書送示行朝諸公，題曰：「為闡明學術事：自程朱之說行，而孔孟之道不復明於天下，天下貿貿焉，聾瞽久矣。我明興，理學大暢，揭千古不傳之秘，盡掃宋儒支離之習」云云。因摘示朱子《四書集注》十餘條，其末曰：「吾輩今日工夫，只學無求無著便是聖人，至簡至易。較之朱說，孰是孰非云云」。中朝之學如此，極為寒心，天下豈能久安耶。行朝諸公欲力辨之，而畏其相激，有違於討賊，當遜辭以答，而難於措辭，共推先生（成牛溪──引者）起草。[48]

上述記載鮮明地表達了袁黃「貶朱褒王」的立場，顯然以崔興源為首的宗奉程朱理學的朝鮮士大夫是不予認同的，基於「欲力辨之，而畏其相激，有違於討賊」的考量，退避三舍「遜辭以答」。然而，對於袁黃的「異端邪說」朝鮮士大夫是絕不會使其在朝鮮有土壤的，所以「共推」朝鮮大儒成牛溪撰文駁難。因此，成牛溪（1535-1598）遂撰有〈答皇明兵部主事袁黃書〉，其文如下：

> 小邦僻在遐遠，學本通方，常仰中國書籍以為口耳之資。伏遇皇朝頒賜《五經四書大全》，表章先儒之說，列於學官，頒行天下。小邦之人，無不誦習而服行，以為此說之外，無他道理也。今茲小邦不天，妖賊椓喪，老爺合下受命來討，贊畫軍謀，軍旅之外，旁及講學之事，諄諄開導，牖以小邦迷昧之失，揭示前古不傳之秘，甚盛舉也。

---

[48] 林宗七：《屯塢集》卷8，雜識，《韓國文集叢刊》第117冊，景仁文化社，1996年，第136頁；《牛溪先生續集》卷3，簡牘，與宋雲長翼弼條也有記載：「袁主事示一書。『題曰：為闡明學術事。自程朱之說行，而孔孟之道不復明於天下，天下貿貿焉聾瞽久矣。我明興，理學大暢，揭千古不傳之秘，盡掃宋儒支離之習』云云。因摘示朱子《四書集注》十餘條，其末曰：『吾輩今日工夫，只學無求無著，便是聖人，至簡至易，較之朱說，孰是孰非』云云。諸儒相欲力辨之，而畏其相激有違於討賊，但遜辭以謝之，答以小邦之人，但知有程朱，今不能言下領悟云云。中朝之學如此，極為寒心，天下豈能久安耶。」《韓國文集叢刊》第43冊，景仁文化社，1996年，第194頁。

第緣某等末學膚淺，思慮荒蕪，其何能言下領悟，發微詣極，以仰承老爺之至恩乎。今者邦國垂亡，上下皇皇，凡在陪臣，久困行間，平日所知，失亡殆盡，不得綱繹舊聞，以求正於有道，伏願老爺俯鑒微悰，哀而憐之，講學之事，請俟他日。[49]

可見，作為朝鮮思想界的大儒成牛溪的應答十分巧妙。面對「上國」入朝的軍前贊畫試圖欲改變朝鮮信奉程朱的立場，既要固守朝鮮宗朱的立場，又要給足袁黃的面子，所以他回應袁黃的邏輯也以四書五經為切入點，認為朝鮮宗奉程朱，是遵依「皇朝頒賜《五經四書大全》」而來，言外之意這種遵依是不可改變的。同時，又巧妙地示意袁黃，朝鮮面臨外寇侵凌，已陷於亡國滅種的境地，此時討論學術不合時宜，而作為援軍贊畫此時辯論學術更是不得要領，「講學之事，請俟他日。」袁黃見成牛溪答書，「嘉賞不復言」。[50]對此，朝鮮儒者林宗七評價成牛溪答書：「蓋袁之意，欲以其說行之東方，而先生答辭雖遜，意思嚴而正，辭語婉而直，有以挫折其陂邪之鋒，使不敢復肆鼓篁」。[51]

對於袁黃「貶朱褒王」的言論，朝鮮士人有諸多載錄。如李廷龜（1564-1635）《月沙先生集》中載：

天朝主事袁黃以贊畫來，貽書論學，其言主陸氏而紃程朱，行朝諸宰難其答，請先生（成牛溪——引者）草報。略曰：「小邦之人，皆誦習皇朝所頒經書傳注，及性理諸書，以為此說之外，無他道理」。袁見之嘉嘆，不復言。[52]

金尚憲（1570-1652）在《清陰先生集》中載：

---

[49] 成牛溪：《牛溪先生集》卷6，雜著，〈答皇明兵部主事袁黃書〉，第155頁。
[50] 成牛溪：《牛溪先生年譜》卷1，牛溪先生年譜附錄，行狀，右議政李廷龜撰，第285頁。
[51] 林宗七：《屯塢集》卷8，雜識，第136頁。
[52] 李廷龜：《月沙先生集》卷54，諡狀下，牛溪先生諡狀，《韓國文集叢刊》第70冊，景仁文化社，1996年，第336頁。

天朝主事袁黃以贊畫來。貽書論學，專主鵝湖而絀洛閩，彼素亢倨，諸公不欲拂其意，而難為辭。屬先生答云：「小邦誦習皇朝所頒經書傳注及性理諸書，以為此外無他道理也」。袁不能復難。[53]

南克寬（1689-1714）在《夢囈集坤》中也載：

李贄之出，風俗一變，猖狂無忌憚之言，皆自此人當為罪首。是固氣機之變衰虛幻，非人力也。然其論皆昧於「制乎外，所以養其中」一句，必以發而直遂為第一義。今夫塗之人，見列肆之貝，其不欲攫而歸也者，鮮矣。循此輩之論，必攫而後可也，豈不悖哉。牛溪跋袁黃之書曰：「世衰妖興，一至於此」。斷之確矣。[54]

以上所引袁黃「貶朱褒王」論在朝鮮的反應，內容大同小異，皆對袁黃之論持反對態度。表明朝鮮士人秉持程朱理學的立場。不容否認的是，袁黃之論在朝鮮士人中也多少引起共鳴。其中以朝鮮大儒朴世堂為代表。朴世堂（1629-1703），曾著有《中庸思辨錄》、《論語思辨錄》，書中對朱子學多有質疑，引起朝鮮士人的批判，如南有容（1698-1773）曰：「朴世堂敢以朱子為可毀也，批注為可改。割裂章句，顛倒義例，其亂經悖常，真所謂小人而無忌憚者也。又醜辱先正臣宋時烈，至比亂政大夫。」[55]結果在75歲高齡

---

[53] 金尚憲：《清陰先生集》卷26，碑銘，六首，牛溪先生神道碑銘，并序，《韓國文集叢刊》第77冊，景仁文化社，1996年，第365頁。

[54] 南克寬：《夢囈集坤》，宜寧南克寬伯居著，雜著，謝施子，百九十二則，《韓國文集叢刊》第209冊，景仁文化社，1996年，第309頁。

[55] 南有容：《雷淵集》卷25，行狀，禮曹判書俞公行狀，《韓國文集叢刊》第217冊，第531頁；稍後，持平金裁上疏曰：「朴世堂詆毀朱子，詭亂經傳之罪，已悉於館儒之疏，該曹之啟，所著冊子，亦經睿覽，詖遁邪淫之迹，莫逃於日月之明，特下削黜之命。聖上衛經辟邪之德，孰不欽誦？第念朱夫子經書箋注，建天地而不悖，俟百世而不惑。苟或反背辭意，別立門戶，則實為聖門之叛卒，斯文之亂賊，而世堂乃以顛倒錯亂，予不得已等説，詆辱朱子，略無顧忌，人之悖亂，胡至於斯？」《李朝肅宗實錄》卷38，肅宗二十九年四月壬寅。

時，慘遭削奪官爵。[56]

對於袁黃「貶朱褒王」的言論，朝鮮君臣也有過專門的討論。據《宣祖實錄》記載：

> （左相尹）斗壽曰：「袁主事，非朱子之學，而宗陽明，嘗貽書論學，答以微辭，而主事通書於其友曰：『我來朝鮮論學，人有感悟涕泣。』云云，甚可哂也。」上曰：「此亦予所未聞之事也。」（同副承旨）李好閔曰：「在定州時，所往復答辭，實玩弄也。」（兵曹參判沈）忠謙曰：「其答辭云：『我國蒙皇朝之恩，只知有四書五經，而干戈之際，舊業淪亡』云云，意不露而中含譏諷矣。」上曰：「其人非尋常底人，觀給事中彈文，可知其人也。」（兵曹判書）李恒福曰：「平時則不得志，而有才智，故受任以來也。」上曰：「著書亦多，分明非庸人也，渠之為人，心術不明而然也。今所謂感泣云者，全未聞也。」[57]

可見，在程朱理學占統治地位的朝鮮，袁黃之論顯然也得不到官僚士大夫的認同，相比之下，宣祖國王的評價還算公允。

三、援朝有功反倒成為黨爭犧牲品

如前所述，袁黃入朝參戰，忠實履行贊畫職責，尤其施用間計成功解救朝鮮二位王子，進而收復漢城，但因此深陷南北軍矛盾中，被李如松彈劾，隨即又捲入京察之爭，成為黨爭犧牲品。萬曆二十一年是明京察之年。是年正月，大學士王錫爵歸省還朝，重新出任首輔。為打壓內閣，以禮部尚書孫鑨為首的吏部官員藉京察將諸多內閣親信罷黜，但因樹敵過多，遭致

---

[56] 張崑將：〈十六世紀末中韓使節關於陽明學的論辯及其意義——以許篈與袁黃為中心〉，《台大文史學報》，第70期，2009年5月。

[57] 《李朝宣祖實錄》卷36，宣祖二十六年三月丙子，第510頁。

言官彈劾。科道官彈章中以「虞淳熙入吏部為私，復及主事袁黃、郎中楊于庭」。[58]這其中，虞淳熙為吏部郎中，是吏部尚書孫鑨同鄉；袁黃身份特殊，是首輔王錫爵的門生。如前所述，袁黃宗奉心學，不僅在國內頗有名聲，入朝後亦大肆宣揚，自然引起程朱理學信奉者忌恨，進而招致政治上的打擊。朝鮮文獻載「言官劾其左道惑眾，革職回籍」[59]是最好的驗證。王錫爵為袁黃座主，言官執意將其門生作為彈劾對象，身為首輔的他，生怕袁黃的學術「異端」給自己帶來麻煩，關鍵時刻未能為袁黃做主。這樣一來，吏部為力保虞淳熙、楊于庭，推出袁黃，同意將其革職。但袁黃在朝鮮多有功績，吏部不敢擅自做主，將球踢給皇帝。[60]結果科道官上疏加以反對，建議罷黜虞、楊，以從公論，至於袁黃「候征倭事畢議處」。[61]孫鑨再度為虞、楊力辯，這下惹怒聖上，被懲俸三月，將虞淳熙、楊于庭、袁黃等罷職或降級。[62]可見袁黃在這場京察政爭中，成為了犧牲品。

袁黃被彈劾罷職還與背負宋應昌「和議」的罪責不無關係。眾所周知，壬辰戰爭爆發時，大明帝國已步入晚明，如同大廈將傾，尤其剛結束一場平叛大戰，國庫捉襟見肘，已不具備入朝作戰的條件。但前近代東亞封貢體制下，作為東亞「共主」的明朝基於對屬國朝鮮履行「扶危藩」責任，不得不出兵救援。所以援朝戰爭伊始，明廷內就一直存在戰與和兩種意見的爭執。碧蹄館之戰失利後，議和之議便提到日程。[63]收復漢城後，中日間和議終未達成。以兵部尚書石星為首的主和派屢遭科道官的彈劾，他本人因此鋃鐺入

---

[58] 黃汝亨：《寓林集》卷16，明吏部尚書贈太子太保光祿大夫清簡孫公神道碑，續修四庫全書影印本，第234頁。

[59] 申炅：《再造藩邦志》（三），《大東野乘》卷37，朝鮮群書大系，第543頁。《宣祖修正實錄》卷27，宣祖二十六年正月條記載更為詳細：「黃好佛，持身如僧，故館待便易。以所著書，傳於我國，皆詆排朱子語也。未幾，言官劾其左道，革職回去」。

[60] 據趙南星《趙忠毅公詩文集》卷18，覆京察拾遺書中載：「袁黃奉旨贊畫征倭，去留出自朝廷，臣等未敢擅便，伏乞聖裁。」四庫禁燬書叢刊影印本。

[61] 《明神宗實錄》卷258，萬曆二十一年三月己未。

[62] 參見張金奎：〈萬曆援朝戰爭初期的內部紛爭——以贊畫袁黃為中心的考察〉，《求是學刊》，2016年5月。

[63] 據尹愭：《無名子集》文稿冊十，文，論壬辰事條載：「自碧蹄之敗，氣益索，應昌急圖成功，行長亦有歸志，因而封貢之議起」。

獄。[64]作為石星的忠實執行者，朝鮮戰場的最高統帥宋應星自然成為言官彈劾的對象。禮部主客清吏司提督會同館主事洪啟睿上奏彈劾宋應星云：

> 先是東征之役，侍郎宋以經略往，應昌誇而自喜，吝而寡謀，所善沈惟敬，亡賴之武夫，所參袁黃、劉黃裳、鄭文彬、趙汝梅諸人，方其用妖人，挾一字陣以出，識者知其易與矣。卒至經年騷擾，一籌莫展，而粉飾封貢之說，以欺陛下……應昌為重臣討賊，義當不顧萬死，奈何僅以封貢了事也？[65]

宋應昌誠惶誠恐，以為背負議和封貢罪名太大，即上疏辯解，推卸責任。據其《經略復國要編》卷14，〈辨明心迹疏〉載：

> 臣於未復王京以前，臣實未曾題請封貢也。倭在王京乞款，臣始言之。然臣止是請封，未曾請貢。但沈惟敬至遼陽時，贊畫主事袁黃曾言，倭中人有指封貢為和親說話。臣與贊畫劉黃裳大駭，面折其非。袁黃不悅，逐條陳征倭有十不利之說。此二十二年十二月初間事也。[66]

這裡應指出的是，宋應昌懼怕承擔議和責任尚可理解，但其將倡議議和的責任推卸給贊畫袁黃就不能不令人費解了。必須承認袁黃也是主張議和的。對此，朝鮮文獻多有記載。如朝鮮右議政沈喜壽就曾說過：「今此議和，袁主事主之」。[67]宣祖國王也言：袁黃「著書亦多，分明非庸人也……渠之學術雖如此，成事則可，而其人主和，誤我國事矣」。[68]問題是袁黃僅僅是個

---

[64] 參見孫衛國：〈萬曆援朝戰爭初期明經略宋應昌之東征及其對東征歷史的書寫〉，《史學月刊》，2016年2期。
[65] 《李朝宣祖實錄》卷52，宣祖二十七年六月己酉。
[66] 宋應昌：《經略復國要編》卷14，〈辨明心迹疏〉，第231頁。
[67] 《李朝宣祖實錄》卷36，宣祖二十六年三月戊辰。
[68] 《李朝宣祖實錄》卷36，宣祖二十六年三月丙子。

贊畫，他對朝鮮戰局和戰與否充其量僅有參謀權，毫無決策權。而決策議和的是得到內閣支持的兵部尚書石星及經略宋應昌。宋應昌為援軍最高長官，李如松以下受其節制。整個平壤戰事中，宋應昌一直在遼東，直到萬曆二十一年正月，這位「足不踐朝鮮地方」的經略才渡江到朝鮮。朝鮮深知「侍郎出來，和戰決矣」。[69]至於宋應昌與石星的關係，朝鮮認為「石尚書與宋應昌為一體」。[70]碧蹄館之役失利後，就連反對議和的提督李如松也改變了態度。正如平安道觀察使李元翼所說：「提督軍中，一聞和議之成，莫不喜悅，歡聲如雷」，「非但人人皆喜，提督亦甚喜」。[71]可見，整個東征軍都是贊成議和的，更何況作為贊畫的袁黃，他何罪之有？如果說袁黃有罪的話，充其量是石星、宋應昌等議和決策者的忠實執行者。而宋應昌作為援軍最高統帥，為洗刷自己，怎麼能將主和的責任推給袁黃呢？其人格之低劣令人髮指。可憐這位在東征戰場立有戰功，本應受到嘉獎的袁黃，非但未得尺寸之賞，反倒成為明廷黨爭的犧牲品，被無情地拋棄。

（本文原載《社會科學輯刊》2019年6期）

---

69 《李朝宣祖實錄》卷36，宣祖二十六年三月庚申。
70 《李朝宣祖實錄》卷48，宣祖二十七年二月辛酉。
71 《李朝宣祖實錄》卷36，宣祖二十六年三月戊寅。

天啟時期明朝與朝鮮的封貢關係
——以朝鮮國王李倧「封典」為中心

在前近代以明朝為中心的東亞封貢體制中，屬國朝鮮與明朝的關係，主要體現為冊封關係，即朝鮮新國王繼位，須經明廷遣使前往朝鮮舉行封典後，國王的繼位才具有合法性。本文擬以朝鮮國王李倧請求「封典」為中心，圍繞李倧繼位後兩次遣使赴明請封，明詔使藉赴朝舉行封典之機大肆斂財，以及毛文龍恃「請封」之功控制與擾害朝鮮等史實，探討天啟時期明朝與朝鮮的關係。[1]

一、李倧即位兩次遣使赴明請封

天啟三年（1623）三月十二日，朝鮮綾陽君李倧聯合文武政要發動政變，廢黜其叔光海君，奪取王位。[2]李倧即位伊始，為表明其對明朝之忠誠及即位的合法性，於同年四月，命韓平君李慶全、同知中樞府事尹暄、書狀官李民宬為奏請使，赴明京師，向明廷奏報，請求冊封。[3]時，後金已占據遼東，中朝陸路貢道阻斷，使臣往來只能經由海路。八月，朝鮮奏請使到達北京。

四月中旬，明廷得知李倧奪取王位的消息，朝廷輿論大譁。一些朝臣以為，李倧的所為是「以臣篡君，以侄廢伯」，天朝應予「聲罪致討，以振王

---

[1] 圍繞李倧繼位後，兩次遣使赴明請封，韓國學者吳一煥所著《海路、移民、遺民社會：以明清之際中朝交往為中心》（天津古籍出版社，2007年）書中有所涉及，但對明廷所派詔使赴朝對朝鮮的斂財，給兩國關係帶來極為惡劣的影響，則未論及。
[2] 《李朝仁祖實錄》卷1，仁祖元年三月甲辰，學習院東洋文化研究所，1962年。
[3] 《李朝仁祖實錄》卷1，仁祖元年四月丙戌。

綱」。⁴八月，明廷得到奏請使李慶全和毛文龍的奏報後，對李倧繼位真相才有所瞭解。明廷基於毛文龍奏報中言及光海君有「通奴（指努爾哈赤——引者）之情」，而李倧繼位後「一心中國」的考慮⁵，決定先承認李倧的王位繼承，適當時機再派詔使前往朝鮮舉行冊封典禮。

天啟四年四月，奏請使李慶全等帶回明廷承認李倧為朝鮮國王的詔書。⁶按慣例朝鮮新國王繼位，明廷都派使携帶詔書前往朝鮮舉行冊封典禮，唯獨這次未派詔使出使，只是在詔書最後云：「俟東事稍平，查照舊例，仍遣勛戚重臣，持捧節冊，完此封典」。⁷對於明廷採取先承認李倧繼位，然後再派使舉行封典的做法，朝鮮大為不解，認為「二百年流來舊規，必遣詔使，即頒誥命、冕服，而獨於此封典，分為兩件事，非徒小邦聽聞疑怪，有違天朝列聖之典禮」。⁸因此，李倧不得不再次派使臣前往北京向明廷奏請儘快派使完成對其封典大禮。

朝鮮第二次所派奏請使，由漢城府判尹李德泂為正使，洪翼漢為書狀官。天啟四年（仁祖二年）七月三日，受命辭朝，八月四日，至宣川宣沙浦，乘船出洋，中經椵島，十月十三日到達北京。⁹奏請使到達北京後，便開始大肆進行活動。明代，朝鮮使臣到達京師後，通常於翌日前往禮部主客清吏司呈送所進文書（奏文或咨文）。文書需經禮部議覆後，轉送內閣票擬，再呈送皇帝御覽，經皇帝朱批，發送到相關部門處理。朝鮮文書何時議覆，是否議覆，議覆後何時轉內閣，禮部起著舉足輕重的作用。禮部官員在議覆朝鮮文書的過程中，無論所請之事大小，索賄已成為潛規則。書狀官洪翼漢在日記中載：明朝官員「刻求銀、參，一則曰容錢，二則曰喜錢。容者，先容圖事之云也；喜者，報喜竣事之云也」。¹⁰禮部官員抓住奏請使希

---

4 《明熹宗實錄》卷33，天啟三年四月戊子。
5 《明熹宗實錄》卷37，天啟三年八月丁丑。
6 《李朝仁祖實錄》卷5，仁祖二年四月癸卯。
7 《李朝仁祖實錄》卷5，仁祖二年四月癸卯。
8 《華浦先生朝天航海錄》卷1，天啟四年八月二十九日，林基中編：《燕行錄全集》第17冊，東國大學出版部，2011年。本文所引《華浦先生朝天航海錄》皆為此版本，不再注出。
9 《華浦先生朝天航海錄》卷1，天啟四年十月十三日。
10 《華浦先生朝天航海錄》卷2，天啟五年正月四日。

望早日得到禮部議覆的心理,每天都來會同館索要「求圖事容錢」,並以「今明科官當抄送奏本,而但容錢甚些小,勢難率易為之」相要挾,「需索之物,罔有紀極」。[11]

十月二十八日,明廷對李倧封典一事進行討論。禮科左給事中劉懋不同意派使舉行封典,其云:「朝鮮冊禮,不為准許於上年,諸公未曉其意耶?……朝議已定,豈可容易許之」。而禮部右給事中顧其仁則認為,朝廷應儘快派使前往朝鮮舉行封典。他說:「陪臣萬里跨海再使來請,今若不許,必令復至。……其妨害於遼事者,安保其必無也」。[12]朝中大臣皆以為顧其仁所言為是,建議即日抄送禮部,待禮部議覆。然而,禮部議覆,久無聲息,使臣在焦急等待,「不勝憂懣」。[13]十一月二十二日,使臣得知禮部尚書林堯俞坐堂,便赴禮部呈請。林堯俞云:該國李倧繼位,朝廷上年已承認,至於遣使封典,「當待遼路平定,然後另遣詔使,以准封典」,且不耐煩地說:此事「朝議已完了,爾等奚來更煩?」[14]朝鮮使臣只好告退,封典之事陷入僵局。

正當使臣焦急等待之時,「適毛文龍將誥命事奏本入來」。[15]天啟帝閱後,即刻下旨:「朝鮮國王詔冊、冕服,著照例頒賜,差遣官員議妥具奏」。[16]十二月二十九日,官員張國祿來會同館報云:「天子特遣內官監管文書大監王敏政、忠勇營副提督御馬監太監胡良輔二人,前去朝鮮冊封」。使臣半信半疑,急令通事等詢問國祿:「聖旨時未下閣部,爾何從而得知?」國祿答:「我們二子一婿,服事內監,故已詳知」。[17]果然,天啟五年二月二十日,明廷正式下令派遣內官王敏政、胡良輔為詔使出使朝鮮。至此,朝鮮使臣完成了奏請封典的使命,於是年二月二十五日踏上歸國之程。

---

11 《華浦先生朝天航海錄》卷1,天啟四年十月二十四日。
12 《華浦先生朝天航海錄》卷1,天啟四年十月二十八日。
13 《華浦先生朝天航海錄》卷1,天啟四年十一月八日。
14 《華浦先生朝天航海錄》卷1,天啟四年十一月二十二日。
15 《華浦先生朝天航海錄》卷1,天啟四年十二月十四日。
16 《華浦先生朝天航海錄》卷1,天啟四年十二月十四日。
17 《華浦先生朝天航海錄》卷1,天啟四年十二月二十九日。

二、明詔使藉赴朝封典大肆斂財

　　天啟五年二月二十日，明廷令王敏政、胡良輔為冊封詔使出使朝鮮。按理冊封詔使例由科道翰林官員中選派。時，中朝貢路陸路阻斷，兩國使臣往來只能走海路，海路風濤凶險，多發生海難，故「浮海之行，人皆厭憚」。[18]而王敏政、胡良輔「非但親昵於魏太監，最寵於皇上，故特以內旨差出」。[19]他們深知出使朝鮮大有好處可撈，為「謀填溝壑，極力圖差」，[20]甚至不惜大肆賄賂，才得以出使。[21]天啟帝頗知其出使的居心，臨行前，特賜帑銀三千兩，並反覆叮囑「往來盤纏，賚此足矣，前往朝鮮，慎勿多帶跟隨家丁，且毋或要索銀參，如有違方命，則當繩以重律不饒」，二人始「聞天語丁寧，教旨嚴切，頗有悔恨之心」。[22]然而，當他們一踏入朝鮮的土地，貪欲的驅使，對皇帝的叮嚀早已拋到九霄雲外。

　　朝鮮方面得到明廷派詔使前來舉行封典的消息後，認為「今此冊封，欽賜誥命、冕服，實一國莫大之慶」。[23]為了接待好詔使，李倧「令政院，檢飭接待諸事，且令三道監司，修造官舍以待」，並令兵曹判書金尚容為遠接使。[24]遠接使，專門負責接待明朝使臣往來之官職。對於該官職的人選，朝鮮歷來十分重視，「自祖宗朝，凡遇朝廷使臣之來，必極擇有才局物望者，以充其選」。[25]按理受此重任，應感到是種殊榮。然而，金尚容卻「不勝驚懼之至」，竟上疏請求「亟命改差」，理由是「臣素無才具，思慮短淺，

---

[18] 《李朝仁祖實錄》卷5，仁祖二年四月甲辰。
[19] 《華浦先生朝天航海錄》卷2，天啟五年正月二日。
[20] 《華浦先生朝天航海錄》卷2，天啟五年正月十七日。
[21] 《李朝仁祖實錄》卷8，仁祖三年三月戊午條載：（仁祖）曰：「頃見使臣馳啟，則今來天使兩人，俱納賂而出來云，未知何以接待也。若多出物，貸使我國換賣，則尤極難處。聞中原士大夫，雖負尚書之望者，亦事行賂云。今日中原之事，極可慮也。」
[22] 《華浦先生朝天航海錄》卷2，天啟五年正月十七日。
[23] 《李朝仁祖實錄》卷9，仁祖三年四月丙戌。
[24] 《李朝仁祖實錄》卷8，仁祖三年二月乙酉。
[25] 《承政院日記》，仁祖三年二月七日。

處事措畫,動被齟齬之誚」,其深層的原因為「蓋太監之行,其接待酬應之間,少拂其意,則其生嗔作怒,致損國家體面者,有不可勝言⋯⋯膺授是任,猶恐不能副聖明掄揀之盛意」。[26]李倧未予允准。明內官詔使在朝鮮士大夫心目中形象由此而知。

兩詔使離京後,四月十二日到達登州[27],由登州經椵島,代表朝廷賞賜毛文龍。[28]遠接使金尚容奉命前往椵島迎接,臨行前,李倧吩咐其云:「卿今下去,凡事想必善為周旋」,「初頭善待,然後終可以無事矣」。金尚容憂心忡忡地說:「今日中朝人,異於古昔,雖曰學士,尚鮮廉潔之人,況太監乎?聞上天使,以在喪之人,不辭奉使云,其將來徵索貪婪之狀,灼然可見」。[29]果不出其所言,四月二十三日,據金尚容奏報:詔使所帶頭目、員役極多,所帶貨物竟達130餘櫃,其中僅頭目竟達140餘名,這些「頭目」多為前來牟利的商人。至於詔使所帶員役之數,從「北京離發者,已至三百七十餘員,中路加帶率各衙門差人及買頭等隨來者,難定其數,計將過六七百人」。[30]當初,金尚容預計詔使所帶頭目至多50人,而今詔使所帶來者,不啻數倍。為此,他預感到,這次詔使之行需索財物,「必無紀極,凡百雜物,不可不加備」。[31]

五月十一日,兩詔使從椵島下陸,前往朝鮮京城。中經定州、安州、平壤、黃州、開城等地,「徵索之弊,罔有紀極,一路蕩殘」。[32]戶曹官員在奏報中云:

> (詔使)所盛之物,皆是發賣之貨,而金珠居多云。信如斯言,則雖積巨萬銀、參難充溪壑之欲,萬一非理求索,抑勒換賣,無窮無盡,

---

[26] 《承政院日記》,仁祖三年二月七日。
[27] 《承政院日記》,仁祖三年四月二十二日。
[28] 《明熹宗實錄》卷56,天啟五年二月丙午。
[29] 《李朝仁祖實錄》卷9,仁祖三年四月戊子。
[30] 《承政院日記》,仁祖三年四月二十三日。
[31] 《承政院日記》,仁祖三年四月二十五日。
[32] 《承政院日記》,仁祖三年五月二十三日。

而臣曹見儲銀、參罄竭用下，無以應副，則伊時悶迫難處之患，有不勝言，而其為辱國，為如何哉？[33]

李倧得報後，急召大臣商議對策，決定徵收百官品銀、坊民戶銀，以應付詔使的需索。[34]六月一日，詔使到開城，「名以開讀禮，徵索不已，贈銀一萬二千兩，猶有不滿之意，償使約以到京添給」。[35]

六月三日，兩詔使到達王京，李倧率百官出郊外迎接，在慕華館舉行迎詔敕儀式，當天於仁政殿舉行冊封典禮。敕書曰：

諭署朝鮮國事李【諱】，該昭敬王妃金氏奏：爾叔李琿以不德，自絕於國，臣民繫心，倫序相應，實在爾【諱】。總兵官毛文龍復為代請，茲特遣太監王敏政、胡良輔等賚詔，示爾國人，封爾為朝鮮國王，並封爾妻韓氏為王妃，特頒賜爾及妃誥命、冕服、冠、彩幣等件，王其祗承，無替朕命。[36]

至此，明廷正式完成了對李倧國王的冊封典禮。

兩詔使完成封典活動後，便開始大肆斂財。詔使入居南別宮後，朝鮮設置迎接天使都監，專門負責接待明使日常起居。於是，詔使便逼迫都監官員向朝鮮各衙門派送禮單，「每於送禮單之後，督受回謝，必倍本價，有若商賈之爭利者然」。[37]詔使為了「欲取回謝之物」，竟然連大妃（李倧祖父宣祖國王之大妃）殿也送去禮單。議政院認為：「詔使送禮單於大妃殿，事異常規，請令禮官定奪」。禮曹回啟：「此事，非但有違前例，於禮亦無所據，請令館伴善為周旋，使自持還」。[38]館伴李廷龜遂派譯官張禮忠前

---

[33] 《承政院日記》，仁祖三年五月二十三日。
[34] 《李朝仁祖實錄》卷9，仁祖三年五月庚午。
[35] 《李朝仁祖實錄》卷9，仁祖三年六月丁丑。
[36] 《李朝仁祖實錄》卷9，仁祖三年六月己卯。
[37] 《李朝仁祖實錄》卷9，仁祖三年六月辛巳。
[38] 《李朝仁祖實錄》卷9，仁祖三年六月庚辰。

往南別宮，向詔使「措辭陳辨，詔使終不聽」，無奈之下，李倧只好令戶曹備送回禮。[39]詔使禮單所送之物多為些微小物品。如遠接使金尚容因其官品高，詔使所送「物目數三件，比他稍優」。[40]送給國王李倧的禮物也不過是一把弓矢而已，胡良輔故弄玄虛地說：「昨見國王陪從小宦所持弓矢，甚不華美，茲送弓矢，此乃皇上所賜」。[41]都承旨金尚憲提醒李倧說：「胡天使曾送弓矢，此雖些少微物，而胡之為人，計較毫釐，其心不無所望，或以武備中某物件，另致謝意」。[42]果然，胡良輔立即向李倧索要上等倭環刀二把，李倧頗有難處地說：「此物，本非我國所產，而貿得於他國，故皆不堪用，雖盡心覓得，必不合大人之意，然當更覓以呈」。[43]胡良輔聽後，連聲稱謝。這樣，兩詔使通過「回禮銀」的方式大肆斂財，「每日勒捧銀子一萬兩、人參二百斤」，由其家丁黨至孝負責盤點，直至「五更始就寢」，所收「回禮銀、參等物，不可勝數」。[44]

兩詔使以天朝使者自居，大肆斂財，私欲稍得不到滿足，就淫威大發。六月四日，李倧為詔使舉行下馬宴。席間，官員呈上禮單，副使胡良輔看後，「怒禮單薄略，踏破宴膳」，拂袖而去，李倧急忙派遣禮曹判書吳允謙「往解其怒」。[45]翌日，「優備銀、參等物，名之曰別禮單，呈於詔使，猶不快解其怒」。詔使閉門謝客，「相臣以下朝暮踵門，而托以暑病，終不見面」，私下卻指使家丁「徵索雜物，罔有紀極」。[46]兩詔使還以「怒贈物薄略，將欲發還」相恐嚇，李倧立即遣都承旨金尚憲携譯官往南別宮請留。胡良輔當眾「面責譯官，多發不遜之言，云：『俺是內官，當行無知之事，且以此語，回告國王。』」而正使王敏政在旁卻一言不發，胡良輔怒謂其曰：「公何無徵督之言耶？」王敏政答：「吾本口吃，未及發語，公先言之，吾

---

[39] 《李朝仁祖實錄》卷9，仁祖三年六月庚辰。
[40] 《承政院日記》，仁祖三年六月七日。
[41] 《李朝仁祖實錄》卷9，仁祖三年六月庚辰。
[42] 《承政院日記》，仁祖三年六月十日。
[43] 《承政院日記》，仁祖三年六月十日。
[44] 《李朝仁祖實錄》卷9，仁祖三年六月癸未。
[45] 《李朝仁祖實錄》卷9，仁祖三年六月庚辰。
[46] 《李朝仁祖實錄》卷9，仁祖三年六月辛巳。

以是默然」。⁴⁷王敏政表面看似「為人醇謹,越海以來,不一生怒,無一求請,此是可取人也」。⁴⁸其心靈深處,為人奸詐,雖「無一言及於徵求,而受所贈,與副使無異」。⁴⁹

為解兩詔使之怒,李倧再次派知事金蓋國請留,「又送別禮單銀子一萬七千兩於詔使,他物稱是」,而詔使「猶不解怒」,並出示牌文云:「多謝國王厚意,但欽限已迫,不敢遲誤」。⁵⁰後,李倧又幾次遣重臣請留,詔使則云:「國王若送請留禮單,則當勉從」。⁵¹可見,詔使是「外示欲去之色」,實則「以為徵銀之計」。⁵²詔使所稱「請留禮單」,為他們在京城滯留期間,每日責令朝鮮支給的坐支銀。所謂「坐支者,乃是留日折銀之謂也」,每日納一千四百五十兩。按牌文規定,詔使的滯留時間,為六月三日至王京宣詔冊封,十日啟程回國。這樣每位詔使一日「坐支銀一千四百五十兩,限八日都合計給」,共為11600兩。⁵³戶曹以為,此事「非但事極無理,該曹所儲,萬無應副之理」,不予允諾。詔使遂淫威大發,將戶曹官員「拘於館內,有若幽縶者然,極為駭痛」。⁵⁴對此,承旨全湜氣憤地說:「蓋今番天使所為,則前古所未有之變也。雖使銀、參如泥如沙,豈有不竭之理乎?」⁵⁵無奈之下,李倧只好作為「別求情」特例予以允准。

這樣一來,兩詔使更加變本加厲,以「別求情」的名義大肆索要財物。求請之物中,有虎皮、豹皮、鹿皮、大倭刀、小倭刀、白苧布、彩花席、弓子、銀妝刀、錫妝刀等。求情之物,極其浩大。據戶曹狀啟云:

> 虎皮一百張內,已給五十四張;豹皮一百張、鹿皮一百張、大倭刀一

---

47 《李朝仁祖實錄》卷9,仁祖三年六月壬午。
48 《承政院日記》,仁祖三年八月九日。
49 《李朝仁祖實錄》卷9,仁祖三年六月壬午。
50 《李朝仁祖實錄》卷9,仁祖三年六月癸未。
51 《李朝仁祖實錄》卷9,仁祖三年六月甲申。
52 《李朝仁祖實錄》卷9,仁祖三年六月乙酉。
53 《承政院日記》,仁祖三年六月七日。
54 《承政院日記》,仁祖三年六月七日。
55 《承政院日記》,仁祖三年六月七日。

百口、小倭刀一百口、白苧布二百四、彩花席一百立、弓子一百張，則已為准給；銀妝刀二百柄內，三十柄已給。……錫妝刀四百柄內，已給二百柄，未給二百柄，此則旬日之內，決難造作。」[56]

求請之物中，最難得者為海狗腎。海狗腎為稀有的滋補品，「產出於北海，道里遼遠」，現派人前往江原、咸鏡等地沿海捕撈，「其事勢必不能及，而徒貽民弊」。[57]迎接都監官員在奏請中言：「京中兩醫司，亦必有之……姑令醫司，為先覓定，勿為卜定於外方，何如？」李倧閱後，下旨：「內局所儲，亦為給之」。[58]好不容易覓得二十五隻海狗腎，詔使卻認為，所進海狗腎是假的，「令改備以納」，任憑官員百般解釋，猶不相信。[59]為此，李倧只好令平市署廣加覓得，然而，平市署「雖加嚴督，市人等以為，一死之外，更無覓得之路」。[60]

兩詔使並不以此為滿足，還率同「頭目」從事貿易活動。詔使藉封典之機，所帶頭目一百多人。這些「頭目」多為從事貿易的商人，他們所帶貿易之貨多達一百三十餘櫃，「所盛之物，皆是發賣之貨」。[61]詔使從椵島下陸後，前往王京途中，「於平壤、黃州、松都等處，留置物貨，以為發賣之地」，這些貨物「獨賣於市民」。[62]可見，這種貿易純屬詔使強加給朝鮮的一種不平等的貿易。詔使在「發賣」這些貨物時，強迫朝鮮市民以高價買入。如龍腦一兩，竟高達十七兩銀子。[63]在京城期間，詔使「欲以銀子五千兩，換取人參五百斤」，戶曹判書沈悅委派開城府換給，開城留守閔聖徵只好「逐戶勒收」，市民無參可換，結果「囚繫滿獄，怨呼徹天」。[64]待兩詔

---

56 《承政院日記》，仁祖三年六月十一日。
57 《承政院日記》，仁祖三年六月九日。
58 《承政院日記》，仁祖三年六月九日。
59 《承政院日記》，仁祖三年六月十日。
60 《承政院日記》，仁祖三年六月十一日。
61 《承政院日記》，仁祖三年五月二十三日。
62 《承政院日記》，仁祖三年六月九日。
63 《承政院日記》，仁祖三年六月九日。
64 《李朝仁祖實錄》卷9，仁祖三年六月辛卯。

使回國經開城,「秤納人參五百斤」後,即令譯官張禮忠語之曰:「前日在王京時,凡所換貿之物,皆交還原銀,可見國王敬客之意也。今到此處,無意交還,不還原銀,則是以天使為買賣人也」,強行勒回所換人參的銀兩。這種變相的搶奪,使開城「一府之人,號哭道上,曰:『豈意中原,有此大賊』云」。[65]

更有甚者,兩詔使所帶頭目等,竟然將所穿的弊衣、破靴,甚至戰帶、戰笠等都作為發賣物品,「折價至重,其數通共五、六千兩」,強迫市民高價購買。[66]戶曹以為:「頭目等弊衣、破靴,皆為發賣者,則又是無理之甚,決難一一曲從,以開後弊」。[67]而頭目等利令智昏,照賣無誤,市民「以死爭之,期減其價」,「呼冤齊訴,不忍見聞」。[68]

這種強迫性的貿易,一旦得不到滿足,就會引起詔使的強烈不滿,甚至大打出手。詔使回國途經黃州,「出給真珠二百個,使之折銀三千兩」,黃州道監司以「詔使令折銀,厥數甚多」,一時難以完成,詔使頓時勃然大怒,「放其頭目,亂打守令及下人」,造成「黃海一境,蕭然若經兵火」。[69]

以上,兩詔使從五月十一日,從椵島下陸,六月三日至王京,十三日離開王京,至二十四日到椵島附近蛇浦上船回國。在朝鮮境內約四十餘日,朝鮮如同經歷一場劫難,「所用銀子十萬七千餘兩,人參二千一百餘斤」。[70]其他各種需索之物,極其浩大。如「豹皮、大鹿皮二百餘張、白紙一萬六百卷、雨籠一千八百,而其餘虎皮、扇子、油芚、雪花紙、綢紵等物,雖無現出數字,大概可以類推而知之」。[71]這筆巨大支出,給朝鮮帶來沉重的災難。正如遠接使金尚容所言:臣今番接待詔使往還,「一路被侵,用銀之

---

[65] 《李朝仁祖實錄》卷9,仁祖三年六月辛卯。
[66] 《承政院日記》,仁祖三年六月九日。
[67] 《承政院日記》,仁祖三年六月九日。
[68] 《承政院日記》,仁祖三年六月十日。
[69] 《李朝仁祖實錄》卷9,仁祖三年六月戊戌。
[70] 《李朝仁祖實錄》卷9,仁祖三年六月庚子。
[71] 《李朝仁祖實錄》卷11,仁祖四年二月丁酉。

數，甚為浩繁……今經此行，一路蕩然無形」。[72]

三、毛文龍以「請封」之功控制與擾害朝鮮

　　如前所述，朝鮮圍繞李倧「請封」之事，兩次遣使，費盡周折，明廷最終還是遣使前往朝鮮進行封典，而對於促成封典之事，「毛將之功亦多矣」。[73]然而，毛文龍便乘朝鮮請其幫助儘快封典之機及以「請封」之功控制與擾害朝鮮，給兩國關係帶來極為惡劣的影響。[74]

　　李倧奪取王位後，急欲得到明廷冊封。他深知：冊封之事，「必須先得毛將之歡，事可易成。蓋毛將方見重於中原，而方居我境，其所言極關重，而天朝亦必致信矣」。[75]在即位的第四日，即天啟三年三月十五日，李倧就遣問安使南以恭前往椵島報告此事。臨行前，李倧囑託南以恭云：「卿今當遠行問答之際，善為措辭，以同心協力之意，詳諭於毛將可矣」。[76]李倧之所以這樣做是希望其即位得到毛文龍相助，使明廷儘快予以冊封。而毛文龍為了在朝鮮發展自己的勢力，進而控制朝鮮，也有意示好李倧。他隨即派差官應時泰前往王京，轉達其對李倧即位的態度：「賢王正位之事，即已飽聞，此實天意，非人力也」，並慷慨表態：「從實奏聞於天朝，使天下之人皆知之也」。[77]

　　同年閏十月，風傳明廷準備派詔使前往朝鮮對李倧進行封典，毛文龍便授意朝鮮為其立碑紀功。據接伴使李尚吉奏言：「都督部下將士，皆獻軸頌都督功德，其意欲使我國人效而為之，微言於譯官，又要立石頌德，垮耀於

---

[72] 《承政院日記》，仁祖十二年三月二十日。
[73] 《承政院日記》，仁祖三年八月九日。
[74] 關於毛文龍與朝鮮的關係主要論文有：陳生璽：〈明將毛文龍在朝鮮的活動〉載《商鴻逵教授逝世十周年紀念文集》，北京大學出版社，1995年、〈毛文龍與皮島〉，《韓國學報》第13期，1995年；李善洪：〈試論毛文龍與朝鮮的關係〉，《史學集刊》，1996年2期。
[75] 《華浦先生朝天航海錄》卷2，天啟五年正月九日。
[76] 《承政院日記》，仁祖元年四月十三日。
[77] 《李朝仁祖實錄》卷1，仁祖元年三月丁未。

詔使」。[78]李倧心知肚明，遂於天啟四年四月，「立碑於安州，頌毛文龍之德」。[79]碑文云：「匪公是任，吾其左衽，長城屹然」。[80]稱頌毛文龍在朝鮮的功勞如同長城一樣。

天啟五年初，朝鮮得知明廷將在三月正式派王敏政、胡良輔兩詔使前往朝鮮舉行冊封典禮的消息後，李倧以毛文龍有「奏天朝之功」，遣問安使柳恒携帶揭帖前往椵島致謝。[81]毛文龍自然十分欣喜，當問安使面吹噓說：「禮部欲差送四員，而本鎮前日，揭帖於各衙門，悉陳爾國蕩敗之狀，故只送二太監，凡支供及所索之物，爾國比前減半可矣」。[82]明廷遣派詔使由禮部揀選，皇帝欽准，豈能由一個小小的總兵官來決定。顯然，這是毛文龍藉機有意炫耀自己，以此達到進一步控制朝鮮的目的。

五月，兩詔使到達朝鮮。時，毛文龍因冒功糜餉事正為朝廷言官所彈劾。為擺脫困境，他便指使朝鮮在詔使面前稱頌其功，虛誇其軍兵之數。對此，李倧十分反感地對群臣說：「我國兵數，固不可欺詔使，若問都督（指毛文龍）兵數，則以未得詳知，為答可矣」。知事李廷龜也氣憤地云：「都督不修兵器，不練軍士，少無討虜之意，一不交戰，而謂之十八大捷，僅獲六胡，而謂之六萬級，其所奏聞天朝，無非欺罔之言也」。[83]

毛文龍陰結魏忠賢輩，與王敏政、胡良輔兩詔使關係相密。[84]兩詔使途經椵島，文龍為討好他們，使其歸朝「褒張其功，以達天子」，不惜以大量銀子相賄賂，每人「給送數萬兩」。[85]不僅如此，毛文龍還授意兩詔使，提拔與之關係親密的朝鮮官員，以此達到進一步控制朝鮮的目的。六月十日，

---

[78] 《李朝仁祖實錄》卷1，仁祖元年三月壬子。
[79] 《李朝仁祖實錄》卷3，仁祖元年閏十月丁未。
[80] 《李朝仁祖實錄》卷5，仁祖二年四月戊申。
[81] 吳騫：《東江遺事》卷上，〈毛將軍碑〉，杭州：浙江古籍出版社，1986年。
[82] 《李朝仁祖實錄》卷8，仁祖三年三月己巳。
[83] 《李朝仁祖實錄》卷8，仁祖三年三月癸卯。
[84] 《承政院日記》，仁祖三年八月九日載，金尚容曰：「今次蛇浦入去之後，都督為之設宴，天使往會焉。天使又設宴邀都督及小臣與李尚吉，以為留別之宴，其時見之，則胡良輔與都督最親矣。上曰：『胡良輔獨然乎』？尚容曰：『王敏政亦然，而為人謹厚，只酬答所言而已。胡良輔則笑語歡謔，最似相密矣。』」
[85] 《李朝仁祖實錄》卷8，仁祖三年三月己巳。

李倧到南別宮，宴請詔使。兩詔使便秉承毛文龍之意，向李倧說：「俺等來時，毛都督以此三人收用之意，使之轉達於國王前，幸望採納如何？」[86] 此三人為時任水原府使李景稷、平安道兵使鄭忠信、平安道管餉使鄭斗源。胡良輔解釋道：「俺上來時，毛督府使俺導達此意，其才若可用，則用之，不可用，則不用，可矣」。[87]李倧雖對毛文龍這種干涉朝鮮內政行為甚為不滿，但知此事不可違，便滿口應諾，「此人等，當職則能盡其責者也。今奉盛教，敢不唯命。」兩詔使急忙謝道：「聞得督府之言，則督府駐節之初，此人等，盡力接濟之，故敢此言及，而今承唯命之教，舉手稱謝」。[88]

　　嗣後，毛文龍以封典之功，對朝鮮內政多有干涉，李朝稍有異議便勃然大怒。平安道監司李尚吉做過毛文龍接伴使，「曾有厚恩於毛將」，[89]與毛文龍私交甚密。天啟五年九月，因玩忽職守被免官職。[90]文龍得知後，「請於朝廷，願仍其任，而不許」，文龍為此勃然大怒，據平安道兵使南以興奏報：「都督自負致力封典之功，而不從李尚吉仍任之請，故發怒於我，至為凶悖之言」。[91]戶曹判書沈悅建言：「李尚吉不可不仍任，以解彼（文龍）怒之意」。[92]李倧十分為難地說：「事非甚難，而一開此路，後患難防，此甚難處矣」。[93]最後，李倧還是「從毛都督請也」，復李尚吉平安道監司官職。[94]然而，當群臣得知李尚吉官復原職後，輿論大譁，皆以為不可。言官奏云：

> 李尚吉仍任之事，專由於此云，臣等竊惑焉。……不恤國體，不念後

86　《李朝仁祖實錄》卷9，仁祖三年五月己未。
87　《承政院日記》，仁祖三年八月九日。
88　《李朝仁祖實錄》卷9，仁祖三年六月丙戌。
89　《承政院日記》，仁祖三年六月十日。
90　《李朝仁祖實錄》卷10，仁祖三年九月戊申條載：「平壤新城，因雨頹圮。備邊司請罷推平安道監司李尚吉，從之」。
91　《承政院日記》，仁祖三年六月十日。
92　《李朝仁祖實錄》卷10，仁祖三年九月戊午。
93　《李朝仁祖實錄》卷10，仁祖三年九月戊午。
94　《李朝仁祖實錄》卷10，仁祖三年九月己未。

患,屈意示弱,如恐不及,將何以立國乎?設使毛將之怒,實因不從李尚吉仍任而發,方伯遞授,係是一方安危之所在,固非做個人情之地。況彼之含怒,似非一端,必不能以此,結其歡心也明矣。前頭難從之事,無厭之欲,奚止一二數哉?百順一違,終歸忤意。今雖曲副,後將難繼,不待智者而知也。李尚吉年當七十,曾在本任,已有物議,尤不可苟且再遣,請還收仍任之命。[95]

李倧為平息群臣輿論,遂改授李尚吉為戶曹參判[96],也算對毛文龍有個交代。即便這樣,毛文龍仍然不滿意,並藉這件事大做文章。曾揚言:「有一種浮謗,謂俺與貴國王,私相親厚,故力主封典云。俺之請封,豈有一毫私意乎?尋常痛嘆之際,貴國王不聽李尚吉仍任之請,故天朝浮謗,以此稍息矣」。[97]言外之意,是說他與國王李倧關係並不親密,如果「私相親厚」,李倧怎能不允准他的李尚吉「仍任之請」呢?以此向世人表白其「力主封典」,是出於公心,無「一毫私意」。後來,李倧為化解毛文龍的不滿,索性任李尚吉為毛文龍的問安使。[98]

更有甚者,毛文龍及其部將仗恃「封典之功」擾害朝鮮。天啟五年三月,正當明詔使前往朝鮮之際,毛營部將領軍到朝鮮義州府,聲稱「欲探聽彼中聲息」,竄往各處村落,「侵害萬端,少或阻搪,輒加歐打」。[99]據義州府尹李莞馳報:「督府又索五百石之糧,即日督出,不得已以鐵山所儲五百石應付,而餘儲無多。且數萬軍兵,結陣於已種之田,今年農事,無復可望。詔使時需用,百計無策,請令廟堂,別為處置,使殘民得以容息,免於崩潰之患」。[100]同年七月,冊封詔使剛剛離開朝鮮,毛文龍部將毛有見等以「賀冊封慶禮」為名,前往王京。李倧不敢怠慢,欲接見。政院認為,「督

---

[95] 《李朝仁祖實錄》卷10,仁祖三年九月辛酉。
[96] 《李朝仁祖實錄》卷10,仁祖三年九月壬申。
[97] 《李朝仁祖實錄》卷12,仁祖四年三月己巳。
[98] 《李朝仁祖實錄》卷13,仁祖四年閏六月戊申。
[99] 《李朝仁祖實錄》卷8,仁祖三年三月壬申。
[100] 《李朝仁祖實錄》卷8,仁祖三年三月壬申。

府卑微之人，每與之抗禮，則非但有妨體面，渠不識事理，妄生猥褻希望之心，尤為未妥」。禮曹也以為：「專差致賀，與泛然往來，事體有別，一番請宴，未為不可」。[101]均不贊同李倧接見。李倧考慮再三，還是予以接見。翌日，毛有見等有恃無恐，竟然「騎馬直到建明門，閽人攔阻，欲使下馬」，毛有見等大怒，倒轉馬頭，返還館所，聲稱「欲即還本島」。李倧只好令都監官員前往館所，「措辭請復來，乃行宴禮」。[102]這些毛將差官自恃「今此大誥之頒，雖是聖天子洪恩，而毛帥之諉為己功者」。[103]因此，在王京期間，他們有恃無恐，需索萬端，「既呈禮單，旋責厚報，終有不滿之意，發怒逕去。上令譯官，挽而止之者，至於再三」。[104]

毛文龍對朝鮮的擾害，莫過於接濟糧餉事，令朝鮮不堪其苦。時遼民之來投椵島者，日益增多，接濟之事，專責於朝鮮，朝鮮為此加徵賦稅，稱之毛糧。天啟四年五月，李倧曾奏請毛文龍云：「小邦連歲凶歉，未能稱意周急，苟有餘力，何敢責償？且督府百萬之眾，仰給於朝廷，而泛海運糧，勢有不給。小邦亦且殘破，未效輸粟之義。今為督府計，莫若只留其丁壯，而盡送老弱於山東，以省轉漕之弊」。[105]而毛文龍卻多加阻撓，「自稱善為賑賑，不許入送。其意在於托以遼民多集，請糧皇朝，以為自奉之計也。登萊巡撫亦憂遼民數十萬，一朝猝至，則無以接濟」。[106]對此，朝鮮不堪其苦，正如聖節使金尚憲呈明兵部奏文所言：「小邦舉國殫財以奉毛鎮，尚患不能瞻」。[107]毛文龍對朝鮮的控制與擾害直到崇禎二年（1629）他為袁崇煥所殺，才告結束。

---

101 《李朝仁祖實錄》卷9，仁祖三年七月丁卯。
102 《李朝仁祖實錄》卷9，仁祖三年七月戊辰。
103 《李朝仁祖實錄》卷9，仁祖三年七月壬申。
104 《李朝仁祖實錄》卷9，仁祖三年七月辛未。
105 《李朝仁祖實錄》卷6，仁祖二年五月乙卯。
106 《李朝仁祖實錄》卷9，仁祖三年六月乙巳。
107 《李朝仁祖實錄》卷16，仁祖五年五月辛未。

四、由李倧請求「封典」引發的思考

上文通過以朝鮮國王李倧請求「封典」為中心，圍繞李倧繼位後兩次遣使赴明請封，明詔使藉赴朝舉行「封典」之機大肆斂財以及毛文龍恃「請封」之功控制與擾害朝鮮等史實的論述，引發筆者作以下思考。

第一，圍繞著李倧請求「封典」，深刻地反映出明廷一些官員對遼東政局急速惡化及朝鮮的戰略地位缺乏足夠的認識。明天啟朝（1621-1627），雖僅有七年時間，卻是明朝政治最為混亂黑暗時期，也是遼東政局急劇變化時期。天啟元年三月，後金攻占遼東地區後，明遼東政局迅速惡化。天啟二年五月，後金攻下廣寧，並連陷四十餘城。遼東局勢達到危險的境地。時任遼東經略的王在晉對遼東局勢曾有如下議論：遼東「一壞於清撫，再壞於開鐵，三壞於遼瀋，四壞於廣寧。初壞為危局，再壞為敗局，三壞為殘局，至於四壞捐棄全遼，則無局之可布矣」。[108]王氏對遼東局勢的認識未免過於悲觀，但是至少說明天啟時明廷對遼東政局已經處於失控狀態，遼東政局處於十分嚴峻的境地。不過，當時明朝在遼東的軍事力量並沒有完全喪失，就明與後金兩大勢力的力量比較而言，明朝多少還占有一定的優勢：一是明廷仍掌控關內廣大地區，為遼東戰場提供人力、物力保障；二是此時明朝尚能控制朝鮮，利用朝鮮和占據椵島的毛文龍勢力，在軍事上牽制後金，制止其西進，保住遼西地區，進而徐圖恢復全遼。正如兵部上奏所言：「國家兩大局，一在關門，一在海外，其犄角之勢同，其所關成敗之數同，其兩不相下，而成相逼之形又同。且以海上言之，牽制奴酋者朝鮮也，聯絡朝鮮者毛鎮也」。[109]然而，從明廷對朝鮮李倧的冊封問題上，反映出明廷對當時遼東局勢的嚴峻性並沒有清醒的認識，上至熹宗皇帝，下至朝臣，盲目自大，都似乎認為恢復遼東是情理之中的當然之舉，根本無視後金勢力的強大，更無

---

[108] 《明熹宗實錄》卷20，天啟二年三月乙卯。
[109] 沈國元：《兩朝從信錄》卷28，天啟五年十二月，潘喆等編：《清入關前史料選輯》第2輯，北京：中國人民大學出版社，1989年，第360頁。

積極進取的憂患意識。這從冊封詔使王敏政、胡良輔與朝鮮國王李倧的對話中，得到充分的反映。[110]

　　由於天啟朝宦官專政、政治腐敗、黨爭激烈、派系傾軋，致使明朝廷臣對遼東局勢的嚴峻性沒有充分的認識，從而導致部分官員在明朝與後金的政治對抗中，對朝鮮的戰略地位缺乏足夠的認識。一些官員在對李倧封典問題上，恪守「君臣既有定分，冠履豈容倒置」的傳統君臣道德理念，認為李倧廢光海君自立為王，是「以臣篡君，以侄廢伯」，「所當聲罪致討」。[111]在這種理念的支配下，以禮部尚書林堯俞、吏部給事中魏大中等為代表的朝臣以天朝大國自居，對屬國李倧的行為大加斥責：「欲以一紙蠻書，便取九重冊詔，恐賞奸誨叛，莫此為甚。……堂堂天朝，倘為外夷所欺，不將為萬世嘆陋耶」。[112]後雖經朝鮮使臣極力活動，大肆賄賂，費盡周折，明廷才准予派使前往朝鮮封典，在這一過程中，表面看是君臣名分之爭，其實所反映的是明廷一些官員對朝鮮當時所處戰略地位缺乏足夠的認識。

　　第二，圍繞著李倧「封典」，明詔使及毛文龍不僅給朝鮮帶來災難，也嚴重損害了明朝在朝鮮心目中的形象，給兩國關係帶來極為惡劣的影響。前文所述，明廷派往朝鮮進行封典，詔使不簡派文臣，卻任用親信宦官出使，詔使為填滿自己的慾壑，藉出使之機大肆斂財。至於毛文龍依仗「請封」之功，在朝鮮專橫跋扈，肆意妄為，擾害朝鮮，到後來已經失去聯絡朝鮮，牽制後金的作用。其實朝鮮對盤踞在皮島牽制後金的毛文龍的作用十分清楚。認為：「毛文龍始以孤軍，遠涉海外，聲言滅胡，招撫遼民，數年之間，遼民之歸者以萬計，虜亦疑其議，後不敢專意西向。其與中原，聲勢相倚，為

---

[110] 據《承政院日記》天啟五年六月十一日條載：李倧曰：「天朝定算，欲大發兵馬，剿滅後已耶？欲持久把守，而使奴賊日就滅亡耶？」正使（王敏政）曰：「豈欲持久把守，而待其自滅也？內地曼（指滿桂）總兵軍及毛督府軍，當為幾百萬兵，而欲為持久之計乎？」副使（胡良輔）曰：「俺等之（未）出來也，未知海外兵數之虛實，而不敢動兵矣，今者探得毛軍形勢而歸矣。俺還朝後，當率內兵出來，與毛督府協力共戰為計矣。」上曰：「不共戴天之仇，久據遼路，而小邦力綿兵寡，尚不得一鏖為憤，今聞天朝，將發天下兵，一舉剿滅云，不勝欣幸。」正使曰：「滅賊不遠矣。」

[111] 《明熹宗實錄》卷33，天啟三年四月戊子。

[112] 《華浦先生朝天航海錄》卷1，天啟四年十一月二十日。

掎角之形，其功亦不淺。而今則徒享富貴，無意進取，識者皆憂其終不利於中原，而為我國之深患」。[113]可見，毛文龍入居椵島最初幾年，對後金有一定的牽制作用，而到後來，則「以復遼為名，召集遼左饑民，遍置於清川以北，而天朝所賜銀糧，占為私用，安坐島中，獨享富貴，以此軍兵，咸懷怨憤」。[114]至其為袁崇煥所殺的前一年崇禎元年（1628），「毛都督於島中，接置客商，一年收稅不啻累巨萬云。若使都督，不盡入己，其補軍餉，豈淺鮮哉？」[115]此時的毛文龍對朝廷「偽陳擒馘，欺罔皇上」，對朝鮮「虛辭恐喝，詐瞞本國」，致力於「務結中貴，以為自固之計」，所謂「協助之計歸虛」。[116]

朝鮮對明詔使與毛文龍在朝鮮所作所為，給兩國關係造成的惡劣影響有極為深刻的反映。如赴明的朝鮮奏請使洪翼漢頗有感觸地說：「大概中朝貪風大振，公卿輔相，大官小吏，無不以利欲相濟，政以賄成，恬不知恥」。[117]他感到現實的明朝與想像中的明朝存在天壤之別，甚至於發出如下感嘆：「中華古稱名教之地，禮義廉恥，所自淵源，而今至此極，益可怪嘆。無乃以下邦陪臣，視同裔夷，陵侮而然耶？若果然也，則尤為痛骨矣。」[118]朝鮮使臣不僅感嘆心目中的明朝中華禮義的墮落，進而對兩國之間的關係也產生了懷疑，以致對明朝失去了信心。如奏請使李德泂回國後，向國王李倧談及天啟朝政時則云：魏忠賢「專執國政，南衙士夫受其頤指，天下事無可為者」，進而言及：「閹竪當權，濁亂天下，賢士大夫無一人在朝，危亡之禍，迫在朝夕矣」。[119]明朝最後一位赴明朝貢的使臣金堉，崇禎九年（1636）在京師親眼目睹明朝「貪風益熾，行賄者，以黃金作書，鎮挾於冊中，而進之，金價甚高」[120]的現實，他斷言「外有奴賊，內有流賊，天

---

[113] 《李朝仁祖實錄》卷3，仁祖元年十月辛亥。
[114] 《李朝仁祖實錄》卷8，仁祖三年正月庚申。
[115] 《李朝仁祖實錄》卷19，仁祖六年十二月丁未。
[116] 《李朝仁祖實錄》卷12，仁祖四年四月丙戌。
[117] 《華浦先生朝天航海錄》卷1，天啟四年十一月十五日。
[118] 《華浦先生朝天航海錄》卷1，天啟四年十一月十五日。
[119] 《承政院日記》，仁祖三年六月十九日。
[120] 金堉：《朝京日記》，崇禎九年十二月十五日，林基中：《燕行錄全集》第16冊，東國大學出版

早如此,而朝廷大官只是愛錢,天朝之事亦可憂也」。[121]不到八年,大明朝被李自成農民軍所亡,金墢所說不幸言中。

第三,朝鮮李倧急於請求「封典」的目的,一是儘快取得合法身份,穩定其對國內統治外,二是基於遼東政局的急劇變化,後金勢力愈發強大,使其產生後金將要侵入的恐懼。儘快得到明廷的冊封,至少可以得到明廷的保護。所以,儘管圍繞封典之事費盡周折,多有反覆,最終明廷還是遣使予以正式冊封。

(本文原載《社會科學輯刊》,2014年6期)

部,2001年。
[121] 金墢:《朝京日記》,崇禎十年三月二十九日。

朝鮮王朝對中國書籍的購求及其對儒家文化的吸收

　　朝鮮半島對中國書籍的購求一向十分重視。尤其是明代，朝鮮王朝（1392-1910）前期從明朝購求中國書籍的數量和種類，都超過以往任何時期。由於朝鮮王朝重視對中國書籍的購求，努力吸收書籍中所蘊寓的儒家思想文化，從而使儒學在朝鮮半島得到前所未有的傳播。

一、朝鮮王朝對中國書籍的購求與收藏

　　朝鮮半島對中國書籍的購求一向十分重視。在唐宋時期，中國書籍就不斷流入朝鮮半島。北宋宣和年間（1120-1125），奉使高麗的宋使在高麗國內曾見中國書籍，「自先秦以後，晉唐隋梁之書皆有之，不知幾千家，幾千集」。[1]元朝時，中國書籍仍被高麗王朝視為鍾愛之物，通過各種途徑獲得。高麗忠肅王元年（延祐元年，1314）六月，曾派成均館博士柳衍等前往元江南地區求購書籍，「未達而船敗」，柳衍等「赤身登岸」，幸免於難。時高麗判典校寺事洪倫，以太子府參軍身份在南京，得知此事後，送給柳衍「寶鈔一百五十錠，使購得經籍一萬八百卷而還」。[2]

　　朝鮮王朝歷代君臣都將購求收藏中國書籍視為治國興邦的第一要務，君臣之間經常就此問題進行討論。下面以朝鮮王朝中宗時期君臣就搜藏中國書籍的討論為例，來說明朝鮮王朝對中國書籍的重視。朝鮮王朝中宗十年（1515）十一月，弘文館副提學金謹思等曾就國內藏書情況，上奏說：

---

[1]　張端義：《貴耳集》，卷上，文淵閣四庫全書本，子部第865冊，第416頁。
[2]　《高麗史》卷34，《忠肅王一》，忠肅王元年六月庚寅，第533頁。

> 書籍之藏,其來尚矣。有志致治者,莫不以斯為重。蓋聖賢之立言垂教,歷代之治亂興亡,俱在於斯。世宗大王覃思文教,極意書籍。藏無闕書,書無不布……而其文治煥然高出百王者,亦可因是而想見矣。[3]

金謹思奏文中,為了闡述搜求藏書對歷代「立言垂教」,「治亂興亡」的作用,以朝鮮世宗國王為例,說明其治世期間,「覃思文教,極意書籍」,重視搜求中華典籍,吸納儒家文化,從而使其「文治煥然高出百王者」,世宗國王因此被譽為「小堯舜」。接著,金謹思在奏文中,針對朝鮮王朝建國百餘年來,因「世遠年久」,秘府藏書「全編整秩所存無幾」,特別是燕山君時期(1495-1505)國家內亂,所藏書籍「散亡殆盡」,以及一些人對於向明朝求購書籍,「視為餘事,求之不勤」的現狀,向中宗國王提出以下建議:

> 伏惟殿下,上述聖祖之事,下起今日之廢,下教求書,旁及避遠。我國雖偏,文獻舊家,豈無所蓄?且馳奏天朝,以請秘籍,誠心購求,不惜兼價,則遺經逸書,庶幾有得。且別立都監,以董其事。優廩其工,俾速就功,校書廢職,嚴加申糾,一切追復世宗朝故事,豈非斯文之一大幸耶。[4]

中宗國王是一位儒化頗深的開明之主。他閱讀金謹思的奏文後,頗有同感。在奏文中批曰:「今見札子,至當。今日刊印書冊,皆不如世宗朝,予所常慨恨者也。求遺書,實關於治道,令其求貿可也」。隨即傳旨於禮曹云:

> 書籍,治道所寓,歷代攸重。漢之天祿、石渠、唐之秘書、四庫,無非裒集書籍,以為一代之寶藏。帝王躬行心得之實,雖不可以此而概

---

[3] 《李朝中宗實錄》卷23,中宗十年十一月甲申。
[4] 《李朝中宗實錄》卷23,中宗十年十一月甲申。

論，其好尚文雅之美，亦可因是想見矣。我朝自祖宗以來，代尚儒術，聖經賢傳，諸史子集，以至遺經逸書，無不鳩聚。非但為內府之密藏，亦且廣布於閭巷。頃因國運中否，典守不謹，御府書籍，多致散落。密閣所藏，完書蓋寡，言念及此，深切痛惜。昔河間王德，以金帛招求善書，其多與漢朝等。書之史冊，以為美談。我邦雖邈在海外，求之若誠，致書之多，不患不及於古。予欲密府之內，無書不藏，士庶之家，無書不布。茲令使价之往返中朝者，廣求書籍以來。至於我國，壤地雖偏，文獻世家，亦豈無所蓄？如有遺經逸書，可以資博問，裨治道者，不惜來獻，予當厚賞。其以此意，曉諭中外。[5]

中宗國王對書籍之中所寓的治世之道是有深刻認識的。他對中國歷代帝王「廣集書籍」十分推崇，視為「好尚文雅之美」。他要繼承光大「祖宗以來，代尚儒術，聖經賢傳，諸史子集，以至遺經逸書，無不鳩聚」的傳統，令使臣「往返中朝者，廣求書籍以來」。上述朝鮮王朝中宗時期君臣就搜藏中國書籍的討論，足以說明朝鮮王朝歷代君臣對中國書籍的重視。

朝鮮王朝從明朝引進中國書籍主要通過使臣購求。朝鮮王朝派往明朝的使臣多為有較高文化修養的官員、學者。訪求、購買中國書籍為使臣的重要任務。使臣出使前，朝鮮王朝國王都對所要購求的書籍詳細開列，指示周詳。如朝鮮世宗十七年（1435）八月，刑曹參判南智等使明賀萬壽節，世宗國王除了令南智等，「奏請胡三省《音注資治通鑑》、趙完璧《源委》及金履祥《通鑑前編》、陳櫟《歷代筆記》、丞相脫脫撰修《宋史》等書」外，還令使臣訪求購買下列書籍：

> 一太宗皇帝朝撰集《四書五經大全》等書久矣。本國初不得聞，逮庚子（1420）……乃知朝廷所撰書史類此者應多，但未到本國耳。須詳問以來，可買則買。一今奏請胡三省《音注資治通鑑》、趙完璧《源

---

[5] 《李朝中宗實錄》卷23，中宗十年十一月丙戌。

委》、金履祥《通鑒前編》、陳桱《歷代筆記》等書，若蒙欽賜，則不可私買。禮部如云御府所無，則亦不可顯求。一理學則《五經》、《四書》、《性理大全》無餘蘊矣。史學則後人所撰，考之賅博，故必過前人。如有本國所無，有益學者，則買之。《綱目》、《書法》、《國語》，亦可買來。凡買書必買兩件，以備脫落。一北京若有《大全》版本，則措辦紙墨，可私印與否，並問之。一嘗者傳云，「已撰《永樂大傳[典]》，簡帙甚多，未即刊行」，今已刊行與否，及書中所該，亦並細問。[6]

世宗國王對使臣赴明所開列的購求之書，可謂細緻。其迫切獲得中華文化之迫切心情於此可見。赴明使臣不負使命，通過各種管道訪求明朝書籍信息。《朝鮮王朝實錄》記載了這次赴明使團書狀官鄭而漢向明朝禮部員外郎蕭儀詢問明廷編印書籍的一段對話：

書狀官鄭而漢問禮部員外郎蕭儀曰：「我國家欽受《四書》、《五經》、《性理大全》等書，詳悉精微，誠為東方之寶。因此乃知朝廷新撰諸史諸書，亦必多有。」儀答曰：「太宗皇帝命集儒臣，博採古今諸史諸書，撰述成書，名之曰《永樂大傳[典]》。假如『天』字，則聚古今所訓『天』字之義，『地』則聚古今所訓『地』字之義。至於諸字之義，莫不皆然。天下事物之理，都在《大傳[典]》，簡帙浩繁，藏在御府，滿十餘間，時未刊行，此大全書，一時所撰也」。又問曰：「《大傳[典]》刊在何處？」儀答曰：「板在南京。」又問曰：「字樣以銅個個鑄之，隨書排字而印出乎？」儀答：「不是。昔者，或以銅鑄之字，與板相符，制度與木板一般，功費甚巨，近來皆用木板。」又問：「《大傳[典]》外，又無新撰諸書乎？」儀曰：「宣宗皇帝時，令儒臣上自唐虞，下至宋季，類聚人臣事迹，某也忠

6　《李朝世宗實錄》卷69，世宗十七年八月癸亥。

而澤及後嗣，某也詐而殃及其身，撰成新書，名之曰《歷代臣鑒》，此亦藏之御府，今未刊行」。[7]

使臣通過向明禮部官員訪尋明朝書籍編印資訊，得知為朝鮮王朝一向關注的《永樂大典》的編撰、印製及流傳等的情況，同時也獲悉其它書籍的印製信息。同年十二月，賀宣德帝生日的聖節使團返回朝鮮，帶回宣德皇帝對朝鮮王朝所請書籍的批覆諭旨：「王奏請書籍，今發去音注《資治通鑒》一部，其餘書板損壞，待刊補完備頒賜。王其知之」。[8]姜紹書《韻石齋筆談》曾對朝鮮王朝使臣在明購買書籍有段詳細記載。他說：「朝鮮人最好書，凡使臣入貢，限五六十人，或舊典，或新書，或稗官小說，在彼所缺者，日出市中，各寫書目，逢人便問，不惜重直購回，故彼國反有異書藏本」。[9]

二、朝鮮王朝從明朝購求書籍的途徑

朝鮮王朝從明朝購求中國書籍的途徑有兩種：一是由明廷頒賜；二是使臣直接購買。

朝鮮向以「禮儀之邦」、「小中華」自稱，將明廷所賜之書視為珍貴的回賜品。洪武二年（1369），明太祖朱元璋遣符寶郎偰斯，帶著詔書、金印、誥文前往高麗冊封恭愍王時，「賜王冠服、樂器」的同時，還「賜王《六經》、《四書》、《通鑒》、《漢書》」等書籍。告誡恭愍王「保民社而襲封，式遵典禮，傳子孫於永世，作鎮邊陲」。[10]

永樂、宣德時，中朝兩國關係進入正常發展時期，也是朝鮮請求賜書最多的時期。朝鮮太宗三年（永樂元年，1403），朝鮮使臣成石琳赴明，向

---

[7] 《李朝世宗實錄》卷70，世宗十七年十二月庚戌。
[8] 《李朝世宗實錄》卷70，世宗十七年十二月戊午。
[9] 姜紹書：《韻石齋筆談》卷上，「朝鮮人好書條」，文淵閣四庫全書本，子部第872冊，第388頁。
[10] 《高麗史》卷42，《恭愍王五》，恭愍王十九年五月甲寅，第634頁。

永樂帝奏請說:「我殿下性本好學,而元子亦年十歲,入學成均(館),常患書冊之少」。[11]永樂帝聽後高興地說:奏請書籍是「知慕中國聖人之道,禮文之事,此意可嘉」。[12]使臣回國時,永樂帝命禮部賜給《五經》、《四書》等書。[13]十月,明廷派使臣黃儼、朴信、王延齡等到朝鮮,除頒賜太宗國王冕服,還賜給太宗國王及元子書冊。太宗國王率文武百官迎於西郊,在敬德宮舉行盛大受賜書籍儀式。這次明朝所賜書籍,有《元史》、《諸臣奏議》、《大學衍義》、《春秋會通》、《朱子全書》、《十八史略》等。[14]朝鮮太宗四年(1404)三月,賀正使金定卿等赴明朝貢,永樂帝又「欽賜曆日、書籍」等,其中永樂二年《大統曆》100本,《古今列女傳》110部。[15]十一月,進賀使李至、趙希閔赴明朝貢,明廷又「賜《列女傳》五百部」。[16]朝鮮太宗六年(1406),朝鮮太宗國王向永樂帝進獻銅佛3座,永樂帝回賜香帽珠1串、象牙2個、犀角2個、苧絲30匹,又賜《通鑒綱目》、漢《淮》、《四書衍義》、《大學衍義》等書籍。[17]朝鮮世宗元年(1419),朝鮮敬寧君使明,永樂帝在接見他時說:「汝父、汝兄皆王,汝居無憂之地,平居不可無所用心,業學乎?業射乎?宜自謹慎讀書」。特賜御製序《新修性理大全》、《四書》、《五經大全》等書。[18]朝鮮世宗八年(1426)十月,進獻使金時遇赴明回國時,宣宗帝賜《五經》、《四書》及《性理大全》各1部,計120冊,《通鑒綱目》1部,計14冊。朝鮮世宗十七年(1435)八月,刑曹參判南智赴京師賀聖旦節,奏請賜予《資治通鑒》、《通鑒前編》、《歷代筆記》、《宋史》等書。[19]

正統以後,朝鮮王朝請賜的書籍也很多。朝鮮端宗二年(1454),明廷

---

11 《李朝太宗實錄》卷6,太宗三年八月壬申。
12 《李朝太宗實錄》卷6,太宗三年九月甲申。
13 《明太宗實錄》卷20,永樂元年六月辛未。
14 《李朝太宗實錄》卷6,太宗三年十月辛未。
15 《李朝太宗實錄》卷7,太宗四年三月戊辰。
16 《李朝太宗實錄》卷8,太宗四年十一月己亥。
17 《李朝太宗實錄》卷12,太宗六年十二月丁未。
18 《李朝世宗實錄》卷6,世宗元年十二月丁丑。
19 《李朝世宗實錄》卷70,世宗十七年十二月戊午。

將刊印的《宋史》等書頒賜朝鮮。《朝鮮王朝實錄》載:「百官賀敕賜《宋史》。蓋我國書籍欠《宋史》,世宗每令赴京者購而未得。又曾奏得,朝廷亦以為翰林院所無,將刊印而賜。至是更請,乃賜。」[20]

由此可知,早在世宗國王時,曾令使臣赴京求購《宋史》而未得,奏請明廷賜予,時翰林院無存本。直到朝鮮端宗二年(景泰五年)明廷重新刊印《宋史》後,朝鮮再次奏請,景泰帝允准。時世宗國王已過世,端宗國王在位。成化五年(1469)閏二月,明廷派欽差太監崔安、鄭同等帶著冊封睿宗國王的敕書來朝鮮時,同時帶來成化帝別賜睿宗國王的《五倫書》、《五經大全》、《性理大全》、《四書》[21]等書。朝鮮成宗四年(1474),謝恩使韓明澮赴明,明廷賜新增《綱目》、《通鑒》、《名臣言行錄》、《新增本草》、《遼史》、《金史》、《歐陽文忠公集》等書。[22]

明廷對朝鮮所奏請的書籍,基本上有請必賜,有時還主動賜予。在明朝皇帝看來,賜書籍給朝鮮不僅是對朝鮮的一種禮遇,更重要的是所賜書籍有益於朝鮮國王經邦治民。如宣德皇帝所說:「聖人之道與前代得失,俱在此書,有天下國家者不可不讀。聞祹(世宗國王——引者)勤學,朕故賜之。若使小國之民得蒙其惠,亦朕心所樂也。」[23]

朝鮮王朝除請求明廷賜書以外,有時也得到明朝官員的贈書。朝鮮成宗十七年(1486),聖節使李昌臣使明,成宗國王令其購買《蘇文忠公集》。他跑遍京城書市,沒有買到。回國途經遼東,偶遇明進士前知縣邵奎,交談中言及欲購買此書未果,邵奎便將家中所藏贈本送之。李昌臣欲付錢,邵奎說:「何用價為?所以贈之者,以為他日不忘之資耳」。[24]

---

[20] 《李朝端宗實錄》卷10,端宗二年九月己未,學習院東洋文化研究所,1957年。

[21] 《李朝睿宗實錄》卷4,睿宗元年二月壬戌,學習院東洋文化研究所,1958年。

[22] 《李成宗實錄》卷56,成宗六年六月壬午。

[23] 《明宣宗實錄》卷22,宣德元年十月辛未。

[24] 《李朝成宗實錄》卷198,成宗十七年十二月己亥條載,聖節使質正官李昌臣來啟曰:「臣赴京之時,命市《蘇文忠公集》,臣求諸北京,未得乃還,到遼東偶逢進士前知縣邵奎,與之語因求《蘇集》,奎即迎入藏書閣以示,仍贈之。臣欲償之,奎卻之曰:『何用價為?所以贈之者,以為他日不忘之資耳。』仍贈詩并序。傳曰:『得好書而來,善矣!但爾與邵奎相接,以言往復乎?抑以文字唱和乎?』昌臣啟曰:『飲酒之際,但以絕句四韻相唱和耳。』仍進邵奎詩。」

朝鮮王朝購求中國書籍的另一途徑就是使臣出使明朝期間在書市購買。朝鮮太宗元年（1401），使臣李舒赴明謝恩，回國時，購得《大學衍義》、《通鑒集覽》、《事林廣記》等書。此後使臣購書活動從未間斷。朝鮮世宗十一年（1435）八月，世宗國王派刑曹參判南智等使明賀萬壽節，並開列一份購書清單。吩咐南智等說：所列購書清單，「須詳問以來，可買則買」，「凡買書必買兩件，以備脫落」。[25]朝鮮文宗元年（1451）七月，文宗國王令「買書籍之切於觀覽者」，他要求赴明使臣，將《周禮》、《儀禮》、《經傳通解》、《通志》、《通鑒紀事本末》、《朱文公集》、《宋史》、《宋朝名臣奏議》等書，「貿易以來」。[26]朝鮮世祖三年（1457）十一月，世祖國王遣吏曹判書韓明澮赴明請求冊封世子，並命從事官任元睿，「藝文館所無書籍，可多方購來」。[27]朝鮮成宗元年（1470）十月，朝鮮王朝院相申叔舟上奏說：

前此，令赴京書狀官收買我國所無書籍，近年停廢，甚未便。且中朝必有新撰書行世者，請令正朝使行次，書狀官買來；弘文、藝文兩館書籍怏未具者，亦令收買何如？[28]

成宗國王允其所請。朝鮮成宗七年（1476）五月，謝恩使鄭孝常使明，從明購回《朱子語類大全》20卷，據其奏文所云：「此書近來所撰，故進之」。[29]朝鮮燕山君三年（1497）七月，國王燕山君對使臣說：「弘文館遺失書冊《吳越春秋》、《南北史》、《三國志》，令千秋使貿來」。[30]朝鮮燕山君五年（1499），禮曹參判金壽童從明購回4卷本《聖學心法》1部，他

---

[25] 《李朝世宗實錄》卷69，世宗十七年八月癸亥。
[26] 《李朝文宗實錄》卷8，文宗元年七月庚申，學習院東洋文化研究所，1957年。
[27] 《李朝世祖實錄》卷10，世祖三年十一月庚午。
[28] 《李朝成宗實錄》卷8，成宗元年十月丙午。
[29] 《李朝成宗實錄》卷67，成宗七年五月乙卯。
[30] 《李朝燕山君日記》卷25，燕山君三年七月丙午，學習院東洋文化研究所，1958年。

說：「此永樂皇帝所編，而訓誡子孫者，誠人君所當垂覽」。[31]

朝鮮王朝使臣為了得到所需要書籍，常常多方購求。朝鮮世宗二十二年（1440）正月，世宗國王聽通事金辛說，去年在北京禮部曾見到《大明集禮》一書，便立即傳旨前正郎金何等，「買《大明集禮》以來」。金何等臨行前，世宗國王又囑咐說：「如已頒降，即設法得來。若未得本文，傳寫而來」，[32]就是說不論購買，還是抄寫，都必須將《大明集禮》一書搞到。同年六月，朝鮮王朝因「經筵所藏《國語》與《音義》一本，頗有脫落」，便派人前往明朝購求。使臣購得「別本」，但該書「闕逸尚多，注解亦略」。只好又赴日本購求，「得詳略二本兼《補音》三卷」，仍不完整。便命集賢殿「以經筵所藏舊本為主，參考諸本，正其訛謬，補其脫落，仍將《音義》、《補音》芟夷煩亂，分入諸節之下，其不完者以韻書補之。遂命鑄字所模印廣布」。[33]

朝鮮王朝向明朝所購求的書籍多為經史類書籍，程朱理學是購求的重點。朝鮮中宗十三年（1518），謝恩使工曹判書金安國等赴明，就曾專門求購理學書籍。回國後，他向中宗國王做了詳細報告：

> 臣到北京，自念聖上留心性理之學，士大夫亦知向方，思得濂、洛諸儒全書及他格言至論，以資講習。而留帝都未久，未得廣求博搜，只以所得上進。所謂《語／孟或問》者，朱子所作，與《庸／學或問》同時編次。然而《庸／學或問》則已來我國，而此帙尚不來，故購求。須廣印，或置弘文館，或頒士大夫，則人可得以見《語》、《孟》之蘊奧矣。所謂《家禮儀節》者，皇朝大儒丘濬所刪定也。文義之脫略，補而備之，乃朱子家禮之羽翼也，亦印頒而使人講行為當。所謂《傳道粹言》者，乃編集兩程先生所言之書也。所謂《張子語錄》、《經學理窟》、《延平問答》、《胡子知言》等書，皆濂、

---

[31] 《李朝燕山君日記》卷35，燕山君五年九月辛酉。
[32] 《李朝世宗實錄》卷88，世宗二十二年二月丁酉。
[33] 《李朝世宗實錄》卷89，世宗二十二年六月丙申。

洛諸賢之所著也。皆要切於聖學，故敢進。[34]

這道書啟充分說明朝鮮君臣所留心購求的書籍，以宋儒「濂洛諸賢之所著」的「性理之學」為重點。當然，文學類書籍也有購入的。如燕山君十二年（1506），命謝恩使購買《剪燈新話》、《剪燈餘話》、《效顰集》、《嬌紅記》、《西廂記》等書。[35]

三、朝鮮王朝對中國書籍的印製與傳播

朝鮮王朝重視引進中國書籍，更重視對引進的中國書籍的印製與傳播。從明朝引進的書籍，畢竟數量有限。為使國內各個藏書機構都保存收藏，便於更多的人利用，自朝鮮太宗朝時始，就印製中國書籍。朝鮮太宗十二年（1412）七月，太宗國王令遼東人申得財「造華紙以進，下鑄字所，印《十七史》」。[36]申得才精通印刷及造紙技術，朝鮮不惜重金聘請他向朝鮮紙工傳授印刷技術。朝鮮世宗三年（1421），為適應刊印中華書籍的需要，太宗國王下令改進印刷技術。《朝鮮王朝實錄》載：

> 前此印冊，列字於銅板，熔寫黃蠟堅凝，然後印之，故費蠟甚多，而一日所印，不過數紙。至是，上親自指畫，命工曹參判李蕆、前少尹南汲，改鑄銅板與字樣相準，不暇熔蠟，而字不移，卻甚楷正，一日可印數十百紙。上念其功役之勞，屢賜酒肉。命印《資治通鑒綱目》，令集賢殿正其謬誤。自庚子（1420）冬至壬寅（1422）冬乃訖。[37]

---

[34] 《李朝中宗實錄》卷36，中宗十三年十一月戊午。
[35] 《李朝燕山君日記》卷62，燕山君十二年四月壬戌。
[36] 《李朝太宗實錄》卷24，太宗十二年七月壬辰。
[37] 《李朝太宗實錄》卷11，太宗三年三月丙戌。

印刷技術的改進，使中華典籍在朝鮮得以大量印製與傳播。為印製中華典籍，世宗朝時在漢城設專門的印刷機構「鑄字所」，於地方各道設有「監司」。各道刊印完畢後，便將所刊印的書板送漢城的「鑄字所」保存。朝鮮世宗九年（1427），朝鮮王朝用「倭紙九百五十帖，命鑄字所印《通鑑綱目》」。[38]朝鮮世宗十一年（1429）二月，「慶尚道監司進新刊《易》、《書》、《春秋》板子，命下鑄字所」。[39]三月，全羅道監司進新刊《詩》、《禮》板子，命下鑄字所。[40]世宗十六年（1434）七月，世宗國王下令「鑄字所印大字《資治通鑑》，造紙於各道」。[41]朝鮮世祖十二年（1466）七月，世祖國王下令：「出內藏《大明講解律》及《律學解頤》、《律解辨疑》等書，命大司憲梁成之校正。分送《講解律》於慶尚道，《解頤》於全羅道，《辨疑》於忠清道，使之刊印各五百件，廣布中外。」[42]

朝鮮成宗五年（1475）十一月，同知事李承召上奏說：

> 曾聞世宗欲印諸史，而《史記》、《前漢書》則印之，其餘史則未畢而罷。故《史記》、《前漢書》則今士大夫之家稍有之，其它諸史則僅藏於秘閣，而民間絕無。故學者不得覽焉。請印頒《後漢書》等諸史。[43]

成宗國王允准，遂命右承旨金永堅負責印頒諸史。

朝鮮中宗九年（1514）十二月，朝鮮藏書樓尊經閣發生火災，藏書損失嚴重。左議政鄭光弼上奏建議：「尊經閣書冊事，《四書》、《五經》、《通鑑》、《性理大全》等冊則印藏。《綱目》及歷代史、諸子百家，凡雜

---

[38] 《李朝世宗實錄》卷38，世宗九年十一月丁亥。
[39] 《李朝世宗實錄》卷43，世宗十一年二月乙亥。
[40] 《李朝世宗實錄》卷43，世宗十一年三月壬子。
[41] 《李朝世宗實錄》卷65，世宗十六年七月壬辰。
[42] 《李朝世祖實錄》卷39，世祖十二年七月庚午。
[43] 《李朝成宗實錄》卷49，成宗五年十一月癸酉。

冊以文武樓所藏移送。他餘所無之冊，請貿於中原。何如？」[44]中宗國王允其請。翌年十一月，弘文館官員金謹思就刊印中國書籍上奏說：

> 我國書籍稀貴，秘藏所無者亦多。如《朱文公集》、《資治通鑑（胡三省注）》、《朱子語類》、《三國志》、《國語》、《戰國策》、《南北史》、《隋書》、《梁書》、《遼史》、《金史》、《伊洛淵源》、《歐陽公集》、《真西山讀書記》、《五代史》、《元史》等冊，皆於本館只存一件。而如《二程全書》，則私處所有而本館全無者也。此等書冊，視實學雖有間，然若遺亡散失，則後難得之。請皆印出，廣布中外。且凡稀貴書冊，令各道量其大小之力，而刻木本，使人人得皆印之。何如？[45]

中宗國王閱此上奏，極為贊同。批道：

> 今見札子，至當！今日刊印書冊，皆不如世宗朝，予所常慨恨者也。求遺書，實關於治道，其令求貿可也。校書官員不精監印，推治亦可，所啟書冊，宜多數印出，私藏書冊亦可搜求印出。然使校書館監印，則又必如前，別設都監，精印頒布。且凡稀貴書冊，亦令外方，酌定刊板印布。[46]

並對刊印質量提出明確的要求：

> 大抵書冊，務要精緻，不當麤惡。我世宗朝印出書籍，非但紙品甚佳，打印亦極其精，近古書冊之美，無逾於此。其後浸不如古，校書失職，近來尤甚。紙渾墨涴，校讎亦慢，以至書籍拙惡，余竊痛恨。

---

44 《李朝中宗實錄》卷21，中宗九年十二月丁酉。
45 《李朝中宗實錄》卷23，中宗十年十一月甲申。
46 《李朝中宗實錄》卷23，中宗十年十一月甲申。

其令別設都監,量擇勤謹人為堂上郎官。[47]

李朝這次所刊印的書籍有,《朱文公集》、《真西山讀書記》、《朱子語類》、《資治通鑒(胡三省注)》、《歐陽文忠公集》、《三國志》、《南北史》、《國語》、《梁書》、《隋書》、《五代史》、《遼史》、《金史》、《元史》、《戰國策》、《伊洛淵源錄》以及私家所藏《二程全書》等。[48]為確保書籍刊印的質量,李朝設「鑄字都監,使議政領之」,[49]以確保刊印的質量。

應當指出的是,朝鮮王朝刊印的書籍具有鮮明的政治文化取向性,中國歷代帝王所提倡的「治國、齊家」方面的書籍及歷代各種史書是其刊印的重點。所謂「聖賢之立言垂教,歷代之治亂興亡,具在於斯」,[50]道出其中的真諦。

四、朝鮮王朝對中國書籍中所蘊寓的儒家文化的吸收

朝鮮王朝在購求和刊印中國書籍的過程中,努力吸取書籍中所蘊寓的儒家思想文化、治國理念與規範。開國之君李成桂重儒術,崇理學,軍旅之暇,每與儒士商榷經史。建國後,經常請成均館大司成劉敬講解《大學衍義》,並將此書確定為經筵必讀之書。《大學衍義》為南宋大儒真德秀所作,他在宋理宗時任經筵侍讀,為理宗進講《大學衍義》。理宗認為,該書備人君之軌範。明太祖朱元璋曾問宋濂,「以帝王之學何書為要,濂舉《大學衍義》,乃命大書揭之殿兩廡壁」。[51]此書作為「帝王之學」也極受朝鮮歷代國王重視。朝鮮開經筵首講《大學衍義》,與中國帝王一樣將此書作為

---

[47] 《李朝中宗實錄》卷23,中宗十年十一月丙戌。
[48] 《李朝中宗實錄》卷23,中宗十年十一月丙戌。
[49] 《李朝中宗實錄》卷23,中宗十一年正月甲辰。
[50] 《李朝中宗實錄》卷23,中宗十年十一月甲申。
[51] 《明史》卷128,〈宋濂傳〉,第3786頁。

帝王為學、為治必讀之書。《朝鮮王朝實錄》載：「日御經筵，講進《大學》，以極格致誠正之學，以致修齊治平之效」。[52]朝鮮歷代國王始終堅持經筵制度，有時「一日之內，四御經筵」。進講之書，除《大學衍義》外，還有《孟子》、《論語》、《大學》、《中庸》、《春秋》、《左傳》、《資治通鑑》、《通鑑綱目》、《貞觀政要》、《性理大全》等，從這些書籍中，汲取治國之道。朝鮮太宗國王「好學不倦，讀書嚴立課程」。一次，御經筵聽進講官講《十八史略》畢，他向身邊大臣金科等談學習體會，說：「予讀史，歷代治亂興亡，略知之矣。重覽《四書》、《六經》，固予心也。然先要識其理之全體，何書為理學之淵源乎？……精一執中，帝王之學也。溫古自《（中）庸》、《（大）學》始」。[53]這位國王被稱為「東國小堯舜」，在位期間將儒學作為治理國家的經世實學，並十分重視中華典籍的傳播，多次下令將《大學衍義》、《國語》、《論語》、《資治通鑑》等書籍整理注釋，在國內發行。

朝鮮王朝重視從中國書籍中汲取儒家思想，使儒學在朝鮮取得獨尊的地位。高麗末李朝初年，理學家李穡擔任成均館大司成時，努力傳播儒家思想。史載，他「增置生員，擇經術之士，金九容、鄭夢周、朴尚衷、朴宜中、李崇仁皆以他官兼教官。先是，館生不過數十人。穡更定學式，每日坐明倫堂，分經授業，講畢相與論難忘倦。於是，學者坌集，相與觀感，程朱性理之學始興」。[54]朝鮮王朝學界名流，鄭夢周、鄭道傳等多出其門下。鄭夢周對儒學，尤其程朱之學已達融會貫通的境界。他兼任成均館博士時，傳入朝鮮的理學著作只有《四書集注》。「而公講說發越，超出人意」，使「諸儒尤加嘆服」。李穡也極稱其學，說：「夢周論理，橫說竪說，無非當理，推為東方理學之祖」。[55]號稱「東方真儒」的鄭傳道，「發揮天人性命之淵源，倡鳴孔、孟、程、朱之道學。闢浮屠百代之誑誘，開三韓千古之迷

---

[52] 《李朝太祖實錄》卷2，太祖元年十一月辛卯。
[53] 《李朝太宗實錄》卷6，太宗三年九月丁酉。
[54] 《高麗史》卷115，《列傳第二十八》，〈李穡傳〉，第413頁。
[55] 《高麗史》卷117，《列傳第三十》，〈鄭夢周傳〉，第442頁。

惑，斥異端、息邪說、明天理而正人心」，被稱為「吾東方真儒」。[56]朝鮮開國之初，士林學者以傳播、訓詁程朱之學為本，注重從對佛學進行批判中，確立程朱理學的獨尊地位，以儒家的三綱五常為立國之本，重構儒家政治文化體系。

　　朝鮮王朝中期，程朱性理學與朝鮮本土文化融為一體。至被譽為朱子學雙璧的李退溪、李栗谷時，朱子學已成為主流思潮。李退溪（1501-1570）被稱為「朝鮮之朱子」，一生的行誼、著述、居官、講學，一以程朱為法。他深信朱子學，在潛心研究程朱之學的基礎上，68歲時向宣祖國王進《聖學十圖》。[57]此書是退溪對李朝朱子學思想的集大成，凝結了他一生的學術精華，構築了他的朱子學體系。李栗谷（1536-1584）則被譽為朝鮮「百世之儒宗」。[58]他傾注全部心血而成的《聖學輯要》，摘取中華典籍中的《四書》、《六經》以及先儒與諸史之言，「凡帝王為學之本末，為治之先後，明德之實效，新民之實迹，皆粗著其梗概，推微識大，因此明彼，則天下之道實出此」。[59]可見，以李退溪、李栗谷為代表的朱子學思想集中體現了儒家思想文化在朝鮮王朝思想界的地位。

　　不僅如此，朝鮮王朝更重視以中國書籍中的綱常禮教規範臣民，多次對中華典籍進行整理注釋，刊印發行。朝鮮世宗十六年（1436）七月，將經筵所藏的《論語》等書刊印作為臣僚必修的教材；又命鑄字所印大字《資治通鑑》，以便老人閱讀。[60]朝鮮世宗十八年（1436）四月，世宗國王「念學者昧於史籍，既令修《資治通鑑訓義》」，令鑄字所印之，頒賜大小臣僚。[61]

---

[56] 《高麗史》卷120，《列傳第三十三》，〈金子粹傳〉，第503頁。
[57] 《李朝正祖實錄》卷52，正祖二十三年十二月壬子條載：「先正臣李滉平生藉手以事君者，即《聖學十圖》是已。先正所以眷眷勤勉於《十圖》之上，而要以格君心而清化原者，果何如哉？伊時聖批溫諄，誠心嘉納，既揭之御屏，以寓　御之箴，又以印頒臣僚，以存常目之戒。」學習院東洋文化研究所，1966年。
[58] 《李朝仁祖實錄》卷31，仁祖十三年五月庚申。
[59] 《栗谷全集》卷19，《聖學輯要》，引自紅軍：《朱熹與栗谷哲學思想比較研究》，中國社會科學出版社，2003年，第135頁。
[60] 《李朝世宗實錄》卷65，世宗十六年七月辛卯條載：上曰：「今鑄大字，為寶重矣。予欲印《資治通鑑》，頒諸中外，使老人易於觀覽。」
[61] 《李朝世宗實錄》卷72，世宗十八年四月庚子。

翌年九月，世宗國王聽說一些士子「惟習詞章，不務經學」，深以為憂，傳旨「欲於每年親試之時，先使主掌官試以制述，進之闕下，親臨講經，不通者不取，以通者之數取之，則庶幾兼習，亦助實學之一端」。[62]作為國王，親自給舉子講授中華典籍，其重視對臣民的教化可見一斑。朝鮮成宗四年（1473）六月，成宗國王命領中樞府事李邊編纂集古今名賢、節婦事迹，名曰《訓世評話》，令典校署印行全國。[63]朝鮮宣祖六年（1573）八月，宣祖國王就刊印宋儒呂大鈞所撰《呂氏鄉約》一書給禮曹所下教書云：

> 《呂氏鄉約》之書，最切於化民成俗，先為印出此冊，多其件數，廣頒中外。京則童蒙學，外則鄉校。至於村巷學長，多數頒給。使人人皆得閱覽，知其自修之道。或盡從其儀，或略仿其儀，遵而勿廢。行之有漸，以致厚倫成俗之效。[64]

《呂氏鄉約》一書，《宋史・藝文志》著錄為《呂氏鄉約儀》一卷。撰者呂大鈞，北宋京兆藍田（今屬陝西）人，進士出身，曾任秦州右司理參軍等職。與張載為同年摯友，仰慕張載以禮教為學，執弟子禮。載卒，歸依二程門下。大鈞注重「冠婚、膳飲、慶弔」之禮，「謂治道必自此始」，曾與兄大忠、弟大臨率鄉人作《鄉約》，「凡同約者，德業相勸，過失相規，禮俗相交，患難相恤。有善則書於籍，有過若違約者亦書之」。其書後經朱熹修訂，使「關中言禮學者」必推《呂氏鄉約》。[65]朝鮮宣祖國王深知《呂氏鄉約》在「化民成俗」方面的功效。因此，下令刊印此書，目的是將臣民完全納入儒家綱常名教、修身修性的規範之中。

朝鮮王朝重視中華典籍的引進與傳播，努力吸收儒家文化，將儒家思想作為治國之道、立國之本、修身處事的準則，從而贏得明朝的讚譽。明朝以

---

[62] 《李朝世宗實錄》卷78，世宗十九年九月庚寅。
[63] 《李朝成宗實錄》卷31，成宗四年六月壬申。
[64] 《李朝宣祖實錄》卷7，宣祖六年八月己巳。
[65] 《宋史》卷340，〈呂大鈞傳〉，中華書局，1977年，第10844頁。

為：朝鮮「人知經史，文物禮樂，略似中國，非他邦比」。[66]因而更加受到明朝的厚待，「國家復加優禮，錫賚瀕渥，他藩不敢望焉」。[67]這種交融的情感，從上文所述的兩國相近相知的文化融合中不難找出答案。

（本文原載《古代文明》，2009年1期）

---

[66] 《明太祖實錄》卷88，洪武七年三月癸巳。
[67] 嚴從簡：《殊域周諮錄》卷1，《朝鮮》，中華書局，1993年，第70頁。

第二篇
朝鮮使臣的明朝見聞

天啟四年朝鮮使臣的北京之行
——以洪翼漢《華浦先生朝天航海錄》為中心

　　天啟四年（仁祖二年，1624）四月，即位僅一年的朝鮮國王李倧再次派使臣前往北京，向明廷奏請儘快派詔使來完成對其即位的封典。關於這次出使的路線以及使臣圍繞李倧的封典所開展的外交活動，《明實錄》和《李朝實錄》等中外文獻都缺少記載，而隨團出使的書狀官洪翼漢卻以日記的形式詳細記錄了這次出使活動。本文以洪翼漢《華浦先生朝天航海錄》為中心，論述這次朝鮮使臣的北京之行。

一、天啟四年朝鮮使臣北京之行的緣起

　　天啟三年（1623）三月十二日，朝鮮王室發生政變，李倧廢黜國王光海君奪得王位。李倧為光海君之侄。[1] 其叔父光海君李琿為宣祖國王次子，萬曆三十七年（1609），即位朝鮮國王。光海君即位後，東亞政局發生了重大變化，身為明朝「屬夷」的努爾哈赤乘明廷出兵朝鮮抗倭之機迅速崛起，建立後金政權，向明公開宣戰，隨後薩爾滸之戰，明軍大敗。此役，光海君受明之命，派援軍助戰，結果戰敗投降。從此，後金對明戰略由防禦轉為進攻，一發而不可收拾。面對後金與明朝政局的變化，光海君出於對後金崛起的恐懼，在對明與後金的關係上，採取首鼠兩端的雙邊外交，依舊保持與明朝「事大」關係外，同後金也進行較為頻繁的「交鄰」活動。[2] 然而，光海

---

[1] 《李朝仁祖實錄》卷1，仁祖元年三月癸卯。
[2] 參見拙文〈論朝鮮光海君時期與後金、明朝的關係〉，中國社會科學院歷史所清史研究室編：《清史論叢》，中國廣播電視出版社，2006年。

君的這種外交卻不為國內元老重臣所接受，加之，光海君為奪得王位，弒兄殺弟，幽禁王太妃，[3]引起王室的強烈不滿。是年三月十二日，李倧聯合金瑬、李貴、金自點、崔鳴吉、李适等文武政要發動政變，廢黜光海君，奪取王位。隨即李倧以宣祖國王大妃的名義，歷數光海君三十六宗罪，下教書宣諭中外。[4]

李倧政變奪取王位，按著中國傳統繼位法，是弒君或擅自廢立行為，屬大逆不道。李倧為表明其對明朝之忠誠及即位的合法性，立即遣使赴明奏報，請求明廷予以冊封。當時，後金已占據遼東，中朝陸路貢道阻斷，使臣往來只能經由海路，而海路則必經毛文龍所據椵島。即位第四日，李倧就遣使前往椵島，向毛文龍報告此事，並表示今後願與毛文龍「同心協力」，積極配合明朝的軍事行動。[5]顯然，李倧這樣做是希望其即位得到文龍相助，使明廷盡快予以冊封。而居椵島的毛文龍為了便於在朝鮮發展自己的勢力，也抓住這次機會有意示好李倧，隨即派屬下向李倧言：「賢王正位之事，即已飽聞，此實天意，非人力也」，並慷慨表示「從實奏聞於天朝，使天下之人皆知之也」。[6]

果然不出所料，李倧政變奪取王位的消息傳到明朝，朝廷輿論大譁。朝臣認為：「君臣既有定分，冠履豈容倒置，即（李）琿果不道，亦宜聽大妃具奏，待中國更置。奚至以臣篡君，以姪廢伯。李倧之心不但無琿，且無中國，所當聲罪致討，以振王綱」。[7]同年八月，明廷得到朝鮮奏聞使李慶全攜帶疏請表文和毛文龍的奏報後，對李倧政變事件才有些瞭解。明廷考慮到文

---

[3] 《李朝仁祖實錄》卷1，仁祖元年三月癸卯條載：「初，光海在東宮，宣廟有欲易之意。及嗣位，深忌永昌大君，仇視母后，猜疑日積。賊臣李爾瞻、鄭仁弘等，慫恿其惡，安置臨海君、永昌大君於海島而殺之，族延興府院君金悌男（王大妃之父也）。屢起大獄，殺戮無辜，上季弟綾昌君佺，亦被誣而殞，元宗大王（李倧生父）以憂薨。幽閉大妃於西宮，去大妃號，禍將不測，先朝舊臣異議者，悉竄逐之」。

[4] 《李朝仁祖實錄》卷1，仁祖元年三月甲辰載：光海君「上以得罪於宗社，下以結怨於萬姓，罪惡至此，其何以君國子民，居祖宗之天位，奉宗社之神靈乎？茲以廢之，量宜居住」。

[5] 《李朝仁祖實錄》卷1，仁祖元年三月丁未。

[6] 《李朝仁祖實錄》卷1，仁祖元年三月壬子。

[7] 《明熹宗實錄》卷33，天啟三年四月戊子。

龍奏報中提及,光海君失德於明朝,有「通奴之情」,而李倧「襲位以來,一心中國」[8]的表現,熹宗帝在給禮部的上諭中云:「廢立大事干係非輕,但該國素稱恭順,李琿若有通奴事情,罪亦難逭。爾部還,會同兵部計議,差官查明定奪」。[9]天啟四年初,登萊巡撫袁可立受命委派加銜游擊李惟棟往椵島,會同毛文龍的中軍參將陳繼盛,調查李倧政變事件真相。[10]在調查過程中,朝鮮「領議政李元翼等與宗親文武百官、儒生、軍民及八道按臣,各具奏本申訴廢置事狀」。[11]明廷經過調查,決定先承認李倧的王位繼承。

是年四月,朝鮮奏聞使帶回明廷冊封李倧為朝鮮國王的詔書。詔書中曰:「茲據該國昭敬王妃,暨臣民奏結,爾倫序相應,人心攸屬,且翼戴恭順,輸助兵糧,戮力圖功,允宜褒錫,特用封爾為朝鮮國王,統領國事」。並敕命李倧與毛文龍「聯絡聲勢,策應軍機,偵探情形,設奇制勝」,共同剿滅後金。[12]按以往冊封慣例,明廷應立即派使攜帶詔書出使朝鮮舉行冊封典禮。而這次明廷並沒有派詔使出使朝鮮,只是在詔書最後云:「俟東事稍平,查照舊例,仍遣勳戚重臣,持捧節冊,完此封典」。[13]然而,在朝鮮看來,沒有比明廷派使赴朝舉行冊封典禮更重要之事。就朝鮮與明朝關係而言,主要體現為請封、奉正朔、行年號諸事。其中請封至關重要,即朝鮮國王即位時,必遣奏請使赴明,請求明廷對新繼任國王加以冊封,明廷均派重臣攜帶皇帝給予新國王詔書、印信到朝鮮舉行冊封大典,以此表明新國王即位的合法性。朝鮮自建國以來,始終堅守這一制度。而這次李倧即位,明廷採取先冊封,屆時再派使舉行封典的做法,朝鮮認為是:「二百年流來舊規,必遣詔使,即頒誥命、冕服,而獨於此封典,分為兩件事,非徒小邦聽聞疑怪,有違天朝列聖之典禮」。[14]因此,在天啟四年(仁祖二年)四

---

[8] 《明熹宗實錄》卷37,天啟三年八月丁丑。
[9] 《明熹宗實錄》卷37,天啟三年八月丁丑。
[10] 《明熹宗實錄》卷41,天啟四年四月辛亥。
[11] 《增補文獻備考》卷177,交聘考四,第34頁。
[12] 《李朝仁祖實錄》卷5,仁祖二年四月癸卯。
[13] 《李朝仁祖實錄》卷5,仁祖二年四月癸卯。
[14] 《華浦先生朝天航海錄》卷1,天啟四年八月二十九日,林基中編:《燕行錄全集》,第17冊,東國大學出版部,2011年,下同。

月，朝鮮國王李倧再次派使臣前往北京，向明廷奏請儘快派使完成對其封典大禮。

二、中朝貢道海路的重啟與天啟四年使臣所經海路的艱險

　　有明一代，在以明朝為中心的朝貢諸國中，朝鮮「入貢尤慎恪，為諸國最」。[15]朝鮮的朝貢路線，洪武時期，因遼東為元將納哈出控制，多通過海路赴南京。由於海路艱險，多發生海難。如高麗貢使洪師範、鄭夢周等一百五十餘人赴明朝貢，「失風溺死者三十九人，師範與焉」。[16]為此，朱元璋遣使往諭朝鮮，毋頻繁入貢。永樂帝遷都北京後，朝鮮使臣赴京的朝貢路線改為陸路，「由鴨綠江，歷遼陽、廣寧，入山海關達京師」。[17]即使臣從朝鮮邊城義州過鴨綠江，經東八站，到遼東都司所在地遼陽，經廣寧，通過山海關至北京。這條貢路一直持續到明末沒有變化。天啟元年三月，後金進入遼東地區後，明與朝鮮之間的陸路貢道阻斷。先是，熹宗即位，派翰林院編修劉鴻訓、禮部給事中楊道寅為詔使出使朝鮮「頒登極詔」，剛入朝鮮境內，「遼瀋相繼陷沒，旱路斷」。[18]他們完成使命歸國時，只好從海路還。《明史‧劉鴻訓傳》載：「朝鮮為造二洋舶，從海道還。沿途收難民，舶重而壞。跳淺沙，入小舟，漂泊三日夜，僅得達登州報命」。[19]與此同時，赴京的朝鮮使臣也自海路歸國。因重開海路，航路不暢，發生海難，陳慰使朴彝叙、進香使柳澗等所乘船隻為海風吹沒遇難。隨後，又有貢使康昱等亦相繼溺死。[20]對此，朝鮮文獻記載：

　　　　時，遼路遽斷，赴京使臣，創開水路，未諳海事，行至鐵山嘴，例多

---

[15]　《遼東志》卷9，外志，遼海叢書本，遼瀋書社，1985年。
[16]　《明史》卷320，〈朝鮮傳〉，第8280頁。
[17]　《大明會典》卷105，《朝貢一‧朝鮮國》，第571頁。
[18]　《增補文獻備考》卷174，交聘考四，第34頁。
[19]　《明史》卷251，〈劉鴻訓傳〉，第6481頁。
[20]　《增補文獻備考》卷174，交聘考四，第34頁。

敗沒。……自是人皆規避,多行賂得免者。[21]

《增補文獻備考》也載:「自水路朝明之後,往來甚危,人皆厭避,聖節、冬至使經年不送」。[22]

天啟四年,朝鮮使臣赴京朝貢所經海路諸島的形勢及使臣所經歷的艱險,作為書狀官洪翼漢的《華浦先生朝天航海錄》(以下簡稱航海錄)予以詳細載錄。

朝鮮使臣一行於仁祖二年(天啟四年,1624)四月,受命出使。經過一番準備,至七月三日辭朝。十八日,至平壤,八月一日,至宣川宣沙浦。八月四日,洪翼漢與正使李德泂率四十餘人的使團,乘船出洋。《航海錄》載:當「篙師一時發棹歌,舉帆,鼓角亦甚淒切,諸邑守令及大小人員,俱送行於浦口,至有掩涕者」。[23]諸船剛駛出宣沙浦口,忽然風雨大作,船遂下碇,留宿港中。第二天,風尚惡,船仍不得發。正在等待之時,看到岸邊有一白髮老翁放聲大哭,聲音由遠漸近。原來老人之子為護送軍,特來送別。見此生死離別的場面,洪翼漢在《航海錄》中寫道:「萬里滄溟,父子惜別之狀,慘不忍見」。[24]直到午後,風濤暫停,至夜二更,諸船始順潮駛向椵島。從宣沙浦至椵島六十里,突然海風喧哮,猛雷猝發,暴雨如注,瘴雲四集,黑浪倒立。所乘之船,如「一葉出沒蕩漾,幾至覆溺者數矣,船中人嘔泄僵臥」[25]。篙師以為,前古所未有之風濤,遂回棹依泊椵島東港躲避。是夜,宿椵島東港,使臣備禮祭海神,祈禱保佑一路平安。

使團一行到椵島,必拜見毛文龍。椵島本為荒島,原島內居民很少。自毛文龍率軍民以此為據點後,椵島遂成為朝鮮與明朝遼東沿海的交通、貿易中心。朝鮮文獻載:「先是文龍襲取鎮江。至是,授文龍副總兵,累加左都督,掛將軍印,賜尚方劍,設軍鎮椵島,椵島如內地東江。雖據形勢,而文

---

21 《李朝光海君日記》卷164,光海君十三年四月甲申。
22 《增補文獻備考》卷177,交聘考四,第34頁。
23 《華浦先生朝天航海錄》卷1,天啟四年八月四日。
24 《華浦先生朝天航海錄》卷1,天啟四年八月五日。
25 《華浦先生朝天航海錄》卷1,天啟四年八月六日。

龍素無大略,唯務廣招商賈,販易禁物,無事則鬻參、販布為業,有事亦罕得為用」。[26]時,遼東陸路已為後金阻斷,毛文龍占據椵島,代表明廷監護朝鮮,中朝使臣往來必經椵島。特別是李倧奪位政變後,曾得到毛文龍的支持。朝鮮使臣為向其討好,自然去拜見。初八日,使臣携帶重禮,拜見毛文龍,受到其款待。[27]

初十一日,使團從椵島出洋,駛向車牛島、薪島、鹿島。車牛島隸屬朝鮮鐵山郡,「形如駕車牛,因為號。島中多奇岩怪石,鳥飛不下,人若近之,則毛髮森竪,凜凜然不可留」。[28]是日長風駕浪,日行六百餘里。從船上相望,「一瞬千里,四顧無邊,而點點孤嶼,時復可數」。[29]

船隊過車牛島、薪島、鹿島以後,進入明朝遼東沿海水域。《全遼志》載:遼東「古青州之域,自周以下,遼東屬燕,青州屬齊,疆域難分,海道無異。……國初置遼東,即發兵數萬戍遼,命鎮海侯吳楨總舟師萬人由登萊轉運,歲以為常」。[30]十二日早,使團揚帆駛向石城島。從鹿島至石城島約五百里,船以日行五百餘里速度行駛。《航海錄》載:「無地萬餘里茫洋接天,所以寄命者,惟一葉舟,而一日中,或風或雨,乍安乍危,幾至顛沒者,十常八九」。[31]距離石城島三十里左右時,「望見西北,雲雨晦冥,且有風候,恐進退無據,則事將不測」,[32]遂入石城島停泊。石城島橫寬縱窄,東西南三面為峭壁和暗礁。島上居住者俱遼陽、廣寧逃難的遼民,見到朝鮮使團下船,以為後金軍前來捕殺,「初甚疑懼,聚眾放炮」,以此自衛。使臣急忙解釋:「朝鮮陪臣來」,並對難民「慰勉不已」,[33]難民得知

---

[26] 《大東地志》,平安道,宣川,刁書仁等選編:《中朝相鄰地區朝鮮地理志資料選編》,吉林文史出版社,1996年,第465頁。
[27] 《華浦先生朝天航海錄》卷1,天啟四年八月八日。
[28] 《新增東國輿地勝覽》,平安道,鐵山郡,刁書仁等選編:《中朝相鄰地區朝鮮地理志資料選編》,吉林文史出版社,1996年,第159頁。
[29] 《華浦先生朝天航海錄》卷1,天啟四年八月十一日。
[30] 《全遼志》卷1,山川條,遼海叢書本,第37頁。
[31] 《華浦先生朝天航海錄》卷1,天啟四年八月十二日。
[32] 《華浦先生朝天航海錄》卷1,天啟四年八月十二日。
[33] 《華浦先生朝天航海錄》卷1,天啟四年八月十二日。

後，人心始定。

　　十三日拂曉，使臣一行掛帆欲使向長山島。突然逆風大起，海色深黑，渾然不可窺，遂急忙落帆下碇。至十四日早，得順風，才得以出航。接近長山島時，海風大作，只好躲入長山島北港口停泊。長山島港口有二巨岩相對，巋然若門，島上白沙滄洲，青巒翠綠，環擁如畫。使臣等下船上岸，相偎而坐，各自備陳辛苦之狀，皆云：「自椵島開洋後，凡四個日，始得會面，真所謂死生契闊不可期也，而相對如夢寐者也」。[34]遂相携漫步島上，見沙灘上有人走過的腳印，尋著足跡，見「矮屋依草，弊廬傍林，牛羊溢巷，雞犬盈街。迎人問語，可知其遼左避虜流民也」。使臣「具道奉使朝天之意，相顧感嘆」後，相互問話：

　　　　問其人曰：「爾居海中久，能候風否？」答曰：「吾能矣。」「然則何時有順風，職等受國王命，航海有日，十生九死，屈指前程，尚未半，未知那時，得達登州，良深憂惱。」島人曰：「毋憂也。古人云：『平生仗忠信，今日任風波』。公等當於不多日內，達登州。且明日必有東南風。」問答良久。[35]

　　十五日，早飯後，果有東南風，篙師遂解纜，駛向廣鹿島。長山島至廣鹿島200里，「行才半洋，逆風且作，落帆打櫓，入廣鹿島前洋下碇」。上岸後，「周觀島上村落，則餅肆酒旗，帶關通闤。岸上有積穀二十餘峙，即亦登萊所運毛督府軍餉，而總兵張繼善句管。島中有堡，參將馬景柏、守備朱國昌等巡視沿島，共任諸務」。[36]這時，陰雲西起，天色蒼茫，驟雨瓢潑。使團成員在岸上望見「諸船相蕩，不得暫定」，其中副使所乘之船，「受風甚多，凡三次冒波，船中水至沒脛，方物盡濕。裨將柳敬友抱檣掏膺，罔知所為，幾欲斷維而去，俄然風定，遂得免覆」。時有「唐船一隻，

---

[34] 《華浦先生朝天航海錄》卷1，天啟四年八月十二日。
[35] 《華浦先生朝天航海錄》卷1，天啟四年八月十四日。
[36] 《華浦先生朝天航海錄》卷1，天啟四年八月十五日。

不知其自何方漂來，為風濤所覆，傍觀者損神奪魄」。[37]

使臣一行在廣鹿島停泊期間，連日大風，波濤險惡，「各船人無不嘔泄成疾，而上副使尤甚，專廢啖食，故舁入島居，賃屋調攝，比屋皆窄陋，腥膻之氣襲人。」[38]面對凶險的海路，狂飈險浪，生死未卜，使臣只好祈求神靈的庇護。正使親主祭祀，祭文云：「泊舟孤島，已經累日，驚浪拍天，片帆出沒，性命如線，莫保朝夕。海路已半，雖荷神驚，前途尚遠，溟渤中截，風靳順便，木道斯阻，百口濱危。王事遲暮，肆切悶迫，仰扣神明，神庶下鑒。諒此微誠，舟行絕島，凡具未備，酒沽於簾，牲易於肆，物雖菲薄，誠則備至。勿嫌累瀆，亟彰盛德，千里皇城，一葦瞬息」。[39]也許是使臣祈求，感動上天。翌日，東風卷送，海氣清朗，「諸船舉帆，迅疾如飛，一瞥之間，已踔數百里」。[40]是日過三山島至平島。平島，東西六里，南北二里，北連陸地，為金州地界。《遼東志》載：「金州近海無大川，故附島嶼九十七處，且環列海岸，當要險之所，置立烽堠，官軍戍邏，亦籌邊者所當知也」。[41]平島不僅戰略地位十分重要，島中景色也很迷人。是時「霜雕滄嶼，錦樹妝秋，穿峽屏擁，石骨層棱，地位清高，隨處可居，正合逸士之栖集。」然而，令使臣感嘆的是，此地「久陷腥膻之窟，夷狄之亂華至此極也。」[42]

二十二日四更，使團從平島揚帆出洋，以日行千里速度行駛。「點點諸島，乍前忽後，凡所經過，殊不暇目」。[43]經旅順口，穿渤海海峽，直向登州。《全遼志》載：「蓋自旅順口起，抵海中有羊塢、黃城二島，約三百里，自黃城南抵欽島、龜磯島約三十里，欽、龜島抵井島約七十里，井島抵沙門等島一百三十里，沙門島抵（登州）新河水關僅二十里，總括其數亦五

---

[37] 《華浦先生朝天航海錄》卷1，天啟四年八月十五日。
[38] 《華浦先生朝天航海錄》卷1，天啟四年八月十七日。
[39] 《華浦先生朝天航海錄》卷1，天啟四年八月十九日
[40] 《華浦先生朝天航海錄》卷1，天啟四年八月二十日。
[41] 《遼東志》卷1，《地理志》，遼海叢書本，第20頁。
[42] 《華浦先生朝天航海錄》卷1，天啟四年八月二十一日。
[43] 《華浦先生朝天航海錄》卷1，天啟四年八月二十二日。

百五十里，各島相接如驛遞。」⁴⁴此時海色與前大不相同「或紫或黃，或黝黑，或深青，使舟人約繩以百餘尺，終不可測。島嶼或尖如劍，或削如鐵柱，或環如屏障，或呀如門巷，而龍吟蛟舞，鼉作鯨戲，幽怪殊狀，有萬不同」。⁴⁵二十三日晚，至登州水門外上岸。時，「潮退水淺，北風甚壯，船腹拍石，板縫櫓開，水穿通中。食頃，半舩方物，幾盡漚。舟中人，極力㧊水，衣袽救之，僅得下岸。」⁴⁶以上海路全長3760里，航行時間19天。

使團到登州後，需拜見明督撫官員，得到勘合票文方可進京。在登州停留十餘天，至九月十二日，從登州陸路進京，中經黃山驛、朱橋驛、萊州府、灰埠驛、昌邑縣、濰縣、昌樂縣、青州府、金嶺驛、長山縣、鄒平縣、章丘縣、龍山驛、濟南府、齊河縣、禹城縣、平原縣、德州、景州、阜城縣、富莊驛、獻縣、河間府、任岳縣、雄縣、新城縣、涿州、良鄉縣、大井店等29處驛站，行程1900里，用一個月的時間，至十月十三日，經朝陽門到達北京。⁴⁷

三、朝鮮使臣圍繞李倧的「封典」所展開的外交活動

朝鮮使臣圍繞李倧的「封典」所展開的外交活動在入北京前就已開始。八月二十九日，使臣拜見明登州官員時，新任巡撫武之望就直言不諱地說：「爾所謂上年敕封，不是實封，乃是權署國事也。尚今有一二科官，持論甚堅，未得歸一，而且內臣厭憚越海，不肯差往。當俟逆虜就滅，遼界通路，然後始遣詔使，以完封典耳」。⁴⁸並向使臣炫耀：「俺於四月前，在京師，與禮府林老爺（指禮部尚書林堯俞）相善，故詳悉此事。而朝廷上議論，頗相牴牾，今則閣部明白知之。爾等但到京裡，閣老及宗伯前，仔細陳

---

44 《全遼志》卷1，山川條，遼海叢書本，第38頁。
45 《華浦先生朝天航海錄》卷1，天啟四年八月二十二日。
46 《華浦先生朝天航海錄》卷1，天啟四年八月二十三日。
47 《華浦先生朝天航海錄》卷1，天啟四年九月十二日、十月十三日。
48 《華浦先生朝天航海錄》卷1，天啟四年八月二十九日。

稟」。使臣心領神會，馬上進呈事先準備好的禮單，懇請他給禮部尚書上道題本，從中斡旋，以便朝廷儘快封典。武之望「受之不辭」，欣然允諾。[49]隨後，使臣又分別拜見明中軍周鴻謨、旗鼓官方壯猷，各進呈禮單。[50]幾天後，當使臣再次拜見武之望懇請題本一事時，其卻云：「俺與禮部尚書，同鄉分深，今當差人，折柬於禮部，而題本則以俺新到任，不可以他事，輕先上本，故不敢云」。聽此一番話，洪翼漢在《航海錄》中寫道：「觀其辭色，蓋托辭也」。[51]告辭之際，朝鮮正使又令譯官表廷老懇請說：「頃日老爺所謂科官中，議論不同者，姓名云誰，老爺亦可通書否？」武之望答曰：「此則俺只聞得於林尚書，而其（他）姓名，則未詳耳。爾等進京，但依此懇乞於閣部諸老爺，則必蒙准許矣」。使臣明知其所言是冠冕堂皇的托詞，但還是一再稱謝，並「以土物若干中其欲」。對此，洪翼漢不由地感嘆到：「吁！中朝士大夫貪冒無恥，至於此極也」。[52]

十月十三日，使臣到達北京後，便開始大肆進行活動。使臣剛落腳會同館，負責接待使臣的小吏徐繼仁、王有德就暗示：「近來各部人情，倍於昔時，仍出上年奏請時人情單字，以憑考證」。「上年」，即天啟三年，朝鮮奏請使所用人情費，僅「人參多至數十斤，他物稱是矣」。[53]翌日晚，禮部主客司主事李其紀命會同館小吏傳話，「欲見本國奏文」，使臣即刻命寫字官謄送。此人權力很大，「凡所以禮遇陪臣及館中諸事」，實由其主之，[54]於是，使臣遂「進土物為禮」對其大肆賄賂。[55]同時，又通過會同館小吏向禮部其他官員「送人情銀、參等物」。[56]會同館小吏幾乎每天都來索要「求圖事容錢」，[57]並以「今明科官當抄送奏本，而但容錢甚些小，勢難率易為

49　《華浦先生朝天航海錄》卷1，天啟四年八月二十九日。
50　《華浦先生朝天航海錄》卷1，天啟四年九月一日。
51　《華浦先生朝天航海錄》卷1，天啟四年九月三日。
52　《華浦先生朝天航海錄》卷1，天啟四年九月三日。
53　《華浦先生朝天航海錄》卷1，天啟四年十月十七日。
54　《華浦先生朝天航海錄》卷1，天啟四年十月十三日。
55　《華浦先生朝天航海錄》卷1，天啟四年十月二十二日。
56　《華浦先生朝天航海錄》卷1，天啟四年十月二十一日。
57　《華浦先生朝天航海錄》卷1，天啟四年十月二十三日。

之」為藉口,「需索之物,罔有紀極」。[58]期間,竟有禮部外郎等三位官員,親至到會同館「來求容錢銀參」。[59]

十月二十八日,朝中大臣對李倧封典一事,果然展開激烈爭執。以禮科左給事中劉懋為代表,力主不予封典,其云:「朝鮮冊禮,不為准許於上年,諸公未曉其意耶?責效滅虜,乃許准封,朝議已定,豈可容易許之」。而禮部右給事中顧其仁則認為不可不封典。他說:「朝鮮事大二百餘年,列聖誥命,自有定章,而反為稽滯,則非特有乖規例,陪臣萬里跨海,再使來請,今若不許,必令復至。天朝待小邦之道,固為顏甲,而其妨害於遼事者,安保其必無也」。[60]結果,朝中大臣多認為顧其仁所言為是,決議即日抄送,待禮部議覆。然而禮部議覆,久無聲息,使臣在焦急等待,「不勝憂慮」。[61]上通事黃孝誠則道出禮部久不議覆的緣由。其云:

> 大概中朝貪風大振,公卿輔相,大官小吏,無不以利欲相濟,政以賄成,恣不知恥。輒逢陪臣,自以為值獲財之運,朵頤饞涎,日令牌子、小甲等來求土物,銀、參、獺、豹皮、紙、苧布之言,不絕於口。朝求才應,暮已復然。時復以袖中單子,相繼憑索曰:上年奏請使來時,某官前銀參若干,某物若干,萬端徵責,不厭不已。以為事若速完,則餌漁之方絕矣。留時引月,潤筆馨鈞,必充上年物數,然後為可成。[62]

聽到黃孝誠一番話後,洪翼漢等無不感慨地說:「嗚呼!以有盡之物,填無底之壑,不亦難哉。……中華古稱名教之地,禮義廉恥,所自淵源,而今至此極,益可怪嘆。無乃以下邦陪臣,視同裔夷,陵侮而然耶。若果然

---

[58] 《華浦先生朝天航海錄》卷1,天啟四年十月二十四日。
[59] 《華浦先生朝天航海錄》卷1,天啟四年十月二十六日。
[60] 《華浦先生朝天航海錄》卷1,天啟四年十月二十八日。
[61] 《華浦先生朝天航海錄》卷1,天啟四年十一月八日。
[62] 《華浦先生朝天航海錄》卷1,天啟四年十一月十五日。

也,則尤為痛骨矣。」[63]這樣一來,使臣又不斷地派通事通過賄賂,打通各種關節,「其間行賂之物,甚至浩大云」。[64]

二十餘天後的十一月二十二日,使臣得知禮部尚書林堯俞坐堂,便赴禮部呈請奏文。林堯俞閱後,不耐煩地說:李倧即位已於上年承認,至於封典,「當待遼路平定,然後另遣詔使,以準封典,乃上國之本意,而朝議已完了,爾等奚來更煩?」使臣再三懇請:「伏乞老爺,查照祖宗典禮,亟為覆題,俾完誥命如何?」林堯俞頗為不肯,說道:「當商議處之」。說罷,怏怏離去。[65]

朝鮮使臣在無奈之下,只好「詣西長安門外,候諸宰入朝」。二十四日,閣臣上朝,他們分別向顧秉謙、朱國禎、朱延禧、魏廣微諸閣臣遞送請求封典的呈文。「諸閣老俱下轎,拱揖而立,從頌看過」,並舉手勉諭曰:「爾說明白曉得,今日會坐,相議停當,頗有容受之色矣」。[66]尤其是朱國禎「風采端凝,出於諸閣老之右,尤詳問本國前後事情」。使臣「跪陳無餘」,諸閣臣「盡意傾聽而去」。[67]是日晚,閣吏送來喜訊,說:「自內閣下旨於禮部:今日進閣時,朝鮮陪臣,跪稟以誥命、冕服,以完國統。該部速為覆題云」。使臣聽後喜出望外,即出若干銀參給閣吏作為喜錢。[68]兩天後,內閣及六部官員會朝「齊口相議誥敕事」。兵部尚書趙彥曰:上年朝廷對李倧「不是實封,風波萬里,海路甚惡,有誰肯差往者」,力言朝廷即派詔使前往朝鮮完成封典。閣老顧秉謙、魏廣微也積極贊成儘快完成封典,並交口致詰云:「事固有可行者,奚論海路之險夷,且陪臣不由海上來耶?准許發使之意」。當時也有二三人持不同意見,如禮部尚書林堯俞則「頗有不豫色云」。[69]於是,內閣諸老與尚書面語速為議覆,「旋又下批」,而林堯

---

[63] 《華浦先生朝天航海錄》卷1,天啟四年十一月十五日。
[64] 《華浦先生朝天航海錄》卷1,天啟四年十一月十一日。
[65] 《華浦先生朝天航海錄》卷1,天啟四年十一月二十二日。
[66] 《華浦先生朝天航海錄》卷1,天啟四年十一月二十四日。
[67] 《華浦先生朝天航海錄》卷1,天啟四年十一月二十四日。
[68] 《華浦先生朝天航海錄》卷1,天啟四年十一月二十四日。
[69] 《華浦先生朝天航海錄》卷1,天啟四年十一月二十六日。

俞卻「寢閣不行」。禮部左侍郎董其昌催促道：「朝鮮封典，理宜速完，而況有內閣批下乎！」而林堯俞卻始終不表態。[70]

隨後，使臣被幽禁於會同館，「欲為呈文，而闌禁太嚴，不得出門，提督亦不得任意開閉。牌子等皆言前古所未有之新規云」。[71]封典之事陷入僵局。

最後還是毛文龍的奏本幫了朝鮮使臣的大忙。正當使臣「以覆題事，苦待尚書坐堂，而適毛文龍將誥命事奏本入來」。[72]天啟帝閱後，即刻下旨云：「朝鮮國王詔冊、冕服，著照例頒賜，差遣官員議妥具奏」。聖旨下禮部，尚書林堯俞尚未閱完，勃然大怒曰：「（文龍）海外一武夫，冒干此等大禮，則該部奚容議為？」說罷，起身揚長而去。林尚書之怒，並非怒於使臣，而是「怒於毛將」。[73]十二月十八日，朝會時，右給事中顧其仁又力言：「陪臣逐年而來，一向以遼路未平執言，則不亦孤屬國之顯望？目今奴賊據遼窺關，而朝廷之恃以為犄角勢者，惟毛帥與屬國耳。今若不許，安知異日無大悔恨？事機有關，不可以一種抗議，稽滯其事也」。在場朝臣皆以為其所言極是，舉手贊成。朝鮮使臣對其十分感謝，稱：「顧公曾已大折劉懋，今又峻核眾御史」，封典之成，「顧公之力特多耳」。[74]

十二月二十三日，小吏來報，禮部冊封朝鮮國王議覆謄本始下，使臣聽後，欣喜若狂。[75]二十九日，官員張國祿來會同館報曰：「天子特遣內官監管文書大監王敏政、忠勇營副提督禦馬監太監胡良輔二人，前去朝鮮冊封」。使臣半信半疑，急令通事等詢問國祿云：「聖旨時未下閣部，爾何從而得知」。國祿答：「我們二子一婿，服事內監，故已詳知」。[76]又說：「王、胡兩太監，非但親昵於魏太監，最寵於皇上，故特以內旨差出」。[77]

---

[70] 《華浦先生朝天航海錄》卷1，天啟四年十一月二十八日。
[71] 《華浦先生朝天航海錄》卷1，天啟四年十一月二十九日。
[72] 《華浦先生朝天航海錄》卷1，天啟四年十二月十四日。
[73] 《華浦先生朝天航海錄》卷1，天啟四年十二月十四日。
[74] 《華浦先生朝天航海錄》卷1，天啟四年十二月十八日。
[75] 《華浦先生朝天航海錄》卷1，天啟四年十二月二十三日。
[76] 《華浦先生朝天航海錄》卷1，天啟四年十二月二十九日。
[77] 《華浦先生朝天航海錄》卷2，天啟五年正月二日。

果然，天啟五年二月二十日，明廷正式派遣王敏政、胡良輔為詔使出使朝鮮。他們二十日出發，中途到椵島，代表朝廷賞賜毛文龍，六月三日到達朝鮮王京漢城。正式冊封李倧為朝鮮國王，妻韓氏為王妃，並賜誥命、冕服等。[78]

至此，朝鮮使臣完成了使命，於天啟五年二月二十五日踏上歸國之程。

四、結語

天啟四年朝鮮使臣北京之行，圍繞著使臣向明廷奏請李倧封典的曲折過程，不僅透視出明廷對當時遼東政局及朝鮮戰略地位缺乏清醒的認識，也反映出朝鮮對遼東政局的變化所採取的應對策略。

明朝的天啟時期（1621-1627），雖僅有七年時間，卻是明朝政治最為混亂黑暗時期，也是遼東政局急速惡化時期。天啟元年三月，後金攻占遼東地區後，阻斷了明朝與朝鮮的陸路交通，明廷只能重啟海路與朝鮮保持聯繫，並謀求收復遼東。六月，熊廷弼再次被任命遼東經略。他所提出「三方布置策」，中心是構築堅固的遼西防線，以固守山海關，積蓄力量，再圖恢復全遼。而巡撫王化貞一味主張進攻後金。經撫不合，戰守不定，給後金造成可乘時機。天啟二年五月，後金攻下廣寧，並連陷四十餘城。遼東局勢達到危險的程度。時任遼東經略的王在晉對遼東局勢曾有如下議論：遼東「一壞於清撫，再壞於開鐵，三壞於遼瀋，四壞於廣寧。初壞為危局，再壞為敗局，三壞為殘局，至於四壞捐棄全遼，則無局之可布矣」。[79]王氏對遼東局勢的認識未免過於悲觀失望，但是至少說明天啟時明廷對遼東政局已經處於失控狀態，遼東政局處於十分嚴峻的境地。不過，當時明朝在遼東的軍事優勢並沒有完全喪失，就明與後金兩大勢力的力量比較而言，明朝多少還占有一定的優勢：一是明廷仍掌控關內廣大地區，為遼東戰場提供人力、物力保

---

[78] 《李朝仁祖實錄》，仁祖三年六月己卯。

[79] 王在晉：《三朝遼事實錄》卷8，壬戌三月條；《明熹宗實錄》卷20，天啟二年三月乙卯。

障;二是此時明朝尚能控制朝鮮,利用朝鮮和占據椵島的毛文龍勢力,在軍事上牽制後金,制止其西進,保住遼西地區,進而徐圖恢復全遼。正如兵部上奏所言:「國家兩大局,一在關門,一在海外,其犄角之勢同,其所關成敗之數同,其兩不相下,而成相逼之形又同。且以海上言之,牽制奴酋者朝鮮也,聯絡朝鮮者毛鎮也」。[80]然而,從明廷對朝鮮李倧的冊封問題上反映出明廷對當時遼東局勢的嚴峻性並沒有清醒的認識,上至熹宗皇帝,下至朝臣,盲目自大,都似乎認為恢復遼東是情理之中的當然之舉,根本無視後金勢力的強大,更無積極進取的憂患意識。這從冊封詔使王敏政、胡良輔與朝鮮國王李倧的下述對話中,得以充分的反映:

> 上(李倧)曰:「天朝定算,欲大發兵馬,剿滅後已耶?欲持久把守,而使奴賊日就滅亡耶?正使(王敏政)曰:「豈欲持久把守,而待其自滅也?內地曼(指滿桂)總兵軍及毛督府軍,當為幾百萬兵,而欲為持久之計乎?副使(胡良輔)曰:「俺等之(未)出來也,未知海外兵數之虛實,而不敢動兵矣,今者探得毛軍形勢而歸矣。俺還朝後,當率內兵出來,與毛督府協力共戰為計矣」。上曰:「不共戴天之仇,久據遼路,而小邦力綿兵寡,尚不得一鏖為憤,今聞天朝,將發天下兵,一舉剿滅云,不勝欣幸」。正使曰:「滅賊不遠矣」。[81]

而明廷朝臣在圍繞著李倧封典問題上存在的分歧,也充分反映出一部分官員在明朝與後金政治對抗中對朝鮮的戰略地位缺乏足夠的認識。一些官員恪守「君臣既有定分,冠履豈容倒置」的傳統君臣道德理念,對李倧廢光海君自立為王,認為「以臣篡君,以侄廢伯」,「所當聲罪致討,以振王綱」。[82]在這種理念的支配下,以禮部尚書林堯俞、吏部給事中魏大中等

---

[80] 沈國元:《兩朝從信錄》卷28,天啟五年十二月,潘喆等編:《清入關前史料選輯》,第2輯,中國人民大學出版社,1989年,第360頁。
[81] 《承政院日記》天啟五年六月十一日。
[82] 《明熹宗實錄》卷33,天啟三年四月戊子。

為代表的朝臣以天朝大國自居，對屬國李倧的行為大加斥責：「欲以一紙蠻書，便取九重冊詔，恐賞奸誨叛，莫此為甚。……堂堂天朝，倘為外夷所欺，不將為萬世嘆陋耶」。[83]當然，也有一些官員能較為清醒地認識到朝鮮在明金對抗中所處的戰略地位。如給事中顧其仁所云：「目今奴賊據遼窺關，而朝廷之恃以為犄角勢者，惟毛帥與屬國耳。今若不許，安知異日無大悔恨？」[84]特別是毛文龍對李倧封典之事持積極態度。儘管其欲通過支持李倧封典，進而達到控制朝鮮的野心，但其對朝鮮戰略地位的認識是十分清楚的。他在奏文中云：「欲存宗社，莫如先急封朝鮮，朝鮮本禮義忠順之邦，原非有挾以邀封，苟冊封一日不完，則即東事一日未了，東事一日未了，則三韓之局，何時得結。職屢為朝鮮請冊封，不聞大臣到朝鮮，職惟恐其趙宋時，議論未定，賊兵已渡河」。[85]可見，在明廷內部圍繞著李倧封典問題的爭論，看似君臣名分之爭，其實所反映的是明廷對朝鮮當時所處戰略地位認識的論爭。

至於朝鮮李倧急於舉行封典，除儘快取得合法身份，穩定其對國內統治外，更主要的是基於遼東政局的急劇變化，後金勢力愈發強大，使其產生後金將要侵入的恐懼。他儘快得到明廷的冊封，至少可以得到明廷的保護。所以，儘管圍繞封典之事費盡周折，多有反覆，最終明廷還是遣使予以正式冊封。李倧得到明廷的冊封後，一改光海君對明、後金的雙邊外交，終止與後金的交往，迅速倒向明朝。

（本文原載《學習與探索》，2012年3期）

---

[83] 《華浦先生朝天航海錄》卷1，天啟四年十一月二十日。
[84] 《華浦先生朝天航海錄》卷1，天啟四年十二月十八日。
[85] 《華浦先生朝天航海錄》卷2，天啟五年正月九日。

朝鮮使臣所見晚明遼東社會的民生與情勢

明代遼東，指明遼東都指揮使司所轄地區，東至鴨綠江，西至山海關，南至旅順口，北至開原。[1]該區域為明九邊長城防禦體系的東端，東、南為廣闊的東亞海域，北臨草原－森林交界地帶，西為蒙古高原，地理位置十分重要，其不僅面臨來自內陸草原、森林民族，還處於連接東亞陸海疆的樞紐地帶。因遼東所處特殊地緣與戰略地位，所以被明廷視為「神京左臂」，其安危關係明朝的存亡，如文獻所言：「滄海之東，遼為首疆，中夏既寧，斯必戍守」。[2]

學界利用中國國內文獻對明代遼東的研究已取得較多成果。[3]近年來，域外漢籍文獻逐漸受到學界關注，如朝鮮漢籍文獻《朝鮮王朝實錄》、《備邊司謄錄》等官修史書中，保留許多有關中國的記敘。其實，尚有許多朝鮮漢籍文獻尚未得到充分的利用，像朝鮮使臣依據自己出使中國時的見聞寫成的漢文燕行文獻，該文獻與朝鮮官方史書對中國的記錄相比，具有直言、真實、具體，視角獨特等特點。[4]有鑒於此，筆者以朝鮮赴明使臣所撰《朝天

---

[1] 畢恭：《遼東志》卷1，地理條記載的更為詳細：「東至鴨綠江，五百三十里，西至山海關一千五十里，至北京一千七百里，南至旅順口七百三十里，渡海至南京三千四十里，北至開原三百四十里。」遼瀋書社，1985年，第4頁。

[2] 《明太祖實錄》卷103，洪武九年正月癸未。

[3] 代表性的著作有李健才：《明代東北》，遼寧人民出版社，1986年；楊暘：《明代遼東都司》，中州古籍出版社，1988年；張士尊：《明代遼東邊疆研究》，吉林人民出版社，2002年；肖瑤：《李成梁與晚明遼東政局研究》，東北師範大學博士學位論文，2006年；（韓）南義鉉：《明代遼東政策研究》，江原大學校出版社，2008年；（日）荷見守義：《明代遼東與朝鮮》，汲古書院，平成二十六年；代表性的論文有孫文良：〈明代的遼東與明末的遼事問題〉，《滿洲崛起與明清興亡》，遼寧大學出版社，1992年；姜守鵬：〈熊廷弼、孫承宗、袁崇煥經遼研究〉，《東北師大學報》，1992年第4期；（日）田川孝三：〈毛文龍與朝鮮關係〉，《青丘說叢》，1932年第3卷；（韓）鄭炳哲：〈明末遼東沿海一帶的「海上勢力」〉，《明清史研究》第23輯，2005年。

[4] 近年學界已注意到使用《朝天錄》為基本史料研究明代遼東與朝鮮的關係，如韓國吳一煥：〈17世紀初明朝與朝鮮海路交通的啟用〉，《歷史教學》，1996年第12期；鄭勛士：〈朝鮮後期

錄》為基本史料，參照其它相關文獻，探討朝鮮使臣是如何觀察晚明遼東社會的民生與情勢的。

一、晚明遼東賦役繁重、災害頻仍

朝鮮使臣出使明朝最關注的問題莫過於明朝治下百姓的民生。有關晚明遼東社會賦稅、徭役繁重，致使百姓民不聊生，明代官私文獻雖有記載，但朝鮮使臣以異域之眼也留下諸多記錄。萬曆二年（1574），使臣趙憲、許篈赴明，一路就十分關注百姓的民生。六月二十日，他們抵達連山關，投宿於彭文珠家。晚上，趙憲與主人就遼東賦稅問題展開如下討論：

> （趙憲）曰：「你有許多田，怎麼有窮象乎？」（主人）曰：「這地方都司歲徵人銀一兩，若有十男之家，則歲納十餘兩銀，如之何不窮也？」（趙憲）曰：「這地方御史為誰？」（主人）曰：「姓郭，名不知，後聞則思極也。」（趙憲）曰：「那裡人耶？」（主人）曰：「南人也，初來只是瘦蠻子，今作胖蠻子（原文注：胖，肥也；蠻子者，北人辱南人之辭。郭是山西人，而謂之蠻子者）」。[5]

筆談中，趙憲得知遼東賦稅徵收以人丁為準，比以地畝為準課稅重，致使遼東百姓貧困，百姓因此痛恨這位與地方官沆瀣一氣的御史，諷刺他「初來只是瘦蠻子，今作胖蠻子」。這也引起趙憲對這位御史的痛恨，他在日記中寫道：「以其受天子命為御史，不能彈罷貪殘守令，以貽民害，故辱以蠻子，譏其瘠民而自肥如此。可知其尸位也」。[6]

《燕行錄》中的遼東〉，《韓國民族文化》，2007年第29卷；曹蒼錄：〈1636年的海路使行與李晚榮的《崇禎丙子朝天錄》〉，《人文科學》，2011年第47卷；劉春麗的《明代朝鮮使臣與中國遼東》，吉林大學博士論文，2012年，是少見的利用《朝天錄》研究明代遼東的專文，但該文重點放在明前期遼東與朝鮮的關係上，而非晚明遼東社會。
5　趙憲：《朝天日記》，萬曆二年六月二十日。
6　趙憲：《朝天日記》，萬曆二年六月二十日。

上述筆談的內容,未見明代官私文獻載錄,可謂十分珍貴的田野調查資料,極具史料價值。主人彭文殊向趙憲講述其家賦稅負擔,真實地反映了晚明遼東社會存在著嚴重賦稅不均。這種狀況,不僅在晚明遼東地區,關內地區也是如此。[7]因此引起時人的關切,上疏朝廷。是年十二月,順天府府尹施篤在奏疏中就針對賦稅嚴重不均問題深刻指出:「方今地畝人丁日漸減少,且額外增役有加無已,細訪其故:或富豪併吞地土,或勢要強占戶丁,或飛灑於詭寄,或漏網於影射,有司坐視,莫敢誰何,遂致閭閻小民甘心拋荒田產,逃移四方,又何怪乎丁糧漸減而賦役愈重耶?」[8]而作為朝鮮士大夫的許篈,面對天朝百姓的沉重賦稅,頗有同感地在日記中這樣寫道:

> 余嘗患我國之貢額煩重,民不堪命,今聞中朝亦如此,則愁怨之聲,舉普天下皆然矣。夫華夷雖有內外,而其違憂懷惠之性,則環四海如一,此仁人君子之所宜動念也。[9]

在許篈看來,天朝百姓賦稅之重與屬國朝鮮百姓賦稅之重並無兩樣,就是說「貢額煩重,民不堪命」,無論在宗主國明朝,還是屬國朝鮮都是一樣的。由此,他發出「仁人君子之所宜動念」的慨嘆。這種慨嘆是士大夫的一種普世情懷的表白。

不僅如此,朝鮮使臣還十分關注晚明遼東的徭役問題。萬曆二十六年(1598)十月,陳奏使李恒福一行赴明,途經廣寧,親眼所見這座昔日繁

---

[7] 七月二十九日,許篈、趙憲到達薊州漁陽,投宿於莫違忠家。許篈仍就其關注的「中朝稅斂多寡之數」向主人請教。莫違忠答曰:「一頃為百,凡耕一頃田者,歲中最豐則納銀七八兩,不稔則二三兩。此外,又有雜役,如出牛驢、釀官酒、養苑馬之類,色目繁多,貧者則至典子賣女以償之。大率耕一頃者,有年則收二百斛,次則百餘斛,其在饑歲,則得六十餘斛,中人十口之家,才可以自給。而今者賦役極重,一頃之出,不足應縣官之所需,故民胥怨諮焉」。許篈曰:「你亦苦此役乎?」違忠曰:「余則在族人官下,故不為此等差役云」。許篈曰:「蓋中朝凡在官者,力足以庇其族,此所以富益富,而貧益貧也,誠可痛憫」。許篈:《荷谷先生朝天記》,萬曆二年七月二十九日。
[8] 《明神宗實錄》卷32,萬曆二年十二月丙辰。
[9] 許篈:《荷谷先生朝天記》,萬曆二年七月二十九日。

華的遼西重鎮,變成「商賈皆閉鋪不坐市,列肆寂然,下人凡有所需,多不得買賣」的窘況。李恒福大為不解,詢問其由,當地人言:「都御史李植,將拓地於遼右,驅出韃虜(指蒙古——引者),築城於舊遼陽,發民起城役,加徵科外商稅。至於人家間架,皆有稅以助其役,遼民因大怨,一時廢肆」。[10]

礦稅使高淮亂遼,使原本賦役繁重的遼東雪上加霜。明神宗是位酒色財氣俱全的皇帝,如孟森所言:「怠於臨政,勇於斂財,不郊不廟不朝者三十年,與外廷隔絕,惟倚閹人四出聚財,礦監稅使,毒遍天下」。[11]一時間,明朝上下無一片安樂之地,貧富盡傾,農商交困。[12]萬曆二十七年,神宗帝輕信衛所千戶閻大經上疏所奏,如派高淮赴遼東署理礦監稅務,朝廷「每年可得銀三萬二千兩」以及開原、廣寧馬市的收入無數之言蠱惑,[13]不顧廷臣反對,派宦官高淮前往遼東開礦收稅。[14]高淮入遼後便大肆搜刮遼民。《明實錄》記載,萬曆二十九年,高淮向朝廷內庫進奉採銀2萬兩,[15]三十一年,「進子粒銀一千八百餘兩,礦稅銀二萬三千兩,金六十兩,馬匹、貂鼠等物。」[16]同年十月,高淮又進「歲額銀七千兩,馬五十匹」。[17]僅四個月光景,高淮就向內庫進奉白銀達4萬餘兩。毋容置疑,高淮進獻數目儘管不少,但絕不是其搜刮的全部。《全邊略記》載:「稅監高淮貪心愈熾,取贏馬散給軍,收好馬之價十倍。至於布靴、香袋、米麵諸貨,無不派勒各營及

---

[10] 李恒福:《朝天錄》下,《白沙先生別集》卷5,《韓國文集叢刊》第62冊,景仁文化社,1991年,第450頁。

[11] 孟森:《明清史講義》,中華書局,1981年,第246頁。

[12] 關於礦監稅使的研究,參見湯剛、南炳文:《明史》(下),上海人民出版社,2003年,第552-566頁;樊樹志:《晚明史》(1573-1644年),復旦大學出版社,2003年,第728-755頁;孫文良〈礦稅監高淮亂遼述略〉,《明史研究論叢》,1882年,第248-265頁。

[13] 《李朝宣祖實錄》卷112,宣祖三十二年四月辛巳。

[14] 給事中包見捷在疏中尖銳地指出:「遼左神京肩臂,視他鎮尤重。奸徒敢為禍首,陛下不懲以三尺,急罷開採,則遼事必不可為,而國步且隨之矣。」時遼東撫按及山海主事吳鐘英等也積極配合相繼上疏反對,然而,萬曆帝「皆不納」。《明史》卷237,〈包見捷傳〉,第6170頁。

[15] 《明神宗實錄》卷365,萬曆二十九年十一月壬戌。

[16] 《明神宗實錄》卷385,萬曆三十一年六月丙戌。

[17] 《明神宗實錄》卷389,萬曆三十一年十月庚寅。

民間者,追呼鞭撻,歲無寧日。」[18]

　　有關遼民深受礦監稅使之害,朝鮮使臣多有記載。如前所述,萬曆二十六年十月,朝鮮右議政李恒福以陳奏使身份赴明,正值礦監稅使盛行之時,他在日記中載:神宗皇帝「分遣太監,置店於外方,名曰皇店,徵納商稅,凡大府巨鎮商人輳集之地,皆有皇店,每店歲中所入,多者二萬餘兩。無賴射利之徒,乘時而攘臂,起紛紜,上本爭請採珠、開礦者不可勝記」。[19]翌年四月,他歸國後,在回覆宣祖國王詢問「十三省,已為開礦」的問話時,又言:「不獨十三省,太監分出天下,言利之道大開。臣行一路處處設皇店,榜曰『奉諭聖旨徵收國助』,雖一蔬一菜亦皆有稅。道路之人爭相怨詈曰『皇上愛錢不愛人,未有如此而享國長久之理,我等不久亦將流離如汝等』云。」[20]至於礦稅監高淮徵斂遼東的情形,是年五月,朝鮮接伴使沈喜壽有如下評論:「天朝太監(高淮——引者),以開礦、店稅,出來金州衛地方,苛虐徵斂,無所不至,市民不勝怨苦。」[21]十一月,以書狀官身份赴明的使臣趙翊親見高淮等礦稅使自廣寧回京的情形。他日記中載:「太監一行夫馬,幾至數百,殘驛無計答應,至拿守驛丞之妻,公肆凌辱。」[22]由此可知,高淮所率回京進獻的人馬竟達數百人,造成驛路一時難以供應,更有甚者,竟公然凌辱驛丞之妻,其專橫跋扈,無視法紀綱常至如此地步。對此,使臣趙翊憤慨地說:「宦官之害,乃至於此,中國事亦可知也!」[23]不僅如此,朝鮮使臣以其敏銳的異域之眼已經覺察到,礦監稅使給晚明社會帶來的危害。謝恩使李好閔歸國後,給國王上的聞見書啟中云:「民怨騷然,物貨不通,關津蕭條……左璫橫恣,干預外政」,「前頭之事,可慮矣」。[24]而

---

[18] 方孔炤:《全邊略記》卷10,〈遼夷略〉,潘喆等編:《清入關前史料選輯》第1輯,中國人民大學出版社,1884年,第231頁。
[19] 李恒福:《朝天錄》下,第449頁。
[20] 《李朝宣祖實錄》卷112,宣祖三十二年閏四月辛卯。
[21] 《李朝宣祖實錄》卷133,宣祖三十二年五月辛酉。
[22] 趙翊:《皇華日記》,萬曆二十七年十一月二十六日,《可畦先生文集》卷9,《韓國文集叢刊》第9冊,景仁文化社,2005年,第482頁。
[23] 趙翊:《皇華日記》,萬曆二十七年十一月二十六日。
[24] 《李朝宣祖實錄》卷126,宣祖三十三年六月乙亥。

此前隨李恒福同赴明的使臣黃汝一更是以其敏銳目光，在日記中深刻地指出，晚明社會已處於內外交困，民窮財盡，危機四伏，岌岌可危的崩潰情勢，百姓唯一的出路就是鋌而走險，起而造反。[25]朝鮮使臣所言可謂切中時弊。

晚明遼東社會不僅賦役繁重，自然災害更是頻發。自然災害主要有地震、水災、旱災、蟲災、瘟疫等。有學者對《明實錄》中遼東賑災的記載加以統計，僅嘉靖朝45年間，發生各種災害就達37次之多。[26]有關晚明遼東的自然災害，明代官私文獻記載極為簡略，而經由遼東前往北京的朝鮮使臣卻多有詳細載錄。嘉靖十二年（1533）二月，朝貢使蘇巡一行，途經寧遠，「於路邊人家暫憩」時，聽這家主人云，該「地方數百里連歲饑饉，民不聊生，食人之肉，如同嚼牛羊。」蘇巡等「聞此言，不勝驚嘆」。[27]檢索明代文獻，嘉靖十二年前後遼東確實發生過災害，但記載極其簡略。[28]萬曆二十三年，朝鮮南部主事申忠一訪問建州時，曾言：「往在戊子年（萬曆十六年），你國地方饑饉「餓殍相望，你類（女真人——引者）歸順望哺於滿浦者，日以千計」。[29]萬曆二十七年，朝貢使李恒福等完成使命回國時，正逢關內外災害，饑民滿道，甚至有賣妻鬻子者。途中，他親見一老婦行乞至使團居處，哭泣著說：「有子年今十歲，前月賣與城裡家，受銀一錢半，未過十日，已吃盡無餘，此後吾亦無策。村氓賣子者在在皆然，多不過三四錢，

---

[25] 黃汝一在其《銀槎日錄》中直言不諱地說：「天災時變，通古所無，皇極災，乾、坤兩宮又災，黃河中渴，太山中裂四十里，龍開刑人，監收店稅，天下騷然，賄賂公行，有識退藏。皇長子，李妃生，為人鬆（案：指朱常洛　人寬厚）；陳妃又生一子；次子，鄭妃生。鄭妃蘇州人，專寵後宮，子亦稱賢，上頗欲為副，以此尚未立春宮宅。禮部右侍郎朱國祚訓之云：大起乾、坤之役，徵斂無藝，天下稱之曰：朝廷爺愛銀不愛民。又民間奢侈成風，虛文日增，所見多有隱憂。嗚呼嘆哉！海寇楊一龍又叛，南邊不靖，北韃又盛，再見償將之辱，北境可慮。」見《海月先生文集》卷10，《韓國文集叢刊》第10冊，景仁文化社，2005年，第199頁。

[26] 參見張世尊：〈明代遼東自然災害考略〉，《鞍山師範學院學報》，2001年4期。

[27] 蘇巡：《葆真堂燕行日記》，林基中編：《燕行錄全集》，第3冊，東國大學出版部，2001年，第380頁。

[28] 如《明世宗實錄》卷145，嘉靖十一年十二月庚戌條載：「以旱災免遼東都司定遼左等二十五衛所屯糧各有差」。同書嘉靖十二年己亥條又載：「以遼東旱災，發太倉銀三萬兩濟之。」

[29] 申忠一：《建州記程圖記》，遼寧大學歷史系，1979年鉛印本，第20頁。

小或一錢」。老婦的悲述，使李恒福發出「氣象甚慘」的感嘆。[30]同行的使臣黃汝一在其三月三十日的日記中也載：「閭民饑甚，至有賣妻鬻子而亦不得為命，十數歲兒直不過一二兩金，而人不樂買之。慘矣」。[31]在四月三日的日記中，他又寫道：「時，關內極大饑，主事掛榜，令賣鬻妻子者，許於遼東往來轉賣」，對此，他慨嘆地寫道：「雖有各天之嘆，亦莫非王土，要以便宜救活為務。」[32]

遼東的災害除旱災外，還有水災、雹災等。如嘉靖十五年前後，遼東發生前所未有的水災。見於《明實錄》僅有兩條載錄：一條為嘉靖十五年十月庚子條：「以災傷，免遼東金州等衛屯糧有差。」[33]另一條為翌年八月己巳條：「以災，免遼東海州等衛田糧有差」。[34]兩條資料僅載金州、海州等衛受災，並未載何種災情，顯而易見，明廷的載錄強調的是朝廷減免受災地區的「田糧有差」，對於發生的災情並不予以關注。相必之下，朝鮮使臣的記載較為詳實。嘉靖十六年，以書狀官身份出使明朝的丁煥，在遼東遭遇了這場水患，他在日記中載：遼河水位暴漲，途經海城、牛莊、廣寧等地，見「禾稼屋居之蕩沒，到處皆然」，據當地人言，「今夏雨水之患，近古所無也」。[35]

晚明遼東的災害，往往伴有蝗災發生。對於遼東蝗災，明代文獻記載極為簡單。嘉靖三年（1524），遼東發生蝗災，《明實錄》僅載：「以旱蝗，免遼東、廣寧、寧遠諸衛屯糧」。[36]比較之下，朝鮮使臣記載較為詳細。嘉靖三十八年前後，遼東遭受百年不遇的蝗蟲害，引起與遼東一江之隔朝鮮的關注。嘉靖四十年（明宗十六年1561）十一月，朝鮮聖節使魚季瑄回國後，向國王報告其所見蝗蟲災情：「遼東以西，旱乾太甚，又有蟲損之災，廣寧

---

[30] 李恒福：《朝天錄》下，第445頁。
[31] 黃汝一：《銀槎日錄》，第195頁。
[32] 黃汝一：《銀槎日錄》，第196頁。
[33] 《明世宗實錄》卷192，嘉靖十五年十月庚子。
[34] 《明世宗實錄》卷203，嘉靖十六年八月己巳。
[35] 丁煥：《朝天錄》，嘉靖十六年七月十九日，《檜山先生文集》卷2，第208頁。
[36] 《明世宗實錄》卷43，嘉靖三年九月癸酉；嘉靖二十八年，遼東又發生蝗災，《明實錄》載：「以旱蝗免……遼東寧遠等衛秋糧有差」。見《明世宗實錄》卷353，嘉靖二十八年十月癸亥。

以西，尤為失稔。至於關內，旱災雖不太甚，蟲損甚於關外，飛蝗蔽天，白日成陰，蝝子被野，隨處皆然矣。」[37]朝鮮使臣的上述關於蝗蟲災情的記載頗有價值，可以補充明朝國內史料記載的不足。

面對肆虐的自然災害，明廷上下別無良策，只希冀通過戒齋、祈禱的方式得緩解。崇禎九年（1636），赴明朝貢的書狀官李晚榮在其日記中記錄了這一情形：「中國近數年枯旱，今年尤甚，各衙門大小官，自今日齋戒，不食酒肉。每朝各詣其衙門，設位牌中門內，行祈禱拜謁之禮。又街巷之間，禁屠殺，尤禁飲酒。又作畫龍大旗各色，老少成群，周行市道上，懸三歲小兒於旗竿，金鼓喧闐，禱聲如沸。」[38]

二、蒙古對遼東的騷擾

遼東地區與朝鮮一江之隔，遼東的安危實繫朝鮮的安危。所謂「全遼若保，則我國無兵之憂」，[39]所以朝鮮使臣赴明朝貢，最為關注問題就是遼東社會的情勢。

晚明遼東的邊患主要來自蒙古各部。明朝初年，明廷對蒙古各部廣置衛所，使其保持「自相統屬，打圍牧放，各安生業」的狀態。[40]十五世紀中葉以降，蒙古諸部陸續從原居地南遷到今遼河以西，遼寧省西半部及內蒙昭盟、河北的北部。[41]南遷加強了蒙古諸部間的聯繫，同時，也刺激了蒙古向明朝搶掠人口、財富的欲望，對遼東地區構成嚴重的威脅。正統十四年（1449）「土木之變」，為明廷陷入危機的轉折點。如馬文升所言：時「以故朵顏三衛並海西、建州夷人處處蜂起，遼東為之弗靖者數年。」[42]

---

[37] 《李朝明宗實錄》卷27，明宗十六年十一月壬寅，學習院東洋文化研究所，1960年。
[38] 李晚榮：《崇禎丙子朝天錄》，崇禎九年四月初二日，《雪海逸稿》卷3，《韓國文集叢刊》第30冊，景仁文化社，2006年，第88頁。
[39] 《李朝光海君日記》卷147，光海君十一年十二月辛未。
[40] 《李朝太宗實錄》卷7，太宗四年四月甲戌。
[41] 佟冬主編：《中國東北史》第3卷，吉林文史出版社，2001年，第656-755頁。
[42] 馬文升：〈撫安東夷記〉，潘喆等編：《清入關前史料選輯》第1輯，中國人民大學出版社，

有關晚明蒙古對遼東地區的騷擾，朝鮮使臣多有記載。萬曆二年，使臣許篈、趙憲等前往明朝慶賀萬曆皇帝生日，下面我們依據許篈、趙憲的日記，看一下他們途經遼東是如何親身經歷與感受蒙古「達賊」對該地區侵擾的。

六月二十一日，許篈、趙憲一行至遼東甜水站。據許篈日記載：甜水站「城圍舊則極大，嘉靖辛酉（1561）五月二十七日，達子陷其城，盡搶人民，故今狹小，其制令其易守」。[43]趙憲日記也載：「有達賊來圍，竟屠其城，殺戮殆盡，賊去後，不能守城，退築而小之。」[44]是日午後，經過青石嶺時，遇見位李重陽的汾州（今山西汾陽）人，此人曾於嘉靖四十年（1561）「為達子所斫，劍痕滿身。自言家鄉相距三千五百里，無所以歸，因娶婦居於此焉。」[45]趙憲與其筆談，問其「瘡痕甚大，何以免死乎」？其答：當時「積尸身上，賊來以劍觸之，疑皆死人，故得免也」。[46]由此可知，蒙古「達賊」之凶殘，此人可謂九死一生。七月，許篈一行至遼西廣寧制勝鋪城堡，此城堡惜時人煙稠密，號稱繁庶，嘉靖三十六年（1557），為蒙古「達虜所陷，今則只有人家數四，而陋不可處。」[47]趙憲日記載：該城堡「於丁巳（1557）達賊陷屠之餘，人民凋散，不能設鋪，只有煙臺而已，聞之甚慘」。[48]七月八日，他們宿於閭陽驛城。趙憲《朝天日記》載：嘉靖三十九年，「本國使臣吳祥入此時，有達賊來圍，不知幾萬」，守城明官軍欲逃，我國通事官崔世協厲聲告之：「棄城之罪可斬」，守城官軍「惶恐惟命，遂閉城固守，賊中片箭而退」。[49]九日，至大凌河紫荊山鋪，他們見道傍立有神道碑，駐足細觀，碑面刻「光祿大夫贈少保左都督諡忠憨王公神道碑，隆慶壬申（1572）六月立」，碑文為翰林修撰會稽羅萬化所題。此碑為

1984年，第3頁。
43　許篈：《荷谷先生朝天錄》，萬曆二年六月二十一日。
44　趙憲：《朝天日記》，萬曆二年六月二十一日。
45　許篈：《荷谷先生朝天錄》，萬曆二年六月二十一日。
46　趙憲：《朝天日記》，萬曆二年六月二十一日。
47　許篈：《荷谷先生朝天記》，萬曆二年七月五日。
48　趙憲：《朝天日記》，萬曆二年七月五日。
49　趙憲：《朝天日記》，萬曆二年七月八日。

紀念抗擊蒙古「達賊」而死的遼東總兵官王治道而立。許篈日記錄其碑文如下：

> 王公名治道，錦州衛人也，曾任遼東都總兵官。庚午年（1570），往山海關調兵回還，聞達子五百餘騎入塞，即率親兵不滿一千，往逐之。達子誘出長墻，稍深入，伏兵四面雲集，全軍皆沒。其麾下義州參將郎得功謂其下曰：「主將已死，吾安忍獨生，汝等其各散去」。乃盡棄弓矢，拔劍直前，擊殺數百人而死。

對這位抗擊蒙軍而死的遼東總兵官，許篈等默然起敬，感嘆道：「其忠義則雖可尚，而非所謂大將也」。[50]是日，到大凌河驛館。大凌河昔日為遼西第一重鎮，而如今卻是「城中人家甚稀，多有逃屋，蓋曾因饑荒，又經達子之難，故迄不能蘇復云」。面對眼前的殘破景象，許篈感慨萬千，是夜他「步月中庭，久不能寐」。[51]趙憲日記也載：「大抵凌河以北諸小城，曾於丁巳（1557）之間，盡為達賊所陷，閭里蕭條，人物甚少」。[52]十六日，至中後所城，趙憲聞當地人言，嘉靖四十五年（1566），蒙古「達賊陷城，被害者千人，被虜者千人，逃免者二千，守堡官棄走得免」，「時城中小兒走死河邊者，幾至百餘，賊見小兒，多於城上倒拋於濠。賊退後，逃者還家，白髻撫心，尋夫哭兒之狀極慘云」。[53]十七日，至前屯衛，許篈等觀廣寧總兵官楊照神道碑。趙憲日記詳載其抗擊「達賊」事迹：「楊名照，嘉靖朝為廣寧總兵，新築長墻，以成邊險，勇而有謀，賊甚畏之，不敢犯塞。癸亥（1563）八月二十八日，身先士卒而戰死於賊」。[54]這段文字不長，但字裡行間充滿者對他的敬仰之情。直至九月，在歸國途中三叉河浮橋畫船上，許篈還念念不忘向多次出使明廷的譯官洪純彥詢問楊照的事迹。據其日記載，

---

[50] 許篈：《荷谷先生朝天錄》，萬曆二年七月九日。
[51] 許篈：《荷谷先生朝天錄》，萬曆二年七月九日。
[52] 趙憲：《朝天日記》，萬曆二年七月九日。
[53] 趙憲：《朝天日記》，萬曆二年七月十六日。
[54] 趙憲：《朝天日記》，萬曆二年七月十七日。

楊照戰死後,「遼東二十五衛人聞之,如喪父母,照柩自廣寧往前屯衛,其所經路傍,皆設香火以奠,哭聲振天」。[55]可見,遼東軍民對他的深厚情誼。

蒙古對遼東的侵擾,其他赴明使臣也不乏記載。萬曆五年(1577),使臣金誠一途經沙河站,所見「本處被達賊搶掠不就,民蕭然,城內只有十餘家。」[56]萬曆十五年,使臣裴三益途經廣寧高平,聽當地人言:「前月達賊,搶虜人民千餘,頭畜百餘」。至杏山高橋鋪時,又聽傳聞:「上年六月,達賊陷城,焚蕩無餘」。[57]萬曆二十六年十二月,使臣李恒福赴明朝貢時,正遭遇蒙古侵擾遼西,他們途經各城鎮時,見「所經各鎮外門,皆竪令旗戒嚴」,到廣寧城時,聽說「虜騎入錦州衛,距本城百餘里,總兵李如梅自領兵萬餘,追之不及而還」。[58]他們一行至中後所宿沙河申家時,竟遭遇「達虜來搶於沙河鹽場村,殺掠人畜。」這夥「達賊」與他們「相距不數十里」。[59]可謂有驚無險。萬曆二十七年九月,使臣趙翊赴明朝貢,途經遼東,也親身經歷蒙古「達賊」對遼東侵擾。據其日記所載:九月十三日,過九連城(鎮江堡)宿當地人家,聽主人言:「邊上有二十萬達虜聲息,君等何行之遽也」。[60]十五日,至甜水站山下村,王姓人家主人言:「開原等處,有六十萬達子聲息」。[61]二十二日,至海州衛牛家莊,聽說:「廣寧以西,達虜大搶」。[62]二十四日,至廣寧三叉河,又得聞:「閭陽、十三山、大小凌河等地,賊鋒彌漫」。[63]十月五日,過沙河所到前屯衛。其日記載:「距賊境不

---

[55] 許篈:《荷谷先生朝天記》,萬曆二年九月二十九日。
[56] 金誠一:《朝天日記》,萬曆五年三月二十日,林基中編:《燕行錄全集》第4冊,首爾:東國大學校出版部,2001年影印本。
[57] 裴三益:《朝天錄》,萬曆十五年五月,《臨淵齋先生文集》卷4,《韓國文集叢刊》第4冊,景仁文化社,2005年,第276頁。
[58] 李恒福:《朝天錄》下,第427頁。
[59] 李恒福:《朝天錄》下,第433頁。
[60] 趙翊:《皇華日記》,萬曆二十七年九月十三日,《可畦先生文集》卷9,《韓國文集叢刊》第9冊,景仁文化社,2005年,第474頁。
[61] 趙翊:《皇華日記》,萬曆二十七年九月十五日。
[62] 趙翊:《皇華日記》,萬曆二十七年九月二十二日。
[63] 趙翊:《皇華日記》,萬曆二十七年九月二十四日。

遠，行人頗有戒心⋯⋯宣大兵馬戌卒幾數千，家家盈滿，無處可宿。」[64]

上述蒙古「達賊」對遼東的侵擾，如李恒福《朝天錄》所揭示的那樣：「自遼陽至山海關，凡十七站，皆傍胡地，遠者不過百里，近或十餘里，歲為邊患，來搶漢人，不記其數」。[65]

三、晚明遼民的逃亡

晚明遼民逃亡問題也是朝鮮使臣關注焦點。晚明遼東因天災人禍，特別是天啟元年（1621），後金進入遼東後，遼民為躲避戰禍紛紛踏上逃往之路。遼民逃亡的區域大體如下：由海路逃往山東一帶以及附近沿海島嶼；逃往一江之隔的朝鮮境內；經由陸路逃往遼西及蒙古地區。

遼民經由海路逃往山東一帶以及附近沿海島嶼的人數眾多。1621年，後金占據遼東後，其南邊海州、蓋州、復州、金州四衛深受其害，四衛軍民為躲避戰禍大舉南下。如文獻所云：「携家航海，流寓山東，不能渡者，棲各島間」。[66]時，經由海路逃往登、萊兩府的遼民竟達10萬之多。[67]更有數萬遼民為躲避戰亂逃難至沿海島嶼。[68]有關遼民逃往附近島嶼情況，明代官私文獻語焉不詳，而經由海路赴京朝貢的朝鮮使臣對其多有記載。下面我們以天啟四年赴京使臣洪翼漢所著《華浦先生朝天航海錄》為中心，看一下逃往遼東附近島嶼的遼民生存狀態。

天啟四年，使臣洪翼漢等赴明的使命是請求明廷對新即位的國王李倧儘快加以封典。時，後金已占據遼東，由遼東陸路赴京的貢路阻斷，只能取

---

[64] 趙翊：《皇華日記》，萬曆二十七年十月五日。
[65] 李恒福：《朝天錄》下，記聞，第460頁。
[66] 《明熹宗實錄》卷3，天啟元年三月丁卯。
[67] 參見（韓）鄭炳哲者、王桂東譯：〈明末遼東沿海一帶的「海上勢力」〉，達力扎布主編：《中國邊疆民族研究》（第九輯）中央民族大學出版社，2015年，第257頁。
[68] 如《明熹宗實錄》卷9，熹宗天啟元年四月丙申條載：「原任遼東贊畫兵部主事劉國縉投揭督餉戶部侍郎李長庚內稱，南四衛官民逃命山東等島約數萬人」。同書卷10，熹宗天啟元年五月乙卯條也載：「兵科給事中霍維華言，遼民蹈海者眾至數萬」。

道海路。是年八月四日，洪翼漢一行從朝鮮宣沙浦乘船出發，中經皮島、車牛島、竹島、大小獐子島、薪島，進入明遼東海域。[69]他們在遼東海域所經的石城、長山、廣鹿、三山、鐵山諸島，到處充斥著避難的遼東逃民。據其日記載，八月十二日，朝貢使團到達隸屬明蓋州衛石城島，下船後，所見「島居者俱遼、廣逋民」，這些逃民，見使團一行「初甚疑懼」，以為後金軍前來捕殺，遂「聚眾放炮」以此自衛。洪翼漢急令隨行通事向逃民加以解釋，並「慰勉不已」，逃民人心始定。[70]翌年三月，洪翼漢等完成使命回國，再經石城島時，在島上龍王廟舉行祭祀活動。他仔細觀察此島「有十餘家」，「皆遼、廣逋民，穿匡穴居」，這些逃民「無以為食，饑困之狀，不忍看」，僅靠「時候潮退，採螺蛤充腸而已」。當逃民得知洪翼漢等身份後，遂「繞舡來乞」，洪翼漢見這些「鵠形鳥顏」的逃民，頓生憐憫之情，拿「出剩米六石賙給」。[71]在與這些遼東逃民交談中，有一人言：「三月初六日，新從虜（後金——引者）中來」，其「頭髮盡禿，公然一真韃也，因言虜中事甚悉」。[72]

八月十四日，洪翼漢一行至長山島。他見島上「矮屋依草，弊廬傍林，牛羊溢巷，雞犬盈街」，相互問語，「知其遼左避虜流民也」。洪翼漢向逃民「具道奉使朝天之意，相顧感嘆」後，彼此交談。[73]十五日，至隸屬明金州衛的廣鹿島。洪翼漢見島上居住逃民，「比屋皆窄陋，腥膻之氣襲人，聞可毆殺」。這些逃民「新自遼歸，頭髮盡剃」，蓬頭垢面，如同囚犯，「看來醜狀，不忍正視」。[74]其中一遼民向其講述逃到島上的緣由。他說：「奴酋自今秋，始於三叉河東岸築土墻，高廣各數丈餘，役民甚毒，人不堪苦，皆懷逃躲之計，而俺亦割恩忍愛，夜間乘家小睡熟，脫身潛來，屆此僅

---

[69] 據《遼東志》卷1，《地理志》載：「金州近海無大川，故附島嶼九十七處，且環列海岸，當要險之所」。
[70] 洪翼漢：《華浦先生朝天航海錄》卷1，天啟四年八月十二日。
[71] 洪翼漢：《華浦先生朝天航海錄》卷2，天啟五年三月二十九日。
[72] 洪翼漢：《華浦先生朝天航海錄》卷2，天啟五年三月二十九日。
[73] 洪翼漢：《華浦先生朝天航海錄》卷1，天啟四年八月十四日。
[74] 洪翼漢：《華浦先生朝天航海錄》卷1，天啟四年八月十七日。

數日，心肝如裂」。說到此處，「泣下不絕」。聽了這位逃民的痛述，激起洪翼漢對後金的憤怒，在日記中寫道：「奴賊之暴虐已極，人心已離，天必悔禍，胡運將盡也夫」。[75]十六日，至平島。洪翼漢一行入住金州避難士人李嵓家。此人知書達理，待使臣等甚厚。夜間，聞其「讀書聲達夜弗輟」，洪翼漢聽後夜不能寐，在其日記中發出如下感慨：「彼醜虜宇宙間何物，亂華窮凶，一至於此，遂令儒士未免迺播落拓，困厄於島嶼瘴海中哉！殊不知蒼蒼者天意竟何如？其肯使數百年衣冠文物，盡污於腥膻之塵，而終不悔禍耶。」[76]遼東逃民在沿海島嶼的生存狀況，其他朝鮮使臣也有些記載。[77]

　　遼東與朝鮮一江之隔，鴨綠江北岸沿江一帶自然成為遼民逃生的重要去處。嘉靖年間，遼民為躲避蒙古的侵擾就曾逃往朝鮮避難。[78]後金攻占遼瀋後，大量遼東逃民湧入朝鮮，因此引起朝鮮使臣的關注。天啟元年四月，李植作為陳慰使赴京，[79]他在「請刷還遼民奏文」中詳細列舉了遼民流入朝鮮沿江城堡的情形。奏文云：

> 據義州府尹柳裵節次馳報：近日歸順假達（指遼民——引者），從方山、麟山、本州島三路，陸續渡江，或五、六十名，或數三百名，布野成群，春耕麥芽，盡行挖食，途遇餓殍，爭相屠吃等因。又據昌城府使金時若呈：遼東饑民，自寬奠地方，渡江而來，不記其數，挖掘穀種，搶奪民家。本鎮倉糧，亦已罄竭，不能賑救等因。又據龜城府使趙時俊呈：遼民饑餓者，携負妻子，或三、四十名，或六、七十名，逐日渡江，出入村閭，村民亦饑不能供應，相繼逃竄等因。又據青城僉使鄭名振呈：假達五十餘名，自那邊過江前來，不堪饑餓，奔突村

---

[75] 洪翼漢：《華浦先生朝天航海錄》卷1，天啟四年八月十七日。
[76] 洪翼漢：《華浦先生朝天航海錄》卷1，天啟四年八月十六日。
[77] 如趙濈在《燕行錄》中記載：天啟三年十月十二日到達鹿島，見「此島極其廣闊，且農田及風屋，自平時原有居民，今避亂遼人亦多會聚」。
[78] 據《李朝明宗實錄》卷24，明宗十三年五月辛未條載：朝鮮平安道觀察使丁應斗奏稱：「唐人等携其男女畜產，車載駄運，來駐鴨綠江西邊，於赤島等處，絡繹不絕，往問其故，則為達賊所逐，避患到此云」。
[79] 《李朝光海君日記》卷164，光海君十三年四月壬辰。

閻，討索食物，小不如意，輒肆毆打，委屬悶慮等因。[80]

是年十月二十四日，朝鮮龍川府使李尚吉在狀啟中也言：「近自四五日來，沿江上下，避亂遼民等，般移家少，盡向內地，相望於道路，那邊聲息之可虞，據此可知矣。」[81]天啟二年，赴明進賀使吳允謙回國覆命後，談及途中所見逃亡的遼民在朝鮮的情形時說：「所經一路，遼民流離轉徙，老弱扶攜，絡屬道路，布滿閭里，我寡君憫惻同胞，雖逐戶依插，使相資活，折減軍餉，計口分哺，而官無宿儲，民竭瓶粟，其勢將見，主客俱病，胥顛溝壑，觸境寓目，無非氣塞而心傷。」[82]天啟六年，赴明進賀使金尚憲在呈給明禮部、兵部諮文中，也論及遼民逃亡問題。其云：「目今遼民之方住小邦者，計不下數十萬口，散走村閻，在處填滿，主居二三，客居七八，始借房屋，中奪饔飧，終淫妻婦，人情到此，孰能堪之，弱者攜妻負子，轉徙內地，強者礪劍懷刃，乘暗相圖」。[83]可見，大量遼東逃民湧入朝鮮沿邊一帶，不僅給朝鮮增加了經濟負擔，而且嚴重擾亂朝鮮社會秩序。[84]

面對湧入朝鮮的遼東逃民，李朝政府曾多次勸請據守皮島的毛文龍將這些逃民遷回內地，但毛文龍多方阻撓。[85]登萊巡撫也恐怕數以萬計的逃民一旦遣返內地，難以安置。結果造成這些遼民無家可歸，或棄於沿海諸島，或棄於朝鮮，處於半饑半飽狀態之中。

遼東逃民也有經由陸路逃往遼西及蒙古地區。明中葉以來，遼民為逃避

---

[80] 李植：《澤堂先生別集》卷1，奏文，請刷還遼民奏文，《韓國文集叢刊》第88冊，景仁文化社，1992年，第275頁。

[81] 《李朝光海君日記》卷170，光海君十三年十月丁酉。

[82] 吳允謙：《楸灘先生集》卷3，文，免宴呈文，《韓國文集叢刊》第64冊，景仁文化社，1991年，第171頁。

[83] 金尚憲：《朝天錄》，禮部兵部呈文，《清陰先生集》卷9，《韓國文集叢刊》第77冊，景仁文化社，1991年，第140頁。

[84] 《李朝光海君日記》卷177，光海君十四年五月丁未條載：「避亂遼人，擾害農民，掠奪牛馬，使不得耕作」。

[85] 參見毛光濤：〈毛文龍釀亂東江本末〉，《歷史語言研究所集刊》（第19輯），1948年；陳生璽：〈明將毛文龍在朝鮮的活動〉，《商鴻逵教授逝世十周年紀念文集》，北京大學出版社，1996年。

遼東沉重賦役多潛入「胡地」，時有「生於遼，不如走入胡」[86]之說。萬曆二十六年末，朝鮮使臣李恒福赴京朝貢時，與蒙古使團同住會同館，彼此「顏情稔熟」後，他發現使團「達子數十餘人」中，「遼人居十分之八九，其中真達，僅一二而已」，便好奇地令通事詢問，逃往蒙地的遼民「頗戀本土否」？得到的回答是：

> 父母妻子，皆在中原，豈無思戀之心。但胡地風俗，比中國十分醇好，無賦役、無盜賊，外戶不閉，朝出暮還，自事而已。其與居遼，役不暇者，苦樂懸殊，苟活目前，不思逃歸耳。[87]

李恒福日記中又載，蒙古朝貢使團中，還有遼東籍的士人參與其中。[88]由此可知，逃往蒙地的不光是貧困百姓，還有讀孔孟書，知書達理的遼東士人。這些「遼人」因「役不暇者」紛紛背井離鄉，逃往「無賦役、無盜賊」的蒙古居地，深刻地反映出晚明遼東社會賦役繁重的殘酷現實。

以上所述，朝鮮使者對晚明遼東社會民生與情勢的觀察與思考，不僅為我們研究晚明遼東社會提供了極為珍貴的史料，也為我們的研究提供一個新的視角。有關晚明遼東社會的民生與情勢，明代官私文獻記載簡略，語焉不詳，而朝鮮使臣從域外「他者」的視域，以日記的形式，細無巨細、前後貫穿式地記錄了晚明遼東社會的民生與情勢諸多方面的見聞，為我們的研究提供了極為難得的文獻資料，這些資料既可補充中國史料的闕失與不足，更有助於從異域的視角，加深我們對晚明遼東社會的認識。

（本文原載《社會科學戰線》2017年5期）

---

[86] 何爾健：《按遼御璫疏稿》，中州書畫社，1982年。
[87] 李恒福：《朝天錄》下，第448頁。
[88] 李恒福：《朝天錄》下，記聞條載：「到通州，有賣書人來過，仍言：近來達子朝貢過此者，極求書冊，尤好醫卜等書云。是夕，余適往江上，登商舶散悶，有前日留館達子數人來見。譯官登欣慰殊甚，與語款款，言及虜中之事，具言：遼陽有士人黃姓者，自少以能文知名，被擄在胡中，稱為黃郎中。胡人呼文士為郎中。今方以貢胡來此，虜頗敬之，資產極豐，常畜美姬四人，牛馬彌山云」。

朝鮮使臣所見晚明社會之亂象
——以朝鮮使臣所撰《朝天錄》為中心

有明一代,在以明朝為中心的東亞「華夷秩序」中,朝鮮被視為朝貢各國的典範,每年都要數次派遣使臣前往北京朝貢。這些使臣一般稱為朝天使,回國後,需向國王彙報在明朝的見聞。為此,這些使臣都將出使明朝的見聞,細無巨細地以日記的形式記錄下來,總其名為《朝天錄》。據日本學者中村榮孝統計,約有四十餘種。[1]數十年前,吳晗曾從《朝鮮王朝實錄》中輯錄出有關明清與朝鮮王朝關係的資料出版,開起了利用域外的朝鮮史料研究明清史的先例。[2]《朝天錄》是朝鮮使臣依據自己出使明朝時的見聞寫成,顯然要比朝鮮官方修纂的《朝鮮王朝實錄》等文獻中,對明朝的記錄更具有直言、真實、具體、視角獨特等特點。然而,學界有關朝鮮使臣對中國見聞的研究大多集中於清代的,尤其利用《燕行錄》,對北學派士大夫的研究;[3]較少關注明朝,特別是明中葉以後,明朝國力下降,各種矛盾不斷顯現,在周邊國家間的優越地位逐漸喪失的情境下,朝鮮使臣是如何觀察與思

---

[1] 中村榮孝:〈事大紀行目錄〉,《青丘學叢》,第1號,1930年,第177-184頁。

[2] 吳晗輯錄的《朝鮮李朝實錄中的中國史料》書稿,早在1966年以前已經排版,因受文革干擾,擱置多年,至1980年終於由中華書局出版,全書共計12冊。

[3] 據筆者目力所見,國外主要研究成果有:藤冢鄰:《清朝文化的東傳——嘉慶、道光學壇與李朝金阮堂》,國書刊行會,1975年;夫馬進:〈1765年洪大容的中國京師行與1764年朝鮮通信使〉,《復旦學報》(社會科學版)2008年4期;夫馬進、鄭台燮譯:《燕行使與通信使》,首爾:新書苑,2008年;金文用:《洪大容的實學和18世紀北學思想》,藝文書院,2005年;金敏鎬:《由燕行錄所見朝鮮人眼中的江南形象》,中研院史語所演講,1998年6月8日;任桂淳:〈試論十八世紀清文化對朝鮮的影響——以李朝出使清朝的使節問題為中心〉,《清史研究》,1995年第4期。中國主要有:鄭克晟:〈讀朴趾源《熱河日記》〉,韓國學論文集第6輯,1997年;楊雨蕾:《十六至十九世紀初中韓文化交流研究——以朝鮮赴京使臣為中心》,復旦大學博士學位論文,2005年;徐東日:《朝鮮朝使臣眼中的中國形象——以《燕行錄》、《朝天錄》為中心》,中華書局,2010年等。

考明朝現實社會的？[4]有鑒於此，筆者以《朝天錄》為基本資料，參照相關文獻，探討朝鮮使臣是如何觀察晚明社會亂象的。[5]

一、吏治敗壞

明朝建國後百餘年間，吏治尚清明，官員畏法，潔己愛民。明初朱元璋「懲元季吏治縱弛，民生凋敝，重繩貪吏」一時間，「吏治煥然丕變矣」。[6]至永樂、宣德時期，「吏稱其職，政得其平，綱紀修明，倉庾充羨，閭閻樂業，歲不能災。蓋明興至是歷年六十，民氣漸舒，蒸然有治平之象矣」。[7]以上清朝史家對明興六十餘年因吏治清明，國家漸有升平景象的描述，雖不乏有溢美之詞，但基本上反映出明前期吏治的狀況。然而，至明中葉以來，尤其至晚明，明神宗親政後「因循牽制，晏處深宮，綱紀廢弛，君臣否隔」，[8]致使明朝綱紀廢弛，吏治敗壞，「群臣皆背公營私，日甚一日，外患愈逼，黨局愈多……民愈貧矣，吏愈貪矣，風俗益以壞矣。將士不知殺敵，但知虐民；百官不知職守，但知苛刻」，[9]「而廟堂考課，一切以虛文從事，不復加意循良之選。吏治既以日媮，民生由之益

---

[4] 相關研究筆者僅見夫馬進：〈萬曆二年朝鮮使節對「中華」國的批判〉（《山根幸夫退休紀念明代史論叢》，汲古書院，1990年）全文收同氏著《朝鮮燕行使與朝鮮通信使——使節視野中的中國‧日本》，上海古籍出版社，2010年；張崑將：〈十六世紀末中韓使節關於陽明學的論辯及其意義——以許篈與袁黃為中心〉，（《台大文史哲學報》，2009年5月）；曹蒼錄：〈1636年的海路使行與李晚榮的《崇禎丙子朝天錄》〉，（《人文科學》，2011年第47卷）；金英淑：《以《朝天錄》看明清交替時期遼東形勢及對明關係》，（仁荷大學校博士論文，2011年）；劉春麗：《明代朝鮮使臣與中國遼東》，（吉林大學博士論文，2012年）。

[5] 有關晚明社會的研究論著，主要有湯剛、南炳文：《明史》（下），上海人民出版社，2003年；樊樹志：《晚明史》（1573-1644年），復旦大學出版社，2003年；劉志琴：《晚明史論——重新認識末世衰變》，江西高校出版社，2004年；徐林：〈明史為政心態與吏治腐敗〉，《東北師大學報》，2002年第3期；張顯清：〈晚明社會的時代特點——明清時代的歷史特點及其走向〉，《河南師範大學學報》，2005年第6期等。

[6] 《明史》卷281，〈循吏傳〉，第7185頁。

[7] 《明史》卷9，《本紀第九》，〈宣宗贊〉，第125-126頁。

[8] 《明史》卷21，《本紀第二十一》，〈神宗贊〉，第294-295頁。

[9] （清）侯玄汸：《月蟬筆露》，1932年鉛印本。

麼」。[10]有關晚明的吏治敗壞，明代官私文獻多有記載，但朝鮮使臣以異域之眼也留下諸多真實的記錄。

較早記錄晚明吏治敗壞的是嘉靖十六年（1537），出使明朝的丁煥所撰《朝天錄》。是年七月，他以書狀官身份隨團赴明。使團到達遼陽，拜見明遼東地方官員，按禮節分別送些禮物給都司諸官，而遼東劉、徐兩大官人與總兵官李景良等對所贈禮物不滿足，「皆別求物產，徵名責數」，令丁煥等大為不解。他在《朝天錄》中寫道：「此輩起行伍，不可責以廉謹，然受重寄，杖節鎮邊，輒施好惡，逞志於外國行人，污甚矣」。[11]萬曆二年（1574），作為聖節使的趙憲、許篈等前往明朝慶祝萬曆皇帝12歲生日，一路走來可謂受盡明官吏的勒索。在剛踏入明境第二天，湯站守堡官王魁派舍人給使團送下程，許篈等出於禮節，送其些扇子、帽子等物。令人意想不到的是，「其舍人怒其扇把之少，棄而先行，尋令人持去」。[12]同行的許篈目睹這一場面，在日記中批評道：「此人唯知貪得，不顧廉恥之如何，名為中國，而其實無異於達子焉」。[13]六月二十三日，趙憲、許篈一行到遼陽，拜會遼東都指揮陳言，一見面，他「以前者所求《皇華集》、咨文紙、大笠子等物不至，故盛發怒氣」。許篈等得知其「大聲叱之」，「遷怒我國」的原因後，遂派通事宋大春等備禮物及《皇華集》至陳言處，他見所帶禮物，滿臉怒氣地說：「頃者屢求《皇華集》五部，鏡面紙六十張，絲笠三部，而今日何以只將《皇華集》一部來耶？」大春等只好賠禮道歉，面堆微笑地解釋：「《皇華集》則例於詔使來日，臨時鑄字而印，舊件今已用盡，只餘一部故耳。若咨文紙，功力極重，艱用於事大文書，而別無餘儲，絲笠則冬至

---

[10] 《明史》卷281，〈循吏傳〉，第7186頁。
[11] 丁煥：《朝天錄》，嘉靖十六年七月九日，《檜山先生文集》卷2，《韓國文集叢刊》第2冊，景仁文化社，2005年，第207頁。
[12] 趙憲：《朝天日記》，萬曆二年六月十八日，《重峰先生文集》卷11，《韓國文集叢刊》第54冊，景仁文化社，1990年，第355頁。同行的許篈見此情形，在日記中也載：「舍人輩嫌其少，發怒委棄而去。余等欲試之，令姑勿追贈，最後一人，還推而去。極好笑也」。許篈：《荷谷集》，《荷谷先生朝天記》（上），萬曆二年六月十八日，《韓國文集叢刊》第58冊，景仁文化社，1990年，第415頁。
[13] 許篈：《荷谷先生朝天記》（上），萬曆二年六月十八日。

使當賷來矣」。[14]陳言聽後，怒氣稍消。然後，取出筆紙又強行索要，「海獺皮、滿花席、白布、花硯、雜色綢、整參等物」，其下，「又書帽緞二匹、羅一匹、大緞二十匹」，勒令道「以此換前物來」。大春等十分為難地說：「海獺皮非本國所產，滿花席係進貢之物，不曾持來，奈何？」陳言一聽，「怒而起立」，厲聲斥責道：「不須多言，歸議，汝一行可速將來」。大春等再三懇求，陳言「怒而起立，作聲愈厲，令鎮撫等持其物以出，大春不得已受之而退」。[15]對於陳言的上述醜行，趙憲寫道：「無廉恥如此」。[16]

遼東當地百姓對陳言貪婪行徑也氣憤之極。有位百姓直言不諱地說：「若此貪墨，近古所無，不獨貽害於你國，我等亦不勝其侵割，汝何不赴訴於禮部乎？」許篈回答：「吾等安敢以外國人，輒行告訴於禮部乎？你等抑何不告於巡按衙門耶？」這位百姓聽後苦笑道：「御史亦愛錢，大人曾已相熟矣」。[17]在場的趙憲聽到此番話後，十分感慨地在日記中寫道：「遼人曰：名為御史，而實則愛錢，公然受賂，略無所忌，同是一條藤。一條藤，言無異也。往訴何益，蠻子之譏可謂驗矣」。[18]

如果說朝鮮使臣在邊境城鎮有如此的經歷與觀感的話，那麼當他們到達時為東亞的中心——北京又有何經歷呢？天啟四年，使臣洪翼漢等為請求明廷對新即位的國王李倧進行封典，在明朝滯留四個月之久，下面我們看一下其在京師的親身經歷與感受。[19]

他對京師官員貪婪索賄行徑，頗有感觸地在日記中這樣寫道：

　　大概中朝貪風大振，公卿輔相，大官小吏，無不以利欲相濟，政以賄成，恬不知恥。輒逢陪臣，自以為值獲財之運，朵頤饞涎，日令牌

---

[14] 許篈：《荷谷先生朝天記》（上），萬曆二年六月二十三日。
[15] 許篈：《荷谷先生朝天記》（上），萬曆二年六月二十三日。
[16] 趙憲：《朝天日記》，萬曆二年六月二十三日。
[17] 許篈：《荷谷先生朝天記》，萬曆二年六月二十四日。
[18] 趙憲：《朝天日記》，萬曆二年六月二十五日。
[19] 參見拙文〈朝鮮使臣所見的天啟社會——以洪翼漢《花浦先生朝天航海路》為中心〉，《東北師大學報》，2012年4期。

> 子、小甲等來求土物,銀、參、獺、豹皮、紙、苧布之言,不絕於口。朝求才應,暮已復然。時復以袖中單子,相繼憑索曰:上年奏請使來時,某官前銀、參若干,某物若干,萬端徵責,不厭不已。以為事若速完,則餌漁之方絕矣。留時引月,潤筆馨鉤,必充上年物數,然後為可成。[20]

洪氏所云,絕非誇張之筆,而是明廷官員索賄的真實記錄。

明代,朝鮮使臣到達京師後,通常於翌日前往禮部主客清吏司呈送所進文書(奏文或諮文)。文書需經禮部議覆後,轉送內閣票擬,再呈送皇帝御覽,經皇帝朱批,發送到相關部門處理。朝鮮所呈的文書何時議覆?是否議覆?議覆後何時轉內閣?禮部起著舉足輕重的作用。禮部官員在議覆朝鮮文書的過程中,無論所請之事大小,索賄已成為潛規則。[21]洪氏在日記中載:明朝官員「刻求銀、參,一則曰容錢,二則曰喜錢。容者,先容圖事之云也;喜者,報喜竣事之云也」。[22]禮部官員抓住朝鮮使臣希望早日得到禮部議覆的心理,每天都來索要「求圖事容錢」,[23]並以「今明科官當抄送奏本,而但容錢甚些小,勢難率易為之」相要挾,「需索之物,罔有紀極」。[24]其中,禮部主客司主事李其紀最貪,[25]「凡所以禮遇陪臣及館中諸事」,實由其主之。[26]最初,洪翼漢等拜見他時,「進土物為禮」,其「陽辭不受」,在場的「門子等潛言曰:『姑為善藏,以待後日云』」,使臣心知肚明,便專程前往其府上求見,云:「自前陪臣入京,例有土物禮單,而今也老爺無意領情,於陪臣安乎?不敢不為之強請」。[27]他果然欣然接受。

---

[20] 洪翼漢:《花浦先生朝天航海錄》卷1,天啟四年十一月十五日。
[21] 參見拙文〈天啟朝明朝與朝鮮的關係——以朝鮮國王李倧「封典」為中心〉,《社會科學輯刊》,2014年6期。
[22] 洪翼漢:《花浦先生朝天航海錄》卷2,天啟五年正月四日。
[23] 洪翼漢:《花浦先生朝天航海錄》卷1,天啟四年十月二十三日。
[24] 洪翼漢:《花浦先生朝天航海錄》卷1,天啟四年十月二十四日。
[25] 李其紀,字布宸,直隸清豐人,萬曆四十四年進士。
[26] 洪翼漢:《花浦先生朝天航海錄》卷1,天啟四年十月十三日。
[27] 洪翼漢:《花浦先生朝天航海錄》卷1,天啟四年十月二十六日。

幾天後，他卻以前送「禮單參品不好，求換好品」。[28]更有甚者，竟然還示意使臣向其親屬行賄。當其欲望得到滿足後，才在使臣呈給禮部的文書上簽「准轉稟於大堂，定奪。」然後，再次向使臣索求土物，並「以紅帖回謝曰：侍生李其紀頓首拜謝云」。[29]其貪婪醜態躍然紙上。李其紀之貪，頗為時人所知，洪氏日記載：此人與主客司郎中周鏘會飲於廓然亭，「館夫等爭相調之曰：『清白學士，對酌可觀』。蓋譏其貪墨敗官也」。[30]不僅如此，就連禮部尚書林堯俞也不顧廉恥，派人到會同館，向使臣「來求人參」。時，使臣滯留日久，經用已竭，只好將使團成員自身所帶人參蒐刮一空，「收合一行，僅得七斤以送」。[31]林堯俞並不滿足，又派家人來求索「銀錫妝刀、鏡面、雪花五色紙」等，使臣一一敬送。其家人回報，林堯俞收到求索之物「亦色喜云」。[32]對上述明廷官員的貪婪行徑，洪翼漢無不感慨地寫道：「惜乎！中朝政亂，何其甚歟」。[33]

朝鮮使臣初至京師，明官員來索求「容錢」，事成之後，又來索求「喜錢」。當明廷允准對李倧加以封典後，「閣部下吏及牌子、小甲等，以封典重事告成，肩磨踵接」前來會同館索求銀、參等物。[34]洪翼漢記載了當時的場面：

> 閣部下人，逐日麇至館中鬧哄，有同市肆，束指齊唇，求索不止，今日費百金，明日費千金。起視門外，部吏又至矣。一行傾槖，更無可辦。

面對經費用盡而索求者接連不斷的窘困局面，正使只好貸借使團成員自身所

---

[28] 洪翼漢：《花浦先生朝天航海錄》卷1，天啟四年十一月七日。
[29] 洪翼漢：《花浦先生朝天航海錄》卷1，天啟四年十一月十日。
[30] 洪翼漢：《花浦先生朝天航海錄》卷2，天啟五年正月十二日。
[31] 洪翼漢：《花浦先生朝天航海錄》卷2，天啟五年正月九日。
[32] 洪翼漢：《花浦先生朝天航海錄》卷2，天啟五年正月十五日。
[33] 洪翼漢：《花浦先生朝天航海錄》卷2，天啟五年正月十二日。
[34] 洪翼漢：《花浦先生朝天航海錄》卷2，天啟五年正月四日。

帶銀兩,「括出員役行槖,僅收一千餘兩」,用以應付這種窘局。洪氏當時的心情是「所謂醫得眼前瘡,剜卻心頭肉」,因「上年奏請使貸用員役之銀,多至累千,而該曹以國儲蕩盡,不即還償。故員役等抵死不肯出,多有怨言,百端開諭後乃出」。[35]目睹明朝官員這種貪婪腐敗,他感到現實的中華與想像中的中華存在天壤之別,以致發出如下感嘆:

> 中華古稱名教之地,禮義廉恥,所自淵源,而今至此極,益可怪嘆。無乃以下邦陪臣,視同裔夷,陵侮而然耶?若果然也,則尤為痛骨矣。[36]

關於晚明吏治敗壞,官員貪腐,其他朝鮮使臣也多有記錄。嘉靖十八年,奏請使權橃面對禮部官員公然索賄,在其《朝天錄》中載:「禮部主客司外郎王相、馬證、李學夔等,執筆吏也,以奏請事來索人情,各給白布等物。外郎不肯曰:『宗系改正,爾國之大事,人情何若是略少耶?』」[37]權橃等只好加給硯臺等物。天啟七年五月,仁祖國王接見歸國的使臣金尚憲,談及「中原貪風大振,今則如何」時,他回答:「天下皆然,罔有紀極。臣等之行,方物上納之時,亦受銀、參,而提督亦未免捧價,殊極寒心矣」。[38]崇禎元年(1628),赴明奏聞使權怗在馳啟中也談及,明廷官員「需索之弊,與前無異,倒盡行資,難以塞應」。[39]崇禎六年,歸國的奏請使洪靈向仁祖國王奏報在明見聞時也云:「譯官等皆言:物力不如昔日之全盛,而士大夫貪風大振云矣」。[40]崇禎九年,最後一位赴明朝貢的使臣金堉,在京師親眼目睹「近來縉紳之間,貪風益熾,行賄者,以黃金作書,鎮

---

[35] 洪翼漢:《花浦先生朝天航海錄》卷2,天啟五年正月四日。
[36] 洪翼漢:《花浦先生朝天航海錄》卷1,天啟四年十一月十五日。
[37] 權橃:《朝天錄》,嘉靖十八年十一月四日,《沖齋先生文集》卷7,《韓國文集叢刊》,第19冊,景仁文化社,1998年,第448頁。
[38] 《承政院日記》,仁祖五年五月十八日。
[39] 《李朝仁祖實錄》卷18,仁祖六年二月癸卯。
[40] 《李朝仁祖實錄》卷28,仁祖十一年五月壬寅。

挾於冊中而進之，金價甚高」[41]的現狀，他斷言「外有奴賊，內有流賊，天旱如此，而朝廷大官只是愛錢，天朝之事亦可憂也」。[42]不到八年，大明朝被李自成農民軍所亡，金堉所說不幸言中。

二、宦官亂政

晚明宦官亂政是朝鮮使臣赴京見聞中，議論最多的話題。晚明的宦官亂政莫過於天啟朝。天啟為明熹宗朱由校在位時年號，由校，光宗朱常洛長子，生於萬曆三十三年（1650），天啟元年（1621）即位。因其父晚明政爭中連遭厄運，致使作為長子的由校幾乎未接受過皇儲的預備教育。其父即位僅月餘就駕崩，他無任何準備，被黃袍加身，登上皇帝寶座。天啟帝對治理朝政絲毫不感興趣，倒是心靈手巧，對斧鋸鑿削之類工藝頗感興趣。據萬曆、天啟時的宮內太監劉若愚回憶云：「先帝好馳馬，好看武戲，又極好作水戲。用大木桶、大銅缸之類，鑿孔創機，啟閉灌輸，或湧瀉如噴珠，或澌流如瀑布，或使伏機於下，藉水力沖擁圓木球，如核桃大者於水湧之，大小般旋宛轉，隨高隨下，久而不墜，視為戲笑，皆出人意表」。[43]天啟帝的這種頗有發明創造能力，的確令人讚嘆不已，問題是他作為皇帝，對處理政事既無興趣，也無能力，形同「白痴」。[44]無怪乎孟森對其有如下評價：「蓋熹宗為至愚至昧之童蒙，故不足預於是非恩怨之理解也。國勢之危至此，而明之主器者如彼，此即天亡之兆矣」。[45]孟森此論至今仍為不易之論。的確，天啟朝雖僅有七年，但宦官亂政最為猖獗，「國勢之危」已呈現明亡之兆。[46]關於天

---

[41] 金堉：《朝京日記》，崇禎九年十二月十五日，林基中：《燕行錄全集》第16冊，東國大學出版部，2001年。

[42] 金堉：《朝京日記》，崇禎十年三月二十九日。

[43] 劉若愚：《酌中志》卷14，「客魏始末紀略」，北京古籍出版，1994年，第68頁。

[44] 參見朱東潤：《陳子龍及其時代》，上海古籍出版社，1984年，第25頁。

[45] 孟森：《明清史講義》，中華書局，1981年，第293-294頁。

[46] 趙翼：《廿二史札記》卷35，「明代宦官」條載：「有明一代宦官之禍，視唐雖稍輕，然至劉瑾、魏忠賢亦不減東漢末造矣。……王振、汪直、劉瑾固稍知文墨，魏忠賢則目不識丁，而禍更烈。大概總由於人主童昏，漫不省事，故若輩得以愚弄而竊威權。」北京：中國書店，1987

啟朝宦官亂政,不僅明代文獻有詳細載錄[47],當時出使明朝的朝鮮使臣也親眼所見,留下詳實的記錄。朝鮮使臣的記錄,既可與國內史料相互印證,也可補充明代史料記載的某些不足。以下我們以天啟四年出使明朝的使臣洪翼漢出使日記為中心,看其如何記錄天啟朝宦官亂政的。[48]

洪翼漢作為司憲府官員,在來明京師之前,對晚明宦官亂政是有所瞭解的。到了明京師後,所見所聞使他更深切地體驗到天啟朝魏忠賢專政,明廷政治的黑暗。進京一周後的十月十九日,會同館的官吏求見洪翼漢,兩人論及朝政,自然談到魏忠賢。洪氏日記中詳記這位官吏所言:

> 太監魏晉忠者[49],自泰昌皇帝在東宮時,自宮為內豎,得寵於今天子。天子即位,初賜名忠賢,尤寵異之。由是居中用事,威勢日盛,遂與皇上保姆客氏,深相締結,[50]表裡煽動,禍福皆出其手。[51]朝野

年,第509-510頁。
[47] 參見《明熹宗實錄》、《明史》、《明史紀事本末》、《酌中志》、《明季北略》、《先撥志始》、《三朝野紀》、《國榷》等相關記載。
[48] 參見拙文〈朝鮮使臣所見的天啟社會──以洪翼漢《花浦先生朝天航海路》為中心〉,《東北師大學報》,2012年4期。
[49] 洪氏所云「魏晉忠」不確,據《明史》卷305,〈宦官二〉,〈魏忠賢傳〉記載:「魏忠賢,肅寧人。少無賴,與群惡少博,少勝,為所苦,恚而自宮,變姓名曰李進忠。其後乃復姓,賜名忠賢云。」中華書局,1975年,第7816頁。另計六奇:《明季北略》卷2,「魏忠賢濁亂朝政」條也載:「忠賢,北直河間府肅寧縣人。原名李進忠,本姓魏,繼父姓李,得寵後,因避移宮事,改賜名忠賢」。中華書局,1984年,第43頁。
[50] 客氏身世,《明史紀事本末》卷71,「魏忠賢亂政」條載:「客氏者,故定興民侯二妻也,年十八進宮,又二年而孀,生子國興。」第1133頁。
[51] 魏忠賢與客氏之關係,《明史紀事本末》也有詳細記載:「光宗升遐,東宮暫居慈慶,給諫楊漣疏參及忠賢,忠賢無措,泣求魏朝於王安,力營救之,遂與李選侍宮中李進忠為一人,外廷不知也。忠賢深德朝,結為兄弟,而兩人皆客氏私人。上即位數月,一夕,忠賢與朝爭擁客氏於乾清宮暖閣,醉詈而囂,聲達御前,時上已寢,漏將丙夜,俱跪御榻前,聽上令。客氏久厭朝儇薄,而喜忠賢憨猛。上逆知之,乃退朝而與忠賢。忠賢卒矯旨發朝鳳陽,縊殺之。自是得專客氏,而尾大不掉之患成焉。」第1133-1134頁。劉若愚:《酌中志》卷14,「客魏始末紀略」也載:「朝與賢既客氏私人,曾結盟為兄弟,賢居長而朝顧次之,則曰:大魏,二魏。及先帝即位數月,二人因寵漸相攻凶擔於乾清宮暖閣內醉罵相嚷。時漏將丙夜,先帝已安寢,而突自御前哄起。……先帝玉旨問客氏曰:客爾只說,爾處心要著誰替爾管事,我替爾斷。客氏久厭國臣狷薄,而樂逆賢憨猛好武,不識字之人樸實易制,遂心向逆賢。」北京古籍出版,1994年,第

側目而言曰:「天下咸權所在,第一魏太監,第二客奶姐,第三皇上云」。[52]

魏忠賢得寵於天啟帝,文獻也多有記載。《明史紀事本末》載:「萬曆十七年,(魏忠賢)隸司禮監掌東廠太監孫暹,時熹宗為皇太孫,忠賢謹事之,導之宴遊,甚得皇太孫歡心」。[53]《明史》魏忠賢本傳也載:「客氏淫而狠,忠賢不知書,頗強記,猜忍陰毒,好諛,帝深信任此兩人,兩人勢益張」。[54]明代文獻的記載與洪氏的記載可謂互相印證,相得益彰。

兩人談及皇上保姆客氏,這位官吏云:「客氏年逾四十,色貌不衰,性又慧朗,才藝冠後宮。善承上旨,恩眷無比,醜聲頗聞於外」。[55]魏忠賢與保姆客氏狼狽為奸,權傾內外,擾亂朝政由此可見。[56]

魏忠賢因擾亂朝政,明廷官員義憤填膺。天啟四年六月,都察院右都御史楊漣挺身而出,率先呈長篇奏言,「疏參魏忠賢二十四罪」,一石激起千層浪,明廷上下頓時引起軒然大波[57]。一時間,正直的官員,如給事魏大中、御史袁化中、林汝翥、吏部郎中鄒維璉等紛紛呼應楊漣,「不下百餘疏,先後申奏,或專或合,無不危悚激切」。[58]從而朝廷上下掀起了彈劾魏忠賢的浪潮。然而,魏忠賢及其黨羽卻對這些不附己的正直大臣施以打擊報復,魏大中、袁化中、鄒維璉、林汝翥等,皆被革職,發配原籍。時在京師的洪翼漢驚聞這一信息,寫道:「俱聞人也,朝野惜之」。[59]不僅如此,洪翼漢還親眼目睹了正直官員被魏忠賢嚴厲鎮壓、革職的情形,其日記載:

68頁。
[52] 洪翼漢:《花浦先生朝天航海錄》卷1,天啟四年十月十九日。
[53] 谷應泰:《明史紀事本末》卷71,「魏忠賢亂政」,第1133頁。
[54] 《明史》卷305,《宦官二》,〈魏忠賢傳〉,第7817頁。
[55] 洪翼漢:《花浦先生朝天航海錄》卷1,天啟四年十月十九日。
[56] 魏忠賢與客氏狼狽為奸擾亂朝政,可參見樊樹志:《晚明史》(1573-1644年),復旦大學出版社,2003年,第660-670頁。
[57] 參見谷應泰:《明史紀事本末》卷71,「魏忠賢亂政」,第1138-1141頁。
[58] 谷應泰:《明史紀事本末》卷71,「魏忠賢亂政」,第1142頁。
[59] 洪翼漢:《花浦先生朝天航海錄》卷1,天啟四年十月十九日。

（天啟四年十月）二十九日，晴，薄晚，天子御皇極門，擊鼓，大朝千官入侍。奪吏部左侍郎陳於廷、右僉都御史左光斗、左僉都御史楊漣等官[60]為庶人。即日，皆以白衣免冠出城，都下莫不扼腕嘆惜。[61]

此事，《明史》魏忠賢本傳也云：「一時罷斥者，吏部尚書趙南星、左都御史高攀龍、吏部侍郎陳於廷及楊漣、左光斗、魏大中等先後數十人」。[62]相比之下，身臨其境的朝鮮使臣的記載更為真切。面對天朝官員被革職，逐出朝廷，洪翼漢無比憤慨地寫道：

三人極論魏忠賢弄權，故所奏疏草，即楊漣手構，刳肝瀝膽，字字血誠，真醫國之大藥，決疣之美石。而天子惡其苦口，略不省悟，反以為誹謗妖言，僇辱斥逐之，[63]使指鹿售奸，先芟其耳目，而能國其國者，未之有也。[64]

洪氏作為一位來自異域的朝鮮官員，以異域之眼對「天朝」宦官亂政的批評，可謂尖銳犀利，發人深省。

魏忠賢在打擊異己的同時，也大力提拔、培植自己的勢力。據洪氏載：

原任崔景榮入為吏部尚書，魏忠賢之腹心；首起在籍文官朱童蒙、郭允厚、李春燁、徐大化、呂鵬雲、孫杰、霍維華、王志道、郭興治、

---

[60] 據《明史紀事本末》卷71，「魏忠賢亂政」，天啟四年冬十月條載：「削吏部左侍郎陳於庭、右都御史楊漣、左僉都御史左光斗籍，趙南星之去也。」第1145頁。
[61] 洪翼漢：《花浦先生朝天航海錄》卷1，天啟四年十月二十九日。
[62] 《明史》卷305，〈宦官二〉，〈魏忠賢傳〉，第7819頁。
[63] 《明熹宗實錄》卷47，天啟四年十月辛丑條載，魏忠賢黨羽魏廣微、顧秉謙為熹宗起草了一封上諭，指責正直大臣：「內外連結，呼吸應答，盤據要地，把持通津，念在營私，事圖顛倒，誅鋤眾正，朋比為奸，欺朕幼沖，無所忌憚」。
[64] 洪翼漢：《花浦先生朝天航海錄》卷1，天啟四年十月二十九日。

徐昌濂、賈繼春、楊維垣等，復原職，皆黨於忠賢者。[65]

《明史》中也有朱童蒙、郭允厚為太僕少卿；呂鵬雲、孫杰為大理丞；霍維華、郭興治復為給事中；徐景濂、賈繼春、楊維垣為御史的記載。[66]彼等皆藉魏忠賢的權勢而得到重用，並與其結黨營私，排斥異己，擾亂朝綱。如洪氏所云：「內結客氏，外援魏廣微，凡大小政事，必待廣微進閣，然後處決，他閣老充位而已。以此，不附時議者，並欲引去，無意仕宦矣」。[67]

時，內閣首輔葉向高、韓爌相繼逼退，朱國禎依資為首輔。國禎為人正派，終不為忠賢閣黨所容。十二月，為忠賢「逆黨李藩所劾，三疏引疾」而去。[68]正直大臣「連章乞退」，洪氏十分痛心地言：「都下人心，愕然若相失」。[69]魏忠賢控制內閣部院後，肆無忌憚地打擊迫害異己勢力。天啟五年正月，時任都察院左副都御史的魏黨喬應甲參劾吏部尚書趙南星言：

（趙南星）年老昏蔽，為群小所欺，誤用李三才、左光斗、葉向高、汪文言、魏大中、袁化中、黃正賓、陳於廷、楊漣、高攀龍、鄒維璉、謝應祥、曹於汴、鮑應鰲等，遂致專權亂政，眩惑天聰云。[70]

---

65 洪翼漢：《花浦先生朝天航海錄》卷1，天啟四年十二月十一日。
66 《明史》卷305，《宦官二》，〈魏忠賢傳〉，第7819頁。
67 《花浦先生朝天航海錄》卷1，天啟四年十二月十二日。
68 《明史》卷240，《列傳一百二十八》，《朱國禎傳》，第6251頁。
69 洪翼漢：《花浦先生朝天航海錄》卷1，天啟四年十二月十二日。
70 筆者查閱喬應甲在四天內連上三份奏疏，洪氏這段載錄為綜合這幾份奏疏而成，因此並非喬應甲原奏疏。據《國榷》卷87，天啟五年正月乙亥條所載的喬應甲一封奏疏為：「左副都御史喬應甲言：三朝輿論漸明，略曰：吏部職司用人，趙南星年老昏蔽，為群小所欺，淮撫李三才，君子中其魔術，小人利其重賂，世界三十年，不使一日寧靜；科臣章允儒謂，鄒稚璉先營尚寶璽、御機營、浙江提學，遂入為考功，覆疏年例多出其手；汪文言罪人，南星開釋，葉向高題入內閣中書，代李三才營升，南星何如人，豈不欺皇上乎？謝應祥推山西巡撫夏嘉遇於會推，前一日，吏科都給事中魏大中請嘉遇見署河南道，袁化中、南星何如人，豈非欺皇上乎？陳九疇薦疏謝應祥，師也，大中門生也，高攀龍為南星京房之門生，師居吏部，門生當察院為拾遺，計用大中，又同化中，化中入台第一疏，保鮑應鰲、曹於汴，三才黨，南星知之乎？王德完忠臣，大中以德完會推不舉三才疏參之，南星知之乎？會勘九疇之疏同事例，高攀龍案呈，則鄒維璉矢口舉大中

對喬應甲的參劾,洪氏斥責道「彼(喬)應甲何物?甘為邪魁鷹犬,肆其毒手於正人如是乎」?[71]

緊接著,魏忠賢便大開殺戒,逮捕楊漣、左光斗。洪氏詳載他與目睹楊漣、左光斗被逮入獄官吏的對話:

> 館夫牌子等聚首相語,搤腕相嘆。怪而問其故,乃楊漣、左光斗事也。職仍問曰:「日者二公陳疏,人謂斯何?」館夫等齊聲曰:「二公忠直,三尺童子猶服,況稍有知識者哉!邇者廷議漸乖,將置重法,必至殺而後已,故方屬錦衣衛拿究耳」。職驚詰曰:「聖天子不能燭其忠赤乎!」答曰:「見是魏家政事,天子何知焉」。仍咄咄不止。[72]

楊漣、左光斗入獄後,遭受慘無人道的嚴刑,最後致死。[73]在正直官員備受魏黨殘害的同時,魏忠賢等卻得到朝廷加官賞賜。[74]對此,洪氏怒不可遏地斥責道:

曰:品高如山,冰山乎,太山乎。嗟嗟!南星昏耄,臣敢糾正如此」。上海古籍出版社,2002年,第112頁。

[71] 洪翼漢:《花浦先生朝天航海錄》卷2,天啟五年二月一日。
[72] 洪翼漢:《花浦先生朝天航海錄》卷2,天啟五年正月十八日。
[73] 天啟五年正月,魏忠賢以熹宗聖旨的名義逮捕楊漣、左光斗等,其黨羽許顯純秉承魏忠賢旨意,以「追贓」為藉口進行嚴刑逼供,慘不忍睹。據《明史紀事本末》天啟五年七月條載:「下楊漣、周朝瑞、左光斗、顧大章、袁化中於北鎮撫司。初,獄上,擬漣以移宮一案,許顯純等相與謀,謂不引入移宮,則罪名不大;不假借封疆,則難以追贓,遂坐以受熊廷弼賄。漣等不肯承,而顯純極楚甚酷無生理。左光斗曰:『彼殺我有兩法:乘我之不服,而亟鞫以斃之;又或陰害於獄中,徐以病聞耳。若初鞫輒服,即送法司,或無死理。』於是靡焉承順,遂五日一比,慘毒更甚。比時累累跪階前,呵詬百出,裸體辱之,弛杻則受梏,弛鐐則受夾,弛梏與夾,則仍戴杻鐐以受棍。創痛未復,不再宿,復加榜掠。後訊時皆不能跪起,荷桎梏平臥堂下,見者無不切齒流涕。」第1147-1148頁。7月24日,楊漣被迫害致死;7月29日,左光斗被迫害致死。參見樊樹志:《晚明史》(1573-1644年),第660-670頁。
[74] 據洪氏日記天啟五年正月十六日條載:「帝宣旨曰:魏忠賢勞績久著,原蔭弟姪,加升一級,仍賜敕獎勵,以示優賞。銀二十兩,彩段二表裡,羊、酒及新鈔三千貫」。

彼忠賢以一閹豎，愚弄君父，箝制朝廷，忠諫者謀斥之，異己者陰中之，指鹿奸狀，不一而足。則抑其勞績，有何可稱，庇庥弟侄，恩榮稠迭。此所謂蒔弊蘭之荊棘，養斷物之蟲蠹，吁可惜哉！[75]

天啟朝魏忠賢專權亂政，其他朝鮮使臣也多有記載。如與洪氏同時赴京的正使李德泂在向國王李倧奏報天啟朝政時，云：魏忠賢「專執國政，南衙士夫受其頤指，天下事無可為者」，進而指出：大明朝「閹豎當權，濁亂天下，賢士大夫無一人在朝，危亡之禍，迫在朝夕矣」。[76]天啟七年，謝恩使金尚憲歸國後，談及晚明朝政時也言及，朝廷大臣凡言魏忠賢之罪者，「忠賢皆必陰中之以法，而至於一門皆被其侵害，故諫官亦不能盡言云矣。大概士類，皆指以為黨，一切削籍為民云矣」，又云：「魏忠賢之侄，既為封伯，又給田千頃，王夢尹與同僚言及此事，以此得罪云矣」。[77]

天啟七年八月，天啟帝病逝，八月二十四日，朱由檢以兄終弟及的方式即位。[78]朝臣始清算魏忠賢及魏黨罪行。對此，奏聞使權怗報告其在京見聞：「兵部尚書崔呈秀，黨凶擅權，給事中楊所修，首請罪之。[79]監察御史楊維垣繼之，呈秀出還原籍，中途聞拿命，自縊死。其妾蕭氏亦自刎，盡沒其家」。而魏忠賢「初配鳳陽，行至阜城，亦自縊死，並其子良卿誅之，籍沒家財。十三省總督宦官，盡令撤回。」[80]魏忠賢專政擾亂朝綱，罪有應得。[81]

---

[75] 洪翼漢：《花浦先生朝天航海錄》卷2，天啟五年正月十六日。
[76] 《承政院日記》，仁祖三年四月二十九日。
[77] 《承政院日記》，仁祖五年五月十八日。
[78] 參見《崇禎長編》卷1，天啟七年八月丁巳。
[79] 時楊所修為右副都御史，他天啟七年九月十四日，首先上疏彈劾魏忠賢死黨兵部尚書崔呈秀，緊接著十月十三日，雲南道御史楊維垣繼之，結果崔呈秀被革職歸籍。參見《崇禎長編》卷二，天啟七年九、十月諸條。
[80] 《李朝仁祖實錄》卷18，仁祖六年二月癸卯。
[81] 關於翦除魏忠賢與客氏，明代文獻多有記載，參見《崇禎長編》、《明季北略》、《明史》、《三朝野記》、《列皇小識》、《國榷》等。

三、教育與學術

　　朝鮮使臣作為士大夫的一個群體，自幼讀中華典籍，接受中華文化的教育，故其出使明朝，必參訪代表「中華」教育的最高學府——國子監是必須參訪之地。[82]他們渴望與國子監內傳道授業的儒者，寒窗苦讀的監生進行交流，從中瞭解明朝的教育與學術，以提高自己的儒學修養。[83]

　　明初，明朝對國子監培養人才頗為重視，所謂：「專司風化，教育人才，現職最重」[84]。至明中葉以後，國子監也失去往日的輝煌。[85]朝鮮使臣參訪國子監，有明確記載的是嘉靖十三年（1534）。是年，朝鮮賀嘉靖帝生皇太子，派蘇世讓以進賀使的身份出使明朝，其侄蘇巡作為子弟隨同出使，在蘇世讓《陽谷赴京日記》與[86]蘇巡《葆真堂燕行日記》兩部日記中均有參觀國子監的記錄，其中蘇巡日記記載的較為詳細。這年二月二十五日，他們參觀太學館（國子監），據蘇巡日記載：「題其額曰彝倫堂，堂宇清亮，四隅宏遠」，他不由地感慨道，這與我國簡陋的明倫堂相比，簡直不可想像。然而，當參觀結束時，卻見「儒十餘輩就前相揖，儀容舉止，頗不端潔」，蘇巡急忙拿出「管城數十柄與之」，只見「諸輩爭取，轉相蹴踏」，這種場面對於自幼讀孔孟書的朝鮮士大夫看來，簡直不可思議。他在日記中寫道：

---

[82] 據《明會典》卷105，《禮部六十三》，主客清吏司，朝貢，朝鮮國條載：朝鮮「歲時朝貢視諸國最為恭謹。嘉靖二十六年，特許其使臣同書狀官及從人二三名於郊壇及國子監遊觀，禮部札委通事一員伴行，撥館夫防護，以示優異」。

[83] 學界對國子監的研究成果不多，主要有馬炎心：〈明代國子監述論〉（《許昌學院學報》，1988年4期）、詹家豪：〈明代國子監生曆事制度述論〉（《史學集刊》，1998年1期）、方旭玲：〈明代中後期國子監衰落的原因試析〉（《蘭州教育學報》，2007年4期）、申國昌：〈明清國子監生日常生活與學習活動〉（《教育研究與實驗》，2014年5期），以及張光莉：《明代國子監研究》（河南大學，2006年碩士論文），上述研究多使用中國文獻，異域史料基本未使用。運用朝鮮史料對明國子監有所涉及，主要有夫馬進：〈萬曆二年朝鮮使節對「中華」國的批判〉一文。

[84] 申時行等修：《明會典》卷220，〈國子監〉，第1091頁。

[85] 方旭玲：〈明代中後期國子監衰落的原因試析〉，《蘭州教育學報》2007年4期，第28-33頁。

[86] 蘇世讓：《陽谷赴京日記》，林基中編：《燕行錄全集》第2冊，東國大學出版會，2001年。

「其非真儒可知」。[87]當他見國子監庭階雜草叢生,又無不感慨地寫下:「師儒之慢,尤可見也」。[88]嘉靖十六年(1537),丁煥以進賀使書狀官的身份赴明,隨正使參觀國子監後,這樣寫道「師生案榻,紛亂移置,封塵一尺,不見人影。欲詢監中事末由也。唯閭里無賴之徒遠近追隨,到處成眾,蜂舞殿堂,莫有呵禁,喧聒不堪留也」。[89]看到大明朝最高學府衰落到這番不堪入目的境況,他竟「氣失常,遑還」。[90]嘉靖十八年(1539),權橃以奏請使身份出使明朝,十一月七日,參觀國子監時,坐落在參天松柏之中的國子監,雖「壯麗無比」,但權橃卻大發感嘆地寫道:「然彝倫堂及東西廡,無一儒焉」。[91]隆慶六年(1572),許震童隨同正使淳赴明,參觀國子監,與監生談話,令其大失所望。他在日記中發表如下一番議論:

> 彝倫堂,在聖殿之西,亦極宏敞,但講堂塵鎖。儒生闒茸,不足與談論矣。問其一代宗儒,則以羅一峰、河鏜對[92],一峰已逝,河鏜退休云。問其當代所崇,則以王陽明對,陽明則守仁也,宗象山而背晦翁(朱熹的字)者也,今代儒業之未得其正可知矣。竟贈以扇子、筆墨,皆欲多得,無謙讓之志。中朝士習之偷微,亦可知矣。[93]

萬曆二年(1574),許篈作為書狀官使明,參觀國子監,看到的是「學徒不處,墻壁多頹塌」,用以藏書的五經館,到處「塵土堆積」。他在日記中批評道:「為師者倚席不講,為弟子者散處閭閻。祭酒、司業以驟升大官為念,監生、歲貢以得添一命為榮,慢不知禮義廉恥之為何事?學校之廢墜至

---

[87] 蘇巡:《葆真堂燕行日記》,《燕行錄全集》第3冊,東國大學出版會,2011年,第402-404頁。
[88] 蘇巡:《葆真堂燕行日記》,第402-404頁。
[89] 丁煥:《朝天錄》,嘉靖十六年九月二十日,《檜山先生文集》卷2,《韓國文集叢刊》第2冊,景仁文化社,2005年,第220頁。
[90] 丁煥:《朝天錄》,嘉靖十六年九月二十日。
[91] 權橃:《朝天錄》,嘉靖十八年十一月七日。
[92] 羅一峰,即明代理學家羅倫;河鏜,為嘉靖年間名士。
[93] 許震童:《朝天錄》,《東湘先生文集》卷7,《韓國文集叢刊》第3冊,景仁文化社,2005年,第590頁。

於斯，宜乎人才之不古若也。嗟呼！嗟呼！」[94]同行的趙憲看到先賢的經典與論旨訓誡「惟置屏處，而不在師生觀瞻之地」，也十分感慨地寫道：「將何教學以警心目乎？果知中朝之人不尚斯學也。」[95]他們與國子監生就禮儀問題進行交談，當問及「禮文疑處」時，監生們憒然不知所云，竟狡辯云：「非天子不議禮，且有司禮之人，非余等之所敢與也」。[96]待他們與監生們告別時，許篈拿出隨身帶的筆墨準備贈送，只見「諸人雜起，相爭捽奪，無復倫次」，眼前發生的場景，使許篈等莫名驚詫，他寫道：「士風之不競如此，時事大可為寒心」。[97]趙憲也無不感概地寫道：「所謂日日勸講，而所教者何事？」[98]萬曆十五年（1587），裴三益以陳謝使的身份赴明，參觀完國子監後，也發出如下感嘆：

> 恨無師生之講業，鞠為茂草，閭閻下賤闌入其中，聖廟桌上或有超乘踞坐者，所謂冠儒冠者皆貿貿無知。有欲得筆墨者，行囊纔解而爭乞不已，既或得之而猶求無厭，殊非所望於中華禮義相先之地也。[99]

天啟四年（1624），洪翼漢在參觀國子監，見到的卻是諸先哲「位板無櫝露坐，凝塵蒼然，渾無欽敬之道，而講堂齋舍，寥闃空虛。」[100]這對於深受儒家思想教育的洪翼漢看來，簡直就是叛道離經的行徑。他在日記中寫道：「人皆迷溺左道，世爭諂事非鬼，下及公卿輔相而無不儳然，遂使聖路長堙，廟丘虛設，可勝嘆哉」。[101]

朝鮮使臣不僅關心晚明的教育，更關注晚朝的學術思想動態。明中葉以

---

[94] 許篈：《荷谷先生朝天記》（中），萬曆二年八月二十日。
[95] 趙憲：《朝天日記》，萬曆二年八月二十日。
[96] 許篈：《荷谷先生朝天記》（中），萬曆二年八月二十日。
[97] 許篈：《荷谷先生朝天記》（中），萬曆二年八月二十日。
[98] 趙憲：《朝天日記》，萬曆二年八月二十日。
[99] 裴三益：《朝天錄》，《臨淵齋先生文集》卷4，《韓國文集叢刊》第4冊，景仁文化社，2005年，第279頁。
[100] 洪翼漢：《花浦先生朝天航海錄》卷2，天啟五年正月二十八日。
[101] 洪翼漢：《花浦先生朝天航海錄》卷2，天啟五年正月二十八日。

來，明朝思想界陽明學作為與程朱理學相對立的學說風靡一時，在信奉朱子學的朝鮮學術界引起極大反響。因此，前往明朝的使臣都將陽明學作為聚焦的熱點。萬曆二年，前往明朝的使者趙憲、許篈就是帶著這樣強烈的目的來到明朝的。他們赴明朝時，正是明廷議論王陽明是否從祀孔廟最激烈的時候。六月二十六日，他們參觀遼東的正學書院結識了四位生員。許篈立即就王陽明是否從祀孔廟問題與其進行辯論。[102]許篈先入為主，對王守仁從祀孔廟提出質疑，對方不甘示弱，針鋒相對，認為許篈等受偽學之說迷惑。[103]許篈聽了對方的回答，奮筆疾書長篇大論，痛斥陽明學為偽學。[104]對方爭辯道：「從祀孔廟，乃在朝諸君子輿議，非山林僻見也。且學以良知良能為說，非有心得者，其孰能知之，所聞不若所見之為真，諸君特未之察耳」。[105]雙方爭論激烈，相持不下。許篈見對方固守陽明之學，以「其固滯鄙賤，不可與辨」，不歡而散。回到館舍後，許篈頭腦中仍浮現辯論的場面，他在日記中寫道：「由此觀之，則今之天下，不復知有朱子矣。邪說橫流，禽獸逼人，彝倫將至於滅絕，國家將至於淪亡」。[106]

　　許篈等一行，在八月二日，行進至薊州與通州途中夏店小憩時，遇見浙江杭州府國子監生葉本，前往三河縣探親，返回北京，遂請坐路傍樹蔭下

---

[102] 許篈、趙憲與明學子關於王守仁是否從祀孔廟的討論，中純夫：〈朝鮮陽明學的特質〉（《臺灣東亞文明研究專刊》第5卷2期，2008年）、張昆將：〈十六世紀末中韓使節關於陽明學的論辯及其意義－以許篈與袁黃為中心〉（《台大文史哲學報》2009年5月）、夫馬進：〈萬曆二年朝鮮使節對「中華」國的批判〉多有論及，筆者概括言之。

[103] 許篈與遼東生員關於王守仁從祀孔廟的討論，《荷谷先生朝天記》萬曆二年六月二十六日條載：「僕（許篈）竊聞，近日王守仁之邪說盛行，孔孟程朱之道，鬱而不明云，豈道之將亡而然耶？願核其同異，明示可否。四人者答曰：生輩居南，諸公居東。今日之遇。皆夙緣也。本朝陽明老先生，學宗孔孟，非邪說害道者比。且文章功業，俱有可觀，為近世所宗。已從祀孔廟矣。公之所聞，意昔者偽學之說惑之也」。這裡遼東生員所說王守仁此時「已從祀孔廟矣」不確，王守仁允准從祀是在萬曆十二年，此時明廷正討論王守仁是否從祀。

[104] 許篈云：「夫守仁之學，本出於釋，改頭換面，以文其詐，明者見之，當自敗露，諸君子特未深考之耳。守仁之所論著，僕皆一一精察而細核，非泛然傳聞之比也。公所謂文章事業，僕亦未之聞也。其事業，指破滅宸濠一事乎，此戰之捷，亦守仁仗皇靈而能勝耳。」許篈：《荷谷先生朝天記》（上），萬曆二年六月二十六日。

[105] 許篈：《荷谷先生朝天記》（上），萬曆二年六月二十六日。

[106] 許篈：《荷谷先生朝天記》（上），萬曆二年六月二十六日。

敘話。許篈直奔主題「今聞王陽明從祀文廟，而命其裔襲爵云，未審此事定於何年？而出於誰人之建明乎？」[107]想不到的是，葉本對陽明學予以高度評價，認為王陽明「天賦挺秀，學識深純，闡明良知聖學，又有攘外安內之功，」並針對許篈的提問，回答說：關於陽明「宜從祀孔子廟廷，聖旨諭禮部，尚未覆，此其大較也。若欲備知，有《陽明文錄》，又有年譜，可買查之」。而許篈仍固執己見，強加對方接受：「陽明之所論著，篈嘗略窺其一二矣，千言萬語，無非玄妙奇怪之談，張惶震耀之辨，自以為獨得焉」。[108]雙方辯論看似心平氣和，其實針鋒相對。

第二天許篈在通州遇見陝西籍出身的舉人王之符，筆談中，許篈十分驚喜，終於找到了知音。許篈在日記中詳細載錄他們之間的筆談內容：

> 余（許篈）問曰：「陝西大地，而長安周漢舊都，其流風餘韻，想未斬焉，感發而興起者必有其人，尊崇古昔何聖賢？」之符曰：「皆尊孔孟程朱之道。」曰：「近世有為陸子靜、王陽明之學者，異於程朱所為說，後生莫不推以為理學之宗，先生其亦聞之否？陝西之人亦有慕仰者乎？」之符曰：「陸子靜是禪教，王陽明是偽學，吾地方人則皆辟之矣。」余曰：「陽明良知之說，是乎非乎？」之符曰：「良知之說，倚於一偏，非偽而何？……然則陽明之學，決知其文飾於外者多矣。邇來請從祀者，徒以陽明之弟子多在朝者，故欲尊其師，而廷議或不直之，是以巡按御史上本已久，而禮部尚未定奪矣。」[109]

由此可見，王之符是位固守程朱理學的士人，他將陽明學斥為偽學，這對恪守信奉程朱學的許篈來說，無疑是莫大的欣慰，所以他在日記中寫道：「方今人人皆推王氏之學，以為得千古之秘，而之符獨排之，可謂狂流之砥柱

---

[107] 許篈：《荷谷先生朝天記》（中），萬曆二年八月二日。
[108] 許篈：《荷谷先生朝天記》（中），萬曆二年八月二日。
[109] 許篈：《荷谷先生朝天記》（中），萬曆二年八月三日。

也。余行數千里，始得此人，豈非幸哉」。[110]

　　從以上朝鮮使臣在參觀國子監和王陽明從祀孔廟問題上所展開的批評，可以看出，朝鮮士大夫是以從中華學到的價值觀念為武器，以自己已是「小中華」人的身份來觀察與思考晚明現實社會的。

四、結語

　　綜上所述，朝鮮使者對晚明社會的觀察與思考，無疑為我們研究晚明社會提供一個新的視角。有關晚明社會的研究，雖明代官私文獻多有載錄，但朝鮮使臣從域外「他者」的視域，以日記的形式，細無巨細、前後貫穿式地記錄了晚明的吏治與朝政、教育與學術諸多方面的見聞，構成當時朝鮮人對晚明社會的總體映像，為我們研究晚明社會提供了極為珍貴的史料。這些資料既可補充國內史料的闕失與不足，也有助於我們從異域的視角，加深對晚明社會的認識。

　　朝鮮使臣對晚明社會的觀察與思考體現了朝鮮士大夫的普世情懷。朝鮮使臣作為朝鮮士大夫的一個群體，自幼讀中華典籍，篤信程朱之學，他們以「中華」人自居，一切以中華文化為本位，將其作為普世性的價值觀念，並運用這種價值觀念進行觀察與思考。他們對晚明弊政的諸多批評正是這種價值觀念的反應。其終極關懷，正如安邦俊天啟二年（光海君十五年，1622）在給趙憲《東還封事》所作跋中所云：「竊觀先生之志，不止於效行明制，將欲因此推而上之，挽回三代之治」。[111]就是說，現實中的明朝已褪去耀眼的光環，露出敗象的徵兆，他們期待著由朝鮮來「挽回三代之治」，實現所謂真正的「中華」。

（本文原載《外國問題研究》，2016年1期）

---

[110] 許篈：《荷谷先生朝天記》（中），萬曆二年八月三日。
[111] 趙憲：《重峰先生文集》卷4，疏，東還封事，安邦俊跋，第224頁。

第三篇

清朝與朝鮮

李朝孝宗「反清復明」活動及其影響
——兼論東亞「華夷秩序」的裂變

　　李朝孝宗國王李淏為仁祖國王次子，生於光海君十一年（萬曆四十七年，1619）。仁祖十五年（崇德二年，1637），隨其兄昭顯世子入質瀋陽。仁祖二十三年（順治二年，1645），其兄昭顯世子病故，李淏被清廷冊封為世子，仁祖二十七年（1650），即位李朝國王。在位十年，孝宗十年（順治十六年，1659）病逝，時年四十歲。在其四十年生涯中，親身經歷了後金（清朝）對其國家兩次武力征服。尤其是仁祖十四年（崇德元年，1636）的「丙子之役」，李朝戰敗，清廷迫使其父履行城下之盟，李朝由明朝的屬國變為清朝的屬國。戰後，他隨其兄昭顯世子等入質瀋陽，過了八年的質子生活。這種切膚之痛使其刻骨銘心。其即位後，以恢復明朝天下為己任，處心積慮地「北伐雪恥」，走上「反清復明」的道路。其逝世後，北伐雪恥計劃也隨之成為泡影。但是「反清復明」的理念卻被李朝後世所繼承，孝宗國王因此被後世奉為「反清復明」的楷模，成為李朝思明攘清的一面旗幟。本文擬從東亞「華夷秩序」的視角研究李氏朝鮮與明朝、清朝關係進行討論。

一、從質子瀋陽到即位國王

　　天聰元年（仁祖五年，1627），皇太極派阿敏率軍征李氏朝鮮，李朝戰敗求和，與後金盟誓，兩國結為兄弟之國。但兩國關係並不和諧，爭端不斷，難以維持兄弟關係。天聰十年（1636）四月，皇太極改元稱帝[1]，李朝竟不願前來慶賀，致使皇太極勃然大怒。崇德元年，即丙子年（1636）十二

---

[1] 天聰十年四月，皇太極改元崇德，四月以後為崇德。

月,皇太極親率八旗勁旅再次發動征服李朝的戰爭。李朝戰敗求和,被迫與清朝締結「君臣之盟」。至此,清朝與李朝的關係,由先前的兄弟關係變為君臣關係,李朝正式成為清朝的臣屬藩邦,清朝取代明朝在李朝的宗主地位。

清朝深知李朝戰敗求和並非心悅誠服,而是武力強加迫不得已。為脅迫李朝履行城下之盟,清廷在單方面提出的盟約中,要求李朝國王「以長子並再令一子為質,諸大臣有子者以子,無子者以弟為質。爾有不諱,則朕立爾質子嗣位」。[2]盟約中的這一條款,實際是牽制朝鮮的反叛及限制與明朝的交往。李淏兄弟三人,其兄李溰,時已封為世子,稱昭顯世子。弟李濬,封林平大君。李淏「自幼器度豁達,屹然有巨人之志,不喜嬉遊,舉止異凡。至性出天,雖菜果之微,必先獻,然後嘗之。仁祖常以孝子稱之,眷倚特隆」。[3]李淏五歲時,「始受學,讀書不輟,嘗於前史,見帝王骨肉之變,輒掩卷而嘆」。[4]仁祖四年(1626)封為鳳林大君。1636年,「丙子之役」時,其父避難南漢山城,李淏「在江都,夜瞻慕,廢食涕泣,屢募死士,起居行在」。[5]朝鮮戰敗,被迫與清朝訂立城下盟約。崇德二年(1637)二月,李淏與兄連同李朝大臣諸子及家口約數百人入質瀋陽。[6]李淏入質瀋陽所帶隨行人員,有「婦人五口,家丁三名,使令人役十六名,軍役皂隸四十四名」。[7]臨別時,其父與群臣「哭送於道旁」,李淏等含淚「按馬久之」不忍上路。清軍將領鄭命壽見此情景,竟「揮鞭呵辱以促之,見者非莫錯愕」。[8]其父涕泣送之,再三囑咐其兄弟二人等,「勉之哉,勿激怒,勿見輕」。[9]李淏等伏地受教,上馬揮淚而去。李淏與其兄等一行經過艱苦的行程到達瀋陽後,就被監禁在瀋陽德盛門(即大南門)館舍。《沈館錄》載:

---

2 《清太宗實錄》卷33,崇德二年正月戊辰。
3 《李朝孝宗實錄》卷1,即位年五月丙寅,學習院東洋文化研究所,1963年。
4 《李朝孝宗實錄》卷1,即位年五月丙寅。
5 《李朝孝宗實錄》卷1,即位年五月丙寅。
6 《清太宗實錄》卷34,崇德二年四月甲戌。
7 《清太宗實錄》卷34,崇德二年四月甲戌。
8 《李朝仁祖實錄》卷34,仁祖十五年二月乙亥。
9 《李朝仁祖實錄》卷34,仁祖十五年二月乙亥。

「龍骨大（俄爾古岱——引者）言皇帝有令，嬪宮及大君夫人不可乘轎入城，諸從臣爭之不得。至城底捨轎，馳馬以行。入處客館，八王及其皇帝各遣人把守館門」。[10]沒有朝廷之命，館內人員不得隨便出入，完全失去自由。

李淏等在質子館的生活十分艱苦。時瀋陽連年饑饉，「瀋陽館中上下人員，艱苦萬狀」。[11]仁祖國王得知「在瀋之人，衣服居處，有同戍卒，聞來心甚慘傷。」立即下旨「從優資送」，並令「本家奴馬，亦令加定入送，俾免病傷之患」。[12]這樣才使李淏等的窘境得到些緩解。清朝為改善質子館的生活狀況，從崇德六年始，劃撥周圍的土地給質子館，令其屯田自耕以解決糧食問題。李淏等對清廷此舉深為不滿，抗議道：「大國不能養小國之質，使之自耕，乃萬古所無之事。大國雖無所畏，獨不念鄰國之譏議，後世之貶論耶？衙門之官，無大臣之志則已，有大臣之志，則必不做此等事也」。清朝官員不以為然，答道：「鄰國之聞，何足畏也。況蒙古及漢人之來歸者，則不過期年，使自耕作，於朝鮮則五年之後，使令自耕」，認為「亦已厚矣」。[13]李淏等在質子期間的政治待遇、生活境況可想而知。

清廷以李氏朝鮮質子作為政治條件，逼迫其履行城下之盟，以此達到與明朝斷絕往來。然而，李氏朝鮮與明朝有著二百餘年深情厚誼，強迫其在短時間內割捨與明朝的感情，認同與自己文化背景不同的清朝，談何容易？八年的質子生活，使李淏在思想深處更加眷戀明朝，愈發鄙視這個以武力征服自己國家的清朝。

順治元年（仁祖二十二年，1644），清軍入主北京。十月初一，福臨在北京登基，代明而建立全國政權。十一月，攝政王多爾袞召見在清做人質的李淏與其兄昭顯世子等，並對其兄云：「未得北京之前，兩國不無疑阻，今則大事已定，彼此一以誠信相孚。且世子以東國儲君，不可久居於此，今宜永還本國。鳳林大君則姑留與麟坪相替往來，三公六卿質子及李敬輿、崔鳴

10　《沈館錄》卷1，《遼海叢書》本，瀋陽：遼瀋書社，1985年。
11　《李朝仁祖實錄》卷36，仁祖十六年五月癸酉。
12　《李朝仁祖實錄》卷40，仁祖十八年四月辛丑。
13　《瀋陽狀啟》，辛巳年仁祖十九年（1641）十二月二十三日，遼寧大學歷史系，1983年鉛印本，第332頁。

吉、金尚憲等亦於世子之行，並皆率還」。[14]清廷以為，取代明朝建立全國政權後，明與李朝對其形成的夾擊之勢已經解除，清與李朝兩國之間「不無疑阻」的敵對關係已經結束，彼此間可以建立「誠信相孚」的關係了。所以，清廷特遣其兄歸國，並赦免反清復明的大臣，旨在改善兩國關係。然而，對於李氏朝鮮來說，「丁卯之役」、「丙子之役」創痛至深，對清廷的仇恨不易化解，明亡更是唇亡齒寒、痛心疾首，心理上難以承受清代明統治全國的現實。

順治二年二月，李淏之兄昭顯世子等被護送回國。清廷這樣做的目的，是想藉其兄回國後來改善兩國的關係。可是，李淏尚未來得及回國，其兄卻暴斃於「昌慶宮歡慶堂」。[15]關於其兄之死，李朝向清廷報稱：「世子十年異域，備嘗艱險，東返才數月而遭疾，醫官等妄施觴藥，終至不救，國人悲之」。[16]但據史家考證，其兄於1645年4月23日染病，三天後突然死去，是被人下毒致死。[17]不管其兄是暴斃，還是被人毒死，有一點是清楚的，即對李朝來說，毫無疑問的是清除了國內親清派的代表人物。難怪清朝獲悉世子死訊後，會表現出震驚和失望。多爾袞云：「忽聞世子訃音，深用驚悼。世子惠和敦恪，金玉其章，方其佐王宣化，為我良翰，何天不佑善，一朝中摧」。[18]可見，清朝使其兄回國輔佐年邁多病的仁祖國王的目的，是將其視為改善兩國關係的「良翰」。其兄死後，按宗法制度，繼立為世子的應為其兄長子，仁祖國王的長孫。但清廷卻早已有所安排，前往李朝弔祭的清敕使「以攝政王之意傳言，東方人心不淑，當此之時，若以幼稚元孫為嗣，恐危疑不安也」。[19]顯然，清廷不欲立仁祖國王元孫為世子，是為避免這位娃娃國王會受到「人心不淑」的李朝國內反清勢力的操縱利用，所以精心安排李淏為世子。這種安排反倒契合李朝君臣之意。同年五月，李淏回國奔喪。

---

[14] 《李朝仁祖實錄》卷45，仁祖二十二年十二月戊午。
[15] 《李朝仁祖實錄》卷46，仁祖二十三年四月戊寅。
[16] 《李朝仁祖實錄》卷46，仁祖二十三年四月戊寅。
[17] 金龍德：〈昭顯世子研究〉，《史學研究》第18輯，韓國史學會，1964年。
[18] 《李朝仁祖實錄》卷46，仁祖二十三年六月甲申。
[19] 吳晗輯：《朝鮮李朝實錄中的中國史料》，九冊，中華書局，1980年，第3751頁。

《李朝實錄》載:「鳳林大君還。時國本未定,而大君素有令聞,上頗屬意云。故肅拜之際,禁中人皆爭睹之」。[20]所謂「大君素有令聞」,是指鳳林大君李淏在思想理念上具有強烈的「反清復明」意識,國人早有所聞。對此,朝鮮文獻載:「隨昭顯世子入質瀋陽,與昭顯處一館,誠愛備至,遇難處事,周旋內外,動中機宜。及燕,清人以金玉彩帛遺昭顯及王(指李淏——引者),王獨不受,願以我人之俘虜者代之,虜皆嘆服而許之。俄而東還,行李蕭然,沿路市民嘖嘖不已。時昭顯已卒,中外皆屬望於王」。[21]是年五月,仁祖國王「以國有長君,社稷之福,乃詢諸大臣、列卿,遂定策立王為世子」。李淏聞命涕泣固辭,其父曰:「予志先定,詢謀僉同,爾毋固辭,敬守道心」。李淏遂封為世子。李淏「在儲位四年,兩宮之間,和氣藹然,日開書筵,討論無倦色」。及其父仁祖國王病重,李淏「割手指出血以進,未幾不諱。王處地哭辟,水漿不御」。[22]仁祖二十七年(1650)五月,李淏即位,即李朝孝宗國王。

二、孝宗國王的「反清復明」活動

孝宗國王在入質瀋陽期間就曾不忘「丙子」之恥,臥薪嘗膽,以圖雪恥。清廷無論如何也未曾料到,親手扶植即王位的這位國王,並沒有因為受到大清朝的厚待而成為改善兩國關係俯首帖耳的「良翰」。相反,他卻以恢復明朝天下為己任,處心積慮地準備「北伐雪恥」,走上了「反清復明」的道路。

孝宗國王即位後,清洗朝廷中的親清派,重用「反清復明」派人物。孝宗即位伊始,兩司官員就多次上書,以親清派代表人物領議政金自點「潛通虜中,以為藉彼脅我之計」,認為其「論以墮壞大臣之體,則其律亦不輕矣,絕不可一日居百僚之長,請命罷職」。[23]孝宗遂罷其職。同時,重新將

---

[20] 吳晗輯:《朝鮮李朝實錄中的中國史料》,九冊,第3748頁。
[21] 《李朝孝宗實錄》卷1,即位年五月丙寅。
[22] 《李朝孝宗實錄》卷1,即位年五月丙寅。
[23] 《李朝孝宗實錄》卷1,即位年六月庚戌。

「反清復明」代表人物金尚憲召回朝廷，予以重用。金尚憲，字叔度，號清陰。「為人正直剛方，貞介特立。家居篤於孝友。正色立於朝者殆五十年。遇事必盡言，無少回撓，言不用，輒辭而退。見惡人，若將浼己，人莫不敬憚」。[24]朝野上下，人皆敬服。丙子之難，金尚憲「扈入南漢，力陳死守之計，諸臣請以世子求成，尚憲痛斥之。及出城之議決，崔鳴吉撰降書，尚憲哭而裂之，入見上曰：『君臣當誓心死守，萬一不遂，歸見先王無愧也。』退而不食者六日。又自縊，傍人救之得不死」。[25]李朝與清締結城下之盟後，金尚憲憤然辭官離去，於鶴駕山下「構數間草屋於深谷中，扁以木石。居常切慨然於心，雖中夜不能就枕而眠」。[26]金尚憲因固持反清立場，後被清軍押解瀋陽。在審訊時，「清詰之甚急，尚憲臥而不起曰：『吾守吾志，吾告吾君，何問為？』清人相顧嘖嘖曰：『最難老人！最難老人！』」[27]尚憲在瀋關押「首尾六年，終不少屈。清人義之，稱之為金尚書」。直到順治二年，才被釋放回國，謝病而歸。李朝史臣贊曰：「古人謂文天祥收宋三百年正氣，世之論者，以為天祥之後，東方唯尚憲一人而已。」[28]孝宗即位後，廷臣上疏諫言：「嗣服之初，大老不宜久留田野。」孝宗對其「亦注意益篤，特遣承旨諭召懇至，未幾入朝」。孝宗對金尚憲畢恭畢敬，與他商討國事時，特命「內侍兩人扶掖而入，待以殊禮。及出，稱手以送之，仍命以肩輿出入禁中」[29]。

孝宗國王重用的另一「反清復明」人物是宋時烈。丙子之役時，宋時烈以其父仁祖國王師傅的身份入扈南漢山城。李朝戰敗，定城下盟約，時烈痛心疾首，辭官回故里。「不赴舉，不赴召，開門授徒，闡明程朱之學，又以扶世道，淑人心，伸大義於天下為己任」。[30]孝宗即位後，恭請其出山，

---

[24] 《李朝孝宗實錄》卷8，孝宗三年六月乙丑。
[25] 《李朝孝宗實錄》卷8，孝宗三年六月乙丑。
[26] 《李朝孝宗實錄》卷8，孝宗三年六月乙丑。
[27] 《李朝孝宗實錄》卷8，孝宗三年六月乙丑。
[28] 《李朝孝宗實錄》卷8，孝宗三年六月乙丑。
[29] 《李朝孝宗實錄》卷8，孝宗三年六月乙丑。
[30] 《李朝顯宗改修實錄》卷1，顯宗即位年九月癸亥。《顯宗實錄》修過兩次，第一次名《顯宗實錄》，成書於肅宗三年九月；第二次名《顯宗改修實錄》，成書於肅宗九年三月。兩書內容大體

「時烈承命入都,君臣同德,契合昭融」。[31]因親清派人物金自點告密,清廷派使赴朝來查,孝宗遂命時烈暫時退歸。時烈雖退歸,仍「密疏論事」,孝宗亦不時「手札答問」。至孝宗九年(順治十五年,1658),重返朝廷。孝宗「益殫誠禮而招延之,時烈遂更造朝,上擢受冢宰,舉國以聽」。[32]孝宗「委以雪恥之事,契合如毅葛。未幾孝廟賓天,以事不可成,即復退歸。晚歲居清州華陽洞中,糲飯弊衣,人不可堪,而晏如也」。[33]李朝史臣贊曰:「國家自丁丑(1637)後,亡而僅不滅,時烈倡義,奮不顧身,不書清國年號,終始以除仇為己任。雖經營未就,而昭揭民彝,扶持國脈,君子大其功」。[34]此外,趙贇等人也均受重用。趙贇在孝宗即位的當年八月上疏云:

> 臣竊聞丁丑(1637)以來,宗廟祝辭,朝臣告身,只書歲月,不用年號,此乃大行大王所定之制也。其後當事之臣。諉於恐喝,彼無噴言,我乃自慚,祝辭、告身,並用年號,此豈大行大王之本心也?臣實痛之。臣欲望自今依當初定制,只書年月,上以慰祖宗陟降之靈,下以激臣鄰思奮之氣也,此乃當今第一義也,伏願殿下,毋視泛常焉。[35]

孝宗閱其上疏後,密教於政院,令大臣議之。政院大臣「以秘事不宜形諸文字,循例收議,請別遣承旨,親詣諸大臣,面議以定,俾無煩泄之患」。孝宗允之,並下教曰:「原疏,亦勿煩播」。[36]金尚憲則持反對意見,上疏云:「趙贇疏中玉冊、志石,宜不刻年號,今不用其言,則後雖欲改,事將難及」。[37]領議政李景奭等亦上疏贊同,孝宗遂令玉冊、志石等不書清廷年號,只用天干地支表示歲月。

相同,其中關於中國史料《顯宗改修實錄》記載較為詳細,故用此本。
[31] 《李朝顯宗改修實錄》卷1,顯宗即位年九月癸亥,學習院東洋文化研究所,1964年。
[32] 《李朝顯宗改修實錄》卷1,顯宗即位年九月癸亥。
[33] 《李朝肅宗實錄》卷4,肅宗元年閏五月庚寅,學習院東洋文化研究所,1964年。
[34] 《李朝肅宗實錄》卷4,肅宗元年閏五月庚寅。
[35] 《李朝孝宗實錄》卷1,即位年八月庚戌。
[36] 《李朝孝宗實錄》卷1,即位年八月庚戌。
[37] 《李朝孝宗實錄》卷1,即位年八月庚戌。

孝宗重用這些「反清復明」人士，念念不忘大明，毋忘「丁丑之恥」，主張不書大清年號，臥薪嘗膽。在「反清復明」派的強烈攻勢下，「親清派」受到罷黜，朝廷「內而三公六卿，外而監、兵使，皆易以新人，盡逐先朝舊臣」。[38]一時間，李朝上下「反清復明」，鼓吹北伐，雪恥復仇之聲不絕於耳。

孝宗為北伐雪恥，加緊修城練兵。孝宗六年（順治十二年，1655）正月，孝宗召見大臣及備邊局諸臣，以江都沿邊設堡便否，徵詢諸臣建議。諸臣所論，各有不同。接著孝宗對大臣云：

> 予之必欲於水邊設堡者，以江都官府，僻在深處，水邊無備禦之具。留守深居府中，變出蒼黃，則亦安能措手乎？府中雖有兵器，事急之後，始乃搬運於水邊，勢所不及。丙子之亂，予所親見。若先設堡於江邊，則國家雖遭亂而入處，各堡邊將，自當備禦矣。設堡鎮守，募民以居，則流移閒雜之民，必有應募而入者，收布於所屬鎮卒之在外者，以給鎮下之軍，不亦可乎？[39]

孝宗認為：「中原（清朝——引者）久亂，不可徒事皮幣，偷安苟度，欲修城練兵，以為自強之策」。為此，孝宗「別設左右別將，分領禁旅，親自視閱於禁中。且置營將於三南，命元斗杓主江華，李厚源主安興，李時昉主南漢山城，洪命夏主紫燕島，使之各自修繕儲峙。每臨筵與斗杓等講論籌劃日昃不倦」。[40]

為了築城練兵，孝宗還向清朝報稱：與「倭國相惡，欲修城集兵，整頓器械」，以防日本。當時，清廷已警覺日、朝、南明可能結成軍事聯盟，遂派使臣到朝鮮「往問真偽」。[41]結果查明，「朝鮮、日本素和好，前奏

---

[38] 《李朝孝宗實錄》卷3，孝宗元年三月甲寅。
[39] 《李朝孝宗實錄》卷14，孝宗六年正月壬寅。
[40] 《李朝孝宗實錄》卷14，孝宗六年正月壬寅。
[41] 《清世祖實錄》卷49，順治七年七月辛未，中華書局，1985年。

不實」。⁴²清廷認為李朝這樣做是違反「丙子之役」後，「新舊城垣，不許擅築」的盟誓。⁴³詰問孝宗「今者藉倭為言，而欲修城池、繕甲兵者，將欲何為？」⁴⁴斥責孝宗修城池、繕甲兵並非防禦日本，而是欲與日聯手對付大清朝。特別是孝宗令將漂流到朝鮮半島的漢人送往日本，更引起清廷的懷疑。認為這是日、朝、南明軍事同盟活動。順治帝在給孝宗的敕諭云：「抑以為明朝猶在耶？」接著嚴厲地斥責道：「若倭果恃強侵犯爾國」，大清國必派「大兵拯援，斷無遲誤之理！」然而，你國卻乘清國「天下未盡平定，盜賊未盡滅息」之時，以所謂「倭情叵測」為藉口，擴軍備戰，欲與日本及南明的勢力聯合，「專欲與朕為難也。」順治帝對孝宗「欺罔巧詐，負恩悖禮」行為的回答是「朕惟備之而已」。⁴⁵清使的到來，順治帝的切責，使孝宗十分惶恐，立即派使臣赴清謝罪。然而，孝宗「反清復明」北伐雪恥之心仍然不死。

孝宗十年（順治十六年，1659）三月，孝宗召見群臣於熙正堂。罷朝時，孝宗「命（宋）時烈獨留，令中官洞開門戶，悉闢左右」。⁴⁶然後對宋時烈曰：「每欲與卿從容說話，等待屢日，終無其便，故今日予決議為此舉。予亦氣幸蘇快，庶幾罄吾所懷矣」。⁴⁷接下來，孝宗對「反清復明」的形勢做如下分析：

> 今日之所欲言者，當今大事也。彼虜有必亡之勢，前汗時兄弟甚番，今則漸漸消耗；前汗時人才甚多，今則皆是庸惡者；前汗時則專尚武事，今則武事漸廢，頗效中國之事。此正卿前日所誦，朱子謂「虜得中原人，教以中國制度，虜漸衰微」者也。今汗雖曰英雄，荒於酒色已甚，其勢不久。虜中事予料之熟矣。⁴⁸

42　《清史稿》卷526，〈朝鮮傳〉，《列傳三百十三》，第14583頁。
43　《清太宗實錄》卷33，崇德二年正月戊辰。
44　《李朝孝宗實錄》卷3，孝宗元年三月甲寅。
45　《清世祖實錄》卷49，順治七年七月辛未。
46　《李朝顯宗改修實錄》卷1，即位年九月癸亥。
47　《李朝顯宗改修實錄》卷1，即位年九月癸亥。
48　《李朝顯宗改修實錄》卷1，即位年九月癸亥。

由於孝宗的思想理念對明朝充滿眷戀，對清朝心存偏見，以至於對清順治朝政不能實事求是的評價。其實，順治朝政並非像孝宗所云，呈「必亡之勢」，恰恰相反，而是為康乾盛世奠定了堅實的基礎。如按著孝宗的邏輯分析，李朝北伐雪恥只是時間問題。當宋時烈對曰：「聖意如此，非但我東，實天下萬世之幸！然諸葛亮尚不能有成，乃曰難平者事，萬一蹉跎，有覆亡之禍，則奈何？」孝宗笑答曰：「是卿試予之意也。以大志舉大事，豈可保其萬全也。大義既明，則覆亡何愧，益有光於天下萬世也。且天意有在，予以為似無覆亡之虞也」。[49]在孝宗看來，北伐雪恥是其肩負的歷史使命，他要不惜一切代價，甚至捨生取義。這種理念集中代表了李朝統治層的主體理念。可是，孝宗就在和宋時烈這番密談的兩個多月後，便升遐於大造殿。可謂未及北伐身先死，北伐雪恥遂致擱淺。

　　孝宗在國內大搞光復大明天下、北伐雪恥的同時，還對南明政權寄予希望，欲派使臣渡海聯絡，策劃夾擊清朝。其實，孝宗在即位前就與其父仁祖國王介入南明和日本的「反清復明」活動。日本正保三年（仁祖二十四年，1646）十一月，日本使臣從對馬島來到朝鮮東萊府，對李朝官員言，在南明的一再請求下，日本欲「假途朝鮮」，「赴援南京」進攻清軍。[50]東萊府官員遂將此事奏報，孝宗得報後，即刻派遣譯官李亨男、韓相國「隨倭使問慰對馬島主」，表示贊同日本「假道朝鮮，出送援兵」。當對馬島主問：「朝鮮兵火之餘，連歲饑饉，而途路險遠，師行甚難」時，朝鮮使者云：「鄰國之道，豈以假道為憚」。[51]可見，為能使南明得到日本的援兵從而進攻清軍，李朝甚至不惜讓日本援兵取道朝鮮。孝宗八年（1657），宋時烈等向孝宗進言，派專使與南明政權聯繫。宋時烈上疏云：

> 臣竊聞麗氏於契丹時，請醫於宋，密奏忠慮，而金虜之時，又有奔問宋朝之事，當時義之。後世譚之，皆以為「麗氏五百王業，實由於

---

[49] 《李朝顯宗改修實錄》卷1，即位年九月癸亥。
[50] 《李朝仁祖實錄》卷47，仁祖二十四年十一月辛亥。
[51] 《李朝仁祖實錄》卷47，仁祖二十四年十一月甲午。

此」，此實知言也。夫三綱五常，天之經、地之義，人所以為人，國所以為國者也。於其中，又有最大而尤切者，所謂「仁莫大於父子，義莫大於君臣」是也。而君臣之中，受恩罔極，又未有若本朝之於皇明也，豈比麗之於宋哉。竊聞今日一脈正統，偏寄南方，未知殿下已有麗朝之事，而機禁事密，群下有未得知耶？若然，則天怒自息，民心自悅，我國其庶幾乎！若其不然，則未有大倫有虧，大義有壞，而天佑民服者也。萬里鯨波，信息難傳。而精誠所在，無遠不屆。一國君民文武之中，豈無忠信沉密而應募願行者乎！伏乞殿下默運神機，獨與腹心大臣密議而圖之。[52]

兩個月後，李朝東宮贊善宋浚吉也上疏，建議派人扮成漂海行商秘密前往南明，共商反清大計。文曰：

竊聞帝室之冑，尚有偏安於廣、福之間，天下大統，不全為魏賊之所竊。而我國漠然不得相聞，於今幾年……今殿下聿追先志，奮發圖功，日夜俟天下之有事。而彼之形勢，亦已為天所厭，是有難久之兆。則雖以利害言之，我國之道，豈可不早知中原之事情，而豫為之所乎？[53]

照宋浚吉所言，清朝有如三國鼎立時的曹魏，根本不是「天下大統」，宋與金之間，「天下大統」屬宋，而清為金後裔，不是「帝室之冑」，早已「為天所厭，實為難久之兆」，當今之時真正的「正統」是偏安於江南一隅的南明。他建言，朝鮮濟州島居南海之中，「凡漢船行商，而往來海外諸國者」，多經過濟州島。應以濟州島為據點，派使與南明聯絡，這樣「我朝君臣上下數十年痛迫冤鬱之誠意，或可一朝而聞於天朝矣」。[54]宋浚吉聯明抗

---

[52] 《李朝孝宗實錄》卷19，孝宗八年八月丙戌。
[53] 《李朝孝宗實錄》卷19，孝宗八年十月甲午。
[54] 《李朝孝宗實錄》卷19，孝宗八年十月甲午。

清的建議，因清朝使團到朝鮮，孝宗忙於接待而未能實施。

　　孝宗在國內大搞「反清復明」的北伐雪恥的活動，是背著清廷在隱蔽狀態下進行的，清廷所知甚少。孝宗十年（1659），孝宗逝世後，整個北伐雪恥計劃也就成為泡影。

　　孝宗積極謀劃「反清復明」北伐雪恥的活動，與其早年坎坷的八年質子生涯，內心中積聚著對清廷刻骨銘心的仇恨以及他對清朝形勢估計不足，以為「虜之必亡」有密切關係。更重要的是孝宗基於一種義理精神，所謂「大義既明，則覆亡何愧，益有光於天下萬世也」[55]，認為即便失敗，也不愧於天下萬世。可見，孝宗只憑著復仇的心理和所謂「天理人心」，從事其「反清復明」活動，即便其在世，也不可能有成功的機會。

三、「反清復明」的理念對李朝後世的影響

　　如前所述，孝宗「反清復明」的北伐計劃，隨著其逝世逐漸化為泡影。但，孝宗「反清復明」的理念卻為李朝後世所秉承，孝宗被後世奉為「反清復明」的楷模，成為李朝君臣思明攘清的一面旗幟。顯宗即位年（1659）十一月，顯宗國王召見吏曹判書宋浚吉議事。宋浚吉就曾勸諫顯宗應效法孝宗臥薪嘗膽，積存實力，向清朝報仇雪恥。他說：

> 臣則一生癃病，志尚卑下，去或來，無大段關係，時烈則其所自期待者甚大矣。先王嘗以御札召之，烈由是感激，即赴召，堅守其志。至於公事間文字，亦有不肯用者，先王亦嘗許之矣。[56]先王嘗以「若有十萬精兵，可以深大義於天下。自古人君備嘗艱險，然後能成中興之業，予之昔日厄於燕瀋之間，或者天其有意」為教。夫以我國形勢，何能有為，而人君苟能修身齊家，任賢使能，克盡其自強之策，而蓄

---

[55]　《李朝顯宗改修實錄》卷1，即位年九月癸亥。
[56]　指不書清年號。

力待時,則安知天意之成或不悔禍耶?⁵⁷

在孝宗這種「反清復明」的理念支配下,李朝君臣對清朝的形勢總是作出錯誤的判斷。顯宗十四年(1673)十二月,吳三桂舉兵叛清。李朝得知後,君臣欣喜若狂,企圖乘機復仇雪恥。翌年五月,官員羅碩佐、趙顯期等上疏云:「天下事變,迫在目前,乘此機會,練兵峙糧,大可以復仇雪恥,小可以安國保民」。⁵⁸七月,右副承旨尹鑴又上疏云:

> 臣聞除天下之憂者,必享天下之福,扶天下之義者,必受天下之名。其道在因時乘勢,審其幾而亟圖之。嗚呼!丙丁之事,天不弔我。禽獸逼人,棲我於會稽,厄我於青城,虔劉我赤子,毀裂我衣冠。當是時,我先王忍一死為宗社,捐一恥為萬姓。而沫血飲泣,含羞拊心,思一有所出,以至於今,天道累周,人心憤盈矣。今日北方之聞,雖不可詳,醜類之竊居已久,華夏之怨怒方興。吳起於西,孔連於南,韃伺於北,鄭窺於東。剃髮遺民,叩胸吞聲,不忘思漢之心。側聽風颸之響,天下之大勢可知也已。我以鄰比之邦,處要害之地,居天下之後,有全盛之形,而不於此時興一旅,馳一檄,為天下倡,以披其勢,震其心,與共天下之憂,以扶天下之義,則不徒操刀不割,扶機不發之為可惜,實恐我聖上譾追其承之心,無以奏假於我祖宗、我先王,而有辭於天下萬世矣。⁵⁹

接著,他又打出孝宗這面大旗,以繼承孝宗未完成的事業相號召。其曰:

> 嗚呼!孝宗大王臨御十年,夙窹夜寐,詰戎招士,綢繆陰雨者,何嘗一日忘北向之心哉!布置亦完,部署伊始,天不助順,中道而殂,雄

57　《李朝顯宗改修實錄》卷2,顯宗即位年十一月戊午。
58　《李朝顯宗改修實錄》卷28,顯宗十五年五月己卯。
59　《李朝顯宗實錄》卷22,顯宗十五年七月癸亥。

圖大志，遺恨於千秋，此天時未至而憂在殿下也。先王遺大投艱，以畀後之人，我聖上誠宜克立大志，恢張聖聽，以為承天似祖，繼志數事，除殘去穢，扶弘義，灑大恥之圖，以謝天下之咎，以迓天下之福，不宜苟焉而已。時不可追，機不可失，因時乘勢，保己圖存，亦惟在此耳。[60]

尹鑴的上述議論，集中代表了李朝主流社會的思想觀念。在這種思想觀念支配下，清朝一有風吹草動，李朝君臣就會不加任何客觀分析地做出快速反映。在這種狂躁情緒的感染下，一些大臣乘肅宗國王剛剛即位，紛紛上疏要求北伐清朝，完成孝宗未竟的事業。好在剛即位的肅宗國王頭腦還算清醒，只好無奈的表示「予豈無雪恥憤惋之心哉，為其勢之不敵，尤為恨嘆。」[61]未敢貿然行動。就在李朝將對清朝「復仇雪恥，伸大義」[62]的希望寄於吳三桂時，令其意想不到的是，吳三桂尚未來得及北向與清朝爭天下，便於康熙十七年（1678）八月死於永興。[63]

康熙二十二年，清朝統一了臺灣，隨著清朝國力日益強盛，李朝深切的感到「反清復明」的北伐雪恥已經根本不可能實現，於是便把這種「反清復明」的理念轉為思明攘清的春秋大義。

肅宗二十三年（1697），李朝各地發生饑饉。大司諫朴泰浮上疏，請求「移諮遼省，互市中江，以紙、皮革之類，貿易穀物，以救關西之饑」。[64]肅宗國王令大臣商議，一些大臣心有疑慮。後來李朝的饑饉愈加嚴重，「八路大饑，畿、湖尤甚，都城內積屍如山」。[65]這才向清朝請求開市貿穀，以救饑荒。康熙得報後，立即獲准於中江貿易米糧。上諭云：「朕撫馭天下，內外視同一體，並無區別。朝鮮國王世守東藩，盡職奉貢，克效敬慎，今聞

---

[60] 《李朝顯宗實錄》卷22，顯宗十五年七月癸亥。
[61] 《李朝肅宗實錄》卷4，肅宗元年六月甲子。
[62] 《李朝肅宗實錄》卷4，肅宗元年十二月辛未。
[63] 《清史稿》卷6，《聖祖本紀一》，第198頁。
[64] 《李朝肅宗實錄》卷31，肅宗二十三年五月辛卯。
[65] 《李朝肅宗實錄》卷31，肅宗二十三年十月庚子。

連歲荒歉,百姓艱食,朕心深為憫惻。彼既請糶以救凶荒,見今盛京積貯甚多,著照該國王所請,於中江地方,令其貿易」。[66]然而,李朝一些官員對清廷的積極態度,非但不感激,反而加以抵制。以李朝執義鄭澔為代表,反對向清朝請求救濟。他慷慨陳詞:

> 孝宗大王每以春秋大義,一心淬礪,嘗於李敬輿之疏批有「至慟在心」之教,臣民至今誦之。歲月浸久,孝廟舊臣,已無在矣。今日廷臣,則無復有以大義為重者,至有此乞憐之舉。曾謂我國以禮義見稱,而乃如斯乎?先朝辛亥之饑荒,振古所無,而其時廷臣,未有此議者,意蓋有在,不如今日之專忘大義也。[67]

這位大臣,以孝宗為楷模,以《春秋》大義為重,寧可餓死,也絕不食清朝之粟。他甚至痛斥,李朝向清請米,是種「乞憐之舉」。

李朝君臣一向堅信「胡無百年之運」,清廷總有一天會被漢人所推翻。可是,百年以後的清朝,到了乾隆時代,非但未亡,反而國運昌盛,出現政治、經濟、文化空前繁榮的康乾盛世。在歷史事實面前,李朝君臣終於感悟到清朝國力強盛,大清天下已不可改變。李朝正祖三年(1779)八月,領議政金尚喆給正祖國王的上疏中言:

> 今日殿下臨御此,乃丙子年經亂之地也。城下之盟,終古恥之。至今人士之經過此地者,莫不指點而傷心,扼腕而興憤,則況興感於宸衷,當如何哉?惟我孝宗大王,勵薪膽之志,講復雪之策,將以成仁祖未就之志事,伸天下既絕之大義。不幸大業未半,奄棄臣民,此忠臣烈士所以痛心泣血而不能已者也。今我殿下承丕大之基,講繼述之謨,所以繼述之者,不出於修明刑政,收拾人才,養軍兵而理財用,數件事而已。興師往討,縱不可輕議,而春秋尊攘之義,庶可以不泯

---

66 《清聖祖實錄》卷186,康熙三十六年十一月戊戌。
67 《李朝肅宗實錄》卷32,肅宗二十四年四月癸酉。

於天下萬世矣。[68]

就是說，像孝宗那樣「勵薪膽之志，講復雪之策」，「興師往討」清朝，恢復大明天下已不可能。李朝所能做的，也只能是高舉「春秋尊攘之義」的旗幟，使思明攘清之義理，「庶可以不泯於天下萬世矣」。

李朝英宗、正祖、純祖時期，即清朝的乾嘉時期，李朝掀起一股北學清朝的浪潮。然而，向清朝學習的北學派思想意識中仍高舉尊明攘清的旗幟，朴趾源就是其中的代表人物。他在論及李朝與明朝的關係時說：「皇明吾上國也。……四百年猶一日，蓋吾明室之恩不可忘也。昔倭人覆我疆域，我神宗皇帝提天下之師東援之，竭帑銀以供師旅。復我三都，還我八部，我祖宗無國而有國，我百姓得免雕題卉服之俗，恩在肌髓，萬世永賴，皆我上國之恩也」。[69]字裡行間流露出對明朝再造之恩的感情，這種尊明的理念正是明亡後，李朝歷代思明攘清的思想根源。相反，朴趾源對清朝的態度則不然，不承認清朝為上國。其曰：「不謂之上國者，何也？非中華也。我力屈而服彼，則大國也。大國能以力而屈之，非吾所初受命之天子也。今其賜賚之寵，蠲免之諭，在大國不過為恤小柔遠之政，則雖代蠲一貢，歲免一幣，是惠也，非吾所謂恩也」。[70]在朴趾源看來，這個與李朝文化差別頗大，恃武力欺壓的清朝，不是代表中華的正統，僅僅是大國而已。清入關後，為緩和與李朝的關係，多次蠲免李朝歲貢，但朴趾源認為充其量為「惠」，絕非「恩」。這種「惠」不值得李朝感激，與對李朝有再造之「恩」的大明不能同日而語。以朴趾源為代表的北學派人物對清朝看法尚且如此，李朝民眾的心態就可想而知了。

以上所述，不難看出，「丙子之役」李朝由明朝的藩屬國變為清朝的藩屬國。這一轉變從形式上看似簡單，即李朝履行屬國職責，恪守藩邦職守，但就李朝的思想觀念、文化心態而言，卻接受不了這一殘酷的現實。從孝宗

---

[68] 《李朝正祖實錄》卷8，正祖三年八月甲寅，學習院東洋文化研究所，1966年。
[69] 朴趾源：《熱河日記》，《行在雜錄》，《燕岩集》卷13，別集，第242頁。
[70] 朴趾源：《熱河日記》，《行在雜錄》，《燕岩集》卷13，別集，第243頁。

國王積極謀劃的「反清復明」北伐雪恥，到「反清復明」的理念轉為思明攘清的春秋大義，成為李朝君臣內心深處不易化解的情結。以上充分說明，有清一代，李朝在文化心態、思想觀念上從來沒有臣服過清朝，始終處於一種思明攘清的狀態。這是我們考察清代中朝關係時，要給予十分關注的。

四、餘論

「明清鼎革」是十七世紀中葉東亞史上的重大事件。這一事件使曾經支配著東亞地區的「華夷秩序」發生了裂變，這種裂變給東亞地區的格局帶來政治、思想，乃至軍事、外交諸多方面的變化。如果我們將李朝孝宗「反清復明」的活動放在這一歷史環境下加以考察，就不難發現這是「明清鼎革」之際，東亞「華夷秩序」裂變過程中的一種必然反映。1644年，被置於東亞「華夷秩序」中的「夷狄」系的「滿清」勢力取代「華夷秩序」中的「華夏」系的「大明」，而位居東亞「共主」地位，這種「華夷變態」使通行於東亞地區的華－夷關係秩序發生易位，由此引起東亞各國激烈反應是不言而喻的。「華夷」關係秩序易位不僅朝鮮半島反應如此強烈，清朝本土與隔海相望的日本以及東南亞的越南也都有強烈反應。清朝本土的南半部反應尤為強烈。明亡清興的變局，江南士大夫痛稱「天崩地裂之變」，[71]為抗擊清軍的暴行，爆發了轟轟烈烈的復明運動，延續近半個世紀之久。[72]對於東亞政局的變化，日本的反應並不亞於李氏朝鮮。江戶前期，由林春勝、林新篤集錄1644年以後進入長崎港的中國商船帶來的情報，從而編撰而成的東亞地區情報集──《華夷變態》正是在這一背景下問世的。書中收有正保元年（1644）至亨保九年（1724）這八十年間約2200件文書。書名本身已體現出作者的價值取向。如該書序言云：

---

[71] 楊士聰：《甲申核真錄》，浙江古籍出版社，1985年。
[72] 何齡修：〈李之椿案與復明運動〉，《中國史研究》，1990年3期。

崇帝登天，弘光陷虜。唐、魯才保南隅，而韃靼橫行中原。是華變於夷之態也。雲海渺茫，不詳其始末。如剿闖小說、中興偉略、明季遺聞等概記而已。按朱氏失鹿，當我正保年中。爾來三十年所，福、漳商船來往長崎，所傳說，有達江府者。其中聞於公件件，讀進之，和解之。吾家無不與之。其草案留在反古堆，恐其亡失，故敘其次第。錄為冊子，號華夷變態。項聞吳、鄭檄各省，有恢復之舉。其勝敗不可以知焉。若夫有為夷變於華之態，則縱異方域，不亦快乎！[73]

序文開宗明義對「明清鼎革」這一事件，認為是「華變於夷之態也」，對此，日本更加密切關注大陸明亡清興過程中政局的細微變化，藉福建、漳州等地商船到長崎貿易之機，搜集大陸的各種情報。當獲悉吳三桂、鄭成功等進行反清復明的「恢復之舉」時，日本深知鹿死誰手「其勝敗不可以知焉」，但對這一具有「夷變於華之態」的舉動，異常欣喜，驚呼「不亦快乎！」與此同時，地處東南亞的越南黎氏政權也與清朝本土的抗清運動相呼應，明裡暗裡支持南明桂王政權的抗清運動，但當黎氏政權看到亡命緬甸的桂王朱由榔大勢已去，便於由榔被清軍抓獲的前一年（1660），主動遣使赴清朝貢，請求與清朝建立以往與明朝之間的封貢關係。由此可見，從東亞「華夷秩序」的視角觀察「明清鼎革」之際朝鮮半島李朝孝宗的「反清復明」活動，以及孝宗逝世後李朝將「反清復明」活動轉為李朝思明攘清的理念，就會發現它是東亞地區明清交替過程中的一種必然反應，是東亞地區「反清復明」鏈條中的重要一環。它與清朝本土的復明運動、李自成和張獻忠餘部的抗清、東南沿海的武裝反抗、鄭成功的海上起義、南明諸政權對清朝的抗爭以及日本與越南「夷變於華」的舉動共同構成十七世紀中葉反清復明運動的一個整體。這是我們研究這一時期東亞關係史值得深入研究的課題。

（本文原載《社會科學戰線》2010年5期）

---

[73] 林春勝、林新篤編：《華夷變態》，上冊，東洋文庫，1958年，第1頁。

從「北伐論」到「北學論」
——試論李氏朝鮮對清朝態度的轉變

　　清崇德元年,「丙子之役」使李朝由明朝的藩屬國正式變為清朝的藩屬國。這一轉變形式上看似簡單,但就李朝的思想觀念而言,卻經歷了大約一個世紀的痛苦磨合過程。其過程具體表現為從「反清復明」的「北伐論」到「力學中國」的「北學論」的轉變。本文擬就李朝這一轉變過程及其原因進行探討。

一、「反清復明」的「北伐論」

　　「丙子之役」後李朝被迫與清朝確立了封貢關係,但在心靈深處對這個與自己文化差別較大,恃武力欺壓、經濟掠奪的宗主國是不承認的,仍心繫大明。順治元年(1644)八月,福臨即位的兩月前,仁祖國王接見剛剛從北京返回的貢使,聽取了他們在京師的見聞後,君臣有如下議論。仁祖國王說:大明「三百年宗社,一朝丘墟,宜有死節之臣,而至今無聞,良可嘆也!」大臣錫胤說:「如有伏節死義之人,則雖愚夫愚婦必皆稱道,而寥寥如此,必是皇帝不辟,宦寺執政,禮義掃地,廉恥頹廢,士夫之有志節者先已去位而然也」。[1]這段對話字裡行間反映出李朝君臣固守朱明王朝的思想意識。在他們看來,即使大明朝「禮義掃地,廉恥頹廢」,從士大夫到「愚夫愚婦」也要為其做「伏節死義之人」。同年十月一日,福臨在北京即位,並藉即位《詔書》頒布新朝舉措,標誌著清代明全國性政權的建立。李朝得知後,君臣之間又進行一次既痛苦又失落、既惶恐又憤慨的議論。仁祖國王

---

[1] 《李朝仁祖實錄》卷45,仁祖二十二年八月戊寅。

說：「今觀大明之事，不勝痛嘆。人有自北京來者，皆云無一人為國家死節者。豈有二百年禮義之天朝，一朝覆亡，而無人死節理乎？」右議政徐景雨說：「聖教誠然，豈知大明天下曾無一個男子，提一旅奉朱氏耶？」[2]李朝君臣「不勝痛嘆」的無限傷感之情，充分反映了他們對明朝的眷戀情結，以及為明朝守節盡忠的思想。

李朝君臣念念不忘對明朝的感情，思想上不予承認剛剛建立的清朝，背著清朝在國內搞以光復大明天下為己任的北伐雪恥活動，並企圖與清朝國內的反清勢力聯手實現「反清復明」計劃。

順治二年二月，清廷主動將做人質的李朝昭顯世子等護送回國，藉此改善與李朝的關係。可是，昭顯世子歸回國不久，卻暴斃於「昌慶宮歡慶堂」。[3]清朝得知後非常震驚。攝政王多爾袞說：「忽聞世子訃音，深用驚悼。世子惠和敦恪，金玉其章，方期佐王宣化，為我良翰，何天不佑善，一朝中摧」。[4]清朝使世子東返朝鮮的目的是希望他輔佐年邁多病的父親仁祖國王，將其視為改善兩國關係的「良翰」，而昭顯世子之死，對李朝來說，毫無疑問的是清除了國內親清派的代表人物。同年九月，清廷冊封仁祖國王次子鳳林大君為世子。順治七年五月，仁祖國王病逝，鳳林大君即位，即孝宗國王。他在入質瀋陽期間，不忘「丙子」之恥，臥薪嘗膽，以圖雪恥。清朝無論如何也沒有料到，親手扶植即王位的孝宗國王，並沒有因為受到清朝的冊封而成為改善兩國關係的「良翰」。相反，卻以恢復明朝天下為己任，處心積慮地準備「北伐雪恥」，走上了「反清復明」的道路。

孝宗國王即位後，國內「反清復明」的人物金尚憲、趙絧等受到重用。以趙絧為代表的「反清復明」派，主張不書清朝年號，「只書年月」，認為北伐雪恥「此乃當今第一義也」。[5]在「反清復明」派的強烈攻勢下，李朝國內「親清派」受到壓制、排擠，「親清派」代表人物金自典等被殺害。[6]

---

[2] 《李朝仁祖實錄》卷45，仁祖二十二年十月丁丑。
[3] 《李朝仁祖實錄》卷46，仁祖二十三年四月戊寅。
[4] 《李朝仁祖實錄》卷46，仁祖二十三年六月甲申。
[5] 《李朝孝宗實錄》卷5，孝宗即位年八月己亥。
[6] 《李朝孝宗實錄》卷4，孝宗元年六月庚戌。

朝廷「內而三公六卿,外而監兵使,皆易以新人,盡逐先朝舊臣」。[7]一時間,李朝上下鼓吹北伐,雪恥復仇之聲不絕於耳。順治十六年三月,孝宗國王與贊善宋時烈有過一次親密的對話,孝宗國王對「反清復明」的形勢做如下分析。他說:「今日之所欲言者,當今大事也。彼虜有必亡之勢,前汗時兄弟甚蕃,今則漸漸消耗;前汗時人才甚多,今則皆是庸惡者;前汗則專尚武事,今則武事漸廢,頗效中國之事。此正卿前日所誦,朱子謂『虜得中原人,教以中國制度,虜漸衰微』者也。今汗雖曰英雄,荒於酒色已甚,其勢不久。虜中事予料之熟矣」。[8]由於孝宗國王的思想理念對明朝充滿眷戀,對清朝心存偏見,以至於對清朝順治時代不能實事求是地分析與評價。其實,順治時代並非像孝宗國王所說的那樣呈「必亡之勢」,恰恰相反,是為康乾盛世奠定了基礎。按著孝宗國王的邏輯分析,李朝北伐雪恥只是時間問題。他接著對宋時烈說道:「群臣皆欲予勿治兵,而予固不聽者,天時人事,不知何日是好機會來時。故欲養精炮(兵)十萬,愛恤如子,皆為敢死之卒,然後俟其有釁,出其不意,直抵關外,則中原義士豪杰,豈無響應者!」[9]當宋時烈問他:「萬一蹉跌,有覆亡之禍,則奈何?」孝宗笑著回答道:「是卿試予之意也。以大志舉大事,豈可保其萬全也。大義既明,則覆亡何愧,益有光於天下萬世也。且天意有在,予以為似無覆亡之虞也」。[10]在孝宗國王看來,北伐雪恥是其肩負的歷史使命,他要不惜一切代價,甚至捨生取義。這種思想集中代表了李朝統治層的主體思想。可是,就在他和宋時烈這番密談後的兩個多月後,孝宗國王便升遐於大造殿,「北伐雪恥」遂致擱淺。

李朝在國內大搞以光復大明天下,北伐雪恥的同時,還對南明政權、吳三桂的叛亂寄以不切合實際的希望,欲派使臣渡海聯絡,策劃夾擊清朝。順治十四年八月,贊善宋時烈向孝宗國王進言,派專使與南明政權聯繫。他

---

[7] 吳晗輯:《朝鮮李朝實錄中的中國史料》,第3781頁。
[8] 《李朝顯宗改修實錄》卷1,顯宗即位年九月癸亥。
[9] 《李朝顯宗改修實錄》卷1,顯宗即位年九月癸亥。
[10] 《李朝顯宗改修實錄》卷1,顯宗即位年九月癸亥。

上書說：「竊聞今日一脈正統，偏寄南方。……萬里黥波，信息難傳。而精誠所在，無遠不屆。一國軍民文武之中，豈無忠信沉密而應募願行者乎！伏乞殿下默運神機，獨與腹心大臣密議而圖之」。[11]無獨有偶，兩個月後，輔導東宮的宋浚吉也上書，提出派人扮成漂海行商秘密前往南明小朝廷共商反清大計。他說：「竊聞帝室之冑，尚有偏安於廣、福之間，天下大統，不全為魏賊之所竊。而我國漠然不得相聞，於今幾年。……今殿下聿追先志，奮發圖功，日夜俟天下之有事。而彼之形勢，亦已為天所厭，實有難久之兆。則雖以利害言之，我國之道，豈可不早知中原之事情，而豫為之所乎？」[12]照宋浚吉所言，清朝有如三國鼎立時的曹魏，根本不是「天下大統」，早已「為天所厭，實為難久之兆」，當今之時真正的「正統」是偏安於江南一隅的南明。他又指出，朝鮮濟州島「遮據南海之中，凡漢船行商，而往來海外諸國者，率多過濟（州）而去」。因此，應以濟州島為據點與南明聯繫，「不限遲速，要得通其水路，然後朝廷繼以使价，則我朝君臣上下數十年痛迫冤鬱之誠意，或可一朝而達於天朝矣」。[13]宋浚吉聯明抗清的建議，因清朝使團到朝鮮，孝宗國王忙於接待未能實施。對於李朝君臣來說，更使其興奮的是「三藩之亂」。康熙十二年（1673）十二月，吳三桂舉兵叛清。李朝得知後，君臣欣喜若狂，企圖乘機復仇雪恥。翌年五月，李朝官員羅碩佐、趙顯期等上疏說：「天下事變，迫在目前，乘此機會，練兵峙糧，大可以復仇雪恥，小可以安國保民」。[14]七月，右副承旨尹鑴又上疏說：「今日北方之聞，雖不可詳，醜類之竊居已久，華夏之怨怒方興。吳起於西，孔連於南，韃伺於北，鄭窺於東。剃髮遺民，叩胸吞聲，不忘思漢之心。側聽風飈之響，天下之大勢可知也已。我以鄰比之邦，處要害之地，居天下之後，有全盛之形，而不於此時興一旅，馳一檄，為天下倡，以披其勢，震其心，與共天下之憂，以扶天下之義，則不徒操刀不割，扶機不發之為可惜，

---

[11] 吳晗輯：《朝鮮李朝實錄中的中國史料》，第3855頁。
[12] 《李朝孝宗實錄》卷18，孝宗八年十月甲午。
[13] 《李朝孝宗實錄》卷18，孝宗八年十月癸巳。
[14] 《李朝顯宗改修實錄》卷28，顯宗十五年五月己卯。

實恐我聖上譎追其承之心,無以奏假於我祖宗、我先王,而有辭於天下萬世矣」。[15]尹鑴的上述議論,集中代表了李朝的思想意識,在這種思想支配下,清朝國內一有點風吹草動,他們馬上就不加任何客觀分析地做出快速反映。在這種狂躁情緒的感染下,一些大臣趁肅宗國王剛剛即位,紛紛上疏要求北伐清朝。好在剛即位的肅宗國王神志還算清醒,知道「其勢之不敵」[16]清朝,沒敢貿然北伐。就在李朝君臣將向清朝「復仇雪恥,伸大義」[17]的希望寄於吳三桂時,令他們意想不到的是,吳三桂尚未來得及北向與清朝爭天下,便於康熙十七年八月死於永興。[18]至康熙二十二年,清朝統一了臺灣,李朝「反清復明」的北伐幻想隨之破滅。

二、「力學中國」的「北學論」

康熙二十二年(1683),清朝統一了臺灣,至此影響兩國關係不確定的因素基本消除,又經康熙、雍正、乾隆三朝的勵精圖治,政治經濟文化空前發展,一個「大一統」的清朝展現在世人面前,從而使李朝對清朝「忍痛含冤」的敵意態度也逐漸開始轉變。康熙二十五年五月,李朝官員李頤命等在給肅宗國王的上書中說:「丙子之難已五十年矣。至於近時,殆不知為羞恥事矣」。[19]康熙三十七年四月,執義鄭皓也上奏說:「至於今日,時世漸遠,國勢陵替,人心陷溺,義理都喪。春秋大義,未知為何事;修攘重務,馴致於相忘」。[20]這兩條材料雖說是官員上疏李朝國王勿忘「丙子之恥」,但它充分說明發生在五十多年前的「丙子之役」,隨著時間的流逝,朝鮮國人已經逐漸地淡忘了的事實。伴隨著兩國交往持續頻繁,李朝對清朝的瞭解日益加深,由最初對清朝懷有民族偏見、充滿仇恨與敵視逐漸轉變為對清

---

15 《李朝顯宗改修實錄》卷28,顯宗十五年七月癸亥。
16 《李朝肅宗實錄》卷4,肅宗元年六月甲子。
17 《李朝肅宗實錄》卷4,肅宗元年十二月辛未。
18 《清史稿》卷6,《聖祖本紀一》,中華書局,1977年。
19 《李朝肅宗實錄》卷17,肅宗十二年五月甲申。
20 《李朝肅宗實錄》卷32,肅宗二十四年四月癸酉。

朝的接受。乾隆二十九年（1764）適逢甲申年，即明亡兩個甲子。在祭明亡120年儀式後，領議政洪鳳漢等便向英宗國王提出，對亡明的悼念和對清朝的嫌惡已過百年，應以此為定限作以了結。他在上奏中說：「我國之於彼人，誠有忍痛含冤之意，然但同朝之間，仇怨有淺深，嫌避有限節。而至於彼人接應之際，一例引義，殆無遠近之別，苟非情理冤酷，可為世仇者，事多掣礙，亦是行不得者。先正臣宋時烈嚴於此等義理，而至引朱子五世之說以為證，此由於五世必報之義也。宜有定限矣」。英宗國王看了洪鳳漢的上奏後，深表贊成地說：「以五代為限可也」。[21]反映了李朝君臣已拋棄對清朝的仇怨，對清朝態度發生了轉變。

　　乾隆中期，出使清朝使節中的有識之士提出「力學中國」的「北學論」是李朝對清朝態度轉變最集中的體現。「北學論」是李朝一些有識之士針對「北伐論」而提出的。它以新的理念審視清朝，明確主張北學清朝。「北學」一詞，由朴齊家於乾隆四十三年出使北京歸國後所著《北學議》而來。取自《孟子‧滕文公》章句中「陳良，楚產也，悅周公、仲尼之道，北學於中國」[22]之語。李朝將因北入清朝而產生的學說稱之為「北學」。「北學論」的重要代表人物，有洪大容、朴趾源、朴齊家等。他們以經世之學為基礎，對李朝士大夫中盛行的朱子學空談性理、大義名分思想進行了深刻地批判。特別是他們出使清朝後，親眼目睹了康乾盛世，轉變了他們對清朝的看法，回國後，大膽地向「華夷論」挑戰，提出「力學中國」的主張。

　　洪大容是北學論的先驅。乾隆三十年，35歲的洪大容懷著「欲一見中國」的強烈願望，隨叔父出使清朝。他隨使團從漢城出發，從義州入清境，經鳳凰城、瀋陽、山海關等地抵達北京。他以外國人那種獨特的眼光詳細觀察瞭解清朝。其中印象最深的則是清朝政治穩定、經濟繁榮、百姓安居樂業。在京師期間，洪大容曾問好友嚴誠和潘庭筠說：「聞說中國多災異，民心多動，未知實狀如何？」嚴誠回答道：「此說實在無之」。洪大容也通過所見所聞，糾正了在國內聽到的對清朝一些偏頗看法。他說：「蓋彼中

---

[21] 吳晗輯：《朝鮮李朝實錄中的中國史料》，第4593頁。
[22] 烏恩溥：《四書譯注》，吉林文史出版社，1996年，第300頁。

（清朝）事傳言於我國，類多譯輩妄想，其不足信如此」。他不僅改變對清朝的看法，而且對清朝大加讚譽。他讚揚康熙所開啟的「域內豫安」的盛世，「我東亦稱以英杰之君，此一事亦歷朝之所不及」。[23]而在乾隆四十五年訪問清朝的朴趾源，在入清之前就已從洪大容處瞭解些清朝的情況，所以這次訪問清朝是帶著濃厚的求知欲和特別的探求心踏上異國土地的。他不僅仔細地考察了清朝百姓的日常生活，更考察了清朝的統治政策及民族關係。他在瀋陽與結識的幾位漢族士人交談中提及他最關心的清朝統治下「胡」漢關係問題。當他委婉地問到：「古稱燕趙多悲歌之士，諸公必能善歌，願聞一闋」時，在場的士人李龜蒙答道：「古云燕趙悲歌，乃偏伯之國，士不得志。今四海一家，聖天子在上，四民樂業。賢者羽儀朝廷，賡載是歌；愚者煙月康衢，耕鑿是歌，都無不平，安有悲歌？」[24]李君一番話是對清朝的民族關係最好的詮釋。百聞不如一見，他對清朝的繁榮盛況深有感觸地評價道：「今升平百餘年，四境無金戈戰鬥之聲，桑麻菀然，雞狗四達。休養生息乃能如是，漢唐以來所未嘗有也，未知何德而能致之」。[25]在當時對「夷狄」所建立的王朝能有如此評價可謂前所未有，在北學派中產生極大影響。

「北學論」者認為，傳統的「華夷論」是朝鮮對清朝心存偏見的思想根源，也是阻礙全面深入認識清朝的癥結所在。為此，他們大膽地向「華夷論」提出挑戰，一掃斥清尊明的思想觀念。洪大容依據西學的地球說理論對「華夷論」提出挑戰。他說：「中國之人，以中國為正界，以西洋為倒界；西洋之人，以西洋為正界，以中國為倒界。其實戴天履地，隨界皆然，無橫無倒，均是正界。」就是說地球並不存在什麼固定的中心，因此，各國間也不應該存在貴賤、華夷之別。他說：「天之所生，地之所養，凡有血氣，均是人也；出類拔萃，制恰一方，均是君王也；重門深濠，謹守封疆，均是邦

---

[23] 洪大容：《湛軒書》外集卷2，《杭傳尺牘·乾淨衕筆談》，《韓國文集叢刊》第248冊，景仁文化社，2000年，第129頁。

[24] 朴趾源：《熱河日記·盛京雜識》，《燕岩集》卷11，《別集》，《韓國文集叢刊》第252冊，景仁文化社，2000年，第162頁。

[25] 朴趾源：《熱河日記》，《還燕道中錄》，《燕岩集》卷13，《別集》，第225頁。

國也；章甫委貌，文身雕題，均是習俗也」，既然這樣，為何有內外、貴賤、華夷之分呢？應該是，「各親其人，各尊其君，各守其國，各安其俗，華夷一也」。[26]這種承認各個國家各個民族的文化習俗，批判儒家傳統以漢文化為價值取向講究華夷尊卑的新理念，對當時朝鮮國內固守「華夷論」的人們起著振聾發聵的作用。他又進一步指出：被李朝一向視為的「夷狄」清朝，與入關前後相比，由於受先進文化的影響，自身已經發生了變化。所以，他對清朝予以充分的肯定，「若今時之夷狄也，以其久居中國而務其遠圖」。[27]

朴趾源在洪大容對「華夷論」挑戰的基礎上，針對李朝士大夫受「華夷論」思想作祟，斥清鄙夷，夜郎自大的陳腐觀念進行了尖銳的批評。他在給弟子朴齊家所著的《北學議》一書的序言中尖銳地指出：一些士大夫認為，「今之主中國者，夷狄也，恥學焉，並與中國之故常而鄙夷之」，在這種理念支配下，將清朝統治下的「山川則罪之以腥羶，其人民則辱之以犬羊，其言語則誣之以侏離，並與其中國固有之良法美制而攘斥之」。這種僵化的民族偏見，致使「以我較彼，固無寸長」，結果造成朝鮮越來越貧窮落後。[28]為此，他主張只要有利於朝鮮國計民生，即使是夷狄也應向他學習。「為天下者，苟利於民而厚於國，雖其法之或出於夷狄，固將取而則之」。[29]這種主張打破了「華夷論」的舊觀念，為「北學論」「力學中國」開了先河。

朴趾源又提出了「利用厚生」的觀點。「利用厚生」語出《尚書》，朴趾源給予新的解釋：「利用，工製什器，商通貨財之類，所以利民之用也；厚生者，衣帛食肉不飢不寒之類，所以厚民之生也。」他的北學思想是建立在「利於民，厚於國」基礎之上，通過中國之行融匯而成的。正是帶著這種強烈的「利用厚生」願望，朴趾源一踏入清朝的國境，就細緻地考察了清朝的國計民生，大到車制、窯制、居室之制、船制、橋梁等，小到炕制、轉

---

[26] 洪大容：《湛軒書》內集卷4，《補遺·巫山問答》，第92頁、第99頁。
[27] 洪大容：《湛軒書》內集卷3，《書·又答直齋書》，第66頁。
[28] 朴趾源：《熱河日記》，《鍾北小選·北學議序》，《燕岩集》卷13，《別集》，第109頁。
[29] 朴趾源：《熱河日記·馹汛隨筆》，《燕岩集》卷12，《別集》，第177頁。

磨、鑼絲、水井、製磚等，事無巨細。面對清朝百姓安居樂業，社會繁榮的盛況，他頗有感慨：「嗟呼！如此然後始可謂之利用矣，利用然後可以厚生，厚生然後正其德矣。不能利其用，而能厚其生鮮矣」。[30]為了促使朝鮮對清朝的瞭解和學習，回國後，朴趾源將自己在清朝所見所聞所想寫成日記體紀行文《熱河日記》，這本書在朝鮮後輩學者中引起極大反響，掀起了朝鮮北學清朝的熱潮。

朴趾源的學生朴齊家將北學清朝的主張進一步明朗化，明確提出「力學中國」。他曾四次訪問清朝，親眼目睹清朝的繁榮鼎盛，並對李朝的社會現狀進行了深刻的反思。他在給朝廷建言書《北學議》中尖銳地指出，朝鮮之所以如此落後，「是不學中國之過」。他在該書〈財賦論〉中說：「善理財者，上不失天，下不失地，中不失人。器用之不利，人可一日，而我或至於一月、二月，是失天也；耕種之無法，費多而收少，是失地也。商賈不通，遊食日眾，是失人也。三者俱失，不學中國之過也」。[31]面對朝鮮的「衣食不足，財貨不通，學問喪於科學，風氣限於門閥，見聞無由而博，才識無由而開也」[32]的現狀，他大聲呼籲「力學中國」。當務之急是派人赴清朝學習，即「今急選經綸才技之士，歲十人」，以一人領之，隨貢使入清「往學其法，或其器，或傳其藝，使頒其法於國中，設局以教之」。[33]同時，與清朝通商開市。廢除李朝開國以來「不通異國之一船」的閉關鎖國政策，像日本、琉球國那樣與清朝東南沿海進行貿易，至國力稍強，民業已定時，再逐漸發展與其它各國貿易。朴齊家認為，通過派人赴清朝學技藝與清朝通商開市等更能使國人對清朝有更深入的瞭解和認識。所謂：「我乃學其技藝，訪其風俗，使國人廣其耳目，知天下之大」。[34]可見，朴齊家的北學思想在洪大容、朴趾源的基礎上，又大大向前跨越一步。

李氏朝鮮從「北伐論」到「北學論」的轉變，反映李朝對清朝態度在思

---

[30] 朴趾源：《熱河日記·渡江錄》，《燕岩集》卷11，《別集》，第151頁。
[31] 朴齊家：《北學議》，〈財賦論〉，《韓國名著大全集》第6冊，漢城：大洋書籍，1972年。
[32] 朴齊家：《北學議》，〈農蠶總論〉。
[33] 朴齊家：《北學議》，〈財賦論〉。
[34] 朴齊家：《北學議》，〈通江南浙江商舶議〉。

想觀念上的一個跨越,說明李朝已跳出傳統僵化的「華夷論」怪圈,在思想觀念上接受了清朝這個宗主國,表明兩國關係進入健康發展的軌道。

三、從「北伐論」向「北學論」轉變的原因探析

　　李朝對清朝態度轉變的原因歸納起來,有以下三個方面:

　　第一,清朝實現了全國的大一統是促使李朝對清朝態度轉變的重要原因。也就是說,清朝在沒有完成統一全國之前的政局是影響兩國關係的重要因素。清朝與朝鮮建立的宗藩關係是通過「丙子之役」以武力征服朝鮮建立的。這種建立在以武力威懾下的宗藩關係,對於朝鮮而言,並非心悅誠服,而是「忍痛含冤,迫不得已」。當時明朝尚在,李朝對明朝仍抱有希望,所以,兩國關係一直處於敵對狀態。正如多爾袞所說:「未得北京之前,兩國不無疑阻」。[35]清入主北京後,明朝滅亡,清朝雖建立了全國性政權,但從全國的政局來看,鹿死誰手尚未確定:當時清朝只占據黃河以北大部,長城內外廣大地區;李自成部農民軍已退據陝西、山西;張獻忠部農民軍進入四川,於成都建「大西」政權;長江以南的廣大地區,殘明的勢力相繼建立福王、魯王、唐王、桂王等政權,史稱「南明」,繼續著明朝的統治,論實力尚有數十萬軍隊,控制著資源豐富的南部中國。明亡後全國的政局態勢,無非有兩種結局:一種是由其中某一政治勢力完成統一;一種是這幾方勢力勢均力敵,形成對峙割據的局面,重演歷史上的魏晉南北朝、三國、五代十國的悲劇。最後清朝經過近半個世紀努力完成了全國的統一。我們這裡要說的是,清初的全國政局以及在以後發生的「三藩之亂」等事件嚴重影響著李朝與清朝的關係。也就是說,清朝在沒有完成統一全國之前,李朝對這個充滿敵意的宗主國存在著各種懷疑和困惑,他們不相信也不希望清朝能完成統一大業,希望「南明」恢復江山社稷。在這種思想驅使下,李朝通過貢使不惜重金從北京及遼東等地購得一些道聽途說的情報,再加入他們的主觀想像和

---

[35] 《李朝仁祖實錄》卷45,仁祖二十二年十二月戊午。

價值判斷。在貢使給李朝的報告中，喋喋不休地用清帝「專事遊宴，奢侈無度」，官員「無不行賄」，漢人「積怨深怒」，蒙古「恃強不用命」等概念來診斷清朝「其敗可立而待也」。[36]甚至將清朝發生的自然災害也視為清亡的先兆。康熙七年，山東郯城發生地震，李朝異常興奮，認為，此是「前史所無，此皆亂亡之兆」。[37]由於李朝對清朝能否統一全國心存懷疑和困惑，便形成一種僵化的思維模式，將邪惡與滅亡同清朝劃等號。為了加速清朝滅亡，他們在國內大搞「反清復明」，北伐雪恥的同時，還對南明政權、吳三桂的叛亂寄以希望，欲派使臣渡海聯絡，策劃夾擊清朝，企圖把夷狄趕回東北老家去。然而，歷史是不以人的意志為轉移的。終順治朝18年，清朝削除李自成、張獻忠、南明三大勢力，至康熙二十二年，清朝又平定三藩、收復了臺灣，基本完成了對全國的統一，李朝「反清復明」的幻想破滅了，影響兩國關係不確定的因素消失了。後經康熙、雍正、乾隆三朝的勵精圖治，政治經濟文化空前發展，一個「大一統」的清朝展現在世人面前，李朝對清朝的態度也隨之發生變化。

　　第二、清朝建國後，興文教，崇儒術使李朝對清朝在文化上逐漸地認同。朝鮮半島與中國一衣帶水，自新羅以來，朝鮮半島的一些政權就與中國歷代封建王朝建立了宗藩關係。在中朝宗藩關係的發展史上，明與李朝的關係最為密切，「朝鮮事天朝最恭謹，天朝亦厚禮之，異於他藩」[38]是兩國關係的真實寫照。李朝在與明朝的長期交往中，努力吸收儒家文化。自譽「小中華」的李朝將儒家思想作為立國之本，將儒家的「禮」作為處事的準則，嚴格遵守君臣關係的各種禮制，並體現在與明朝交往的各個方面。如李成桂建國時，國號的選定都由明廷裁定。李朝建國後奉明朝為「正朔」，極盡臣子之禮，將國王的「敕諭」稱「教書」，「太子」稱「世子」，以視君臣之分。然而，自認為接受中華文化的李朝也深受儒家傳統的華夷觀念影響，對清朝存有嚴重的民族偏見，視他們為「犬羊之輩」，「人面獸心」。在這種

36　吳晗輯：《朝鮮李朝實錄中的中國史料》，第3917頁。
37　吳晗輯：《朝鮮李朝實錄中的中國史料》，第3955頁。
38　嚴從簡：《殊域周諮錄》卷1，《朝鮮》，北京故宮博物院，1930年。

「非我族類，其心必異」的華夷觀念驅使下，李朝與清朝的關係始終處於對立與戒備狀態。「丙子之役」後，李朝被迫與清朝確立宗藩關係，但在心靈深處對這個與自己文化差別較大，恃武力欺壓、經濟掠奪的宗主國是不承認的，仍心繫大明。認為「夷狄亂華，四海腥膻，中土衣冠之倫，盡入於禽獸之域」。[39]在朝鮮看來，清朝是「腥膻」之國、「禽獸之域」，不懂禮儀文化，根本不是中華正統。

入關後，清朝為了使李朝擯棄對其的偏見，興文教，崇儒術，逐漸將自己的統治納入中華正統。清朝建國伊始就特別強調清朝政權是繼承明朝而來的。明朝亡於「闖賊」李自成之手，清朝代為明朝雪恥才從「闖賊」手中奪回江山社稷，建國後一如明朝典制，恢復了中華正統。[40]為了使清朝與明朝及中國歷史上漢人建立的王朝有更大的相似之處，清帝多次率文武百官前往昌平，祭明帝諸陵，[41]這種三番五次地對明朝皇帝的祭祀，無外乎是向世人表明大清與大明的繼承關係。

清朝為了證明與明朝一脈相承，順治帝在即位的當月，就封孔子65代孫允植為衍聖公。翌年正月，更國子監孔子神位為「大成至聖文宣先師孔子」。順治三年三月，將翻譯的《洪武寶訓》「頒行中外」。[42]不僅如此，順治帝在詔書中多次對大臣講到要以儒學治國。順治十二年三月，順治在上諭中說：「自明末擾亂，日尋干戈，學問之道，闕焉弗講。今天下漸定，朕將興文教，崇儒術，以開太平。……諸臣政事之暇，亦宜留心學問，佐朕右文之治」。[43]如果說，順治朝是重新確立了儒家學說的統治地位的話，那麼到了康熙朝以後，儒家學說便成為清朝統治國家政治生活的理論基礎。康熙二十二年十月，康熙首次南巡，親至孔子家鄉朝拜，向孔子神位行三跪九叩大禮後，對群臣說：「至聖之道與日月並行，與天地同運，萬世帝王，

---

[39] 《李朝正祖實錄》卷7，正宗三年二月己巳。
[40] 《清史列傳》卷2，〈多爾袞傳〉，中華書局，1987年。
[41] 《清史稿》卷5，《世祖本紀二》，中華書局，1977年。
[42] 《清史稿》卷5，《世祖本紀二》。
[43] 《清史稿》卷5，《世祖本紀二》。

咸所師法」，並書「萬世師表」匾額，懸於大成殿。[44]雍正即位伊始，首崇儒家，在敕諭中反覆強調以儒家治國的指導方針：「朕惟聖人之道，昭揭日月，彌綸天地，萬世帝王，下逮公卿、士庶，罔不仰遵成憲，率由教言，我國家尊崇至聖，遠邁前代」。[45]乾隆與康熙、雍正的思想一脈相承，對興文教，崇儒學，不減絲毫。在半個世紀的風風雨雨中，李朝親眼目睹清朝取代明朝後，迅速地完成國家的統一，進而創造出政通人和文化昌盛的局面，由最初對清朝懷有民族偏見、充滿敵視逐漸轉變為對清朝的接受與認同。所謂「清人雖是胡種，凡事極為文明，典章文翰，皆如皇明時」，[46]已經逐漸成為李朝統治層的主流看法。

　　第三，清朝致力於改善同李朝的關係，也是促使李朝對清朝態度轉變的重要原因。清朝入關後，在致力於鞏固統治、完成統一的同時，始終注意改善與李朝的關係。順治即位時，特頒詔旨，大赦天下。對朝鮮也「特布寬恩，將世子遣歸本國。從前罪犯，悉皆赦宥」，並減少朝鮮的「歲貢幣物」，「以彰柔遠之意。[47]順治親政後，還消除了多爾袞因選朝鮮妃子給兩國關係造成的不好影響。順治初年，多爾袞派使赴朝鮮為其選妃，搞得朝鮮民間鼎沸，無一片安樂之地。孝宗國王氣憤地說：「奪我無罪之人，驅送他國，其為父母兄弟之情，為如何哉！念之氣塞，言之哽咽。國事到此，予甚慚懼」。[48]多爾袞的選妃無疑加深了朝鮮對清朝的敵對情緒。然而，多爾袞所選了朝鮮妃子後僅幾個月，多爾袞就病逝了。這位妃子只好孀居異國，獨守空房。順治帝於順治十三年將其送回國，藉以改善與李朝的關係。

　　最能體現清朝改善與李朝關係的是清朝糧米東運以救朝鮮饑饉。康熙三十六年，朝鮮各地發生饑饉。大司諫朴泰浮上疏，請求「移諮遼省，互市中江，以紙、皮革之類，貿取穀物，以救關西之饑」。[49]肅宗國王令大臣商

44　《清聖祖實錄》卷117，康熙二十二年十月己卯，中華書局，1985年。
45　《清世宗實錄》卷17，雍正二年三月己卯，中華書局，1985年。
46　吳晗：《朝鮮李朝實錄中的中國史料》，第4494頁。
47　《李朝仁祖實錄》卷46，仁祖二十三年二月辛未。
48　《李朝孝宗實錄》卷5，孝宗元年十月壬辰。
49　《李朝肅宗實錄》卷31，肅宗二十三年五月辛卯。

議，一些大臣心有疑慮，認為：「自古互市，例多利歸大國，弊及小國。開市中江，則非彼人往來之地。開市柵門外，則距我境稍遠，載運亦可慮」，「若開市貿米，雖不無所賴，此路一開，後敝可慮」。[50]後來朝鮮的饑饉愈加嚴重，「八路大饑，畿、湖尤甚，都城內積屍如山」。[51]這才向清朝請求開市貿穀，以救饑荒。康熙得到李朝的報告後，立即獲准於中江貿易米糧。並上諭說：「朕撫馭天下，內外視同一體，並無區別。朝鮮國王世守東藩，盡職奉貢，克效敬慎，今聞連歲荒歉，百姓艱食，朕心深為憫惻。彼既請糶以救凶荒，見今盛京積貯甚多，著照該國王所請，於中江地方，令其貿易」。[52]康熙三十七年正月，清朝發粟米3萬石，分水陸運至中江。康熙指示大學士等說：「運往朝鮮國米石，著侍郎陶岱共運至三萬石，以一萬石賞賚朝鮮國，以二萬石平糶」。[53]同年七月，康熙得吏部侍郎陶岱的報告：「將賞米一萬石，率各司官監視，給該國王分賑。其商人貿易二萬石，交與戶部侍郎貝和諾監視貿易」。肅宗國王在感謝清廷的奏文中說：「皇上創開海道，運米拯救東國，以蘇海澨之民，饑者以飽，流者以還」。[54]康熙得報後心情甚是喜悅，提筆作〈御製海運賑濟朝鮮記〉從中可以反映出康熙帝作為宗主國之君的風範以及對藩屬朝鮮的關心，得知朝鮮饑饉「深為惻然，立允其請」，緊急調撥糧食以救荒饑。這種將朝鮮「民命續於既絕，邦祚延於垂亡」[55]的舉動，使李朝君臣深刻地感到，這位「胡皇」的所作所為，決不亞於對朝鮮有「再造之恩」的萬曆皇帝。

不僅如此，清朝積極改善與李朝的關係還體現在允准李朝的「辨誣奏請」。康熙初年，李朝使臣從清朝購得一本《皇明十六朝紀》，是書對明天啟三年（李朝仁祖元年，1623），仁祖國王發動宮廷政變，廢國王李琿（光海君）這一事件，記為「篡逆」。康熙十五年，剛即位的肅宗國王就曾給清

---

50 《李朝肅宗實錄》卷31，肅宗二十三年九月戊戌。
51 《李朝肅宗實錄》卷31，肅宗二十三年十月庚子。
52 《清聖祖實錄》卷186，康熙三十六年十一月戊戌。
53 《清聖祖實錄》卷187，康熙三十七年正月辛丑。
54 《清聖祖實錄》卷189，康熙三十八年七月壬午。
55 《清聖祖實錄》卷189，康熙三十八年七月壬午。

禮部上〈辨誣奏文〉說：「前明《十六朝紀》一書中載本國癸亥年廢光海君李琿立莊穆王李倧事，誣以簒逆。今聞纂修《明史》，特陳奏始末，乞刪改以昭信史」。[56]禮部接到李朝的「辨誣」陳奏，沒有允准李朝之請，是因當時「三藩之亂」爆發，李朝欲策應三藩，夾擊清朝的緣故。雍正年間，清朝重開史局修《明史》。雍正四年，英宗國王再次為其四代祖父仁祖國王「昭雪」，請求清朝在修《明史》時加以釐正。[57]禮部議覆：「四代祖倧（仁祖），故明天啟三年請封。明《十六朝紀》以簒奪書，實屬冤誣應予更正。俟《明史》告成後，以《朝鮮列傳》頒示其國」。[58]然而，《明史》尚未修成，李朝又遣使，請求「早為頒發」。禮部認為「應俟《明史》告成，再行刊發」。而雍正皇帝為了顯示他對李朝的「字小以仁」，則說：「該國王急欲表伊先世之誣，屢次陳請，情詞懇切。著照所請，將朝鮮國列傳，先行抄錄頒示，以慰該國王懇求昭雪之心」。[59]雍正十年四月，雍正帝令將尚未刊行的《明史·朝鮮列傳》謄寫一份，由李朝使臣帶回朝鮮。同年七月，英宗國王「以史冊辨誣事，告由於太廟」。[60]可見，在宗藩關係體制下，宗主國對屬國來說，不僅冊封國王意義重大，而且「春秋筆法」的威力也同樣重大。英宗國王看到謄寫的《朝鮮列傳》後，還是放心不下。乾隆三年七月，英宗國王又請求清朝頒發列傳單印本。清禮部議覆：「《明史》卷帙浩繁，刊刻尚未告成，應俟報竣之日，刷印頒示。」而乾隆帝則認為：「該國王請頒發伊本國列傳，情詞懇切。《朝鮮列傳》既已成書，著照所請，先行刊刻刷印頒給，以副朕柔遠之至意」。[61]果然，清廷未讓李朝失望。同年二月，奏請使金在魯等從北京帶著刊印的單行本《明史·朝鮮列傳》回國，受到隆重的歡迎。英宗國王御宣政殿，使臣金在魯「奉史冊跪進，上跪受。」並對

---

[56] 《清史稿》卷526，《屬國一》，《朝鮮》。
[57] 《李朝英祖實錄》卷9，英祖二年二月辛未，學習院東洋文化研究所，1965年。
[58] 《清史稿》卷526，《屬國一》，《朝鮮》。
[59] 《清世宗實錄》卷116，雍正十年三月戊辰。
[60] 《李朝英祖實錄》卷32，英宗八年七月甲午。
[61] 《清高宗實錄》卷81，乾隆三年十一月乙亥。

金在魯等說：「史事順成可幸」。⁶²可見，李朝的「辨誣奏請」之所以如願以償，完全是清朝從改善與李朝的關係考慮，充分體現出清朝對李朝「字小以仁」的政策。

此外，清廷還多次減免李朝的貢物。康熙五十年十一月，清禮部給李朝的諮文說：「年例貢物內白金一千兩，紅豹皮一百四十二張，永停貢獻。又聞朝鮮國使沿途館舍，盡皆傾圮，難以止宿，著令各該地方作速修葺，用副加惠遠人之意」。⁶³

由於清朝致力於改善與李朝的關係，使李朝逐步轉變了固守的觀念意識。雍正四年（英宗二年），李朝英宗國王在給雍正帝的奏摺中所說：「竊念小邦世世服事，恪勤侯度，皇朝亦視同內服，曲加庇恤，而自聖祖仁皇帝以後，益加眷遇，有請必遂，無願不伸。臣常懷感激，銘鏤心骨」。⁶⁴恰是李朝對清朝觀念轉變的最真實的表白。康熙中葉以後，中朝兩國的關係，基本上在「禮尚往來」的宗藩關係之下進行，李朝對清朝「恪循儀度，克殫忱悃，國中事稍有關係者，必奏明仰請定奪」。⁶⁵表明中朝兩國關係沿著正常軌道發展。

（本文原載《中國邊疆史地研究》，2006年4期）

62　《李朝英祖實錄》卷48，英宗十五年二月己卯。
63　《李朝肅宗實錄》卷52，肅宗三十七年十一月丙戌。
64　《李朝英祖實錄》卷9，英宗二年二月辛未。
65　《李朝肅宗實錄》卷52，肅宗三十七年十一月丙戌。

論清朝與李朝封貢關係的形成與確立

天聰元年，後金與朝鮮丁卯盟誓，結為兄弟之國後，兩國關係並不和諧，爭端不斷，難以維持兄弟關係。皇太極改元稱帝，而作為兄弟的朝鮮竟不願前往慶賀，致使皇太極於崇德丙子年，再次發動征朝鮮的戰爭，朝鮮戰敗求和，與清朝結「君臣之盟」。至此清朝與朝鮮的關係由先前的兄弟關係變為君臣關係，標誌著清朝與朝鮮封貢關係的確立。[1]

一、「丁卯之役」後金與朝鮮的關係

「丁卯之役」後，後金與朝鮮的關係並未體現出兄弟關係，而是心懷異志，爭端不斷。

首先是兩國就後金俘獲朝鮮人口的送還與後金逃入朝鮮的逃人「刷還」問題的交涉。後金丁卯年征朝鮮時，除搶掠財物外，還虜獲大量的人口。天聰元年（1627）五月，朝鮮官員金起宗在奏報後金所掠朝鮮人口的馳啟中云：

> 平壤被擄男婦二千一百九十三人，被殺一百五十八人，逃還三百四十四人，掩胳男婦一千一百六十九人；江東被擄男婦二百二十五人，逃還六十七人，被奪牛馬七百九十首；三登被擄男婦一千五百人，被殺二十八人，逃還一百十一人；順安被擄男婦五百七十六人，被殺四十四人，逃還七十八人。肅川被擄男婦三百七十人，戰亡六十人，逃還三十三人；咸從入防正軍被擄一百二十一人；六邑被擄合四千九百八

---

[1] 相關研究主要有劉家駒：《清朝初期的中韓關係》，文史哲出版社，1986年；張存武：《清代中韓關係論文集》，臺灣商務印書館，1987年。

十六人,被殺二百九十人,逃還六百二十三人;而清川以北,則毛兵時方充斥,守令未赴境上,流民未還本土,不得查出云。[2]

由金起宗的馳啟可知,僅平壤、江東、三登、順安、肅川、咸從等六邑,後金所擄人口就達近五千人,可見朝鮮被擄人口之多。對於後金擄如此眾多的人口,朝鮮在盟誓後,就曾向後金提出希望刷還。據《仁祖實錄》仁祖五年(天聰元年)三月條載:

> 和事幸已完成,自今以往,各守信誓,共享太平而已。第有一事,實係惻隱之衷。自兵鋒深入,被獲男婦,其數甚多。此輩各有父母夫婦,若羈縻流離,遂作異域之魂,此誠仁人所不忍也。貴國地廣兵足,些少俘獲,無關損益,渡江之前,一一還送,則非但義聲無窮,仁心及物,天必鑒臨。未知王子能有意於斯乎?[3]

同年三月九日,朝鮮又派宣傳官持國書赴阿敏營中。國書曰:

> 聞王子已解兵而西,足見遵守約誓之意也。我兩國約未成時,是為敵國,約成之後,便成一家,故曾將被擄男女刷還之意,及於揭帖中矣。近接哨報,貴國三路分兵剿掠郡邑,許多生靈,盡被俘殺。……願王子嚴行禁斷,俾民安堵,將前後被擄人,一一刷還,使之各歸鄉土,是所望也。[4]

對於朝鮮提出刷還被擄人口問題,阿敏等為表現出「踐約之好意」,[5]於同年四月八日,刷還被擄的定、郭、宣、鐵之地的朝鮮軍民三萬餘人。四月十

---

[2] 《李朝仁祖實錄》卷16,仁祖五年五月辛巳。
[3] 《李朝仁祖實錄》卷15,仁祖五年三月庚午。
[4] 《李朝仁祖實錄》卷15,仁祖五年三月丙子。
[5] 《李朝仁祖實錄》卷15,仁祖五年四月甲辰。

四日，又刷還被擄嘉山等地的朝鮮軍民二餘人。但是，後金刷還者僅是一小部分，大部分撥給八旗將士帶回瀋陽。

　　與刷還被擄朝鮮人口相關的是後金請朝鮮歸還逃人問題。朝鮮與後金山水相連，後金進入遼瀋地區後，該區域所居漢人、蒙古人，也包括朝鮮人，因諸種原因逃往朝鮮者，不乏其人。特別是薩爾滸之戰時，朝鮮出兵助明，戰敗後士兵多為後金俘獲，分撥八旗戶下為奴。這些被擄的朝鮮人，或因不堪八旗將士的欺壓、凌侮；或因思念家鄉妻子兒女，冒死逃回故土者很多。因此歸還逃人問題，成為後金向朝鮮提出交涉的重要問題。天聰元年五月三十日，皇太極根據雙方盟誓中有：「滿洲俘獲編入戶口之人，逃回朝鮮，容留不行，遣還」[6]的規定，致書朝鮮，要求朝鮮刷還後金逃人。致書內容如下：

> 今後我兩國，永為兄弟之好，決不像南朝恃勢欺人。自立誓之後，貴國人逃至我國，我即查出送去，若金、漢人及擒獲麗人，有逃至貴國者，亦即查出。互相隱匿，不肯查送，兩國和好之事，反覆無益。[7]

　　皇太極在致朝鮮書中，言語溫和，似乎體現出「兄弟之好」，實則這後面，如果李朝不刷還逃人，則隱藏著殺機。

　　後金提出刷還逃人問題，尤其刷還被掠的朝鮮人，對朝鮮來說，實在是棘手問題。正如兵曹判書李廷龜上疏所云：

> 刷還之事，實係存亡，言之雖易，處之甚難。我之赤子，既不能保其生而被虜於賊手，及其脫死逃還也，乃反驅而刷送，苟有人心，孰為此論。[8]

6　《清太宗實錄》卷2，天聰元年二月乙酉，中華書局，1985年。

7　《李朝仁祖實錄》卷16，仁祖五年五月乙未。

8　《李朝仁祖實錄》卷19，仁祖六年七月乙丑。

朝鮮深知，後金曾掠奪眾多朝鮮軍民，分別編入八旗將領戶下作為奴僕，供其使役。這些被掠之人，在後金受折磨與欺壓，能夠逃離回國，無異九死一生。現在又「反驅而刷送」還給後金，身為父母之國怎能忍心刷還呢？況且，從後金逃回之人數量之大，刷還談何容易？君臣商議結果，藉仁祖弟李覺歸國之機，派副將沈正笏、朴蘭英帶著禮物及國書至後金，備言不忍刷還逃人的苦衷。國書云：

> 惟是我國之人，為貴國俘獲者，懷思父母鄉土，亡命逃歸，乃人子之至情，即上天所矜憐也。我為民父母，既不能保存於被兵之初，及其來歸，又從而縛送之，奈天理何？決不忍為此也，幸原諒之。[9]

國書所云，入情入理，情真意切。然而，對後金而言，八旗將士血戰所俘獲的人口逃往朝鮮，怎能不令其刷還呢？所以，皇太極始終堅持逃人必須刷還。當朝鮮使臣歸國時，皇太極命國舅阿什達爾漢、游擊霸奇蘭帶著他給仁祖國王的回書同往朝鮮。回書云：

> 至言爾國之民，被俘之後，思其父母逃歸，復行縛送，心有不忍。前者，爾兵入我董鄂、瓦爾喀什地方，肆行屠戮，又容匿毛文龍，納我遼東逃民，以是往征爾國，當攻城陷陣之時，我師豈獨無死傷者乎？今以血戰所獲之俘，脫逃而去，爾乃守而庇之，謂不忍再視其離散。爾誠思昔日來侵我國，屠戮我民，其父子兄弟，豈無離散者乎？遼東之民，久經分給將士，誼關主僕，一旦僕棄其主，竄歸爾國，豈得不謂之離散乎？倘我國將士，忿其叛逃，率眾而往執之，自此啟釁敗盟，又未可定也。我所以欲爾歸我逃人者，非有所貪得，正欲永踐盟好耳。如有貪得之念，前剃髮降我之民，如許之多。一經盟誓，遂爾遣歸，我何嘗斬之也。今王若愛戀其民，必以彼父母兄弟完聚為辭，

---

[9]　《清太宗實錄》卷3，天聰元年七月甲戌。

可將逃人一一察出，與其原主期約一處，伊主許贖，各從其便，如此庶為允協。王其再思之。[10]

由此可知，後金將血戰所獲朝鮮軍民分編給八旗戶下為奴僕，供其使役，已成為八旗將士社會生活中重要組成部分，「一旦僕棄其主，竄歸爾國，豈得不謂之離散乎」。[11]之所以如此，是後金當時的生產方式所決定的。對後金而言，搶掠人口是其生存、發展所必須。那麼，如何解決逃人問題，皇太極提出：可將逃人一一察出後，「與其原主期約一處，伊主許贖，各從其便」。是年八月，朝鮮國王致書皇太極同意對逃人「欲令各人親戚，通議贖取」。[12]這樣一來，後金與朝鮮關於逃人問題的交涉，則由雙方議價贖取，以補償八旗將士因所獲奴僕逃亡所蒙受的損失。可是，逃人的訪查極不容易，而從後金逃去的漢人、女真人又誰為代贖？可見，「贖取」只是一種權宜之計。自天聰元年以後的五、六年間，兩國就逃人問題交涉不休。天聰七年二月，皇太極還指責朝鮮會寧官員說：「我國人逃入爾朝鮮者，其姓名皆載檔案，又遣其素相識者，至爾國訪尋，歷歷可據，今爾何辭推諉，可速察出送還」。[13]可見，後金與朝鮮為逃人刷還之事，到天聰末年也沒有解決。

其次兩國互通使節問題。「丁卯之役」，根據後金為兄，朝鮮為弟的盟誓，兩國每年通使兩次。李朝每年於元月至二月間派春信使，八月至九月間派秋信使，後金則在李朝使臣由後金回國後才派遣使者赴朝。可是，天聰元年的兄弟之盟，李朝堅持交鄰與事大並行，後金並沒有逼迫朝鮮「永絕南朝」，所以，在與後金盟誓後，朝鮮既事大明，又交後金，始終保持與明朝的君臣關係。然而，朝鮮君臣自認為其文明程度高於後金，堂堂「禮義之邦」與「犬羊之輩」的後金交結通使，感到「天下萬古所無之羞，而一國民人無窮之至痛也」。[14]因而與後金的通使常常是在隱瞞明朝的情形下進行

---

[10] 《清太宗實錄》卷3，天聰元年七月癸未。
[11] 《清太宗實錄》卷3，天聰元年七月癸未。
[12] 《李朝仁祖實錄》卷17，仁祖五年八月己酉。
[13] 《清太宗實錄》卷13，天聰七年二月丙子。
[14] 《李朝仁祖實錄》卷15，仁祖五年三月己巳。

的。一旦明朝文武官員到來，朝鮮不便派使去後金，通使時間延期之事經常發生。如天聰八年正月初八日，朝鮮正準備派使臣李時英攜帶國書赴後金為皇太極賀元旦。[15]恰巧明朝駐皮島副總兵程龍到朝鮮訪問，赴後金使臣不便出行，至正月二十六日皮島副總兵程龍才啟程。[16]而這位專為後金賀元旦的使臣二月十八日才到達後金，按規定時間晚了許多。[17]朝鮮通使不能如期派出，多因李朝對宗主國明朝有所顧忌而起，因此，後金對此深為不滿。與此同時，朝鮮使臣所帶禮物也常常引起後金不快。在後金看來，他們對朝鮮有「保全性命」之恩，所以朝鮮理所應當進獻方物；加之後金當時物質缺乏，對朝鮮的禮物極為重視。而朝鮮則認為，丁卯年「雖有城下之恥，姑紓目前之急，第無厭之欲，難從之請」。[18]因此，通使非但不能按時，所贈禮物時多時少，不論從數量上，還是從成色上，比進貢明朝的禮物要差得許多。天聰五年正月，朝鮮派朴蘭英前往後金進獻春季方物，後金以「額數漸減，悉卻之」。[19]皇太極立即遣阿朱戶、董納密攜帶國書與朴蘭英同往朝鮮，在致朝鮮國王的國書中說：

> 我兩國自誓天地，和好以來，我未曾違約，爾自違之。其詳已悉前書。至前後來獻禮物，以次漸減，我非以貨幣為重，意爾恭敬漸衰，

---

[15] 《李朝仁祖實錄》卷29，仁祖十二年正月乙未條載：付國書於春信使，「其書曰：……茲者天時已換，春意方新，緬惟茂膺多祉，興居萬安？聊憑春信使之行，敢修候問之禮，兼將土宜，粗表微忱。禮物，則紅綿綢二百匹、草綠綿綢二百匹、白綿綢二百匹、白紵布二百匹、白布四百匹、紅木綿三百匹、藍木綿四百匹、白木綿一千匹、正木綿五千匹、豹皮五十張、水獺皮二百張、青鼠皮一百六十張、霜華紙五百卷、白綿紙一千卷、彩花席五十張、別花席五十張、細龍席一張、丹木二百斤、好刀八柄、小刀八柄、胡椒十斗、黃栗十斗、大棗十斗、銀杏十斗、乾柿五十貼、全鰒十貼。」

[16] 《備邊司謄錄》仁祖十二年正月二十五日條載：（備邊司）啟曰：「程副總發行之期，雖定於廿六日，而時無直入京城之語，在我敬客之道，所當遣官請來，以示繾綣之意，敢啟。答曰：依啟」。

[17] 《清太宗實錄》卷17，天聰八年二月乙未條載：「朝鮮國王李倧遣總兵官李士英賫書二函，來賀元旦，貢方物」。

[18] 《李朝仁祖實錄》卷15，仁祖五年二月辛丑。

[19] 《清太宗實錄》卷8，天聰五年正月庚子。

故減於禮物耳。王之恭敬，所以漸衰者，得無謂明強我弱乎！[20]

翌年正月，朝鮮派使臣鄭義國前往後金進春季方物，後金也因「貢物不及額，遺書責之」。[21]後來的情形更加糟糕，發展到後金扣留李朝使臣的地步。

再次兩國互市貿易問題。「丁卯之役」後，後金不僅政治上提高了地位，軍事上解除了明與朝鮮合力夾攻的危險，同時經濟上也獲得了巨大利益。自後金與明開戰以來，明朝封鎖了後金與遼東的貿易，造成後金國內物質短缺，嚴重制約著後金的發展。「丁卯之役」後，後金想以朝鮮代替明朝，從朝鮮獲得後金所需物質，所以，後金對與朝鮮的互市貿易極為重視。天聰年間，後金與朝鮮的貿易主要是在義州和會寧兩處的邊市。義州邊市，在中朝文獻上稱「中江開市」。中江，在今遼寧省丹東市與朝鮮義州間鴨綠江中的中江島上。會寧邊市，為朝鮮咸鏡北道會寧府，北臨圖們江，與吉林省和龍縣隔江相對。天聰元年，後金班師回國時，就向朝鮮提出開市問題。同年十二月，朝鮮使臣朴蘭英到瀋陽，皇太極又向他表示「糧米換貿事則彼中十分渴望」。[22]朴蘭英則以「六道失稔，時方饑饉，人多餓死」實在「力所不能」[23]為由，百般推辭。後金並不甘心，又提出互市與贖取朝鮮人口並行的方案，即後金願意將拘留後金的朝鮮人口藉互市，讓其家人贖回。這樣一來朝鮮無法拒絕，只好在中江開市。天聰二年，朝鮮發米3000石，以2000石用於發賣，1000石送於後金以贖取朝鮮人口。[24]義州互市規定，貨物買賣每年春秋兩季舉行。但是，中江開市以來一直不理想。如天聰二年春天，朝鮮方面前來貿易的人不多，所帶貨物很少，至於後金所需耕牛幾乎沒有。致

---

[20] 《清太宗實錄》卷8，天聰五年正月壬寅。
[21] 《清太宗實錄》卷11，天聰六年正月乙巳；《清史稿》卷2，本紀二，（天聰六年春二月）庚子條載：「朝鮮貢物不及額，卻之。以書責其罪」。
[22] 《李朝仁祖實錄》卷17，仁祖五年十二月乙卯。
[23] 《李朝仁祖實錄》卷17，仁祖五年十二月乙卯。
[24] 《李朝仁祖實錄》卷18，仁祖六年三月丙寅條載：備局啟曰：「龍、朴兩胡，固請開市，不得已而許之以三千石米，白給者二千石，發賣者一千石。蘭英、景龍與龍胡相約，載之國書，而去矣」。

使後金前來貿易者急呼：「且聞商賈來者，不滿三十人，牛則不來云，以何物貨交易乎」？[25]而後金這次來的人馬很多，「貴國無供饋之意」，以致後金人馬「暴露風雨，軍馬兩饑」，他們指責朝鮮「兩國相好之意安在」？[26]天聰年間，除中江開市外，朝鮮會寧不久也開市。天聰二年二月，皇太極致書仁祖國王說：

> 今兩國既成一國，中江大開關市，竊思東邊之民，原在會寧做市矣，今見此處開市，皆欲往會寧貿易，料無王命，會寧官豈敢擅專？故具悉預報，如允當，速令會寧官遵行。[27]

朝鮮以「兩西新經兵火，財畜蕩然，中江開市，亦恐無以成形。況於會寧空虛之地，以何人物得成市貿也」[28]為由婉言拒絕。《清太宗實錄》載朝鮮婉拒的回書如下：

> 承示會寧開市，兩國既已和好，本不相疑，但前此瓦爾喀等，居六鎮者甚多。故國中商賈，輳集其地，以通物貨。今則瓦爾喀散亡殆盡，交市不行久矣。貴國何能悉此間曲折乎？中江之市，雖已許開，兵火之餘，人民蕩析，遠近商賈，曉諭入市，猶恐不能赴期，況兩處開市乎？敝邦力實難周，不然，寧有許彼不許此之理？作事之始，必慮所終，方有實效。諒之。[29]

對於朝鮮的婉拒，同年五月，皇太極又致書朝鮮仍堅請「會寧開市」，且「昨來胡書，語多悖慢」，明顯感覺後金汗「雖未知果欲渝盟，而必是恐喝之意」，所以，君臣商議時，有大臣認為「會寧開市，則姑可許之。北人

---

[25] 《李朝仁祖實錄》卷18，仁祖六年三月甲子。
[26] 《李朝仁祖實錄》卷18，仁祖六年三月甲子。
[27] 《李朝仁祖實錄》卷18，仁祖六年二月甲寅。
[28] 《李朝仁祖實錄》卷18，仁祖六年二月甲寅。
[29] 《清太宗實錄》卷4，天聰二年三月己巳。

（居住會寧的朝鮮人——引者）本與藩胡，交易為生，不甚厭苦」。仁祖國王也以為「開市則群議皆以為可許，宜答以各將土產，交易不妨」。[30]況且後金已派百餘人抵達會寧，朝鮮每天要供應這些人食宿，與其拒絕，不如交易些貨物，使之儘快離去。嗣後，皇太極多次派人到會寧進行貿易。然而，會寧地方邊地苦寒，民不聊生，保持正常互市是很難的。加之後金貿易者多不守法，當地人多不與之交易，使得後金貿易者空空而歸。[31]到天聰末年，兩國貿易愈來愈不景氣，衝突也愈來愈多。

相反，朝鮮與明朝仍保持「事大」關係。「丁卯之役」後金與朝鮮結「兄弟之盟」後，朝鮮立即報告明朝，再三辯解與後金議和結盟為不得已。崇禎帝在給朝鮮的詔書中曰：「權宜緩急，本非王意」，表彰朝鮮「君臣大義，皎然日星」，告戒朝鮮國王「彼此協心」，聯手共對後金。[32]天聰三年（崇禎二年，1629），袁崇煥誘殺了毛文龍，朝鮮致書袁崇煥致謝除去一害，書中云：「丁卯之變，創殘彌酷，生聚未集，教訓靡暇，痛心忍辱，姑許羈縻，誠出於不得已之計。小邦固已無隱於朝廷，而閣下亦必諒察其情勢也」。一再表示效忠明朝，「乃大義所在，一心永矢，戮力同仇，以效敵愾之志」。[33]天聰七年，明將孔有德等從山東航海投後金，皇太極命朝鮮接濟其糧餉，朝鮮不但不予接濟，反而派軍隊協助明軍追殺。天聰年間，皇太極曾一度對明朝採取和平攻勢，希望朝鮮從中斡旋，但朝鮮知道後金「請和」是緩兵之計，所以不居中調停，而以「天朝事體嚴重，上有天子，下有大臣，不但弊邦有所不敢盡情，皮島將領之言，恐亦未能輕重於朝廷也。貴國既有此好意，天必就之，殆不容人力於其間也」為由予以拒絕。[34]皇太極對

---

[30] 《李朝仁祖實錄》卷18，仁祖六年五月丙戌。

[31] 陳捷先：〈略論天聰年間後金與朝鮮的關係〉，刁書仁主編：《中朝關係史研究論文集》，吉林文史出版社，1996年，第304-309頁。

[32] 《崇禎長編》卷2，天啟七年九月乙亥條載：朝鮮國王李倧疏奏被兵情節，帝報曰：「覽奏深惻，朕懷通問往來，權宜緩急，非王本意，至於君臣大義，皎然日星，王之忠藎，朕所洞鑒，邊情叵測，王其益勵薪膽，嚴加堤備，朕亦申飭毛文龍，俾其悉心牽制為王犄角，彼此協心，冀收桑榆，中朝屬國共勉圖之。」

[33] 《李朝仁祖實錄》卷21，仁祖七年九月丁亥。

[34] 《李朝仁祖實錄》卷29，仁祖十二年四月庚申。

朝鮮所持的態度十分不滿。致書朝鮮曰:「貴國既以南朝為父母,以我為兄弟,我國與南朝十數年來兵連禍結,而貴國介於其間坐視勝敗,不為和解,徒有父母兄弟之名,實有幸災樂禍之意」。[35]可見,「丁卯之役」後,兩國雖結為兄弟之盟,但沒有兄弟之實,關係並不和諧,爭執頗多,要想維持兄弟關係已是不可能之事。

二、皇太極改元稱帝與朝鮮的態度

皇太極即位後銳意進取,後金的勢力迅速發展,特別是攻下大凌河,孔有德、耿仲明、尚可喜的歸附,以及察哈爾蒙古歸附後,獻蒙古傳國玉璽,皇太極的地位更加鞏固。天聰九年十二月,群臣議上尊號改元,皇太極謙讓再三方允。皇太極改元稱帝之事,當然要告知約為兄弟的朝鮮:「一則使聞內外諸貝勒,勸進尊號之意;一則使知各國來附,兵力強盛之實也」。[36]至天聰十年二月,後金藉往弔唁朝鮮王妃之便,以八和碩貝勒、十七固山大臣的名義致書朝鮮,希望朝鮮派使前來共同勸進。書云:

> 我等謹遵上諭,遣使相聞。王可即遣親近子弟來此,共為陳奏。我等承天意,奉尊號,事已確定。推戴之誠,諒王素有同心也。[37]

天聰十年二月二日,後金以英俄爾岱為首的使團前往朝鮮。十六日,過鴨綠江至朝鮮義州,遂致書義州府尹李浚說明來朝意圖:「我國既獲大元,又得玉璽,西達(蒙古——引者)諸王子願上大號,欲與貴國議處」。[38]李浚將此事

---

[35] 《李朝仁祖實錄》卷28,仁祖十一年六月丙子。
[36] 《清太宗實錄》卷26,天聰九年十二月丁丑。
[37] 《清太宗實錄》卷27,天聰十年二月丁丑。
[38] 《李朝仁祖實錄》卷32,仁祖十四年二月辛卯條載:「胡差龍骨大(英俄爾岱)、馬夫大等,率西獚大將四十七人,次將三十人,從胡九十八人出來。龍胡謂義州府尹曰:『我國既獲大元,又得玉璽。西獚諸王子,願上大號,欲與貴國議處,茲送差人,不可獨送,故俺亦偕來』云。府尹李浚啟聞於朝。」

飛報國王。朝鮮王廷得知皇太極改元稱帝之事，朝廷上下一片譁然，埋藏君臣心中十年的羞辱、憎恨情緒一朝迸發。掌令洪翼漢上書云：「臣聞今者龍胡（英俄爾岱——引者）之來，即金汗稱帝事也。臣墮地之初，只聞有大明天子耳……我國素以禮義聞天下，稱之以小中華，而列聖相承，事大一心，恪且勤矣。今乃服事胡虜，偷安僅存，縱延晷刻，其於祖宗何？其於天下何？其於後世何？」[39]大臣玉堂滿臉流淚繼續說道：

> 今者虜使龍骨大（英俄爾岱）等賷慢書，稱以尊號定奪，此言奚為至哉？臣等竊不勝痛哭焉。丁卯之難慘被踐躪，羈縻之舉出於下策。竭生民之膏血，飾行人之玉帛，卑辭乞憐者，十年於茲矣。彼既欲僭竊偽號，則必不待我以鄰國，將臣妾我也，屬國我也。……宜以嚴辭峻語，顯示斥絕之意，痛折僭逆之端，使彼虜得知我國之所秉守，不可以干紀、亂常之事，有所犯焉，則雖以國斃，可以有辭於天下後世也。[40]

更有甚者，主張：「戮其使，而取其書，函其首，奏聞於皇朝。責其背兄弟之約，僭天子之號，明言禮義之大，悉陳鄰國之道，則我之說益申，我之勢益張矣」。[41]

與上述激烈言論相反，完城君崔鳴吉則主張：

> 龍胡之行，唯以春信、弔祭為名，汗書亦無別語。其所謂慢書，乃八高山及蒙古王子書也。答其循例之書，而拒其悖理之言，君臣之義，鄰國之道得以兩全，權宜緩禍之策，亦何可全然不思乎？金差不妨招見，所不可見者，西㺚耳。西㺚不必薄待，所當嚴斥者悖書耳。事機一誤，後雖悔之，不可及已。請令廟堂議處。[42]

---

[39] 《李朝仁祖實錄》卷32，仁祖十四年二月丙申。
[40] 《李朝仁祖實錄》卷32，仁祖十四年二月丙申。
[41] 《李朝仁祖實錄》卷32，仁祖十四年二月丙申。
[42] 《李朝仁祖實錄》卷32，仁祖十四年二月辛丑。

然而，仁祖國王據多數廷臣的意見，決定不見來使，不受來書，不派人前往後金「勸進」。

二月二十四日，後金使團一到漢城，就被晝夜監視起來。使團成員一出門，朝鮮百姓怒目而視，有些兒童甚至拾起石塊，投向使團成員。一時間，朝鮮舉國上下掀起了仇金浪潮。英俄爾岱大怒，率使團不辭而別。朝鮮方面既不阻攔，也不歡送，只是派人追上使團，將仁祖國王給皇太極的書信交使團帶回。[43]與此同時，仁祖國王「又以書三封，諭其邊臣固守邊疆」，此書也被英俄爾岱截獲。[44]他們於三月十日返回瀋陽，一併交給皇太極。

仁祖國王得知後金使團拂袖而去，又截獲了他給邊臣的教書，已覺察到問題的嚴重性。於是，他採取兩項應急措施：一是調兵遣將，積極備戰；二是遣使道歉。三月一日，他下教云：

> 我國辛致丁卯之變，不得已權許羈縻，而谿壑無厭，恐喝日甚，此誠我國家前所未有之羞恥也。含垢忍痛，思將一有所奮，以湔此辱者，豈有極哉。今者此虜益肆猖獗，敢以僭號之說，托以通議，遽以書來，此豈我國君臣所忍聞者乎！不量強弱存亡之勢，一以正義斷決，卻書不受。胡差等累日要請，終不得接辭，至於發怒而去。都人士女，雖知兵革之禍，迫在朝夕，而反以斥絕為快。況八路若聞朝廷有此正大之舉，危迫之機則亦必聞風激發，誓死同仇，豈以遠近貴賤而有間哉！忠義之士各效策略，勇敢之人自願從征，期於共濟艱難，以報國恩。[45]

---

[43] 《清太宗實錄》卷28，天聰十年三月乙丑條載：「先是，遣英俄爾岱、馬福塔、尼堪及內外諸貝勒使者齎書於朝鮮國王李倧。英俄爾岱等至朝鮮，請見其國王，竟不接見，與以在內諸貝勒及外藩蒙古諸貝勒書亦不納，變易常禮，詭令英俄爾岱等至彼議政府議事。又設兵晝夜防守，英俄爾岱等甚疑之，即率諸使者於朝鮮京城中奪民馬匹，城中男女甚恐，英俄爾岱等奪馬乘之，突門而出。至途，朝鮮國王遣人持報書，追付英俄爾岱等。」

[44] 《清太宗實錄》卷28，天聰十年三月乙丑。

[45] 《李朝仁祖實錄》卷32，仁祖十四年三月丙午。

與此同時，三月三日，仁祖國王命參議羅德憲、參判李廓等為回答使赴後金。在給皇太極書中解釋說：「寡人有疾，不即相見，不料貴使發怒遽去，殊未知其故也」。[46]至於不接納後金致朝鮮國王之書，是因為，皇太極改元稱帝之事，「此則非但前例之所無，抑約條之所未有，故接待宰臣，不敢收領轉示，亦是事體當然，寡人非有所失也。兩國約和，今已十年，豈料使臣有此乖異耶？茲因回答使之行，略布鄙忱，統希恕諒。」[47]言外之意，朝鮮對皇太極改元稱帝持不承認態度。

朝鮮君臣對皇太極改元稱帝的不承認態度，非但未能阻止，反而促使皇太極更加積極進行。四月十一日，皇太極舉行盛大的登基典禮，改國號為清，改元崇德。當登基大典進行之際，未來得及回國的朝鮮使臣羅德憲、李廓也被迫前來參加。當群臣行三跪九叩大禮時，惟獨他們不跪拜，不行大禮。身旁的八旗貝勒氣憤之極，遂「毆摔（李）廓等，衣冠盡破，雖或顛仆，終不曲腰，以示不屈之意，」目睹此慘景的「降虜漢人，至有垂淚者」。[48]皇太極也被朝鮮使臣的這種傲慢無禮所激怒，氣憤地說：「朝鮮使臣羅德憲、李廓無禮處難以枚舉，是皆朝鮮國王有意構怨，欲朕先起釁端，戮其使臣，然後加朕以背棄盟誓之名，故令其如此耳」。[49]

四月十五日，羅德憲、李廓歸國時，皇太極修書一封帶給仁祖國王。[50]羅德憲、李廓歸途到達通遠堡（今遼寧岫岩縣通遠堡）驛站食宿，給該堡守將留封信。信中說：「我等奉命出使，貴國忽生異心，以勢逼迫，但吾首不能自斷，一切羞辱俱已受盡，此古今所無之事也。幸得至吾界，甘受國法而死，尚復何言」。[51]信中又告知通遠堡守將，將英俄爾岱奉命將皇太極書信給我們國王一併附上送還。書信「藏於百卷紙內，用斜皮二十張包裹，置

---

[46] 《李朝仁祖實錄》卷32，仁祖十四年三月戊申。
[47] 《李朝仁祖實錄》卷32，仁祖十四年三月戊申。
[48] 李肯翊：〈燃藜室記述〉（三），丙子虜亂丁丑南漢出城，潘喆、孫方明、李鴻彬編：《清入關前史料選輯》，第1輯，中國人民大學出版社，1984年，第476頁。
[49] 《清太宗實錄》卷28，天聰十年四月乙酉。
[50] 《清太宗實錄》卷28，天聰十年四月己丑。
[51] 《清太宗實錄稿本》，遼寧大學歷史系，1978年鉛印本，第22頁。

於魚米駄內」,「伏望貴城大人解開駄內,將書通汗知道,亦知我不辱其國也」。[52]原來,他們臨歸國前,英俄爾岱和馬福塔奉命將皇太極給仁祖國王的信交給羅得憲、李廓。他們二人想打開信看一下,被英俄爾岱、馬福塔制止。等到出城行至十里河驛站(瀋陽蘇家屯南),他們打開皇太極的信,大為震驚,「見封套上稱呼、押印,果與舊規不合。其書中寫你我之國,責備詈罵,毫無兄弟相敬之意,視如奴隸。我國大(人)臣何忍觀之,是自辱其君父也,雖萬死猶有餘辜」。所以決意將信留下,「伏乞諒查」。[53]

羅德憲、李廓歸國不久,仁祖國王又派使臣送書信給皇太極,皇太極說:你們國王既然不看朕的信,朕何必看你們國王的信呢?原封不動將信退回。此前皇太極曾要求朝鮮國王「若自知悔罪,當送子弟為質,不然朕即於某月某日舉大軍以臨爾境,爾時雖悔何及乎!」[54]結果仁祖既不悔罪,也不遣送人質。表明兩國的兄弟關係已破裂。於是,皇太極這才決定親征朝鮮。

三、清朝與朝鮮宗藩關係的確立

皇太極為了征朝鮮,積極作出征前的準備。崇德元年(1636)十一月十九日,他在篤恭殿召集諸貝勒大臣,宣布將統大軍親征朝鮮。二十五日,皇太極率諸王貝勒祭告太廟,並告征朝鮮之由。二十九日,皇太極又傳諭朝鮮軍民說:「朕因是特起義兵,聲罪致討,原非欲加害爾等也,亦爾之君臣,貽禍於爾等耳。爾等但安居樂業,慎毋輕動。如妄自竄走,恐遇我兵見害。凡拒敵者必誅,奔逃者則俘之,傾心歸順者,秋毫無犯,更加恩養。諭爾有眾,咸使聞知」。[55]

十二月一日,八旗兵及蒙古各部應約會於瀋陽,號稱十萬。皇太極命和碩鄭親王濟爾哈朗留守瀋陽,和碩禮親王代善、和碩睿親王多爾袞、和碩豫

---

[52] 《清太宗實錄稿本》,第22頁。
[53] 《清太宗實錄稿本》,第22頁。
[54] 《清太宗實錄》卷28,天聰十年四月己丑。
[55] 《清太宗實錄》卷32,崇德元年十一月己巳。

親王多鐸、多羅貝勒岳托、多羅貝勒杜度等隨其征朝鮮。

二日，皇太極親率大軍征朝鮮。行至沙河堡東岡，皇太極命多爾袞、豪格，分統左翼滿洲三旗、蒙古三旗及外藩蒙古左翼兵，從寬甸路入長山口，以牽制朝鮮東北諸道的兵力。三日，又遣戶部承政馬福塔、前鋒大臣蘇薩等率兵三百人，扮作商人日夜兼程，作為前鋒往圍朝鮮首都漢城。接著又派多鐸、碩托等率護軍千人，增援馬福塔等。九日，大軍到達鎮江城附近三十里地方駐營。翌日，渡過鴨綠江，攻陷義州。接著清軍勢如破竹，十二日攻占郭山，城內守軍「皆稽首請降」。[56]十三日，下定州，並命杜度等選精騎，往攻皮島、雲從島、大花島、鐵山一帶[57]，以切斷明軍對朝鮮的增援。

正當清軍渡過鴨綠江，向漢城推進時，朝鮮國內一片混亂。京城「上下慌忙，莫知所措」。十四日，仁祖國王派人把宗室嬪妃送往江華島，午後，自己帶領大臣出京城南門前往江華島時，得報清軍數百鐵騎「以截江都之路」。只好退回城內。此時漢城內「上下遑遑，都城士女哭聲載路」。仁祖國王急召群臣，問道：「事急矣，將奈何？」大臣諸宰卻個個「慌忙罔措，不知所對」。[58]只好命申景禛率軍出城阻止清軍，命崔鳴吉前往清營見馬福塔等以緩其師。仁祖國王率世子、百官逃往南漢山城，途中所見情形是：「城中士女跣足奔走，與大駕相雜而行，顛仆道路，哭聲震天」。[59]

仁祖國王率群臣已逃至南漢山城，清將馬福塔等才發現中了崔鳴吉緩兵計，遂於十五日兵圍此城。十六日，多鐸、岳托率軍相繼達南漢山城，環繞圍之。

---

[56] 《清太宗實錄》卷32，崇德元年十一月壬午條載：「上至郭山城駐營，郭山城內有駐防定州游擊來援，懼我兵威，知不能敵，遂自刎。其城守各官遁去，城內軍民皆稽首請降。上敕諭曰：『爾等既降，勿逃避山谷，宜速剃髮，各在家保妻子。我兵於降民，從不妄取一物也。』留敕諭付之。」

[57] 《清太宗實錄》卷32，崇德元年十一月癸未條載：諭多羅安平貝勒杜度等曰：「爾於彼地簡選精騎往皮島、雲從島、大花島、鐵山一帶。凡朝鮮國人所居與明國相鄰者悉略之，至住居大路傍者勿得妄擾，以伊等皆為我子民也。」

[58] 李肯翊：《燃藜室記述》(三)，丙子虜亂丁丑南漢出城，潘喆、孫方明、李鴻彬編：《清入關前史選輯》，第1輯，第486頁。

[59] 李肯翊：《燃藜室記述》(三)，丙子虜亂丁丑南漢出城，潘喆、孫方明、李鴻彬編：《清入關前史選輯》，第1輯，第487頁。

南漢山城地勢險要，城池堅固。仁祖國王退守該城後，一方面加強城防；一方面下教全力抵抗。教書云：「目今君臣上下，同守一城，和議已絕，唯有戰耳。戰勝則上下俱存，不勝則上下俱亡。唯當死中求生，危處求安，協心齊力，奮身當敵。則彼虜孤軍深入，其強易弱。四方援兵，相繼而至，天若助順可以全勝。嗚呼！同患相救，同病相恤，在鄰里且然，況君臣之如父子乎！況共守一城，死生與同乎！」[60]並不斷下諭諸道求援。於是，朝鮮諸道紛紛起兵勤王，結果三起勤王之師，皆為清軍擊敗，兩次突圍之戰，亦以失敗告終。南漢山「城中積芻已盡，馬多饑死」。[61]城內人心浮動，士氣大挫。十二月二十九日，皇太極率大軍達南漢山城，在西門外駐營。

　　崇德二年（1637）正月初一，皇太極環視南漢山城的布防形勢，此城易守難攻，他決定採取圍城打援的戰術，脅迫仁祖國王投降。初二日，朝鮮全羅道沈總兵、李總兵率兵來援，為岳托貝勒截擊敗走。與此同時，皇太極又遣英俄爾岱、馬福塔以他的名義致書仁祖國王，指責他「陽為和順，陰圖報復」，「自貽禍於國與民也，群黎百姓豈不懷恨於爾哉」。[62]仁祖國王覆書辯解：「小邦自從丁卯結好以來，十餘年間，實心尊禮，不但大國所知，實皇天所鑒。……如蒙念丁卯誓天之約，恤小邦生民之命，容令改圖自新，則小邦之洗心自今日起矣。若大國不肯恕罪，必欲過煩兵力，小邦理窮力竭，惟有俟死而已，敗陳肝膈恭俟指教」。[63]是日，朝鮮援軍前來解圍，被清軍擊退。朝鮮君臣見清軍壓境，救援無望，蜷縮孤城，智窮力竭，一籌莫展。於是決定投降。十一日，仁祖國王致皇太極書云：

　　小邦僻在海隅，惟事詩書，不事兵革，以弱服強，以小事大，乃理之常。豈敢與大國相較哉。徒以世受皇明厚恩，名分素定。曾在壬辰之

---

[60] 《李朝仁祖實錄》卷33，仁祖十四年十二月戊子。
[61] 李肯翊：《燃藜室記述》（三），丙子虜亂丁丑南漢出城，潘喆、孫方明、李鴻彬編：《清入關前史選輯》，第1輯，第493頁。
[62] 《清太宗實錄》卷33，崇德二年正月壬寅。
[63] 《清太宗實錄》卷33，崇德二年正月癸卯。

難，小邦朝夕且亡，神宗皇帝動天下之兵，拯濟生靈於水火之中，小邦之人，至今銘鏤心骨，寧獲過於大國，不忍負皇明，此無他，其樹恩厚而感人深也。……今皇帝方以英武之略，撫定諸國，而新建大號，首揭「寬溫仁聖」四字，蓋將以體天地之道，而恢伯王之業，則如小邦願改前愆，自托洪庇者。宜若不在棄絕之中，茲欲更布區區，以請命於執事。[64]

朝鮮在國書中已表示「願改前愆」，承認皇太極改元稱帝，是「體天地之道，而恢伯王之業」，請求「自托洪庇」，即建立封貢關係，承認清朝的宗主地位。

二十二日，多爾袞等人率軍至江華島渡口。二十三日，占領江華島，俘獲李朝王妃、王子及群臣妻子家口等。二十四日，皇太極遣使通告朝鮮國王，大軍已占江華島，宗室嬪妃及文武百官的妻子都為階下囚。皇太極認為與朝鮮簽訂「城下之盟」的條件已經成熟。在徵得諸貝勒大臣的贊同後，派使敕諭仁祖國王，提出了由清朝方面擬定的盟誓條款，要求朝鮮必須承認。各項條款如下：[65]

(1) 去明國之年號，絕明國之交往，獻納明國所與之誥命、冊印，躬來朝謁。
(2) 爾以長子，並再令一子為質，諸大臣有子者以子，無子者以弟為質。
(3) 爾有不諱，則朕立爾質子嗣位。
(4) 從此一應文移，奉大清國之正朔。
(5) 其萬壽節及中宮千秋、皇子千秋、冬至、元旦及慶弔等事，俱行貢獻之禮。並遣大臣及內官奉表。其所進往來之表及朕降詔敕，或有事遣使傳諭，爾與使臣相見之禮，及爾陪臣謁見並迎

---

[64] 《李朝仁祖實錄》卷34，仁祖十五年正月辛亥。
[65] 《清太宗實錄》卷33，崇德二年正月戊辰。（以下引文均出此條）

送饋使之禮，毋違明國舊例。

（6）朕若征明國，降詔遣使，調爾步騎舟師，或數萬，或刻期會處，數目限期，不得有誤。

（7）軍中俘獲過鴨綠江後，若有逃回者，執送本主。若欲贖還，聽從兩主之便。

（8）我軍以死戰俘獲之人，爾後毋得以不忍縛送為詞。

（9）爾與內外諸臣締結婚媾，以固和好。

（10）新舊城垣，不許擅築。

（11）爾國所有瓦爾喀，俱當刷送。

（12）日本貿易，聽爾如舊。當導其使者來朝，朕亦將遣使與彼往來。

（13）其東邊瓦爾喀，有私自逃居於彼者，不得復與貿易往來。爾若見瓦爾喀人，便當執送。

（14）每年進貢一次，其方物數目：黃金百兩、白銀千兩、水牛角二百對、豹皮百張、鹿皮百張、茶千包、水獺皮四百張、青黍皮三百張、胡椒十斗、腰刀二十六口、順刀二十口、蘇木二百斤、大紙千卷、小紙千五百卷、五爪龍席四領、各樣花席四十領、白苧布二百匹、各色綿紬二千匹、各色細麻布四百匹、各色細布萬匹、布千四百匹、米萬包。

仁祖國王上書皇太極表示全部接受以上條款。三十日，仁祖國王身著青衣，帶領長子、次子、三子及群臣，自南漢山城來朝見皇太極，並「獻上明國所給敕印」。[66]清朝禮官於漢江東岸三田渡地方築壇盟誓。壇為九層階，皇太極南面坐於壇上，「張黃幕，立黃傘，盛陳兵甲旗纛，手下精兵數萬，結方陣」。[67]仁祖及諸子、文武群臣向皇太極行三跪九叩頭大禮後，仁祖坐

---

[66] 《清太宗實錄》卷33，崇德二年正月庚午條載：「朝鮮國王李倧以漢江口濱海之地，及江華島城既失，妻子及群臣盡被俘獲，身復受困南漢，旦夕城陷，八道人民流離四散，各道援兵皆被擊敗，宗社將覆，無計可免，上降敕曉諭，赦過宥罪，許其歸降。於是棄兵器，服朝服，率文武群臣獻上明國所給敕印，自南漢山城來朝見」。

[67] 李肯翊：《燃藜室記述》（三），丙子虜亂丁丑南漢出城，潘喆、孫方明、李鴻彬編：《清入關

於皇太極左側,其次是和碩親王、多羅郡王、多羅貝勒、仁祖國王諸子、蒙古諸王。[68]朝鮮文武百官坐於壇上東隅,江都被執之臣坐於壇下西隅。坐定之後,仁祖國王率群臣伏地請罪說:「皇帝天心,赦臣萬罪,生已死之身,存已亡之國,俾得重立宗社,緣臣罪過多端,故加之罰,今臣服罪,來謁皇上。自茲以後,改過自新,世世子孫,不忘厚澤」。[69]皇太極回答說:「朝鮮國王既知罪來降,朕豈有念舊惡苛責之理,今後一心盡忠,不忘恩德可也,前事毋再言及」。[70]宴席間「行酒禮,動軍樂」。[71]宴畢,皇太極命「盡還李倧妻子、子婦及群臣妻子」。[72]賜仁祖黑貂袍套、雕鞍馬,又賜給王妃及第三子黑貂皮套。此時,朝鮮君臣與妻子、子女相見,皆相抱慟哭云:「稍緩數日,我等皆為灰燼矣。今日幸遇皇帝寬恩,普天均被,我等方得完聚」。[73]盟誓結束後,皇太極命英俄爾岱、馬福塔送李朝君臣返回漢城,留下長子、次子作人質。李朝君臣出南漢山城時,「滿城哭送,聲動天地」。[74]當他們入王京漢城時所見清軍從漢城退出的情形:

> 時我國(朝鮮)之人被擄者過半,各陣中女子無數,望見我行,躑躅悲號。清兵輒以鞭揮禁驅入,或有凝妝笑語,若無戚容者。清人載箱籠器皿,驅我國人民,自都城出來者,橫互於路。蓋清主令空城以遺我,故留陣城中者,各自搬運所擄而出也。被擄人等,路逢我行,捫膺號泣不肯行。清人怒以鞭捶之,或追擊我行,曰:「以爾之故,此輩不肯行矣,宰臣受鞭者數人」。[75]

　　前史選輯》,第1輯,第515頁。
68　《清太宗實錄》卷33,崇德二年正月庚午。
69　《清太宗實錄》卷33,崇德二年正月庚午。
70　《清太宗實錄》卷33,崇德二年正月庚午。
71　李肯翊:《燃藜室記述》(三),丙子虜亂丁丑南漢出城,潘喆、孫方明、李鴻彬編:《清入關前史選輯》,第1輯,第515頁。
72　《清太宗實錄》卷33,崇德二年正月庚午。
73　《清太宗實錄》卷33,崇德二年正月庚午。
74　李肯翊:《燃藜室記述》(三),丙子虜亂丁丑南漢出城,潘喆、孫方明、李鴻彬編:《清入關前史選輯》,第1輯,第515頁。
75　李肯翊:《燃藜室記述》(三),丙子虜亂丁丑南漢出城,潘喆、孫方明、李鴻彬編:《清入關

崇德二年二月二日，皇太極先行班師，命多爾袞、杜度率軍携俘獲在後。

四、結語

「丙子之役」歷時整整兩個月，清朝征服了朝鮮。清朝給予朝鮮的條款與前次「丁卯之役」的條款，在性質上明顯不同。「丁卯之役」對朝鮮來說，畢竟是「兄弟之盟」，具有對等的性質。「丙子之役」時清廷所提條款，完全將朝鮮降為屬國的地位，是「君臣之盟」，標誌著清朝與朝鮮封貢關係的確立。這次戰役對清、朝雙方以及明朝都產生了深刻的影響。在政治上，清與朝鮮由先前的兄弟關係變為君臣關係；經濟上，朝鮮每年要向清朝進貢，而且進貢的數量驚人，給朝鮮帶來沉重的負擔；軍事上，朝鮮由清朝的敵手變為助手，從根本上解除了清朝的後顧之憂。清朝從朝鮮獲得了人力、物力，參加對明的戰爭。總之，「丙子之役」，清朝達到了既臣服朝鮮，又削弱明朝的目的，為其西向征明鋪平了道路。

（本文原載《揚州大學學報》，2003年1期）

明清東北史研究中「他者」文獻的史料價值
——以朝鮮文獻所載清開國史料為例

歷史研究中僅靠中國文獻解讀中國問題，無疑顯得偏頗，沒有「他者」，就無法認清「自我」。不過，在研究中，如何跳出以中國文獻研究中國問題的模式，通過周邊國家「他者」文獻和不同的視角來反觀中國，的確是很難的事情。[1]筆者所以提出此問題，是因為時至今日，歷史研究中還未充分重視「他者」文獻的史料價值。以清朝開國史研究為例[2]，研究者還多不加辨析，依據《太祖實錄》、《滿洲實錄》、《滿文老檔》等清朝編纂的官方史書解讀這一時期的重要事件與人物。殊不知，從《太祖武皇帝實錄》始，清後世之主為彰顯其祖宗創業之功，不斷修飾美化和隱諱清開國史事，一再改修實錄，為歷代實錄編纂史上所罕見。正如孟森評價《清實錄》時所言：「清實錄，以天聰間所修太祖實錄為最早，宜其最近真相，然修飾原文，使真相不存，亦始於是」。[3]此評價至今仍是不易之論。利用「他者」文獻研究中國歷史的價值，早在1938年，胡適在瑞士蘇黎世國際歷史學大會上，所作〈近年來所發現有關中國歷史的新資料〉的演講中，就提及他所注意到的有關研究中國史的「日本、朝鮮所存中國史料」[4]。遺憾的是，七、八十年過去了，除吳晗從朝鮮《李朝實錄》中輯出12冊有關明清時期中國的珍貴資料，題為《朝鮮李朝實錄中的中國史料》[5]外，僅見有少量域外文獻出版。值得欣慰的是，近年來這種狀況已有所明顯改變，一些域外文獻陸續

---

[1] 參見葛兆光：《想像的異域——讀李朝朝鮮漢文燕行文獻札記》，中華書局，2014年，第3頁。
[2] 也稱「清入關前史」（1583-1644）或「清朝興起史」。
[3] 孟森：《明清史論著集刊》，中華書局，1959年，第203頁。
[4] 〈胡適致傅斯年〉（1938年9月2日），轉引自王泛森輯《史語所藏胡適與傅斯年來往函札》，載《大陸雜誌》第93卷3期，第11頁，1996年9月。
[5] 吳晗輯：《朝鮮李朝實錄中的中國史料》，中華書局，1980年。

出版。特別是有關近世中國的大量日本、朝鮮、越南的文獻出版。這些「他者」文獻對於近世中國的研究，不僅提供了鮮活的新史料，也提供了新的觀察視角。基於以上思考，本文擬就清代官書對清開國史事的隱晦與塑造、李朝文獻中對清開國史事的記錄及對研究明清史的價值加以討論。

一、清代官書對清開國史事的隱晦與塑造

　　清開國史，從1583年努爾哈赤起兵，至1644年清軍入關，約60餘年，分為努爾哈赤與皇太極兩個時代。記載努爾哈赤時代的官修史書，有《太祖武皇帝實錄》、《滿洲實錄》、《太祖高皇帝實錄》，加上繫事編年體官書《滿文老檔》。《太祖武皇帝實錄》初纂於天聰七年（1633），天聰九年，完成《太祖實錄圖》。[6]崇德元年（1636）《太祖武皇帝實錄》（以下簡稱「武錄」）纂修告竣。[7]為此，皇太極舉行了隆重的慶典，從大學士希福、剛林到所有參與編纂人員都得到賞賜。[8]《武錄》，在順治初年多爾袞攝政時曾修改過。《清世祖實錄》順治八年（1651）閏二月乙亥，載剛林因諂附多爾袞獲罪，其中一條為擅改國史罪。審訊時，剛林供稱：「睿王取閱太祖實錄，令削去伊母事。遂與范文程、祁充格同抹去」，後多爾袞獲罪，剛林坐「擅改實錄，隱匿不奏」罪。[9]順治九年，福臨命再修《武錄》時，將大妃被迫殉死史事又補寫插入。順治十二年二月，《武錄》重修本與《清太宗實錄》同時告成。[10]現故宮博物院所藏1932年鉛排本應為順治重修本。《滿洲實錄》在學界主流觀點認為，《滿洲實錄》的附圖來源於天聰九年成書

6　據《清太宗實錄》天聰九年八月乙酉條載：「畫工張儉、張應魁恭繪《太祖實錄圖》成，賞給人口一戶、牛一頭，應魁人口一戶」，中華書局，1985年影印本。
7　《滿文老檔》，崇德元年（1636）十一月十五日，中華書局，1990年，第1698頁。
8　關於《太祖實錄圖》與《太祖武皇帝實錄》的關係，國內外學界存在較多分歧，參見祁美琴等《滿洲實錄》漢譯，第4-8頁。
9　《清世祖實錄》卷54，順治八年閏二月乙亥，中華書局，1985年影印本。
10　據《清世祖實錄》卷89，順治十二年二月丁卯條載：「內翰林國史院侍讀黃機奏言：自古仁聖之君，必祖述前謨，以昭一代文明之治，年來纂修太祖、太宗實錄告成。」

的《太祖實錄圖》，文字部分取自順治本《武錄》。[11]《滿洲實錄》現存有乾隆重繪本三部：第一、二部繪寫於乾隆四十四年（1779），第三部繪寫於乾隆四十六年。分別尊藏上書房、盛京、避暑山莊。可見，這三部實錄成書時間有早晚，裝幀有差異，但內容應是一致的。今天所見的只有上書房本，藏於中國第一歷史檔案館。中華書局版《滿洲實錄》影印本，所據即此本。《太祖高皇帝實錄》（以下簡稱「高錄」）為改修本。康熙改修本始於康熙二十一年（1682）。[12]改修理由，是實錄沒有御製序文及進呈表文、凡例、目錄等，與歷代實錄體例不合。康熙二十五年四月，改修告成。[13]康熙朝改修費時三年半，改修本定名為《大清太祖承天廣運聖德神功肇紀立極仁孝睿武弘文定業高皇帝實錄》。諡號中的「高皇帝」是康熙元年四月加上的。[14]改修的《高錄》與《武錄》比，在體例上有較大改進。卷首有康熙序文、監修總裁官勒德洪的進呈表文及凡例、目錄、纂修人員名單等，這些都符合實錄體例。[15]這反映出清入關前，修史尚屬首創，入關後漸有規範。《高錄》，乾隆定修本，始於雍正十二年（1734）。[16]據乾隆在定修本序文可知，定修本成書於乾隆四年十二月十日，定修本主要依據康熙改修本「重加校定」。[17]乾隆定修本與康熙改修本兩種《高錄》無太大區別。只是定修本中，人名、地名等更加文雅化，對努爾哈赤的溢美之詞更多些。雍正十二年，努爾哈赤的諡號，在康熙朝「睿武」二字下，又加「端毅欽安」四字。乾隆定修本，全稱《大清太祖承天廣運聖德神功肇紀立極仁孝睿武端毅欽安弘文定業高皇帝實錄》，簡稱《太祖高皇帝實錄》。

---

[11] 參見陳捷先：《滿文清實錄研究》，臺北，大化書局，1978年，第160頁。
[12] 《清聖祖實錄》卷105，康熙二十一年十月辛卯，中華書局，1985年影印本。
[13] 《清聖祖實錄》卷125，康熙二十五年四月壬寅。
[14] 《清聖祖實錄》卷6，康熙元年四月丙辰。
[15] 《清太祖高皇帝實錄》卷首，中華書局，1985年影印本。
[16] 《清世宗實錄》卷150，雍正十二年十二月庚子，中華書局，1985年影印本。
[17] 據《清太祖高皇帝實錄》卷首，乾隆《太祖高皇帝實錄序》載：「太宗文皇帝繼天登阼，命儒臣敬輯實錄，規模略備。聖祖仁皇帝復加搜考修纂成書，尊藏內府，并貯史成。惟是山川、疆土以及臣僚名氏前後間有異同，清漢之文或簡或繁，未經畫一。我皇考世憲皇帝懼有舛訛，特開史館重加校訂，按日進呈，親為閱定。朕纘承丕緒，仰體前徽，用復潔誠，披覽卷帙如舊，繕錄一新。」

對《武錄》、《滿洲實錄》、《高錄》對讀與比勘，發現《武錄》與《滿洲實錄》，所載史實基本接近。而《滿洲實錄》中人名、地名等專有名詞，不僅比《武錄》文雅，甚至比乾隆定修本《高錄》還雅化。但對個別重要史實的記載，《武錄》多保留歷史原貌；而《滿洲實錄》、《高錄》，則多改為溢美之辭，並增加一些《武錄》所未載的史實。

三種太祖實錄對清開國重要史實都存在隱諱問題。孟森早年在〈讀清實錄商榷〉文云：「清一代之君，無有甚不肖，如明之武宗、熹宗者，即其驗也。惟其法祖之意，過猶不及，務使祖宗所為不可法之事，一一諱飾淨盡，不留痕跡於實錄中。而改實錄一事，遂為清世日用飲食之恒事，此為亙古所未聞者」。[18]孟森所說，清實錄中隱諱問題，太祖實錄最為嚴重。如前所述，太祖實錄每改修一次，就粉飾隱諱一次。如努爾哈赤親弟舒爾哈齊和其長子褚英等之死，三種實錄均極盡隱晦。

舒爾哈齊是清開國時期僅次於努爾哈赤的人物。對此，明代官私文獻多有載錄。在明人看來，其與努爾哈赤都是建州首領，並稱其兄弟為都督。[19]萬曆三十六年，舒爾哈齊在其兄赴明朝貢20天後，第三次赴京朝貢。明廷分別賜予其兄弟敕書357道、140道不等，並任命舒爾哈齊為建州右衛首領。像這樣一位重要人物，清官書中卻默默無聞。翻檢《高錄》，有關舒爾哈齊的記載僅有7條：記其出生和逝世各1條，娶烏拉女1條，烏拉布占泰娶其兩女2條，征哈達和取東海女真2條。關於舒爾哈齊之死，《武錄》載：「八月十九日，太祖同胞弟打喇漢把土魯薨，年四十八歲」。[20]《滿洲實錄》載：「八月丙戌，上弟達爾漢巴圖魯貝勒舒爾哈齊薨，年四十八」。[21]《高錄》載：「八月丙戌，上弟達爾漢巴圖魯貝勒舒爾哈齊薨，年四十八歲」。[22]三種實錄對舒爾哈齊之死記載如出一轍，完全相同。所不同者，成書最早的

---

[18] 孟森：〈讀清實錄商榷〉，《明清史論著集刊》，中華書局，1959年，第619頁。
[19] 據《明神宗實錄》卷312，萬曆二十五年七月戊戌條載：「建州等衛夷人都督、都指揮速兒哈赤等一百員名⋯⋯俱赴京朝貢，賜宴如例。」
[20] 《清太祖武皇帝實錄》卷2，辛亥年。
[21] 《滿洲實錄》卷3，辛亥年八月。
[22] 《清太祖高皇帝實錄》卷3，辛亥年八月丙戌。

《武錄》,尚未推算干支,直接用數字書寫。可見,太祖實錄對舒爾哈齊之死極盡隱諱。

努爾哈赤長子褚英之死也是如此。《武錄》和《滿洲實錄》對褚英史事記載僅有4條:萬曆二十六年征安諸拉庫[23]、三十五年取東海女真[24]、三十六年征烏拉[25]和天命十一年八月追述努爾哈赤家世提及其名。[26]而對褚英之死,兩書則一字不載。《高錄》除載錄以上4條外,對褚英之死,只記「乙卯年(1615)閏八月乙巳朔,皇長子洪巴圖魯阿爾哈圖土門貝勒褚英薨,年三十六」。[27]《滿文老檔》是年三月二十六日條,記載了褚英被囚,對努爾哈赤將其處死也隱諱不書。

尤其應指出的是,乾隆定修本《高錄》與《武錄》比,刻意增加了努爾哈赤上諭53道。這些上諭,不僅《武錄》不載,《滿文老檔》也不見收錄。這53道上諭,分別是在努爾哈赤即位後7道,天命三年攻取撫順後5道,天命六年攻下遼陽後25道,天命十一年努爾哈赤病逝前6道,其他散見於各年中。這些所言皆為儒家治國安邦之論。其實,努爾哈赤當時未必通曉,顯然是後世為贊頌太祖高皇帝聖賢明德而有意編造添加的。[28]

清開國時期,努爾哈赤與舒爾哈齊、褚英等矛盾糾葛,以至努爾哈赤將其處死,是八旗滿洲貴族權力鬥爭的必然反映。而官修太祖實錄卻極力為努爾哈赤避諱,在改修實錄過程中,盡力隱晦這一歷史真相。

二、朝鮮文獻對清官書隱晦史事的記錄

清官書對清開國史中重要史實刻意加以隱諱,而李朝文獻中卻保留了這些重要史事。如前所述,舒爾哈齊是清開國時期地位僅次於努爾哈赤的人

---

[23] 《清太祖武皇帝實錄》卷1,戊戌年正月。
[24] 《清太祖武皇帝實錄》卷2,丁未年。
[25] 《清太祖武皇帝實錄》卷2,戊申年。
[26] 《清太祖武皇帝實錄》卷10,天命十一年八月。
[27] 《清太祖高皇帝實錄》卷4,乙卯年閏八月乙巳。
[28] 刁書仁:〈新修《清史》人物傳記太祖朝實錄研究〉,《社會科學戰線》,2008年11期。

物，朝鮮對其關注度僅次於努爾哈赤。在朝鮮人心目中，舒爾哈齊與其兄都是建州首領。李朝文獻一般稱努爾哈赤為「老哈赤」或「老乙哈赤」；稱舒爾哈齊為「小哈赤」或「小兒哈赤」。萬曆二十三年，前往建州訪問的朝鮮南部主簿申忠一，在所著《建州紀程圖記》中，對舒爾哈齊身世記載如下：「佟交清哈，一子托時，一女（婿——引者）童好羅厚子忽哈。一子奴兒哈赤，己未生……一子毛兒哈赤，壬戌生……一子小兒哈赤，甲子生……奴兒哈赤、小兒哈赤同母，毛兒哈赤異母云」。[29]佟交清哈、托時為舒爾哈齊兄弟祖父覺昌安、父塔克世。奴兒哈赤為努爾哈赤，小兒哈赤即舒爾哈齊，嘉靖四十三年（1564）生。特殊強調他與努爾哈赤同母所生。[30]同書又載：兄弟二人的體貌特徵：「小酋體胖壯大，面白而方，耳穿銀環，服色與其兄一樣矣」。[31]

　　李朝官書中也多以其兄弟並稱。《李朝實錄》載：「左衛酋長老乙可赤兄弟，以建州衛酋長李以難等為麾下屬，老乙可赤則自中稱王，其弟則稱船將，多造弓矢等物……間間練習，脅制群胡，從令者饋酒，違令者斬頭，將為報復中原之計。」[32]文中並稱兩人為「兄弟」，努爾哈赤「自中稱王」，舒爾哈齊為「船將」。「船將」，其意不明。史載：舒爾哈齊曾冠以「達爾罕巴圖魯」稱號。[33]「巴圖魯」，漢譯為「威武勇士」，「達爾罕」，原為北方民族的武職稱謂。只有大汗本人，或有特殊功勳者，才能榮獲此稱號。據此推斷，「船將」應為舒爾哈齊統兵將帥的身份。是年為萬曆十七年，明廷任命努爾哈赤為建州左衛都督僉事，建州內部稱「都督」，稱舒爾哈齊「二都督」。[34]

　　舒爾哈齊憑其膽識和才幹，在建州權勢地位日益顯赫。萬曆二十三年十

---

[29] 申忠一：《建州紀程圖記》，遼寧大學歷史系鉛印本，1978年，第22-23頁。
[30] 《李朝宣祖實錄》卷70，宣祖二十九年正月丁酉條也載：「奴兒哈赤、小兒哈赤同母，毛兒哈赤異母。」學習院東洋文化研究所，1961年。
[31] 申忠一：《建州紀程圖記》，第24頁。
[32] 《李朝宣祖實錄》卷23，宣祖二十二年七月丁巳。
[33] 《滿洲實錄》卷1，中華書局，1986年，第12頁。
[34] 《籌遼碩畫》卷1，熊廷弼：〈題為狡酋近狀叵測〉中，援引駐紮哈達舊寨的建州官兵之語：「我都督與二都督速兒哈赤近日不睦，恐二都督走投北關，令我們在此防範。」

一月，朝鮮通事河世國訪問建州，分別拜見其兄弟二人，受到熱情款待。[35]何世國親眼所見：

> 老乙可赤兄弟所住家舍，則蓋瓦，各以十坐分為木柵，各造大門，別設樓閣三處，皆為蓋瓦。大概目睹，則老乙可赤麾下萬餘名，小乙可赤麾下五千餘名，長在城中，而常時習陣，千餘名各持戰馬、著甲，城外十里許練兵。而老乙可赤戰馬則七百餘匹，小乙可赤戰馬四百餘匹，並為點考矣。[36]

同年十二月，朝鮮使臣申忠一訪問建州，將所帶「盤纏、銅爐口二、鑢二十枚、箸二十雙、紙束、魚物等」禮物，分別「送於奴酋兄弟，奴酋兄弟皆受之，而多謝云」。[37]兄弟兩人回贈禮品。[38]努爾哈赤設宴款待，舒爾哈齊也於翌日款待，其規格、禮儀毫不遜色。[39]舒爾哈齊曾對申忠一說：「日後你僉使若有送禮，則不可高下於我兄弟。」[40]申忠一還詳細記載了招待酒會上，舒爾哈齊與努爾哈赤並肩而坐暢飲的場面：

> 馬臣、歪乃將奴酋言，來請臣參宴，臣與羅世弘、何世國往參。奴酋門族及其兄弟姻親，與唐通事在東壁；蒙古、沙割者、忽可、果乙者、尼麻車諸憶時，刺溫兀刺各部在北壁；臣等及奴酋女族在西壁；奴酋兄弟妻子及諸將妻，皆立於南壁炕下；奴酋兄弟則於南行東隅地上，向西北坐黑漆倚（椅）子，諸將俱立於奴酋後……諸將進盞於奴

---

[35] 據《李朝宣祖實錄》卷69，宣祖二十八年十一月戊子條載：「老乙可赤常時所住之家，麾下四千餘名，佩劍衛立，而設坐交椅。唐官家丁，先為請人拜辭而罷，然後，世國亦為請入揖禮而出。小乙可赤處一樣行禮矣。老乙可赤屠牛設宴，小乙可赤屠猪設宴，各有賞給。」
[36] 《李朝宣祖實錄》卷69，宣祖二十八年十一月戊子。
[37] 申忠一：《建州紀程圖記》，第18頁。
[38] 申忠一：《建州紀程圖記》，第21頁。
[39] 據《建州紀程圖記》二十九日條載：「小酋（舒爾哈齊——引者）請臣相見後，令佟羊才設小酌以慰之」。第18頁。
[40] 《建州紀程圖記》，第28頁。

酋時,皆脫耳掩,舞時亦脫,惟小酋不脫。[41]

文中沙割者,為薩克察;忽可,為虎爾哈;果乙者,為瓜勒察;尼麻車,為尼瑪察諸貝勒;剌溫兀剌,為海西女真烏拉;「㤜時」為貝勒。可見,在如此盛大的宴會上,舒爾哈齊與其兄並肩而坐,充分說明其在建州的權勢地位。

如前所述,舒爾哈齊之死存在諸多疑點,為清開國史上一樁疑案。[42]相反,李朝文獻及明人著述對其之死均有明確記載。如《建州聞見錄》載:「小乙可赤有戰功,得眾心,五六年前,為奴酋所殺」。[43]該書作者李民寏,萬曆四十七年奉明敕諭作為朝鮮援軍幕僚赴明參加「薩爾滸之戰」,兵敗被俘,翌年七月,獲釋歸國。此書係其囚禁建州期間,據其所見所聞寫成。文中所云,舒爾哈齊「五六年前,為奴酋所殺」,是其囚禁建州所聞,時間未必十分準確,但舒爾哈齊為其兄所殺確切無疑。與李朝文獻相佐證,同時代明人彭孫貽所著《山中聞見錄》也載:「太祖忌其弟速兒哈赤兵強,計殺之。」[44]以上李朝及明代文獻均認為舒爾哈齊之死為努爾哈赤所殺。

梳理史事可理出舒爾哈齊被殺脈絡。舒爾哈齊與其兄的矛盾與裂痕在萬曆二十七年征哈達已出現,三十五年「烏碣岩之戰」時兄弟間矛盾公開化。戰後,努爾哈赤始動殺機,剝奪舒爾哈齊領兵權。舒爾哈齊深知,其兄「威暴桀驁之勢」[45],遂於萬曆三十七年,與諸子商議,攜其部眾,移居黑扯木,致使二人矛盾白熱化。努爾哈赤遂大開殺戒,處死舒爾哈齊長子阿爾通阿、三子札薩克圖,次子阿敏則因代善、皇太極力諫,免於一死,奪其財產一半。[46]舒爾哈齊二子被殺後,懷著悔愧心情,復歸建州。努爾哈赤不加

---

[41] 《建州記程圖記》,第25頁。
[42] 為此,孟森為解決這樁歷史疑案曾作〈清太祖殺弟考〉,載《明清史論著集刊》,上冊,中華書局,1959年。
[43] 《建州聞見錄》,第42頁,遼寧大學歷史系鉛印本,1978年,下同。
[44] 彭孫貽:《山中聞見錄》卷1,《建州》。另據泰昌、天啟、崇禎三朝在遼東任職的王在晉所著《三朝遼事實錄》也載:「奴酋忌其弟速兒哈赤兵強,計殺之。」
[45] 《建州聞見錄》,第45頁,遼寧大學歷史系鉛印本,1978年。
[46] 《清太宗實錄》卷8,天聰五年正月壬寅;《滿文老檔》,第1048頁。

寬恕,將其「會入於寢室,鋃鐺之,注鐵鍵其戶,僅容二穴,通飲食,出便溺」。⁴⁷暗無天日,求生不能,求死不得。至萬曆三十九年八月十九日,死於禁所。可見,李朝文獻所言,舒爾哈齊由其兄所殺,非誣傳也。

李朝文獻對努爾哈赤長子褚英之死也頗為關注。關於褚英之死,《武錄》、《滿洲實錄》兩書則一字不載。《高錄》僅載:「乙卯年(1615)閏八月乙巳朔,皇長子洪巴圖魯阿爾哈圖土門貝勒褚英薨,年三十六」。⁴⁸《滿文老檔》是年三月二十六日條,記載了褚英被囚及原因,對努爾哈赤將其殺死,卻隱諱不書。⁴⁹而《建州聞見錄》中對褚英之死則載:「紅破都里六、七年前,為奴酋所殺」。⁵⁰「紅破都里」,為滿語洪巴圖魯音譯,即褚英賜號,意為勇敢。⁵¹李民寏所云「六、七年前」,為其囚禁建州時,依見聞所載,即褚英為努爾哈赤所殺時間有些誤差,其被其父幽禁為萬曆四十一年,為其父所殺是萬曆四十三年。儘管如此,褚英係努爾哈赤所殺是任何人都改變不了的事實。清官書中對努爾哈赤殺其弟舒爾哈齊、其子褚英雖極盡加以隱諱,但也不經意地流露出事實真相。舒爾哈齊死後的十一年,即天命六年(1621)正月,是年63歲的努爾哈赤預感自己年事已高,故率諸子孫對天發誓,毋骨肉相殘,以子孫相保為念。誓詞中云:「伏願神祇不咎既往,惟鑒將來」,⁵²則是其對殺其弟、其子骨肉相殘之罪的懺悔,可證明他殺其

47　黃道周:《博物典匯》卷20,《四夷附奴酋》,明崇禎八年刻本。
48　《清太祖高皇帝實錄》卷4,乙卯年閏八月乙巳。
49　《舊滿洲檔》同條則載其為努爾哈赤處死。文曰:「聰睿恭敬汗以其長子阿爾哈圖圖門,心術不善,不認己錯,深恐日後敗壞治生之道,故令將其囚居於高棚。經過二年多之深思,慮及長子若生存,必會敗壞國家。倘憐惜一子,則將危機眾子侄、諸大臣和國民。遂於乙卯年,聰睿恭敬汗五十七歲,長子三十六歲,八月二十二日,始下決斷,處死長子」。載《舊滿洲檔》,第1冊,臺北:故宮博物院本,第73-74頁。
50　《建州聞見錄》,遼寧大學歷史系,1978年,第41頁。
51　《滿洲實錄》卷2,萬曆二十六年)正月條載:「太祖命幼弟巴雅喇台吉、長子褚英台吉與噶蓋、費英東扎爾固齊等領兵一千,征安楚拉庫。星夜馳至,取其屯寨二十處,其餘盡招服之,獲人畜萬餘而回。於是賜褚英台吉名洪巴圖魯,巴雅喇台吉名卓禮克圖。」
52　據《清太祖武皇帝實錄》卷3,天命六年正月十二日條載:「蒙天父地母垂祐,吾與強敵爭衡,將輝發、兀喇、哈達、夜黑同一音語者俱為我有,征仇國大明得其撫順清河開原鐵嶺等城,又破其四路大兵,皆天地之默助也。今禱上下神祇,吾子孫中縱有不善者,天可滅之,勿令刑傷,以開殺戮之端。如有殘忍之人,不待天誅,遽興操戈之念,天地豈不知之,若此者亦當奪其算。昆

弟、其子之事實。

上述李朝文獻所載錄的努爾哈赤與舒爾哈齊、褚英的矛盾糾葛，以致於最後均為其所殺的清開國史事，對清開國史研究具有重要價值。而清官書中有意溢美努爾哈赤在清開國的「太祖高皇帝」形象，不顧事實真相，竭盡諱隱，有違歷史史實。

三、朝鮮文獻中關於清官書未載的開國史事

扈倫四部女真的史事。十五世紀中葉「土木之變」後，海西女真遭受蒙古的蹂躪，損失慘重，各部逐漸南遷，南遷後，形成扈倫四部。四部環開原而居，扼制貢道，收取參貂「居停」之利，日益強大。王台時的哈達部恃明廷支持，號令扈倫各部，控制建州與東海女真。王台死後，「各部蜂起，皆稱王爭長，互相戰殺」。[53]這一時期，與努爾哈赤競相爭雄的同時代人葉赫部貝勒納林布祿、烏拉部貝勒布占泰、輝發部貝勒拜音達里，皆欲完成統一女真的大業，重建東北的統治秩序。時葉赫為扈倫盟主與建州矛盾日益尖銳。以葉赫為首的海西女真欲戰勝努爾哈赤，遂聯合其他女真對建州用兵。然而，清官書中多極力渲染努爾哈赤建州史事，而對海西女真史事卻淹沒不顯，幸而李朝文獻中保留了清史書中所不載的鮮為人知的珍貴史事。

李朝文獻載錄了**烏拉布占泰與葉赫關係的史事**。關於布占泰的生年，清官書，包括《八旗滿洲氏族通譜》均闕如[54]。唯獨《李朝實錄》宣祖三十八年（1605）七月戊子條有如下記載：

> 滿浦僉使洪有義馳報：「據使事知譯官，歸順胡人處，善辭探問⋯⋯而北邊藩胡，被擄於老酋來者曰：『酋名夫者卓古，或稱夫者漢古，

弟中若有作亂者，明知之而不加害，俱懷理義之心，以化導其愚頑，似此者天地佑之。俾子孫百世延長，所禱者此也。自此之後，伏願神祇不咎既往，惟鑒將來。」
[53] 《滿洲實錄》卷1，中華書局，1986年，下同。
[54] 《八旗滿洲氏族通譜》卷23，烏拉地方納喇氏條載：「滿泰卒，弟布瞻泰繼，以公主降焉。」

或單稱卓古、漢古（卓、漢二音，胡人傳語，或不相似而然——原文注）。年可四十，體中面皙，悍勇無雙』。」[55]

文中所云「北邊藩胡」為朝鮮對海西女真的稱謂，「老酋」指努爾哈赤，時烏拉部女真為建州所虜，後逃到朝鮮，經譯官善辭探問，得知是年即萬曆三十三年（1605）所部酋長布占泰年40歲，由此推斷，其生於嘉靖四十五年（1566），比嘉靖三十八年出生的努爾哈赤小7歲。布占泰與葉赫的關係，朝鮮文獻記載：「卓古與羅里，所居地方稍近，兩酋原為四寸兄弟，最為親厚」。[56]「卓古」為布占泰，「羅里」為葉赫首領納林布祿，「四寸兄弟」指同一祖父叔伯兄弟，至於他們是否叔伯兄弟，文獻不徵，無法考證，但至少說明他們之間關係密切。萬曆四十一年，努爾哈赤滅烏拉，布占泰隻身逃往葉赫，也可作為他們之間關係密切的佐證。[57]

清官書中極力粉飾渲染努爾哈赤起兵時的實力，有意貶低與其抗衡烏拉、葉赫等部的實力。而從李朝文獻中所見，時葉赫、烏拉的實力遠盛建州。首先看李朝文獻對萬曆二十一年葉赫糾集九部聯軍的記載：

> 平安兵使成允文馳啟：滿浦僉使洪有義馳報：「……大概前日所聞：如許酋羅里、忽溫酋卓古等，往在癸巳（1593）年間，相與謀曰：『老可赤本以無名常胡之子崛起為首長，合並諸部，其勢漸至強大，我輩世積威名，羞與為伍』。不意合兵來攻老酋，期於蕩滅之際，老酋得謀大驚，先使精兵，埋伏道傍，又於嶺崖，多設機械以待。」

上述史料至少說明以下兩點事實：第一，至萬曆二十一年前，葉赫、烏拉的實力強於建州。時，儘管努爾哈赤已統一建州女真，於佛阿拉築城，定國政，在建州內部稱王，其疆域東起鴨綠江與佟家江；西抵遼東邊牆的撫順

---

[55] 《李朝宣祖實錄》卷189，宣祖三十八年七月戊子，學習院東洋文化研究所，1953年。
[56] 《李朝宣祖實錄》卷189，宣祖三十八年七月戊子，學習院東洋文化研究所，1961年。
[57] 《清太祖武皇帝實錄》卷2，癸丑年十二月條。

關、清河堡；南近靉陽門、孤山堡、寬甸堡等地；北面包括英額河流域。[58] 但在葉赫與烏拉首領看來他不過是「無名常胡之子」，「羞與為伍。」第二，努爾哈赤得知九部聯軍來攻建州，並非像清官書所粉飾的那樣：十分淡定，傳諭諸將，天明出兵，言畢復寢，熟睡如初。[59] 真相是，「老酋得諜大驚」。努爾哈赤擊敗九部聯軍後，雖威名大震，仍對葉赫、烏拉加以懷柔。萬曆二十三年，朝鮮南部主簿申忠一訪問建州，對當時角逐東北女真諸部的實力，有如下評說：「諸胡中，蒙古、如許、兀剌等最強云」。[60]「蒙古」，指科爾沁、喀爾喀、察哈爾三部蒙古；「如許」指葉赫部，位於開原東北，入鎮北關通開原，因名北關；「兀剌」為烏拉音譯，指占據以今吉林市以北、烏拉街鎮為中心松花江兩岸的烏拉部。在朝鮮人看來，當時角逐東北的諸女真等政治勢力中，東部蒙古、葉赫部、烏拉部的實力強於建州。

　　李朝文獻中還保留了**輝發部的史事**。輝發部為扈倫四部中最小的部落，從屬烏拉與葉赫，所以清官書對輝發部記載幾乎闕如。該部以輝發河為中心，北鄰烏拉，南鄰建州，東臨長白山女真，西毗哈達部，地理位置十分重要。萬曆二十七年哈達亡後，輝發成為烏拉與葉赫的中介，從事參貂貿易的「夷人」需經輝發，前往烏拉、葉赫貿易。建州欲爭奪參貂之利必須征服輝發。時，建州對強大的烏拉、葉赫示以懷柔，將輝發作為攻取目標。而清官書關於努爾哈赤征輝發僅見一條記錄。[61] 而李朝文獻則保留諸多記載，補充

---

[58] 《清太祖武皇帝實錄》卷1，丁亥年條。
[59] 《清太祖武皇帝實錄》卷1；《滿洲實錄》卷2，第88-97頁。
[60] 申忠一：《建州紀程圖記》，第29頁，遼寧大學歷史系，1978年，第29頁。
[61] 《清太祖武皇帝實錄》卷2，丁未年九月條載：（萬曆三十五年）九月六日夜，有氣從星出，向東直衝輝發國，七八夜方沒。又有氣自西方從星出，月餘方沒。時輝發國拜音達里貝勒族眾，多投夜黑，其部屬亦有叛謀。拜音達里聞之，以七酋之子為質，借兵於太祖，太祖以兵一千助之。有納林卜祿賺拜音達里曰：「爾若撤回所質之人，吾即反爾投來族眾。」拜音達里信其言，乃曰：「吾將安居於滿洲、夜黑之間矣。」遂撤回七酋長子，復以子與納林卜祿為質，納林布卜祿竟不反其族。拜音達里後遣大臣告太祖曰：「曩者誤信納林卜祿賺言，今仍欲倚汗為生，乞將汗女先欲許常書之子者，賜我為婚。」太祖遂罷常書之親而許之。後拜音達里背盟不娶，太祖遣使謂之曰：「汝曾助夜黑二次加兵於我，今又聘吾女而不娶，何也？」拜音達里飾詞以對曰：「吾曾質子於夜黑，俟質子歸，吾即往娶，與爾合謀矣。」隨將城垣修築三層以自固，質於夜黑之子亦撤回。於是太祖復遣使曰：「今質子已歸，汝意又何如也？」拜音達里恃城垣已固，遂絕親。

了清官書記載的缺失。關於輝發城地理位置與形制,《李朝實錄》載:

> 備邊司啟曰:「傳曰:『所謂回波,是部落名號耶?在於何處,而是忽酋所屬之胡耶?欲知之,察而回啟』……『回波是如許大酋羅里之所屬部落名,在於忽溫之南,老胡之北。回波之將名倍隱達伊,即羅里之次將……回波部落形勢極險,距忽巢三日程,距老巢七八日程。老胡若攻忽巢,則必先除回波,然後可進兵云。敢啟』。」[62]

文中「忽酋」指布占泰,「羅里」為納林布祿,「倍隱達伊」係拜音達里音譯,為輝發部首領,「忽巢」指烏拉,「老巢」指建州。由此可知,時輝發附屬於葉赫,位於烏拉以南,建州之北,距烏拉三日程,距建州赫圖阿拉七八日程。

努爾哈赤欲攻烏拉必先滅輝發。輝發山城,形勢險要,三面環水,斷崖絕壁,易守難攻。萬曆三十五年九月,努爾哈赤派兵攻發,清官書中僅載「十四日兵到,即時克之,殺擺銀達里父子,屠其兵,招撫其民,遂班師」。[63]相比,李朝文獻對努爾哈赤攻輝發城則有詳細的載錄:

> 宣祖四十年十月(萬曆三十五年)庚辰,咸鏡北道兵馬節度使柳珩馳啟曰:「近日因藩胡暗暗探聽,則當初老酋欲圖回波,暗使精兵數十騎,扮作商人,身持貨物,送於回波,留連作商。又送數十人依此行事,數十數十,以至於百餘人,詳探彼中事機,以為內應。後猝發大兵,奄至回波,內應者作亂開門,迎兵驅入,城中大亂,以至於失守。然回波兵以死迎敵,極力大戰,竟雖敗沒,老軍亦多折損,將胡之戰死者多至六人,而回波留將,則三胡,而所帶軍兵亦僅數千餘

太祖即於九月九日率兵伐其國,十四日兵到,即時克之,殺拜音達里父子,屠其兵,招服其民,遂班師,輝發國從此滅矣。

[62] 《李朝宣祖實錄》卷217,宣祖四十年九月丙午條。
[63] 《清太祖武皇帝實錄》卷2,丁未年九月條。

名,時方送入於忽酋,使之誘服云云。」[64]

由此可知,因輝發城易守難攻,努爾哈赤事先派精兵,巧扮商人作為內應。至萬曆三十五年九月,兵臨輝發城下,先前潛入的扮作商人的精兵作內應,才得以攻陷輝發城。在攻城過程中,輝發兵拚死抵抗,建州損失慘重。

愛新覺羅家族權力相爭的史事。清官書對以努爾哈赤為首的愛新覺羅家族子侄間矛盾鬥爭極力掩飾,幸而李朝文獻保留了這些重要史實。具言之:

努爾哈赤諸子權位之爭。天命六年(1621),時任朝鮮滿浦僉使鄭忠信奉命出使後金,回國覆命,給光海君的奏報中云:

> 是行,忠信往返月餘,行二千餘里,深入虜穴,詳探虜中事情。蓋老酋有子二十餘,將兵者六人。長早亡、次貴盈哥、次洪太主、次亡可退、次湯古台、次加文乃、次阿之巨也。貴盈哥,特尋常一庸夫,洪太主雖英勇超人,內多猜忌,恃其父之偏愛,潛懷弒兄之計。其它四子,無足稱者,總之非老酋之比也。[65]

文中「貴盈哥」代善,「洪太主」皇太極,「亡可退」莽古爾泰,「湯古台」湯古代,「阿之巨」阿濟格。褚英死後,代善外統重兵,內輔國政,與明征戰,智勇兼備。努爾哈赤有意立其為汗位繼承人,由此引起「英勇超人,內多猜忌」的皇太極不滿,代善地位受到挑戰,皇太極甚至「潛懷弒兄之計」。這些史事,清代官書多加隱晦,不加載錄。朝鮮文獻中還載錄了努爾哈赤從弟阿斗因捲入諸子政爭而被處死的史事:

> 有阿斗者,酋之從弟也。勇而多智,超出諸將之右,前後戰勝,皆其功也。酋嘗密問曰:「諸子中誰可以代我者?」阿斗曰:「知子莫如

---

[64] 《李朝宣祖實錄》卷217,宣祖四十年十月庚辰。
[65] 《李朝光海君日記》卷169,光海君十三年九月戊申,學習院東洋文化研究所,1962年。

父，誰敢有言？」首曰：「第言之。」阿斗曰：「智勇俱全，人皆稱道者可。」首曰：「吾知汝意之所在也。」蓋指洪太主也。貴盈哥聞此，深銜之。後阿斗密謂貴盈哥曰：「洪太主與亡可退、阿之巨將欲圖汝，事機在迫，須備之。」貴盈哥見其父而泣，首怪問之，答以阿斗之言。首即招三子問之，自言無此。首責問阿斗以為交構兩間，鎖杻囚之密室，籍沒家資。是自壞其長城也。[66]

努爾哈赤、皇太極病逝，八旗滿洲貴族圍繞汗位繼承人的爭鬥。關於努爾哈赤病逝後，圍繞汗位的爭鬥，朝鮮文獻載：

建州虜首努兒赤疽發背死。臨死命立世子貴榮（一作永，二王子——原文注）介。貴榮介讓於弟弘他時（一作弘太始——原文注）曰：「汝智勇勝於我，汝須代立」。弘他時略不辭讓而立（丙子錄——原文注）。或曰：「奴兒赤臨死，謂貴永介曰：『九王子（多爾袞——引者注）應立而年幼，汝可攝位，後傳於九王。』貴永介以為嫌逼，遂立洪太氏云（日月錄——原文注），僭號天總（聰——原文注）。」[67]

皇太極突然病逝，圍繞皇位繼承人之爭，朝鮮文獻也載：

（崇德八年1643）八月十四日，諸王皆會於大衙門。大王發誓曰：「虎口，帝之長子，當承大統」。則虎口曰：「福小德薄，非所堪當」。固辭退去。定策之議，未及歸一。帝之手下將領之輩佩劍而前，曰「吾屬食於帝，衣於帝，養育之恩與天同大，若不立帝子則寧死於地下而已」。大王曰：「吾以帝兄，常時朝政老不預知，何可參與此議？」即起去……九王應之曰：「汝等之言是矣。虎口王既讓退出，無繼統之意，當立帝之第三子。而年歲幼稚，八高山軍兵，吾與

---

[66] 《李朝光海君日記》卷169,光海君十三年九月戊申，學習院東洋文化研究所，1962年。
[67] 李肯翊《燃藜室記述》卷27,丁卯虜亂，潘喆等編：《清入關前史料選輯》，第1輯，第437頁。

右真王分掌其半,左右輔政,年長之後,當即歸政」。[68]

　　文中「大王」為「代善」,「虎口」為皇太極長子豪格,「九王」為多爾袞,「第三子」係「第九子」之誤,為皇太極子福臨,右真王為濟爾哈朗。從當時八旗滿洲貴族的實力分析,多爾袞最大,應為皇位繼承人的人選;其次豪格,皇太極長子,時為肅親王,論能力與地位,也是皇位繼承人的人選。可見,皇位繼承人的爭奪,實為多爾袞與豪格之爭。由於兩人鬥爭激烈,雙方互不相讓,結果出現折衷方案,選定年幼的福臨,由多爾袞與濟爾哈朗攝政。上述史事清官書避而不書,幸而朝鮮文獻中得以保存這些重要事實。

　　清開國時期滿洲八旗社會結構。清開國時期八旗各旗主的史事,清官書多秘而不宣,而李朝文獻則有載錄。如《建州聞見錄》關於八旗各旗主的記載:

> 奴酋八將,胡語呼八將為八高沙。奴酋領二高沙,阿斗、于斗總其兵,如中軍之制。貴盈哥亦領二高沙,奢夫羊古(費揚古——引者)總其兵。餘四高沙:曰紅歹是、曰亡古歹、曰豆斗羅古(紅破都里之子也——原文注,即褚英長子——引者注)、曰阿未羅古(奴酋之弟小乙可赤之子也。小乙可赤有戰功,得眾心,五六年前,為奴酋所殺——原文注)。[69]

「八高沙」即為八旗或八固山,各旗的旗主,稱和碩貝勒,或主旗貝勒,和碩為四方之意,即為一方女真之主。努爾哈赤與其子代善為「二高沙」,即統領兩方主旗貝勒,其他紅歹是(皇太極)、亡古歹(莽古爾泰)、豆斗羅古(杜度)、阿未羅古(阿敏)皆領一高沙,即為一方旗主。天命六年,奉命赴後金的滿浦僉使鄭忠信據其見聞,對八旗制度記載更詳。據其給國王奏報中言:

68　《瀋館錄》卷6,遼海叢書本,第4冊,第2833頁。
69　《建州聞見錄》遼寧大學歷史系,1978年,第42頁。

> 老酋自領二部，一部阿斗嘗將之，黃旗無畫，一部大舍將之，黃旗畫黃龍；貴盈哥領二部，一部甫乙之舍將之，赤旗無畫，一部湯古台將之，赤旗畫青龍；洪太主領一部，洞口魚夫將之，白旗無畫；亡可退領一部，毛漢那里將之，青旗無畫；酋侄阿民太主領一部，其弟者送哈將之，青旗畫黑龍；酋孫斗斗阿古領一部，羊古有將之，白旗畫黃龍。統司、哨隊，亦各有旗，而有大小之分。軍卒則盔上有小旗，以為認每部。各有黃甲二統、青甲二統、紅甲二統、白甲二統。臨戰則每隊有押隊一人佩朱箭，如有喧呼亂次，獨進獨退者，即以朱箭射之。戰畢查驗，背有朱痕者，不問輕重斬之。戰勝則收拾財畜，遍分諸部，功多者倍一分。[70]

由此可知，天命年間，努爾哈赤為兩黃旗旗主，貴盈哥（代善）為兩紅旗旗主，洪太主（皇太極）為正白旗，斗斗阿古（杜度）為鑲白旗，亡可退（莽古爾泰）為正藍旗，阿民太主（阿敏）為鑲藍旗旗主。換言之，清開國時，滿洲八旗社會結構為努爾哈赤既是八旗之總主，又是兩黃旗的和碩貝勒，其子侄多是專主一旗之主，而原來女真各部編入各旗（固山）後，便與各旗主（即和碩貝勒）結成主從或君臣關係，從而構成後金社會的政治結構。

四、「他者」文獻中朝鮮文獻對研究明清史的價值

以上以清開國時官修史書太祖實錄為例，論述其對清開國史事或隱而不彰，或根本不載，而李朝文獻卻保留了清官書中隱晦不彰或不載的鮮為人知的史事。這些史事，既補充了清開國史料的闕失與不足，更有助於從「他

---

[70] 《李朝光海君日記》卷169，光海君十三年九月戊申。他還言及八旗的兵力及人數：「其兵有八部，二十五哨為一部，四百人為一哨。一哨之中，別抄百，長甲百，短甲百，兩重甲百，別抄者，著水銀甲，萬軍之中，表表易認，行則在後，陣則居內，專用於決勝。兩重甲，用於攻城填壕。一部兵凡一萬二千人，八部大約九萬六千騎也。」

者」的視角,加深研究者對清開國史的認識。由此可見,李朝文獻對研究清開國史的重要價值。

　　李朝文獻的價值不僅對研究清開國史,嚴格的說,對於包括研究明清時期的歷史都具有十分重要的價值。前近代以中原王朝為中心的東亞封貢體制下,中國與朝鮮交往頻繁,尤其與明清兩朝對應的李朝對中華文化高度認同,在政治、經濟、思想文化諸方面皆以中原王朝為典範,從而形成「東國年年修職貢,禮儀城邦慕勝朝」關係。因此,不僅李朝官修史書,如《李朝實錄》、《同文匯考》、《承政院日記》、《備邊司謄錄》、《經國大典》等史書都載錄了豐富的這一時期中國的珍貴史事,而同時代個人記錄,如《朝天錄》、《燕行錄》、《朝鮮歷代文集叢刊》等,也蘊藏著官書所不載更為豐富的,對明清中國的「他者」記憶與認知,尤以明清時期李朝使臣留存於世的《燕行錄》為例[71]。這數百種以日記形式,將使臣對明清中國的政治、經濟、社會、風俗、人情的觀察與思考,細無巨細、前後貫穿式地加以記錄,為我們研究明清時期的歷史提供了極為難得的十分珍貴的史料。以明代為例,有明一代李朝使臣赴京朝貢人次高達1252次,[72]是東亞諸國中最多的。如此眾多的使臣赴京朝貢,留下他們在異國觀察的「他者」記憶。[73]《燕行錄》中保留大量明清時期中國史書所未載的史事,如燕行文獻中對當時明遼東吏治敗壞情形的記錄,較早見於嘉靖十六年(1537),使臣丁煥的《朝天錄》。是年他以書狀官身份赴明,至遼陽拜見明遼東大員,按禮節分送些禮物。然而劉、徐兩大官人與總兵官李景良等對所贈禮物貪得無厭,「皆別求物產,徵名責數」,令丁煥等大為不解。他在日記中批評:「此輩起行伍,不可責以廉謹,然受重寄,杖節鎮邊,輒施好惡,逞志於外國行人,污甚矣」。[74]類似的記載,其他使臣的記

---

[71] 李朝使臣將出使中國的觀察以日記、詩歌等體裁記錄下來,歸國後,編輯整理成書,由於時間跨越500年,後人重新編輯整理時,稱「燕行錄」。
[72] 高艷林:〈明代中朝使臣往來研究〉,《南開大學學報》,2005年,第5期。
[73] 李鉉淙朝鮮的對明關係,《韓國學報》4,中華民國韓國研究學會,1984年;《封貢關係視角下明代中朝使臣往來研究》,黑龍江出版社,2015年。
[74] 丁煥:《朝天錄》,嘉靖十六年七月九日,《檜山先生文集》卷2,《影印標點韓國文集叢刊》第2冊,首爾:韓國民族文化推進會,1976-2001年,第207頁。

錄也很多，不贅述。[75]《燕行錄》多為使臣親身經歷的所見所聞，與官修史書比，具有白描、直觀的特點。如對清康熙帝形象描述，清官修史書記載：「天表奇偉，神采煥發，雙目日懸，隆準岳立，耳大聲洪，徇奇天縱。稍長，舉止端肅，志量恢弘，語出至誠，切中事理」。[76]將康熙描繪成奉天承運的天生帝王形象。而康熙八年（顯宗十年，1669），使臣閔鼎重在京受到康熙接見，據其《聞見別錄》載：「清主身長不過中人，兩眼浮胞，深睛細小無彩，顴骨微露，頰瘠頤尖」。[77]翌年二月，歸國向國王覆命，談及康熙時也云：「朝參日，黃屋出入之際，顧見甚久，觀其容貌，則別無英氣，多有猛氣矣」。[78]康熙五十二年（1712），隨其兄金昌集赴京的金昌業在日記中也詳細描述所見康熙的形象：「皇帝向西，盤膝而坐，廣顙頤稍殺，疏髯犯頰而斑白，雌雄眼。神氣清明，其衣帽皆黑，與凡胡無異。」[79]可見，上述李朝使臣對所見康熙形象白描式的記錄毫無疑問比清官書中所塑造的賢君聖王天子形象更接近歷史的真實。應當指出的是，上述史料多為朝鮮使臣對中國的見聞、記憶，甚至想像，飽含著他們的情感與愛恨，有些記載未免偏執，未必是真實的歷史，因此，我們在使用時，要加以辨析。

綜上所述，李朝文獻中不僅保留大量明清時期中國史書所未載的史事，也提供了「他者」文獻與中國文獻相互比對，從而糾正以往以中國「自我」文獻為中心研究明清史的模式。這種衝破以中國文獻為中心，破除國界分隔，正確使用「他者」文獻研究明清時期歷史研究取向，定會將明清史的研究推向一個新的階段。

（原載《貴州社會科學》2020年3期）

---

[75] 刁書仁：〈天啟四年朝鮮使臣的北京之行——以洪翼漢《花浦先生朝天錄》為中心〉，《學習與探索》2012年2期；〈朝鮮使臣所見晚明遼東的民生與情勢〉，《社會科學戰線》，2017年4期。
[76] 《清聖祖實錄》卷1，中華書局，1985年，第1頁。
[77] 閔鼎重：《老峯先生文集》卷10，雜著，聞見別錄，a129_238a。
[78] 《承政院日記》，第218冊，顯宗十一年閏二月初八日。
[79] 《老稼齋燕行日記》卷4，癸巳正月二十五日癸卯。

附論　新修《清史》人物傳記太祖朝實錄史料研究

　　筆者有幸參加《清史》工程，承擔太祖、太宗朝人物傳記的撰寫，故《清太祖武皇帝實錄》、《滿洲實錄》、《清太祖高皇帝實錄》，成為案頭時時翻檢之書，並在撰寫人物傳稿的過程中，對其史料價值及其差異有了進一步認識。本文結合自己在人物傳撰寫實踐中的體會，對太祖朝實錄中若干史料作一初步比對研究。

一、《清太祖武皇帝實錄》、《滿洲實錄》、《清太祖高皇帝實錄》的纂修

（一）《清太祖武皇帝實錄》的纂修

　　清太祖實錄，初纂於天聰七年（1633）。天聰九年，完成《太祖實錄圖》。據《清內國史院滿文檔案譯編》載：「先是，天聰汗命畫工張儉、張應魁二人恭繪先代英明汗實錄圖，至是繪成。賞張儉人一對、牛一，張應魁人一對」。[1]《清太宗實錄》也載：「畫工張儉、張應魁恭繪《太祖實錄圖》成，賞給人口一戶、牛一頭，應魁人口一戶」。[2]至崇德元年（1636）十一月十五日，太祖實錄全部告竣。《滿文老檔》是月十五日條，詳細記載了太祖實錄告成進呈時的儀式：

　　　　太祖、太后實錄告成進呈，盡陳聖汗四寶。儀仗畢，諸和碩親王、多

---

[1] 《清國史院滿文檔案譯編》，光明日報出版社，1989年，第184頁。
[2] 《清太宗實錄》卷24，天聰九年八月乙酉。

羅郡王、多羅貝勒、固山貝子及文武各官,左右序立。禮部官入奏聖汗,聖汗御崇政殿時奏樂。聖汗陞坐畢,國史院大學士剛林捧滿字表文、希福捧蒙字表文、羅綉錦捧漢字表文,率共同修纂之滿蒙漢筆帖式進呈。時贊禮官贊排班,眾皆排班,贊跪。大學士希福、剛林、羅綉錦高捧表文跪於前,諸筆帖式跪於後。禮部受滿蒙汗三種官員進呈表文,跪於汗前一一宣讀。其表文曰:「國史院希福、剛林及滿蒙汗筆帖式等跪奏寬溫仁聖汗,欽奉寬溫仁聖汗諭旨,纂修太祖承天廣運聖德神功肇紀立極仁孝武皇帝、太后孝慈昭憲純德真順成天育聖武皇后實錄,以滿、蒙、漢三體字編譯成書,以為萬世之史。崇德元年十一月十五日。」[3]

天聰九年完成的僅是《太祖實錄圖》,所以只是簡單記述一筆。這次是文字編纂全部告峻,舉行隆重儀式慶賀,從大學士希福、剛林到所有參與編纂的人員都得到賞賜。對此,乾隆定修本《清太宗高皇帝錄》也有載錄。所不同的是,只記「太祖武皇帝實錄告成進呈」,無「太后實錄」字樣。[4] 這裡有二個問題需要說明:一是《滿文老檔》為何稱「太祖、太后實錄」?是否有「太后實錄」?如果有,與「太祖實錄」是何關係?二是乾隆定修本為何稱《太祖武皇帝實錄》?首先回答第二個問題。崇德元年四月,皇太極稱帝時,努爾哈赤尊謚為「承天廣運聖德神功肇紀立極仁孝武皇帝」。[5] 故實錄最後完成時,加謚為「太祖承天廣運聖德神功肇紀立極仁孝武皇帝實錄」。[6] 這之前,只能稱太祖實錄。其次,「太后實錄」的問題。太后,即指皇太極生母,葉赫那拉氏,葉赫貝勒楊吉砮之女。皇太極即位後,尊謚為「孝慈昭憲純德真順成天育聖武皇后」。[7] 筆者認為,自殷周設左右史載史,特別是南朝梁武帝時期創實錄體,記載皇帝的活動,向無太后專史之

---

[3] 《滿文老檔》,下冊,第1698頁。
[4] 《清太宗實錄》卷32,崇德元年十一月乙卯。
[5] 《清太宗實錄》卷28,崇德元年四月丙戌。
[6] 《清太宗實錄》卷32,崇德元年十一月乙卯。
[7] 《清太宗實錄》卷28,崇德元年四月丙戌。

列。在以帝王為中心的時代，後妃也只不過是皇帝的附屬。《滿文老檔》將原屬「太祖實錄」中加入「太后」，與之並列，是剛剛登上皇位的皇太極，向世人表明自己嫡出的身份，以此表明其即位合法性。所謂「太后實錄」，應是掛名在太祖實錄上，從來就不曾單有之書。到雍乾時修訂太祖實錄時，依官修史書傳統成例，無需再書太后之名。如書太后名，則與實錄書法不相合，所以，只稱《太祖武皇帝實錄》。

《太祖武皇帝實錄》，在順治初年多爾袞攝政時曾修改過。《清世祖實錄》順治八年閏二月乙亥條，載有剛林因諂附多爾袞獲罪，其中一條為擅改國史罪。當時審訊剛林，據其供云：「睿王取閱太祖實錄，令削去伊母事，遂與范文程、祁充格同抹去」。後多爾袞獲罪，剛林坐「擅改實錄，隱匿不奏」罪。[8]順治九年正月，福臨命再修太祖實錄時，將大妃被迫殉死史事又補寫插入。順治十二年二月，《清太祖武皇帝錄》重修本與《清太宗實錄》同時告成，《清世祖實錄》載：

> 內翰林國史院侍讀黃機奏言：自古仁聖之君，必祖述前謨，以昭一代文明之治，年來纂修太祖、太宗實錄告成。伏乞皇上特命諸臣，詳加校訂，所載嘉言善政，仿《貞觀政要》、《洪武寶訓》諸書，輯成治典。恭候皇上欽定鴻名，頒行天下，尤望於萬機之暇，朝夕省覽，身體力行，紹美前休。[9]

現故宮博物院所藏1932年鉛排本，所據本應為順治重修本。順治重修本，仍留有稱皇太極為「天聰皇帝」，天命建元以前，稱努爾哈赤為「太祖」，建元以後稱「帝」。如天命十年八月十一日條載：「太祖未即位時，先娶之後，生長子出燕，賜號阿兒哈兔土門，次子帶善，號古英把土魯。繼娶後，所生莽古兒泰、得格壘。中宮皇后生皇太極，即天聰皇帝也」。[10]

---

[8] 《清世祖實錄》卷54，順治八年閏二月乙亥。
[9] 《清世祖實錄》卷89，順治十二年二月丁卯。
[10] 《清太祖武皇帝實錄》卷4，天命十年八月，故宮博物院1932年本。

順治重修本，基本上是《清太祖武皇帝實錄》初纂本的照抄，改寫處只限於大妃殉死等個別地方。

（二）《滿洲實錄》的纂修

　　《滿洲實錄》共有四部，用滿、漢、蒙三種文字書寫，並有插圖。第一部繪寫本，成書於天聰九年，第二、三部繪寫於乾隆四十四年，第四部繪寫於乾隆四十六年。四部實錄分別收藏在乾清宮、上書房、盛京、避暑山莊。我們現在見到的只有上書房本，收藏在中國第一歷史檔案館。中華書局出版的《滿洲實錄》影印本，所據就是中國第一歷史檔案館所藏的上書房本。該本卷末有乾隆帝「敬題重繪太祖實錄戰圖八韻」詩一篇，其注云：「實錄八冊，乃國家盛京時舊本，敬貯乾清宮，恐子孫不能盡見，因命依式重繪二本，以一本貯上書房，一本恭送盛京尊藏，傳之奕世，以示我大清億萬年子孫，毋忘開創之艱難也」。[11]《國學文庫》本《滿洲實錄》是據舊抄本重印，卷後有乾隆帝《敬題重繪太祖實錄戰圖八韻》「重繪傳奕世」句注云：「……茲覆命敬繪此冊，貯之避暑山莊，以便披閱，永凜守成」。[12]由此可見，乾隆朝重繪的《滿洲實錄》是以《太祖實錄戰圖》為底本，「依式重繪」的。

　　關於乾隆朝重繪《滿洲實錄》的時間，《清高宗實錄》乾隆四十四年正月乙卯條載：「大學士于敏中等奏，前奉諭旨，令主事門應兆恭繪開國實錄。圖內事迹，應派員繕寫，擬分清字、蒙古字、漢字，各派中書四員，在南書房恭繕。並輪派懋勤殿行走翰林一人入直，照料收發。報聞」。[13]可知，重繪《滿洲實錄》的工作至遲始於乾隆四十四年正月。同書，乾隆四十六年五月辛巳條載，乾隆帝上諭云：「開國實錄，著八阿哥傳原寫清、漢、蒙古字各員，敬謹再繕一分，並著門應兆照舊繪圖」。[14]說明第四部《滿洲

11　《滿洲實錄》卷8，第422頁，中華書局影印本。
12　中華書局《清實錄》影印說明，注釋（一）。
13　《清高宗實錄》卷1075，乾隆四十四年正月乙卯。
14　《清高宗實錄》卷1131，乾隆四十六年五月辛巳。

實錄》重繪始於乾隆四十六年五月。由此可以斷定,乾隆朝重繪《滿洲實錄》,從始修到纂成的時間,在乾隆四十四年到乾隆四十七年之間。乾隆朝纂修《滿洲實錄》之事,除以上大學士于敏中的奏文和乾隆帝的上諭外,《清高宗實錄》別無記載。

(三)《清太祖高皇帝實錄》的纂修

康熙朝改修太祖實錄,始於康熙二十一年。《清聖祖實錄》是年十月辛卯條載:「重修太祖高皇帝實錄,以武英殿大學士勒德洪為監修總裁官,大學士明珠、李霨、王熙、黃機、吳正治為總裁官,內閣學士薩海、喇巴克、侍讀學士胡簡敬為副總裁官」。[15]改修的理由,是因為太祖實錄,沒有御製序文以及進呈表文、凡例、目錄等,與歷代實錄體例不合。康熙二十五年四月,改修太祖實錄告成。《清聖祖實錄》載:

> 太祖高皇帝實錄告成,光昭一代之典章,永垂萬世之模範。其監修總裁等官,著有勤勞,宜加寵錫。監修總裁官、禮部尚書武英殿大學士勒德洪,著加太子太傅。總裁官、太子太傅武英殿大學士明珠,著加太子太師。禮部尚書保和殿大學士王熙、禮部尚書武英殿大學士吳正治、吏部尚書文華殿大學士宋德宜,俱著加太子太傅。副總裁以下各官,俱照例議。[16]

康熙朝改修太祖實錄費時三年半,改修本定名為《大清太祖承天廣運聖德神功肇紀立極仁孝睿武弘文定業高皇帝實錄》。諡號中的「高皇帝」是康熙元年四月加上的。[17]

康熙朝改修的《太祖高皇帝實錄》與《太祖武皇帝實錄》相比,在體例上有很大的改進。卷首有康熙帝的序文、監修總裁官勒德洪的進呈表文以及

---

[15] 《清聖祖實錄》卷105,康熙二十一年十月辛卯。
[16] 《清聖祖實錄》卷125,康熙二十五年四月壬寅。
[17] 《清聖祖實錄》卷6,康熙元年四月丙辰。

凡例、目錄、纂修人員名單等，這些都符合實錄體例。[18]反映清入關前，修史尚屬首創，而入關以後才逐漸規範起來。

乾隆朝定修本《清太祖高皇帝實錄》，修於雍正十二年。《清世宗實錄》載：「三朝實錄內人名、地名、字句與聖祖仁皇帝實錄，未曾畫一。請派滿漢大臣，率同簡選翰林官員，重加校對，敬謹繕錄，用垂萬世」。[19]據乾隆帝在定修本前的序文，可知，定修本成於乾隆四年十二月十日。不知何因，《清高宗實錄》中未見記載。定修本主要依據康熙朝改修本「重加校定」。據乾隆帝《太祖高皇帝實錄序》云：

> 太宗文皇帝繼天登祚，命儒臣敬輯實錄，規模略備。聖祖仁皇帝復加搜考修纂成書，尊藏內府，並貯史寮。惟是山川、疆土以及臣僚名氏前後間有異同，清漢之文或簡或繁，未經畫一。我皇考世宗憲皇帝懼有舛訛，特開史館重加校訂，按日進呈，親為閱定。朕纘承丕緒，仰體前徽，用復潔誠，披覽卷帙如舊，繕錄一新。[20]

乾隆定修本與康熙改修本兩種《太祖高皇帝實錄》無太大區別。只是定修本中，人名、地名等更加文雅化，對努爾哈赤的溢美之詞更多些。雍正十二年，努爾哈赤諡號，在康熙朝「睿武」二字下，又加上「端毅欽安」四字。成書的乾隆定修本實錄，全稱為《大清太祖承天廣運聖德神功肇紀立極仁孝睿武端毅欽安弘文定業高皇帝實錄》。

二、三種太祖實錄的對讀與比較

筆者在撰寫傳稿的過程中，對《清太祖武皇帝實錄》、《滿洲實錄》、《清太祖高皇帝實錄》對讀與比較，發現《清太祖武皇帝實錄》與《滿洲實

---

[18] 《清太祖高皇帝實錄》卷首，中華書局影印本。
[19] 《清世宗實錄》卷150，雍正十二年十二月庚子。
[20] 《清太祖高皇帝實錄》卷首，乾隆〈太祖高皇帝實錄序〉。

錄》，所載史實基本接近。相比之下，《滿洲實錄》中人名、地名等專有名詞，不僅比《清太祖武皇帝實錄》文雅，甚至比乾隆定修本《清太祖高皇帝實錄》還雅化。但對個別重要史實的記載，《清太祖武皇帝實錄》多保留歷史原貌；而《滿洲實錄》、《清太祖高皇帝實錄》，則多改為溢美之辭，並增加一些原來《清太祖武皇帝實錄》所未載的史實。下面以1932年故宮博物院《清太祖武皇帝實錄》（簡稱《武錄》）本，與中華書局影印本《清太祖高皇帝實錄》（簡稱《高錄》）為例，對相關史實對讀，來比較兩書的史料價值。

首先，《武錄》基本上能保留歷史原貌，而《高錄》則多改為溢美、不實之詞。關於對明朝的稱謂，是清朝最敏感、最忌諱的問題。《武錄》尚能尊重歷史實際，仍以明之屬國自稱，而《高錄》則不然，改為對等稱呼。試舉幾例：

《武錄》戊子年（萬曆十六年，1588）四月條載：

> 太祖遂招徠各部，環滿洲而居者，皆為削平，國勢日盛。與大明通好，遣人朝貢，執五百道敕書，領年例賞物。[21]

而《高錄》戊子年四月甲寅條則載：

> 是時，上招徠各路，歸附益眾，環境諸國，有逆命者，皆削平之，國勢日盛。明亦遣使通好，歲以金幣聘問。[22]

萬曆二十四年二月，明朝與朝鮮遣使到建州，《武錄》載：

> 大明國遣官一員，高麗國亦遣官二員，從者共二百人來。太祖令部兵盡甲，親迎至妙弘廓地界，接入大城，以禮相敘。公事畢，辭別

---

[21] 《清太祖武皇帝實錄》卷1，戊子年四月。
[22] 《清太祖高皇帝實錄》卷2，戊子年四年甲寅。

而去。²³

《高錄》則記為：

> 明遣官一員、朝鮮官二員，從者二百人來。上令我軍盡甲，觀兵於外，遇於妙弘廓地界，迎入大城，優禮答遣之。²⁴

可見，《武錄》對明稱「大明」，仍將自己置於其屬國地位；而《高錄》則改為與其對等地位。

《武錄》在給明朝的文書中，一般稱「申奏大明」，而《高錄》則一律改為「上遣明書」。如《武錄》載：

> 己酉年二月，太祖遣使申奏大明國曰：「鄰朝鮮境斡兒哈部眾，皆吾所屬，有入朝鮮者，乞傳諭查與，故奏」。萬曆皇帝遣使諭朝鮮國，查千餘戶與之。²⁵

《高錄》則載：

> 己酉春二月癸丑朔，上遣明書曰：「鄰朝鮮境而居瓦爾喀部部眾，皆吾所屬也。可往諭，令彼察出予我」。於是，明遣使諭朝鮮國，歸我千餘戶。²⁶

關於國號問題。從《滿文老檔》和明朝和朝鮮方面的文獻記載來看，天聰九年以前，主要稱其國為「建州衛」、「後金」或「金」；稱其國人為女

---

23 《清太祖武皇帝實錄》卷1，丙申年二月。
24 《清太祖高皇帝實錄》卷2，丙申年二月戊戌。
25 《清太祖武皇帝實錄》卷2，己酉年二月。
26 《清太祖高皇帝實錄》卷3，己酉年二月癸丑。

真或女直。對此,《武錄》中還有一些保留,而《高錄》和《滿洲實錄》則改為「滿洲」。如天命三年四月,努爾哈赤率軍攻撫順時,於曠野處夜宿,向額駙恩格德爾等講前朝故事。《武錄》載:

> 取撫順所,行至宮哄即臭泥泊曠野處安營而宿。是晚,帝將先朝金史講與恩格得里厄夫原係蒙古、查哈量厄夫原係查哈兒國臣,乃曰:「朕觀自古為君者,身經征戰之苦,皆未得永享其尊。今興此兵,非欲圖大位而永享之,但因大明累致我忿恨,容忍不過,無可奈何,故興師也」。[27]

《武錄》中,在涉及到金朝史事時,稱金朝為「先朝」,自認為其後裔;而《高錄》則改為「金朝」,有意抹殺後金與金朝的承繼關係。如《高錄》載:

> 取撫順所,至宮哄萼漠之野駐營。時蒙古貝勒恩格德爾、薩哈爾察國長薩哈連二額駙隨軍營。上告以金朝往事,因諭曰:「朕觀自古帝王雖身經戰伐,勞瘁備嘗,天位之尊,亦未有永享之者。今朕興此兵,非欲圖大位,而永享之也。但因明國屢構怨於朕,不得已而征之耳。」[28]

國號問題最明顯的改動,莫過於天命四年五月的朝鮮來書。《高錄》載:

> 五月庚戌,朝鮮遣使者一人、從十三人,隨我國使臣賫書至。其辭曰:「朝鮮國平安道觀察使朴化,頓首致書滿洲國主,吾二國接壤而居,明與我二國,歷二百餘載,毫無怨惡。今貴國與明為仇,因而征戰,生民塗炭,不特鄰邦,即四方皆動干戈矣,亦非貴國之善事也。明與我國,猶如父子,父之言,子敢違乎,蓋大義所在,不可拒也。

---

[27] 《清太祖武皇帝實錄》卷2,天命三年四月十四日。
[28] 《清太祖高皇帝實錄》卷5,天命四年四月癸卯。

事屬既往，今勿復言。張應京偕四人來，方悉此事原委，然鄰國亦自有交道也。來書云：我若向來有意與明結怨，天即鑒之，推此心也，誠保世滋大，受天之佑者矣。自此以往，克協大道，同歸於善，當亦明所深願，其溫綸不久即下。吾二國各守疆圉，復修前好，豈不美哉」。[29]

而《武錄》則記載為：

五月二十八日，朝鮮遣官一員、從者十三人，並前使者賫書至。其書曰：「朝鮮國書，平安道觀察使朴化，致書於建州衛馬法足下，吾二國地土相連，大明為君，吾二國為臣，經二百餘載，毫無怨惡。今貴國與大明為仇，因而征戰，生民塗炭，不特鄰邦，即四方皆動干戈矣，亦非貴邦之善事也。大明與我國猶如父子，父之言於豈敢拒，蓋太義也，吾亦不願此舉，其如不從何？事屬已往，今不必言。若等情由，聞張應京等四人來言方知。然鄰國亦自有交道也。來書云：吾有心與大國之君結怨，穹蒼鑒之。即此一念，便可常享天眷，受福無疆，以後果行合大道，明朝聞之必喜，善言不久而下矣。吾二國各守邊疆，復乎前好，乃為善也」。[30]

可見，《武錄》中，對朝鮮國來文稱「致書於建州衛馬法足下」尚有保留[31]。而《高錄》竟將一直使用的建州衛、女真國字樣，完全改作「滿洲國」。

第二，《高錄》與《武錄》比，有意增加了《武錄》所未載的內容。如，努爾哈赤的五十三道上諭。這些上諭，不僅《武錄》不載，《滿文老檔》也不見收錄。《高錄》中增加的這五十三道上諭，在努爾哈赤即位後連

29　《清太祖高皇帝實錄》卷6，天命四年五月庚戌。
30　《清太祖武皇帝實錄》卷3，天命四年五月二十八日。
31　「馬法」，為酋長之意。

續有七道；天命三年，攻取撫順後連續有五道；六年，攻下遼陽後連續有二十五道；十一年，努爾哈赤病逝前有六道，其他的散見於各年中。試舉天命三年四月的兩道上諭：

> 壬午，上諭貝勒諸臣曰：「人君，即天之子也，貝勒諸臣，即君之子也。民，即貝勒諸臣之子也。君以父事天，敬念不忘，克明厥德，仰承天錫丕基，則帝祚日隆。貝勒諸臣以父事君，敬念不忘，勿懷貪黷之心，勿為奸慝之事，以公忠自效，則爵位常保。民於貝勒諸臣，敬念不忘，遵守法度，勿萌奸宄，勿行悖亂，則身無禍患。如君受天之佑，以為無與於天，曰：『此我才力所致也』。遂不勤修治道，措注失宜，天若譴之，移其國祚，能自守天位乎。貝勒大臣，受君之恩，以為無與於君，曰：『此我才力所致也』。心懷奸慝，恣行貪黷，君若譴之，褫其爵位，能自保身家乎。至於民，不遵貝勒、大臣約束，而行奸宄悖亂之事，必致獲咎，而禍患隨之矣。」[32]
>
> 上諭侍臣曰：「嘗聞自古恃德者昌，恃力者亡，未有立志公誠而或失，居心邪慝而反得者，故自上至下，有立志公誠者，謂之積善。善既積，有不致福者乎。居心邪慝，而橫行暴虐者，謂之積惡。惡既積，有不受禍者乎。凡滿洲、蒙古、漢人若去邪慝、存公誠，斯可受福遠禍已。自朝廷百官以及萬民，雖貴賤不同，然禍非外來，皆由自致，何也？天命之為君，不能修大業，行善事，以順天意而合人心，乃溺志卑下，即於愐淫，天必譴之，基業廢墜矣。君命之為臣，不能殫忠勤，恪共厥職，而邪辟存心，怠忽從事，君必罪之，身亦不保矣。至庶民行一不善之事，則刑戮隨之，所謂凡人之禍，皆由自致者，此也」。[33]

其他的上諭也同樣，均為努爾哈赤對貝勒、大臣的諄諄告誡。所言皆屬儒家

---

[32] 《清太祖高皇帝實錄》卷5，天命三年閏四月壬午。
[33] 《清太祖高皇帝實錄》卷5，天命三年閏四月壬午。

治國安邦之論，努爾哈赤當時未必通曉，顯然是後世為讚頌太祖高皇帝的聖明而有意編排的。

　　第三，《高錄》與《武錄》比，在滿文漢譯上，糾正了《武錄》中許多不確切或錯誤之處。如萬曆十三年，努爾哈赤征哲陳部。其族弟札親、桑古里見哲陳部眾，大懼，解其甲與人，受到努爾哈赤的斥責。此事《武錄》載：

> 有夾陳、桑古里二人豹郎剛之孫也，見敵兵大恐，解其甲與人。太祖怒曰：「汝等在家，每自稱雄於族中，今見敵兵，何故心怯，解甲與人？」言訖，自執旗先進。[34]

《高錄》則記為：

> 有尼麻喇城五祖包朗阿孫札親、桑古里，見敵眾大懼，解其甲與人。上怒曰：「爾平日自雄於兄弟鄉黨間，今臨陣，何懼敵眾，反解甲與人耶？」乃親執纛先進。[35]

可見，《高錄》改為「平日自雄於兄弟鄉黨間」，顯然比《武錄》所載「汝等在家，每自稱雄於族中」確切。天命三年九月，後金略撫順城北會安堡，《武錄》載：

> 九月二十五日，遣兵掠會安堡，屠戮甚眾，得人畜一千，其中有屯民三百斬於撫順關，留一人，割雙耳，令執書回。[36]

《高錄》則載為：

---

[34] 《清太祖武皇帝實錄》卷1，乙酉年。
[35] 《清太祖高皇帝實錄》卷2，乙酉年四月壬寅。
[36] 《清太祖武皇帝實錄》卷2，天命三年九月二十五日。

> 庚戌，我軍略地至撫順城北之會安堡，俘千人，戮三百人於撫順關，留一人。[37]

《武錄》作「其中有屯民三百斬於撫順關」，不準確。天命四年正月，後金覆明書。《武錄》載：

> 二十二日，令大明使者李繼學及通使賫書回，其書曰：「皇上若聲遼人之罪，撤出邊之兵，以我為是，解其七恨，加以王封，豈有不罷兵之理？再將我原賞及撫順所原有敕書五百道，並開原所有敕書千道，皆賜吾兵，將我與大臣外加緞三千匹，金三百兩，銀三千兩。[38]

《高錄》則載：

> 丙午，上遣明使李繼學及通事一人還，賫書以告曰：皇帝若能正遼人之罪，撤出邊之兵，悉直吾言。釋吾七恨，崇以王位，兵乃罷。其撫順所原有敕書五百道、開原所原有敕書千道，仍給我軍士，再以彩幣三千、黃金三百、白金三千、為吾大臣等犒焉。[39]

《武錄》寫作「再將我原賞及撫順所原有敕書五百道，並開原所有敕書千道」句誤。以上只是筆者在對《高錄》與《武錄》對讀中，發現的一些例子，類似問題還有許多。

---

[37] 《清太祖高皇帝實錄》卷5，天命三年九月庚戌。
[38] 《清太祖武皇帝實錄》卷3，天命四年一月二十二日。
[39] 《清太祖高皇帝實錄》卷6，天命四年正月丙午。

三、三種太祖實錄對有關重要史實的隱諱問題

孟森先生早年，在〈讀清實錄商榷〉文云：「清一代君臣所標舉之美德，有八大字，曰：敬天法祖，勤政愛民。……大致清所以維持綱紀，亦尚得力於此。清一代之君，無有甚不肖，如明之武宗、熹宗者，即其驗也。惟其法祖之意，過猶不及，務使祖宗所為不可法之事，一一諱飾淨盡，不留痕跡於實錄中。而改實錄一事，遂為清世日用飲食之恒事，此為亘古所未聞者」。[40]孟森先生所說，清實錄中的隱諱問題，太祖實錄最為嚴重。如前所述，太祖實錄每改修一次，就粉飾隱諱一次。如萬曆二十七年九月，努爾哈赤殺哈達孟格布祿和剛蓋之事。《武錄》中載：

後，太祖欲以女莽姑姬與孟革卜鹵為妻，放還其國。適孟革卜鹵私通嬪御，又與剛蓋通謀欲篡位，事泄，將孟革卜鹵、剛蓋與通奸女，俱伏誅。[41]

《高錄》則改為：

上欲釋孟格布祿歸國，適孟格布祿與我國大臣噶蓋，謀逆事泄，俱伏誅。[42]

努爾哈赤大福晉被迫殉死之事也是如此。《武錄》載：

帝后原係夜黑國主楊機奴貝勒女，崩後復立兀喇國滿泰貝勒女為后，饒豐姿，然心懷嫉妒，每致帝不悅，雖有機變，終為帝之明所制，留之恐

---

[40] 孟森：〈讀清實錄商榷〉，《明清史論著集刊》，中華書局，1959年，第619頁。
[41] 《清太祖武皇帝實錄》卷2，己亥年。
[42] 《清太祖高皇帝實錄》卷3，己亥年九月丁未。

> 後為國亂,預遺言於諸王曰:「俟吾終必令殉之」,諸王以帝遺言告后,后支吾不從,諸王曰:「先帝有命,雖欲不從,不可得也」。[43]

太宗朝修太祖實錄,順治朝重修實錄時,需突出皇太極、福臨的正統地位,所以《武錄》,強調「帝后原係夜黑國主楊機奴貝勒女,崩後復立兀喇國滿泰貝勒女為后」。大福晉殉死,是先帝「留之恐後為國亂,預遺言於諸王曰:『俟吾終必令殉之』」。而《高錄》關於大福晉殉死之事,則改為:

> 先是,孝慈皇后崩後,立烏喇國貝勒滿太女為大妃。辛亥辰刻,大妃以身殉焉,年三十有七,遂同時而殮。[44]

至康熙朝和乾隆朝改修太祖實錄時,事過境遷,已無政治需要,遂將大福晉被迫殉死過程刪去,只留「大妃以身殉焉」。《高錄》中,類似此者頗多。更為重要的是努爾哈赤親弟舒爾哈齊和其長子褚英等之死,三種實錄均竭盡隱諱。

舒爾哈齊是清肇興時期僅次於其兄努爾哈赤的人物。明代官私文獻多有載錄。在明人看來其與努爾哈赤都是建州首領,並稱其兄弟為都督。《明實錄》載:「建州等衛夷人都督、都指揮速兒哈赤等一百員名……俱赴京朝貢,賜宴如例」。[45]萬曆三十六年,舒爾哈齊在努爾哈赤赴明朝貢20天後,第三次赴京朝貢。明廷分別賜予其兄弟敕書357道、140道不等,並賜舒爾哈齊為建州右衛首領。像這樣一位重要人物,在清朝的官私著述中卻默默無聞。翻檢《高錄》,有關舒爾哈齊的記載僅有七條。其中,記其出生和逝世各一條,娶烏拉女一條,烏拉布占泰娶其二女兩條,征哈達和取東海女真二條。關於舒爾哈齊之死,《武錄》載:

---

43 《清太祖武皇帝實錄》卷4,天命十一年八月。
44 《清太祖高皇帝實錄》卷10,天命十一年年八月丙午。
45 《明神宗實錄》卷312,萬曆二十五年七月戊戌,中央研究院歷史語言研究所1962年勘本。

八月十九日，太祖同胞弟打喇漢把土魯薨，年四十八歲。[46]

《滿洲實錄》載：

八月丙戌，上弟達爾漢巴圖魯貝勒舒爾哈齊薨，年四十八。[47]

《高錄》載：

八月丙戌，上弟達爾漢巴圖魯貝勒舒爾哈齊薨，年四十八歲。[48]

三種太祖實錄對舒爾哈齊之死的記載，如出一轍，完全相同。所不同者，成書最早的《武錄》，尚未推算干支，直接用數字書寫。可見，太祖實錄對舒爾哈齊之死竭盡隱諱。

舒爾哈齊之死，明代與朝鮮文獻則多有記載。王在晉《三朝遼事實錄》載：

（萬曆三十九年）奴酋忌其弟速兒哈赤兵強，計殺之。復耀兵侵兀喇諸酋。[49]

彭孫貽《山中聞見錄》載：

萬曆三十九年辛亥六月，部議如科臣言復奏，神祖乃許其入貢。已，太祖忌其弟速兒哈赤兵強，計殺之。[50]

---

[46] 《清太祖武皇帝實錄》卷2，辛亥年。
[47] 《滿洲實錄》卷3，辛亥年八月。
[48] 《清太祖高皇帝實錄》卷3，辛亥年八月丙戌。
[49] 王在晉：《三朝遼事實錄》，《總略》，刁書仁點校：《先清史料》，吉林文史出版社，1990年。
[50] 彭孫貽：《山中聞見錄》卷1，《建州》，《清入關前史料選輯》，第3輯，中國人民大學出版社，1991年。

黃石齋《建夷考》所記更加詳明：

> （萬曆三十九年）初，酋一兄一弟，皆以驍勇雄部落中。兄弟始登壟而議，繼則建台，策定而下，無一人聞者。兄死，弟稱三都督。酋疑弟二心，佯營壯第一區，落成置酒，招弟飲會，入於寢室，鋃鐺之。注鐵鍵其戶，僅容二穴，通飲食，出便溺。弟有二名裨，以勇聞，酋恨其佐弟，假弟令召入宅，腰斬之。長子數諫酋勿殺弟，且勿負中國，奴亦囚之。其兄逆乃天性也。[51]

石齋所云，努爾哈赤有兄則誤。努爾哈赤兄弟五人，其最長，其中一弟早亡，故云兄弟四人，也不為誤。舒爾哈齊排行三，石齋所稱三都督。舒爾哈齊與努爾哈赤同母弟中，還有排行第四的雅爾哈齊，卒於舒爾哈齊之前，故誤以為兄。其餘兄弟，穆爾哈齊天命五年卒，巴雅喇天命九年卒，皆卒於舒爾哈齊之後。朝鮮文獻《建州聞見錄》也云：

> 小乙可赤有戰功，得眾心，五六年前，為奴酋所殺。[52]

以上明和朝鮮文獻雖未能詳細地記載舒爾哈齊之死的有關史事，但卻一致記載其死為努爾哈赤所殺，而清官修實錄卻有意溢美努爾哈赤在清勃興時的「高皇帝」形象，不顧事實真相，竭盡諱隱。

努爾哈赤長子褚英之死也是如此。《武錄》和《滿洲實錄》對褚英史事記載僅有四條：即萬曆二十六年征安諸拉庫[53]、三十五年取東海女真[54]、三十六年征烏拉[55]和天命十一年八月追述努爾哈赤家世提及其名。[56]而對褚

---

[51] 黃石齋：《建夷考》，國立北平圖書館藏本。
[52] 《建州聞見錄》，第42頁。
[53] 《清太祖武皇帝實錄》卷1，戊戌年正月。
[54] 《清太祖武皇帝實錄》卷2，丁未年。
[55] 《清太祖武皇帝實錄》卷2，戊申年。
[56] 《清太祖武皇帝實錄》卷4，天命十一年八月。

英之死因，兩書則一字不存。《高錄》除載錄以上四條外，對褚英之死，只記為：

> 乙卯年（1615）閏八月乙巳朔，皇長子洪巴圖魯阿爾哈圖土門貝勒褚英薨，年三十六。[57]

《滿文老檔》萬曆四十一年三月二十六日條，記載了褚英被囚及原因，對努爾哈赤將其處死，卻隱諱不書。而《舊滿洲檔》同條則明確記載其為努爾哈赤處死。文曰：

> 聰睿恭敬汗以其長子阿爾哈圖圖門，心術不善，不認己錯，深恐日後敗壞治生之道，故令將其囚居於高棚。經過二年多之深思，慮及長子若生存，必會敗壞國家。倘憐惜一子，則將危機眾子侄、諸大臣和國民。遂於乙卯年，聰睿恭敬汗五十七歲，長子三十六歲，八月二十二日，始下決斷，處死長子。[58]

朝鮮文獻也載：努爾哈赤長子褚英，「為奴酋所殺」。[59]

太祖實錄對努爾哈赤處死其弟、其子竭盡隱諱，但實錄也不經意流露出事實真相。天命六年正月十二日，在努爾哈赤與諸子孫對天焚香發誓的誓詞中云：

> 蒙天父地母垂祐，吾與強敵爭衡，將輝發、兀喇、哈達、夜黑，同一音語者俱為我有，征仇國大明得其撫順、清河、開原、鐵嶺等城，又破其四路大兵，皆天地之默助也。今禱上下神祇，吾子孫中縱有不善者，天可滅之，勿令刑傷，以開殺戮之端。如有殘忍之人，不待天

---

[57] 《清太祖高皇帝實錄》卷4，乙卯年閏八月乙巳。
[58] 《舊滿洲檔》，第1冊，第73-74頁，（臺灣）故宮博物院本。
[59] 申忠一：《建州聞見錄》，第41頁。

誅，遽興操戈之念，天地豈不知之，若此者亦當奪其算。昆弟中若有作亂者，明知之而不加害，俱懷理義之心，以化導其愚頑，似此者天地佑之。俾子孫百世延長，所禱者此也。自此之後，伏願神祇不咎既往，惟鑒將來。[60]

是年，努爾哈赤63歲，預感自己年事已高，率諸子孫對天發誓：毋骨肉相殘，以子孫相保為念。誓詞中所云：「伏願神祇不咎既往，惟鑒將來」，則是其對以往處死其弟、其子，骨肉相殘的懺悔。可佐證其處死其弟、其子之事實。

清朝肇興時期，努爾哈赤與舒爾哈齊、褚英等的矛盾糾葛，以至努爾哈赤將其處死，是滿族宗室貴族權力爭奪的必然反映。而太祖實錄卻極力為努爾哈赤避諱，在改修實錄過程中，盡力隱晦了這一歷史真相。

孟森先生評價《清實錄》時曾說：「清實錄，以天聰間所修太祖實錄為最早，宜其最近真相，然修飾原文，使真相不存，亦始於是」。[61]此評價直到今天仍是不易之論。

綜上所述，筆者的認識是，從《清太祖武皇帝實錄》始，清後世之主為彰顯其祖宗創業之功，不斷修飾美化和隱諱清開國史事，一再改修實錄，為歷代實錄編纂史上所罕見。今天我們編修《清史》，撰寫太祖朝人物，在使用太祖實錄時，必須對幾種實錄對讀，相互參照。同時，更要與《舊滿洲檔》、《滿文老檔》等檔案，以及明與朝鮮文獻作比較考證，才能取得翔實可信的史料，從而提高新修《清史·太祖太宗朝》人物傳記的品質。

（本文原載《社會科學戰線》2008年11期）

---

[60] 《清太祖武皇帝實錄》卷3，天命六年正月十二日。
[61] 孟森：《明清史論著集刊》，第203頁。

後記

　　這次與臺灣的秀威資訊科技股份有限公司合作將多年來發表的中朝關係史的論文結集題為《前近代東亞朝貢制度研究論集》，分《朝鮮王朝與明清中國》、《女真、後金的崛起與華夷易變》、《中朝疆界與東亞經貿》三冊出版；同時與中國社會科學出版社合作將已發表的明清東北史的論文結集，題為《明清東北史研究論稿初編》、《明清東北史研究論稿續編》二冊出版。出版上述論集的初衷是欲對自己的學術生涯做個了結。

　　我於1954年陰曆十月二十七日出生在吉林省懷德縣劉房子鄉石頭哨村。我的家族祖祖輩輩都在莊家院生活，啥時從山東闖關東來這裡，家族沒有家譜，也沒有幾個識文斷字的，所以不清楚。填履歷表，家庭成分欄，一直填寫佃中農。我父母都是農民。父親在我出生不久，離開農村到長春打工謀生，後來被吉林省日用化學工廠（生產牙膏、香皂等）招為工人，1957年工廠遷到吉林市，我與母親這才從農村老家隨父親來到吉林市。1961年讀小學，1967年小學畢業，因文化大革命延至1968年年末才上初中，1970年中學畢業，趕上「四個面向（面向工廠、學校、農村、部隊）」，我便進入吉林師範學校深造。本應1972年末畢業，因沒有畢業分配指標，延至1974年9月才畢業，分配吉林市第二中學工作。因為沒有下鄉接受貧下中農再教育的經歷，恰好學校在吉林市郊區阿什大隊第五生產隊辦學農分校，便安排我去鍛鍊。在那裡戰天鬥地，一幹就是三年。1977年恢復高考時，因工作需要，組織不同意報考。1978年從學農分校回到學校，倉促參加1978年的高考，分數未達到錄取線，只好備考一年。1979年高考以332分考上東北師範大學歷史系，1983年大學畢業，因年近三十，急需安家立業，便回到吉林師範學院工作。1983年當年結婚，翌年女兒出生。1985年考取母校碩士研究生，1988年碩士畢業又回吉林師院工作。2000年考取吉林大學歷史學博士研究生，2004

年獲博士學位。2001年，為揚州大學作為人才引進；2008年，調回母校東北師大工作，直至2019年退休。以上便是我再普通不過的學習工作經歷。

　　至於說學術成就，對我一個農民、工人子弟而言，既沒有良好的家學背景，頭腦又較為愚鈍，加之趕上「文化大革命」這樣特殊的年代，哪敢侈談自己有啥學術成就。論集中所收文章，不過是本人幾十年研習明清史、中朝關係史的學習心得。這次結集出版，僅對史料進行了勘誤，而對一些問題的認識與闡釋限於當時史料缺乏及本人史識有所不及，一定存在諸多問題。就筆者而言，僅是在探索這些問題的過程中留下的一點足迹，更多的是希望能對關注這些問題的同行提供些資訊，僅此而已。

　　本論集的出版，由衷感謝在我人生各階段對我培育、提攜的老師、同學、同事以及各學術刊物，也包括我的博士、碩士學生。在本書的出版過程中，承蒙秀威資訊科技股份有限公司出版部鄭伊庭女士的幫助，為本書出版費力頗多，在此一併致以誠摯謝意。

刁書仁

2024年10月27日

作者著述目錄

一、論文

〈吉林船廠考略〉,《吉林師院學報》,1984年第3期。
〈論民族氣節〉,《松遼學刊》,1985年第1期。
〈試論「臣光曰」中可供借鑒的因素〉,載劉乃和、宋衍申主編:《資治通鑒論叢》,河南人民出版社,1985年版。
〈論努爾哈赤征烏拉之戰〉,《吉林師範學院學報》,1987年第2期。
〈論清前期旗地的特徵〉,《吉林師範學院學報》,1988年第2期。
〈論順康時期的吉林官莊〉,《吉林師範學院學報》,1989年3期。
〈康熙中葉以後旗地發展及生產關係的變化〉,《中國史研究》,1989年第2期。
〈論康熙中葉以前東北一般旗地的特點〉,載《東北地區經濟史專題國際學術會議論文集》,北京學苑出版社,1989年版。
〈東疆考察紀聞〉,《吉林師範學院學報》,1990年第1期。
〈略論清中葉吉省民地〉,《東北地方史研究》,1990年第1期。
〈略論乾嘉時期旗地的補救措施〉,《東北師大學報》,1990年第2期。
〈論八旗土地制度產生的歷史條件〉,《北方文物》,1990年第2期。
〈乾嘉時期東北新設旗地考略〉,《吉林師範學院學報》,1990年第2期。
〈哈達部興衰考論〉,《吉林師範學院學報》,1991年2期。
〈康乾時期流民出關移墾與東北旗地的變化〉,《社會科學戰線》,1990年第3期。
〈嘉道時期雙城堡、伯都訥屯墾略論〉,《清史研究通訊》,1990年第3期。
〈論清代東北旗界的設立及管理〉,《吉林師範學院學報》,1991年第3期。
〈清代東北圍場論略〉,《滿族研究》,1991年第4期。
〈清代伯都訥地區的開發〉,《史學集刊》,1991年第4期。
〈略論嘉道時期東北民典旗地〉,《社會科學輯刊》,1991年第6期。
〈論清代東北旗莊內部結構的變化〉,《吉林師範學院學報》,1992年第2期。

〈論清代東疆地區的八旗駐防〉，《東疆學刊》，1992年第4期。
〈清代吉林開發的歷史特點〉，《中國農史》，1992年第1期。
〈清代東疆地區行政體制的變化〉，載《東疆研究論集》，吉林文史出版社，1992年版。
〈清代東部邊疆的開發〉，載《東疆研究論集》，吉林文史出版社，1992年版。
〈論八旗兵丁在生產中的地位〉，《東北師大學報》，1993年第5期。
〈論嘉道以前的東北旗地〉，《滿族研究》，1993年第4期。
〈清代東北與內地的海運貿易〉，《清史研究》，1993年第4期。
〈清代吉林、盛京圍場開放述略〉，《史學集刊》，1993年第4期。
〈康熙帝東巡〉，《文史知識》，1994年第3期。
〈清代吉林地方行政體制的變化〉，《社會科學戰線》，1994年第3期。
〈乾隆朝京旗移駐始末〉，《北方文物》，1994年第3期。
〈十九世紀中葉前中日關係史研究綜述〉，《中國史研究動態》，1994年第3期。
〈明代女真村落組織與八旗牛錄制的關係〉，載《明史論集》，吉林文史出版社，1994年版。
〈清至近代以來延琿地區的對外貿易〉，《史學集刊》，1994年專刊。
〈關於明嘉靖朝「倭寇」的幾個問題〉，《史學集刊》，1995年第2期。
〈試論清末東北八旗體制的變化〉，《吉林師範學院學報》，1995年第2期。
〈論清代東北流民的流向及對東北的開發〉，《清史研究》，1995年第3期。
〈論乾隆朝蒙地的封禁政策〉，《史學集刊》，1996年第4期。
〈論清代八旗牧場地的開放〉，《社會科學戰線》，1997年第3期。
〈清代前期東三盟地區的農牧業發展及清朝的政策〉，《吉林師範學院學報》，1997年第1期。
〈弘揚鄉邦文獻加強地方名賢研究——紀念成多祿誕辰100周年〉，《吉林師範學院學報》，1998年第2期。
〈明成化年間明與朝鮮兩次征討建州女真〉，《史學集刊》，1999年第2期。
〈明初明朝與朝鮮的關係〉，《北華大學學報》，2000年第1期。
〈明前期中朝東段邊界的變化〉，《史學集刊》，2000年第2期。
〈元末明初中國與高麗、朝鮮的邊界之爭〉，《北華大學學報》，2001年第1期。
〈使臣所見的建州社會——兼論後金建國前與朝鮮的關係〉，《滿族研究》，2001年第2期。
〈元末明初朝鮮半島的女真與明、朝鮮的關係〉，《史學集刊》，2001年第3期。
〈論薩爾滸之戰前後後金與朝鮮的關係〉，《清史研究》，2001年第4期。
〈中朝邊界沿革研究〉，《中國邊疆史地研究》，2001年第4期。
〈明初毛憐衛與明、朝鮮的關係〉，載《明史研究》，第7輯，黃山書社，2001年。
〈論清前期東北地區的軍政體制〉，《北方民族》，2002年第1期。
〈論明前期斡朵里女真與明、朝鮮的關係〉，《中國邊疆史地研究》，2002年第1期。

〈18世紀的中國社會及其研究〉，《社會科學戰線》，2002年第4期。
〈論清朝對東北邊疆各族的管理體制〉，《史學集刊》，2002年第4期。
〈論乾隆朝的封禁政策〉，《吉林大學學報》，2002年第6期。
〈論清朝與朝鮮宗藩關係的形成與確立〉，《揚州大學學報》，2003年第1期。
〈康熙年間穆克登查邊考辨〉，《中國邊疆史地研究》，2003年第3期。
〈洪武時期高麗李朝與明朝關係探析〉，《揚州大學學報》，2004年第1期。
〈論清初東北招民開墾政策與漢人對東北的開發〉，《史學集刊》，2004年第1期。
〈論後金建立前與朝鮮的關係〉，《社會科學戰線》，2004年第1期。
〈康時期李朝與清朝關係探析〉，《吉林大學學報》，2005年第2期。
〈論朝鮮光海君時期與明、朝鮮的關係〉，載《清史論叢》，中國廣播電視出版社，2006年版。
〈從「北伐論」到「北學論」——兼論李氏朝鮮對清朝態度的轉變〉，《中國邊疆史地研究》，2006年第4期。
〈20世紀韓國、日本關於古代中朝（韓）關係史研究〉，《東北史地》，2007年第2期。
〈明代女真與朝鮮的貿易〉，《史學集刊》，2007年第3期。
〈洪武時期中朝外交中的「表箋風波」〉，載《明清研究》，第10輯，黃山書社，2007年。
〈清前期東北流人編撰的幾種筆記及其史料價值〉，《中國地方志》，2007年第8期。
〈明成化初年對建州三衛用兵考述〉，《中國邊疆史地研究》，2008年第4期。
〈新修《清史》，人物傳記太祖朝實錄史料研究〉，《社會科學戰線》，2008年第11期。
〈朝鮮王朝對中國書籍的購求及其對儒家文化的吸收〉，《古代文明》，2009年第2期。
〈明前期明朝向朝鮮索證的「別貢」〉，《東北師大學報》，2009年第3期。
〈舒爾哈齊史事考實〉，《雲南師範大學學報》，2009年第3期。
〈景泰、天順年間建州三衛女真與明朝、朝鮮的關係〉，《史學集刊》，2010年第1期。
〈明代朝鮮使臣赴明的貿易活動〉，《東北師大學報》，2011年第2期。
〈正統年間建州左衛西遷考實——兼論東亞地區女真與明朝、李氏朝鮮的關係〉，《中國邊疆史地研究》，2010年第4期。
〈「長吉圖」地區與古代東亞各國的交往〉，《東北師大學報》，2010年第3期。
〈李朝孝宗「反清復明」活動及其影響〉，《社會科學戰線》，2010年第5期。
〈論皇太極對遼東漢人政策的調整——以對遼官、遼將的爭取為中心〉，《社會科學輯刊》，2011年第4期。
〈從「法明崇滿」到「五族共和」——清代多民族統一國家建構的思想軌跡（筆談）〉，《學習與探索》，2012年第3期。
〈天啟四年朝鮮使臣的北京之行——以洪翼漢《華浦先生朝天航海錄》為中心〉，《學習與探索》，2012年第3期。

〈努爾哈赤崛起於東亞華夷關係的變化〉，《中國邊疆史地研究》，2012年第3期。
〈朝鮮對日本「假道入明」的應對〉，《讀書》，2012年第10期。
〈朝鮮使臣所見的明天啟社會——以洪翼漢《花圃先生朝天航海錄》為中心〉，《東北師大學報》，2012年第3期。
〈朝鮮使臣的白銀私貿及其對東亞貿易的影響〉，《社會科學戰線》，2013年第11期。
〈海西王台稱雄女真考論——兼論明代女真統一的歷史趨勢〉，《黑龍江民族叢刊》，2013年第4期。
〈天啟時期明朝與朝鮮的關係——以朝鮮國王李倧「封典」為中心〉，《社會科學輯刊》，2014年第6期。
〈16、17世紀之際東亞全遼地區的滿蒙關係——以努爾哈赤對東部蒙古的策略為中心〉，《中國邊疆史地研究》，2015年第4期。
〈朝鮮使臣所見晚明社會之亂象〉，《外國問題研究》，2016年第1期。
〈朝鮮使臣所見晚明遼東社會的民生與情勢〉，《社會科學戰線》，2017年第11期。
〈壬辰戰爭日本「假道入明」與朝鮮的應對〉，《外國問題研究》，2017年第4期。
〈稅監高淮遼東開礦、復開「中江關市」與朝鮮王朝應對〉，《吉林大學學報》，2018年第5期。
〈袁黃萬曆援朝戰爭史事鈎沉〉，《社會科學輯刊》，2019年第6期。
〈明清史研究中「他者」文獻的史料價值——以朝鮮文獻所載清開國史料為例〉，《貴州社會科學》，2020年第3期。
〈京商鄭世泰與李朝貢使的會同館貿易〉，《社會科學戰線》，2020年第12期。
〈王陽明從祀孔廟與朝鮮王朝的應對〉，載趙毅、趙軼峰主編：《李洵先生百年誕辰紀念文集》，人民出版社，2022年版。
〈康乾時期鴨綠江上的馬尚船〉，《古代文明》，2023年第4期。
〈17世紀初至18世紀中葉東亞三國的貿易——以北京會同館和東萊倭館貿易為中心〉，《西南大學學報》，2023年第6期。
〈明嘉靖朝孔廟祀典的釐正與朝鮮王朝的應對〉，《外國問題研究》，2024年第4期。

二、譯文

〔日〕神田信夫：〈清太宗與毛文龍的議和〉，《社會科學輯刊》，1987年第1期。
〔日〕周藤吉之：〈清代東北的糧米漕運〉，《長白學圃》，1988年第1期。
〔日〕今西春秋：〈葉赫、哈達考〉，《四平民族研究》，1990年第1期。
〔日〕周藤吉之：〈清入關前吉林的經略〉，《延邊史志》，1990年第1期。
〔日〕阿南惟敬：〈清初黑龍江呼爾哈部〉，《博物館研究》，1990年第4期。

〔日〕今西春秋：〈海西女真境域考〉，《長白學圃》，1990年第1期。
〔日〕三田村泰助：〈努爾哈赤、李成梁的關係與女真的經濟〉，《長白學圃》，1992年第1期。
〔日〕今西春秋：〈瓦爾喀境域考〉，《長白學圃》，1991年第1期。
〔日〕今西春秋：〈完顏部境域考〉，《長白學圃》，1992年第1期。
〔日〕今西春秋：〈白山部境域考〉，《長白學圃》，1993年第1期。

三、論著

（一）古籍文獻整理

《吉林通志》點校（卷27，〈輿地志〉），吉林文史出版社，1987年版。
《海西女真史料選編》，吉林文史出版社，1988年版。
《東三省政略》點校（卷8，〈旗務〉），吉林文史出版社，1989年版。
《先清史料》，整理點校《三朝遼事實錄》，吉林文史出版社，1990年版。
《欽定八旗通志》點校（〈旗分志〉），吉林文史出版社，2002年版。

（二）參編著述

《中國東北通史》（第四編第2章，9.8萬字），吉林文史出版社，1993年版。
《東北人物志》（4萬字），遼寧教育出版社，1993年版。
《二十六史精華》（元史部分），北方婦女兒童出版社，1996年版。
《清代史》（清入關前，27萬字），上海人民出版社，2002年版。
《東北通史》（清代部分，11萬字），中州古籍出版社，2002年版。

（三）主編論著

《東疆研究論集》（主編），吉林文史出版社，1992年版。
《薛虹學術論集》（《長白叢書》主編），吉林文史出版社，1994年版。
《長白文化論說》（《長白叢書》主編），吉林文史出版社，1994年版。
《吉林近代史稿》（《長白叢書》主編），吉林文史出版社，1995年版。
《箕子與朝鮮》（《長白叢書》主編），吉林文史出版社，1995年版。
《東北史地考略》（《長白叢書》主編），吉林文史出版社，1995年版。
《奉使遼金行程錄》（《長白叢書》主編），吉林文史出版社，1996年版。
《廿六史中朝關係史料選編》（《長白叢書》主編），吉林文史出版社，1996年版。
《中朝相鄰地區朝鮮地理志資料選編》（《長白叢書》主編），吉林文史出版社，1996年版。

《東北地區燕秦漢長城考古調查研究》（《長白叢書》主編），吉林文史出版社，1997年版。

《高句麗歷史與文化研究（《長白叢書》主編），吉林文史出版社，1997年版。

《中朝關係史研究論文集》（《長白叢書》主編），吉林文史出版社，1997年版。

《清實錄東北史料全輯》（四）（《長白叢書》主編），吉林文史出版社，1998年版。

《西伯利亞民族學論集》（《長白叢書》主編），吉林文史出版社，1997年版。

《吉林三賢集》（《長白叢書》主編），吉林文史出版社，1998年版。

《東北亞絲綢之路歷史綱要》（《長白叢書》主編），吉林文史出版社，1999年版。

《清代東北民俗研究》（《長白叢書》主編），吉林文史出版社，2000年版。

《吉林省百科全書》（民族卷副主編），吉林人民出版社，1998年版。

《吉林航運史》（副主編），人民交通出版社，1999年版。

《愛新覺羅家族全書・家事本末》（主編），吉林人民出版社，1997年版。

（四）專著

《東北旗地研究》，吉林文史出版社，1993年版。

《近三百年東北土地開發史》，吉林文史出版社，1994年。

《成化帝傳》（合著），吉林文史出版社，1996年版。

《明清中朝日關係史研究》，吉林文史出版社，2001年版。

《滿族生活掠影》，瀋陽出版社，2002年版。

《明清東北亞史論》，吉林文史出版社，2004年版。

《清代八旗駐防與東北社會變遷》，科學出版社，2017年版。

《中朝疆界與民族——以十四世紀中葉至十五世紀末為中心》，秀威資訊科技股份有限公司，2018年版。

《歷史上的滿族社會生活》，科學出版社，2020年版。

《古代中朝宗藩關係與中朝疆界歷史研究》（合著），北京大學出版社，2021年版。

《前近代東亞朝貢制度研究論集：明清中國與朝鮮王朝》，秀威資訊科技股份有限公司，2024年版。

《前近代東亞朝貢制度研究論集：女真、後金的崛起與華夷易變》，秀威資訊科技股份有限公司，2024年版。

《前近代東亞朝貢制度研究論集：中朝疆界與東亞經貿》，秀威資訊科技股份有限公司，2024年版。

四、科研項目（作者為項目負責人）

中國教育部社會科學基金項目「中國東疆研究」（1992-1995）」。

日本山形大學合作項目「十九世紀中葉前中日文化綜合研究」（1993-1995）。
中國教育部社會科學基金項目「近三百年東北開發史研究」（1994-1997）。
中國教育部社會科學基金項目「中朝邊界史研究」（1998-2001.12）。
中國國家社會科學基金項目「明清時期中朝疆界與民族問題研究」（2001-2004）。
中國社會科學院項目「中朝宗藩關係與中朝邊界歷史研究」（2002-2004）。
中國吉林省社會科學基金項目「中朝相鄰地區朝鮮地理志研究」（1997-1999）。
中國社會科學院重大項目「中朝圖們江分界研究」（明清卷）（2006-2007.12）。
（中國）國家清史纂修主體工程項目「傳記・太祖太宗朝」（2006.12-2010.12）。
中國吉林省社會科學基金重點項目「滿族歷史文化研究」（2012-2016）。
中國國家社會科學基金重點項目「古代中朝宗藩關係與中朝疆界歷史研究」（2016-2019）。
中國國家社會科學基金重大專項「東亞視域下中朝疆界文獻資料整理與研究」（2019-）。

史地傳記類　PC1143　讀歷史171

前近代東亞朝貢制度研究論集：
朝鮮王朝與明清中國

作　　者/刁書仁
責任編輯/鄭伊庭
圖文排版/黃莉珊
封面設計/王嵩賀

發 行 人/宋政坤
法律顧問/毛國樑　律師
出版發行/秀威資訊科技股份有限公司
　　　　　114台北市內湖區瑞光路76巷65號1樓
　　　　　電話：+886-2-2796-3638　傳真：+886-2-2796-1377
　　　　　http://www.showwe.com.tw
劃撥帳號/19563868　戶名：秀威資訊科技股份有限公司
　　　　　讀者服務信箱：service@showwe.com.tw
展售門市/國家書店（松江門市）
　　　　　104台北市中山區松江路209號1樓
　　　　　電話：+886-2-2518-0207　傳真：+886-2-2518-0778
網路訂購/秀威網路書店：https://store.showwe.tw
　　　　　國家網路書店：https://www.govbooks.com.tw

2025年2月　BOD一版
定價：550元
版權所有　翻印必究
本書如有缺頁、破損或裝訂錯誤，請寄回更換

Copyright©2025 by Showwe Information Co., Ltd.
Printed in Taiwan
All Rights Reserved

讀者回函卡

國家圖書館出版品預行編目

前近代東亞朝貢制度研究論集：朝鮮王朝與明清中國 / 刁書仁著. -- 一版. -- 臺北市：秀威資訊科技股份有限公司, 2025.2
　　面；　公分. -- (史地傳記類)
BOD版
ISBN 978-626-7511-21-3(平裝)

1.CST: 中國外交 2.CST: 中韓關係
3.CST: 明清史

641.2　　　　　　　　　　　　113013972